Office Affairs

Yuni

Inhalt

KAPITEL 1: UNSER BEIDER GEHEIMNIS

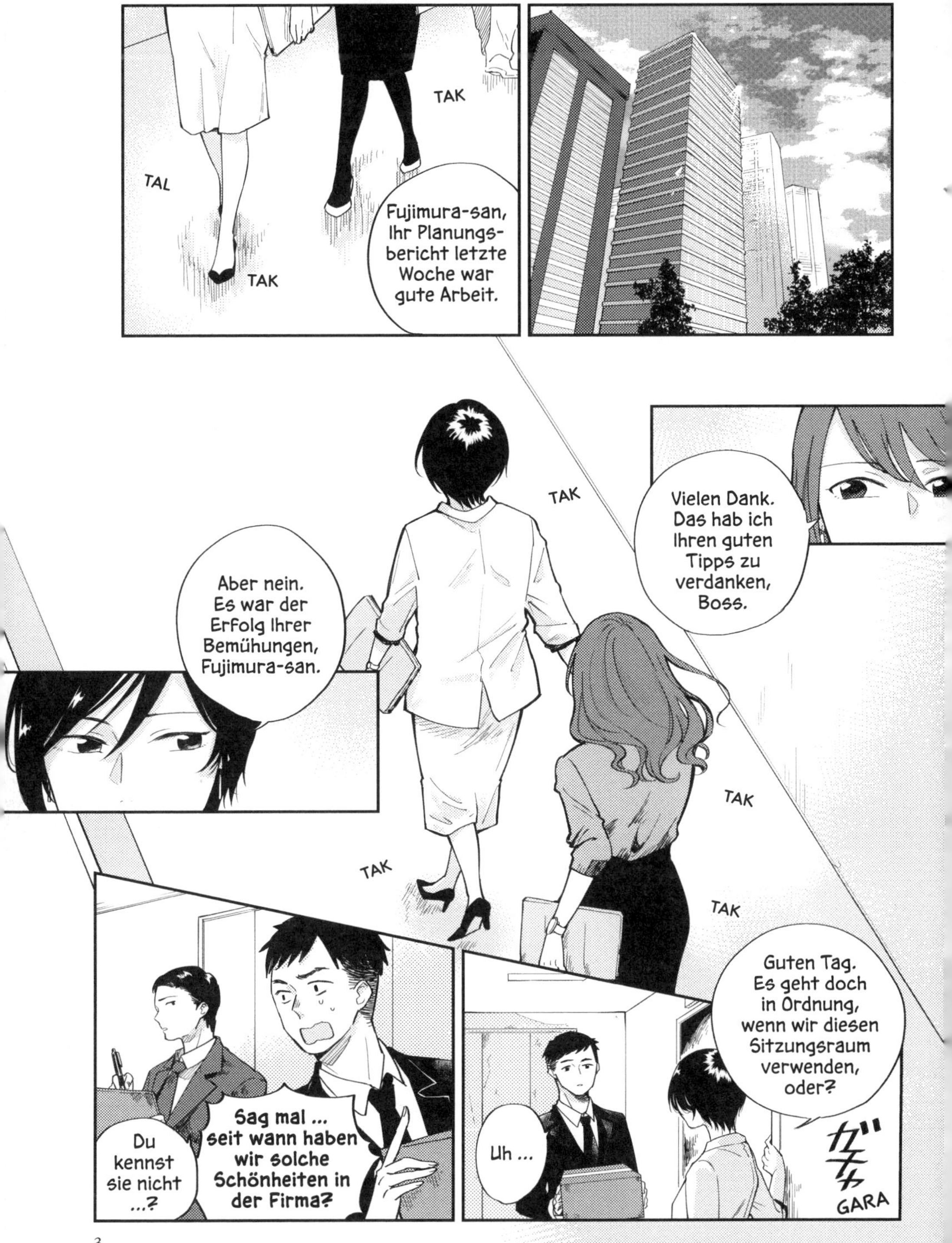

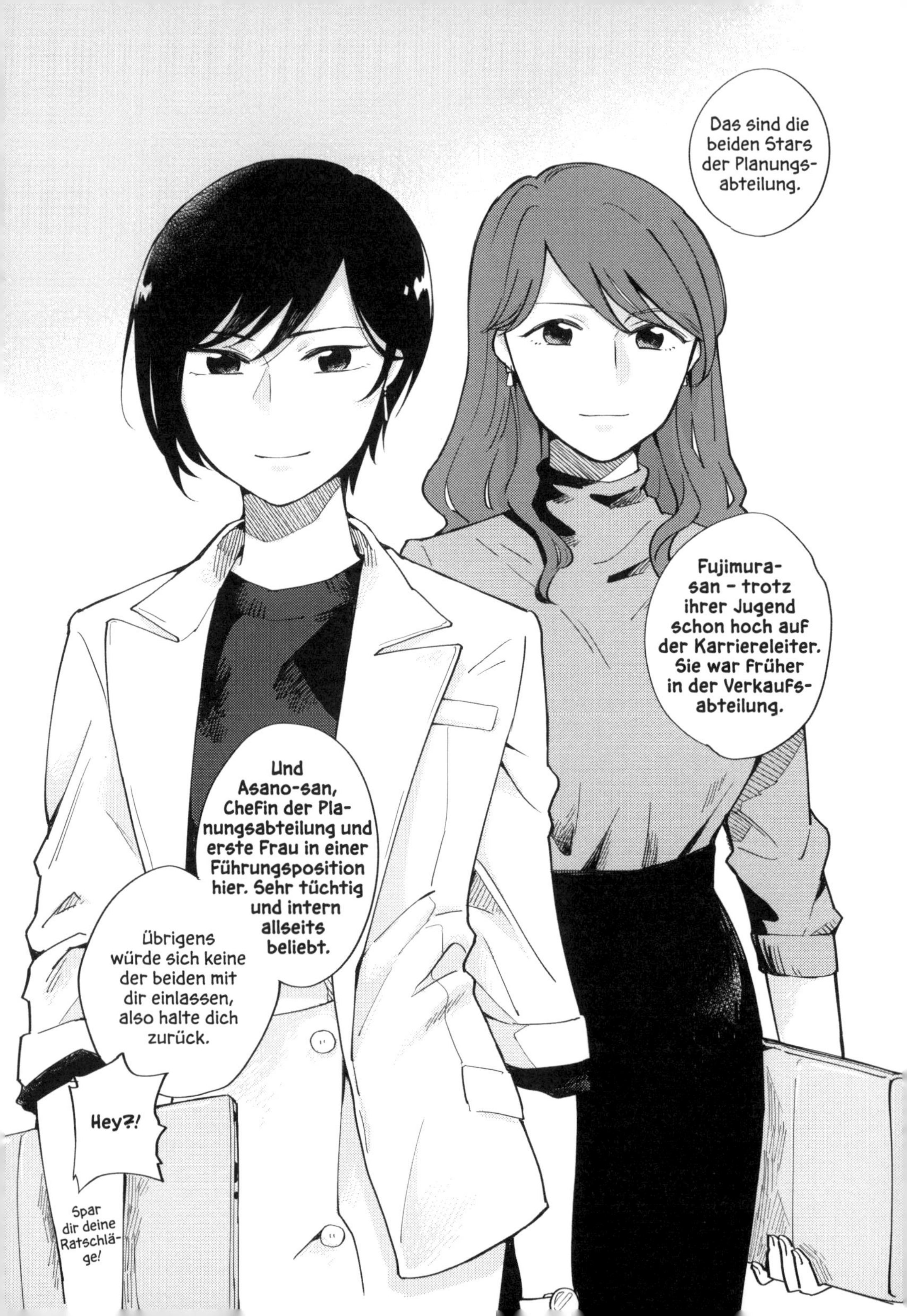
Das sind die beiden Stars der Planungs-abteilung.
Fujimura-san – trotz ihrer Jugend schon hoch auf der Karriereleiter. Sie war früher in der Verkaufs-abteilung.
Und Asano-san, Chefin der Pla-nungsabteilung und erste Frau in einer Führungsposition hier. Sehr tüchtig und intern allseits beliebt.
Übrigens würde sich keine der beiden mit dir einlassen, also halte dich zurück.
Hey?!
Spar dir deine Ratschlä-ge!

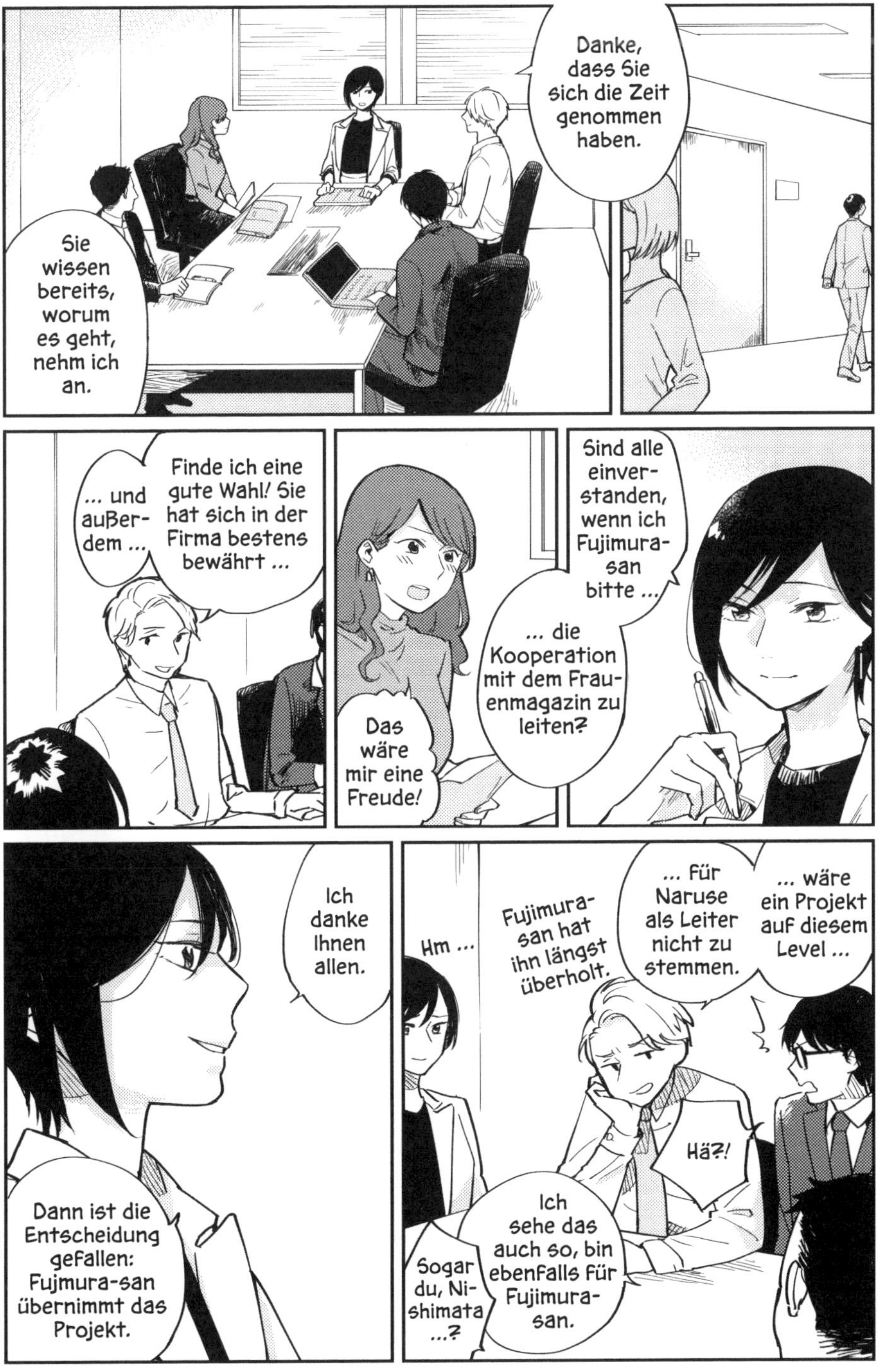
Danke, dass Sie sich die Zeit genommen haben.
Sie wissen bereits, worum es geht, nehm ich an.
Sind alle einverstanden, wenn ich Fujimura-san bitte ...
... die Kooperation mit dem Frauenmagazin zu leiten?
Das wäre mir eine Freude!
Finde ich eine gute Wahl! Sie hat sich in der Firma bestens bewährt ...
... und außerdem ...
... wäre ein Projekt auf diesem Level ...
... Für Naruse als Leiter nicht zu stemmen.
Fujimura-san hat ihn längst überholt.
Hm ...
Hä?!
Ich sehe das auch so, bin ebenfalls für Fujimura-san.
Sogar du, Nishimata ...?
Ich danke Ihnen allen.
Dann ist die Entscheidung gefallen: Fujmura-san übernimmt das Projekt.

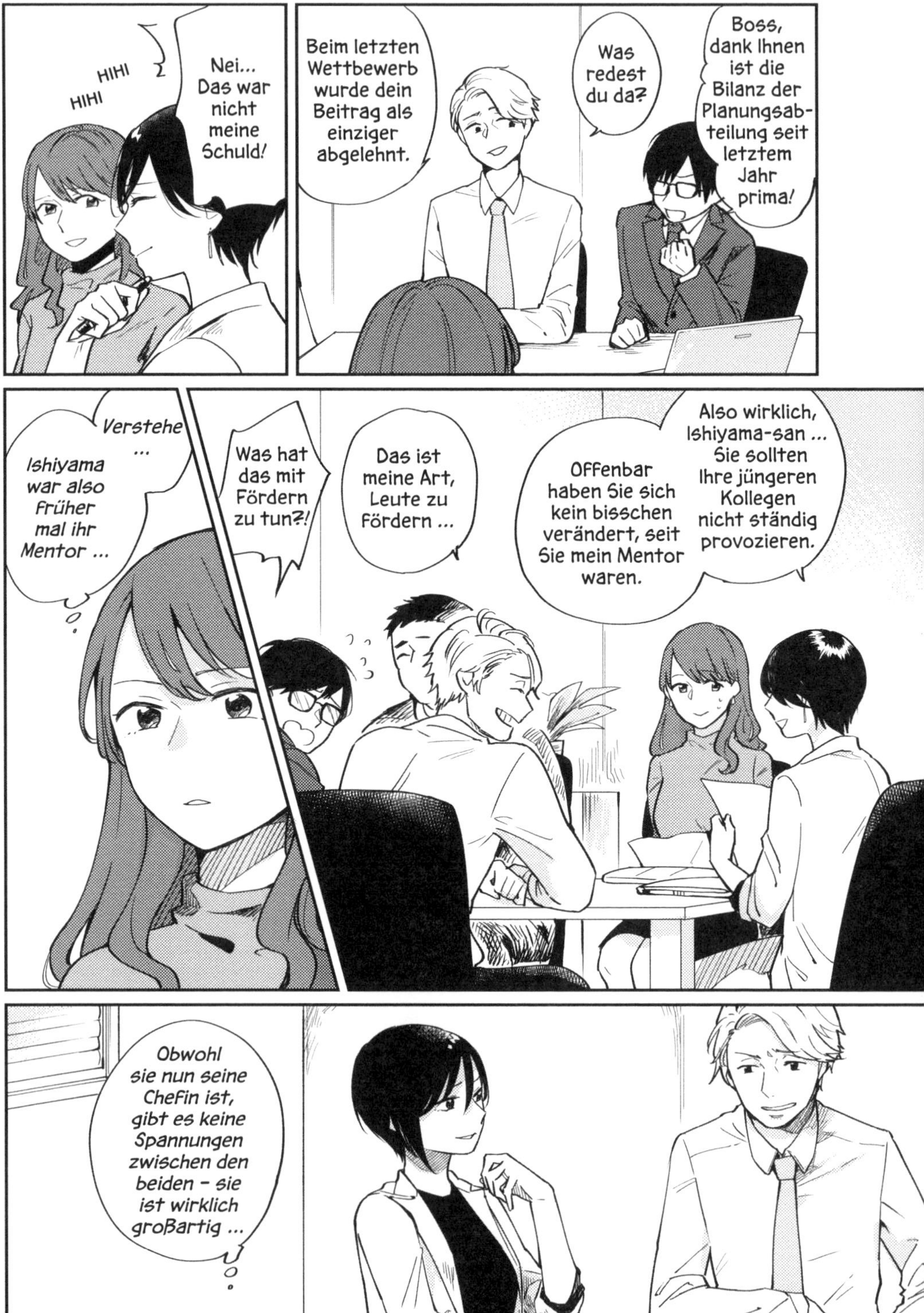
Boss, dank Ihnen ist die Bilanz der Planungsabteilung seit letztem Jahr prima!
Was redest du da?
Beim letzten Wettbewerb wurde dein Beitrag als einziger abgelehnt.
Nei... Das war nicht meine Schuld!
HIHI
HIHI
Also wirklich, Ishiyama-san ... Sie sollten Ihre jüngeren Kollegen nicht ständig provozieren.
Offenbar haben Sie sich kein bisschen verändert, seit Sie mein Mentor waren.
Das ist meine Art, Leute zu fördern ...
Was hat das mit Fördern zu tun?!
Verstehe ...
Ishiyama war also früher mal ihr Mentor ...
Obwohl sie nun seine Chefin ist, gibt es keine Spannungen zwischen den beiden – sie ist wirklich großartig ...

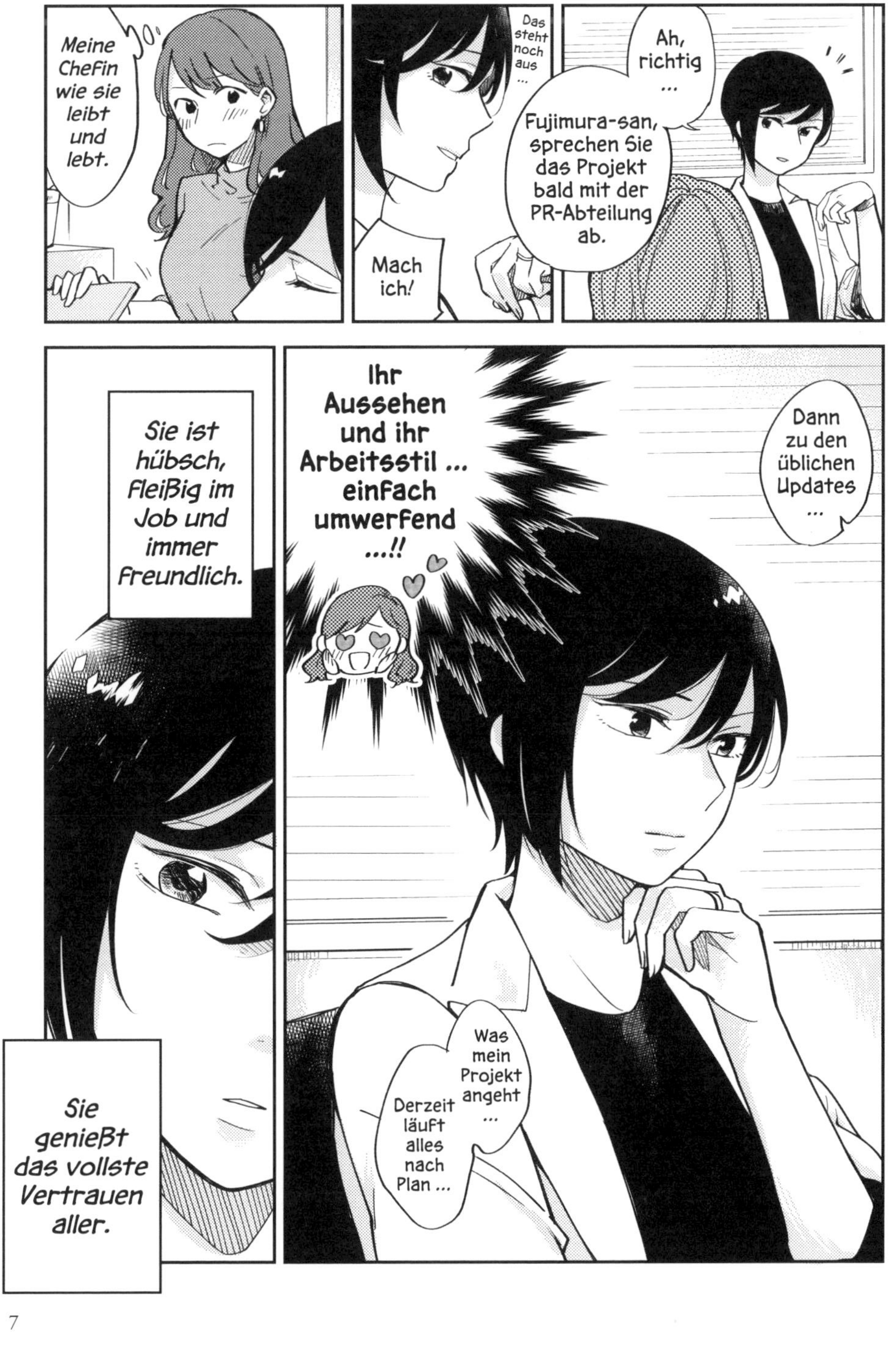

Ah, richtig ...
Fujimura-san, sprechen Sie das Projekt bald mit der PR-Abteilung ab.
Das steht noch aus ...
Mach ich!
Meine Chefin wie sie leibt und lebt.
Dann zu den üblichen Updates ...
Ihr Aussehen und ihr Arbeitsstil ... einfach umwerfend ...!!
Was mein Projekt angeht ...
Derzeit läuft alles nach Plan ...
Sie ist hübsch, fleißig im Job und immer freundlich.
Sie genießt das vollste Vertrauen aller.

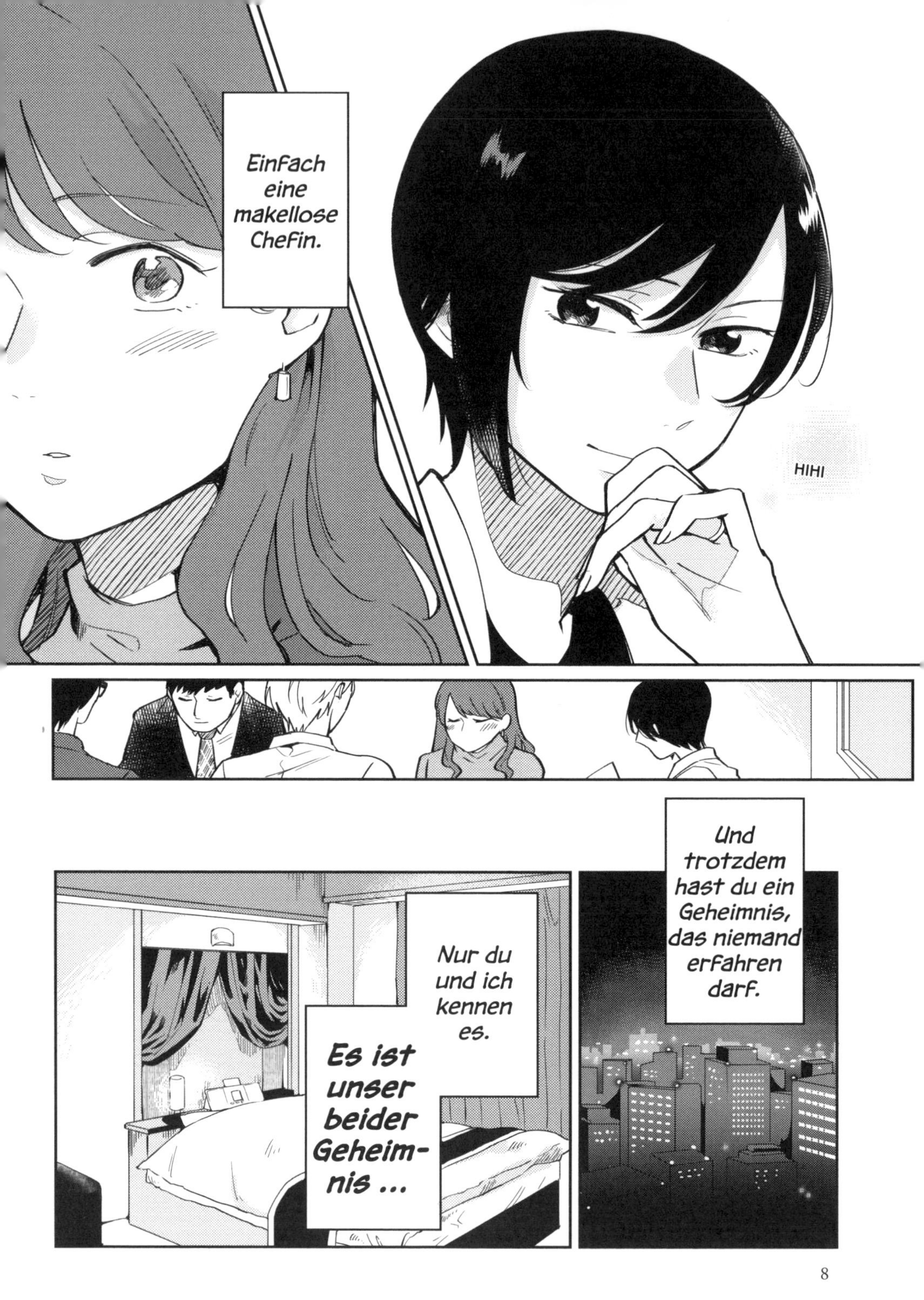
Einfach eine makellose Chefin.
HIHI
Und trotzdem hast du ein Geheimnis, das niemand erfahren darf.
Nur du und ich kennen es.
Es ist unser beider Geheimnis ...

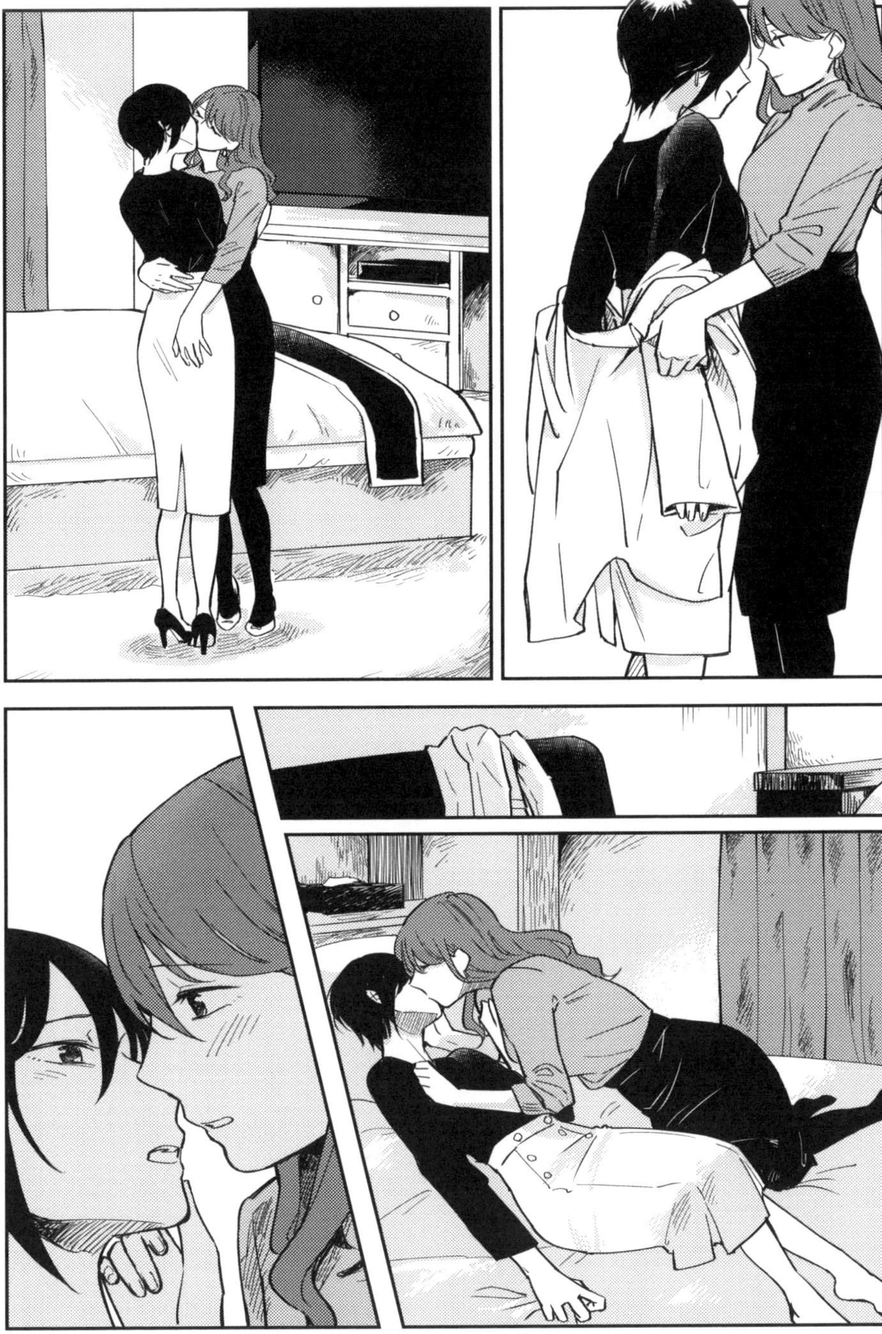

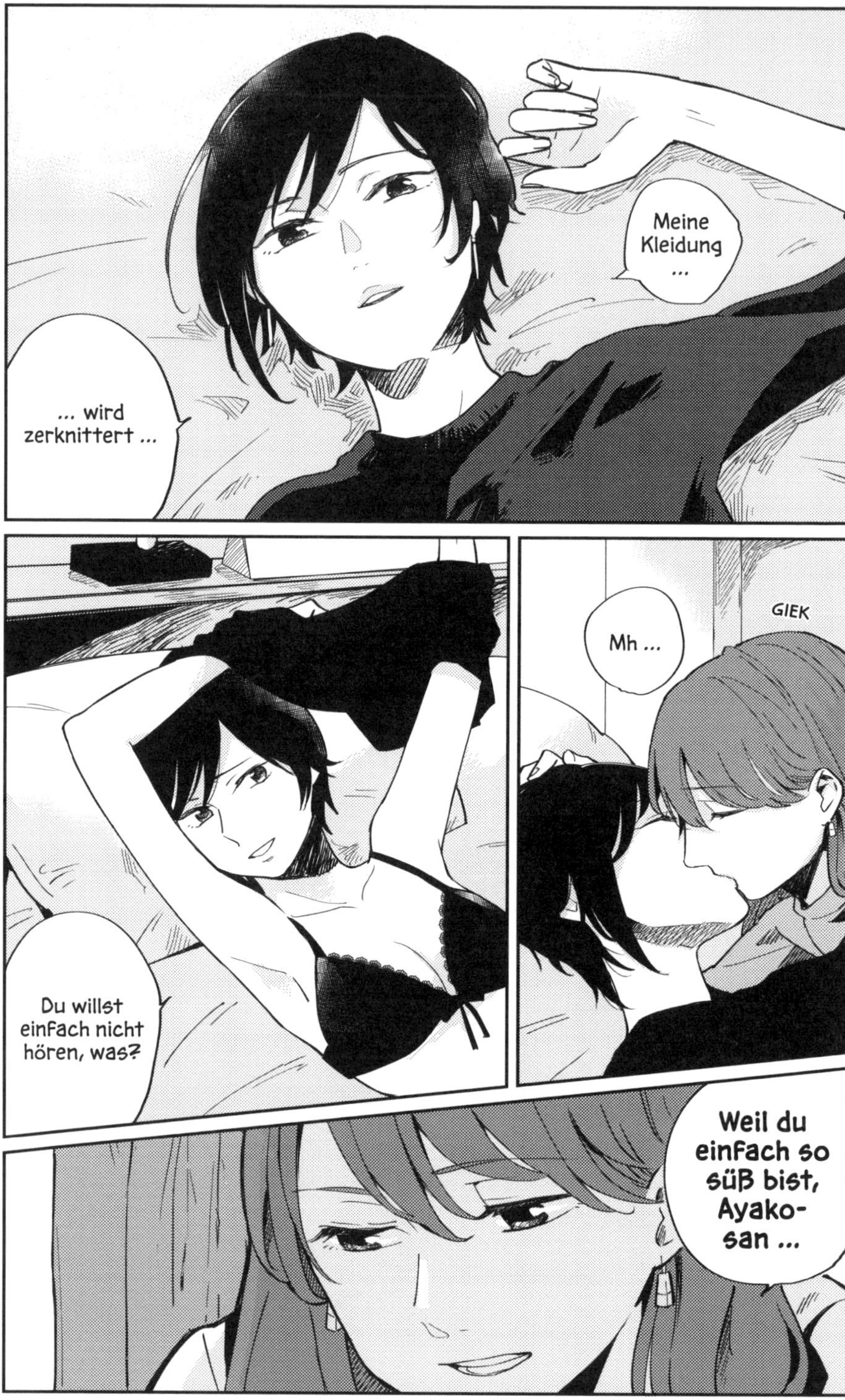
Meine Kleidung ...
... wird zerknittert ...
GIEK
Mh ...
Du willst einfach nicht hören, was?
Weil du einfach so süß bist, Ayako-san ...

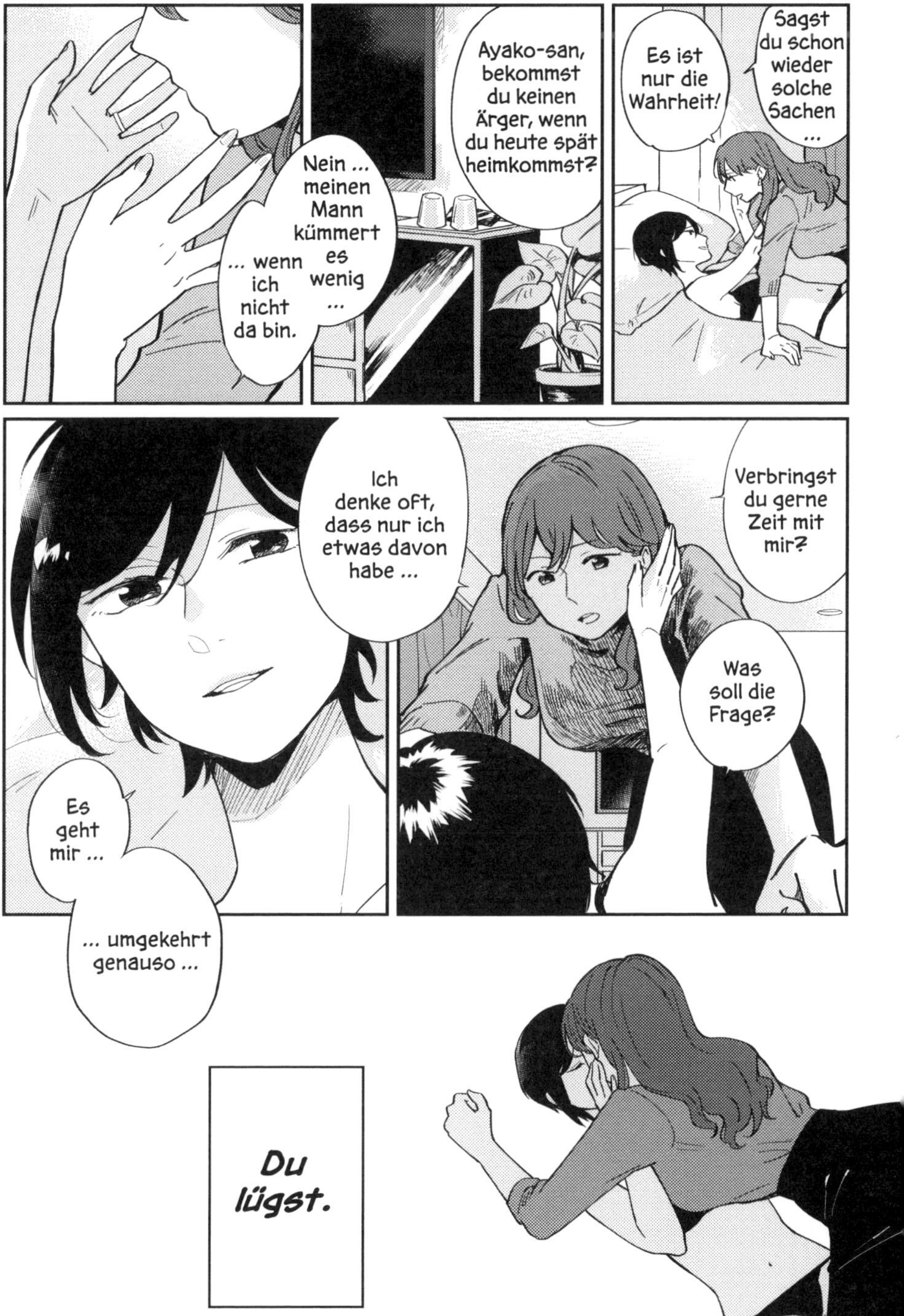
Sagst du schon wieder solche Sachen ...
Es ist nur die Wahrheit!
Ayako-san, bekommst du keinen Ärger, wenn du heute spät heimkommst?
Nein ... meinen Mann kümmert es wenig ...
... wenn ich nicht da bin.
Verbringst du gerne Zeit mit mir?
Was soll die Frage?
Ich denke oft, dass nur ich etwas davon habe ...
Es geht mir ...
... umgekehrt genauso ...
Du lügst.

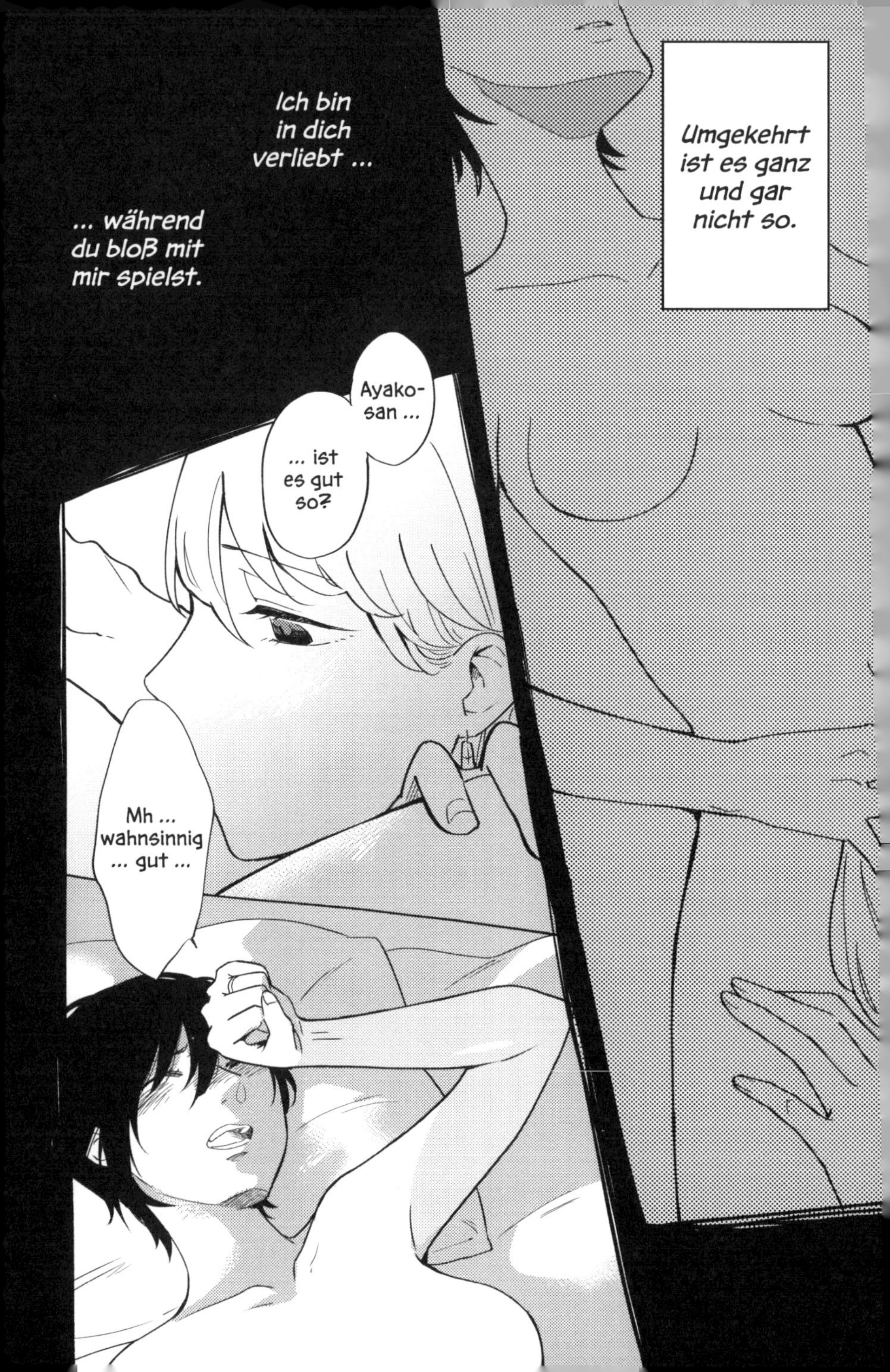
Umgekehrt ist es ganz und gar nicht so.
Ich bin in dich verliebt ...
... während du bloß mit mir spielst.
Ayako-san ...
... ist es gut so?
Mh ... wahnsinnig ... gut ...

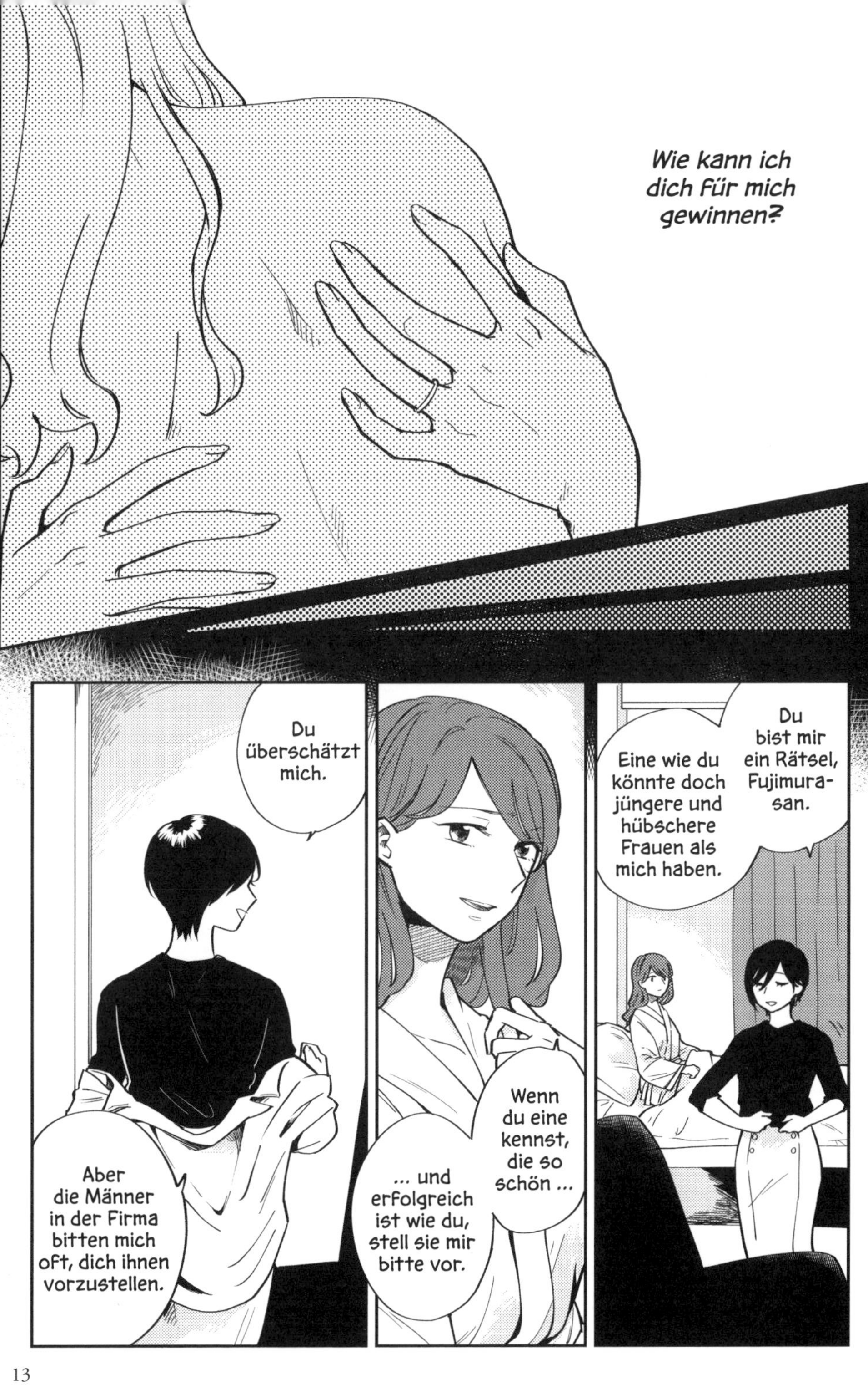
Wie kann ich dich für mich gewinnen?
Du bist mir ein Rätsel, Fujimura-san.
Eine wie du könnte doch jüngere und hübschere Frauen als mich haben.
Wenn du eine kennst, die so schön ...
... und erfolgreich ist wie du, stell sie mir bitte vor.
Du überschätzt mich.
Aber die Männer in der Firma bitten mich oft, dich ihnen vorzustellen.

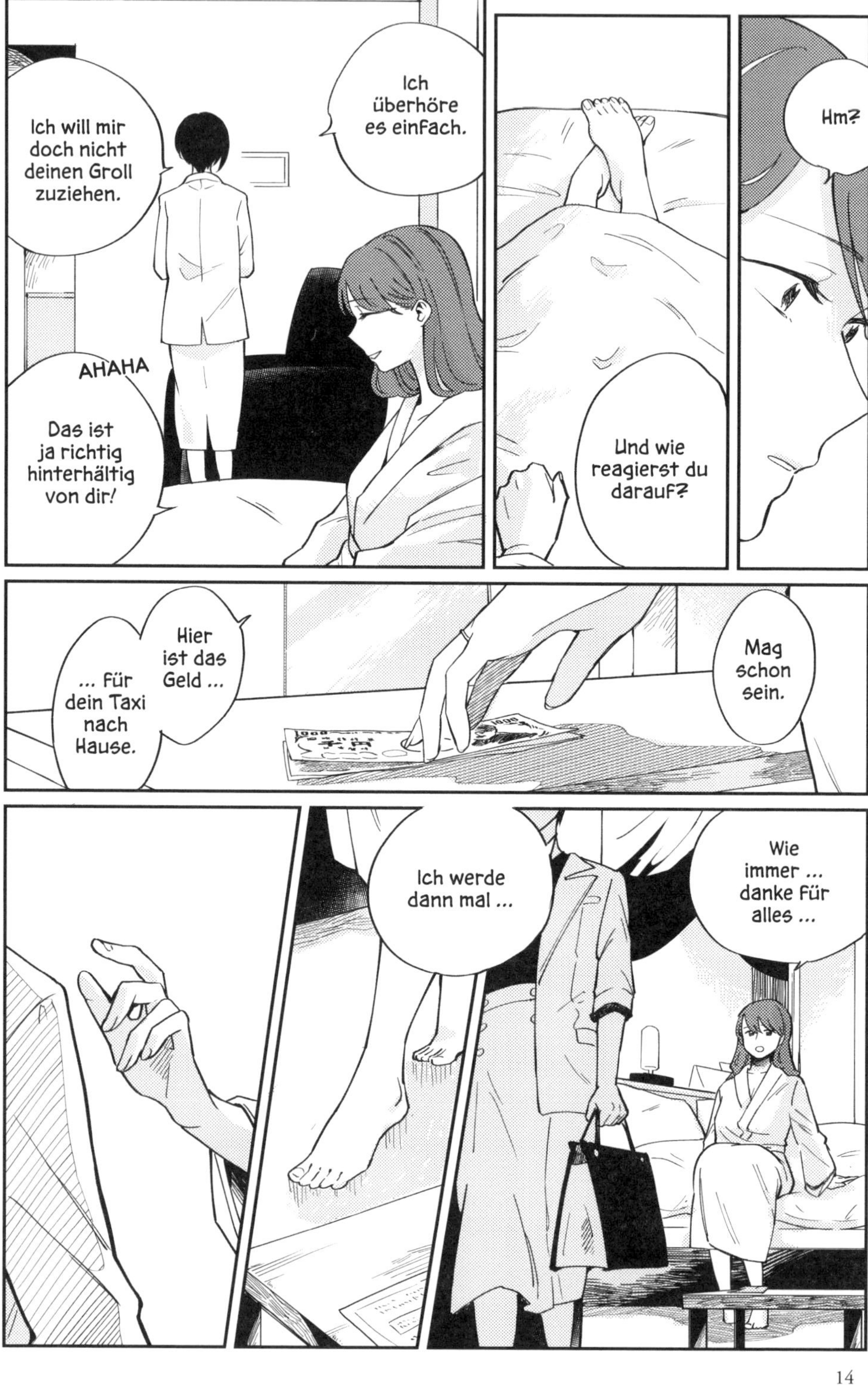
Hm?
Und wie reagierst du darauf?
Ich überhöre es einfach.
Ich will mir doch nicht deinen Groll zuziehen.
AHAHA
Das ist ja richtig hinterhältig von dir!
Mag schon sein.
Hier ist das Geld ...
... für dein Taxi nach Hause.
Wie immer ... danke für alles ...
Ich werde dann mal ...

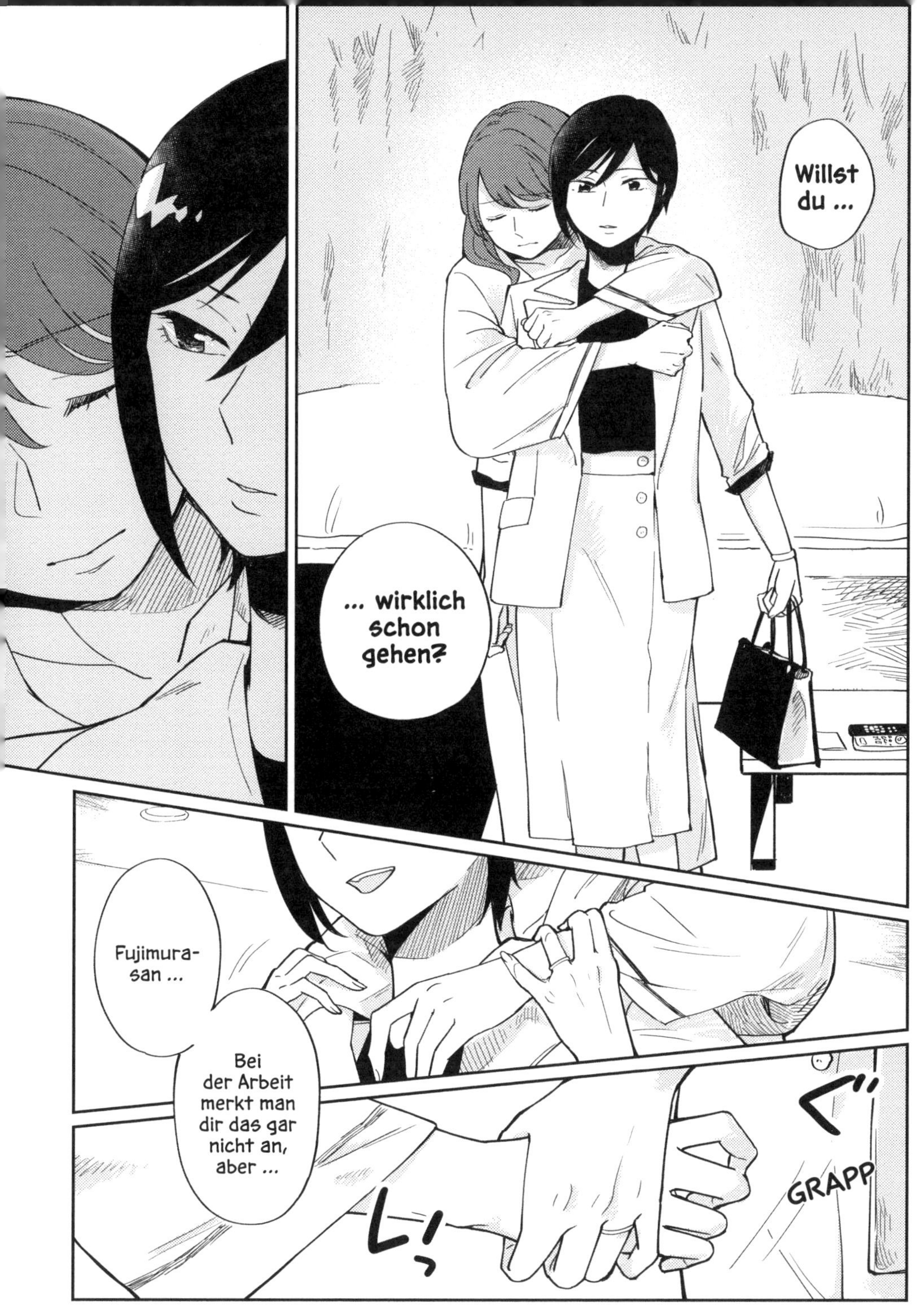
Willst du ...
... wirklich schon gehen?
Fujimura-san ...
Bei der Arbeit merkt man dir das gar nicht an, aber ...
GRAPP

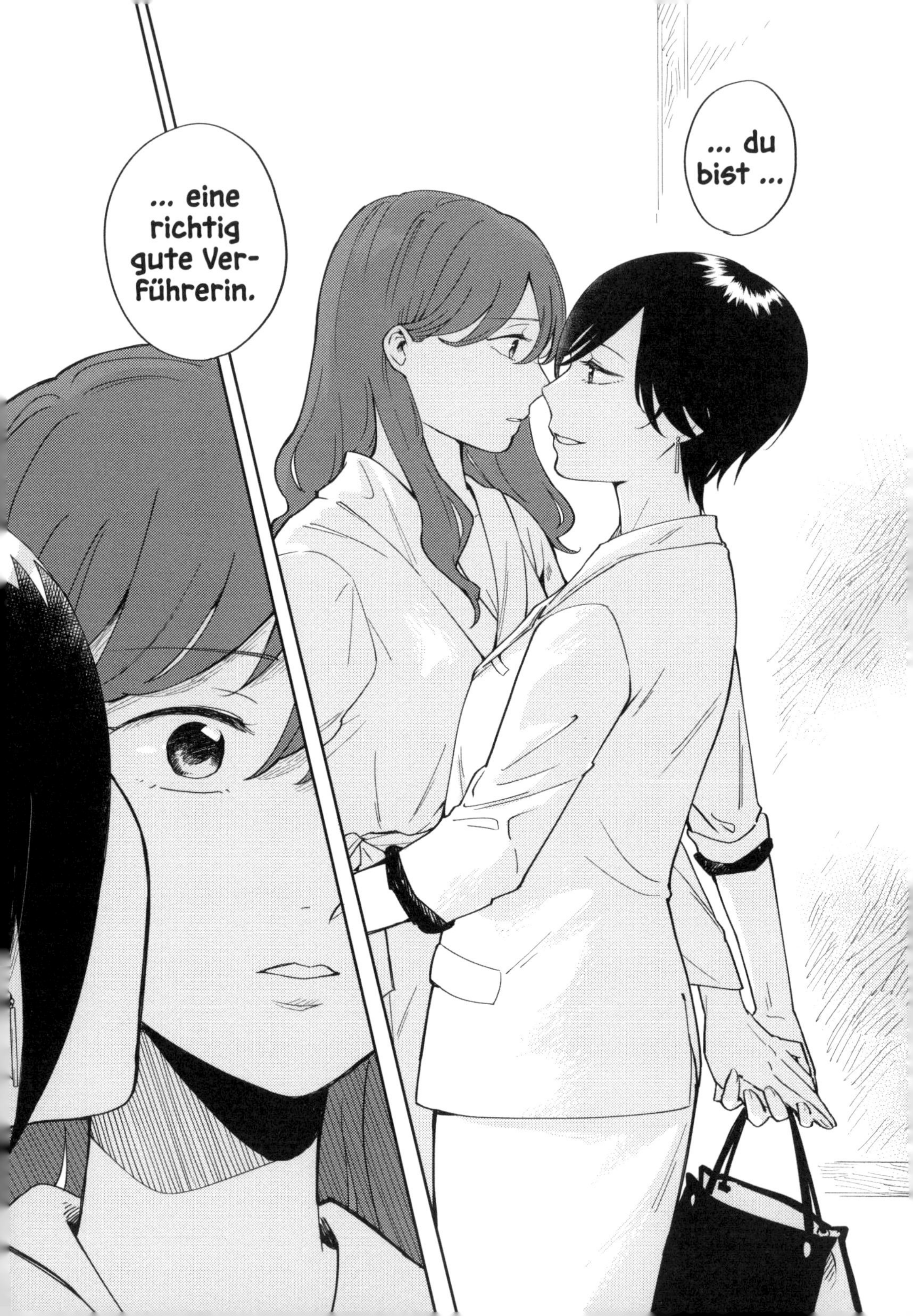
... du bist ...
... eine richtig gute Verführerin.

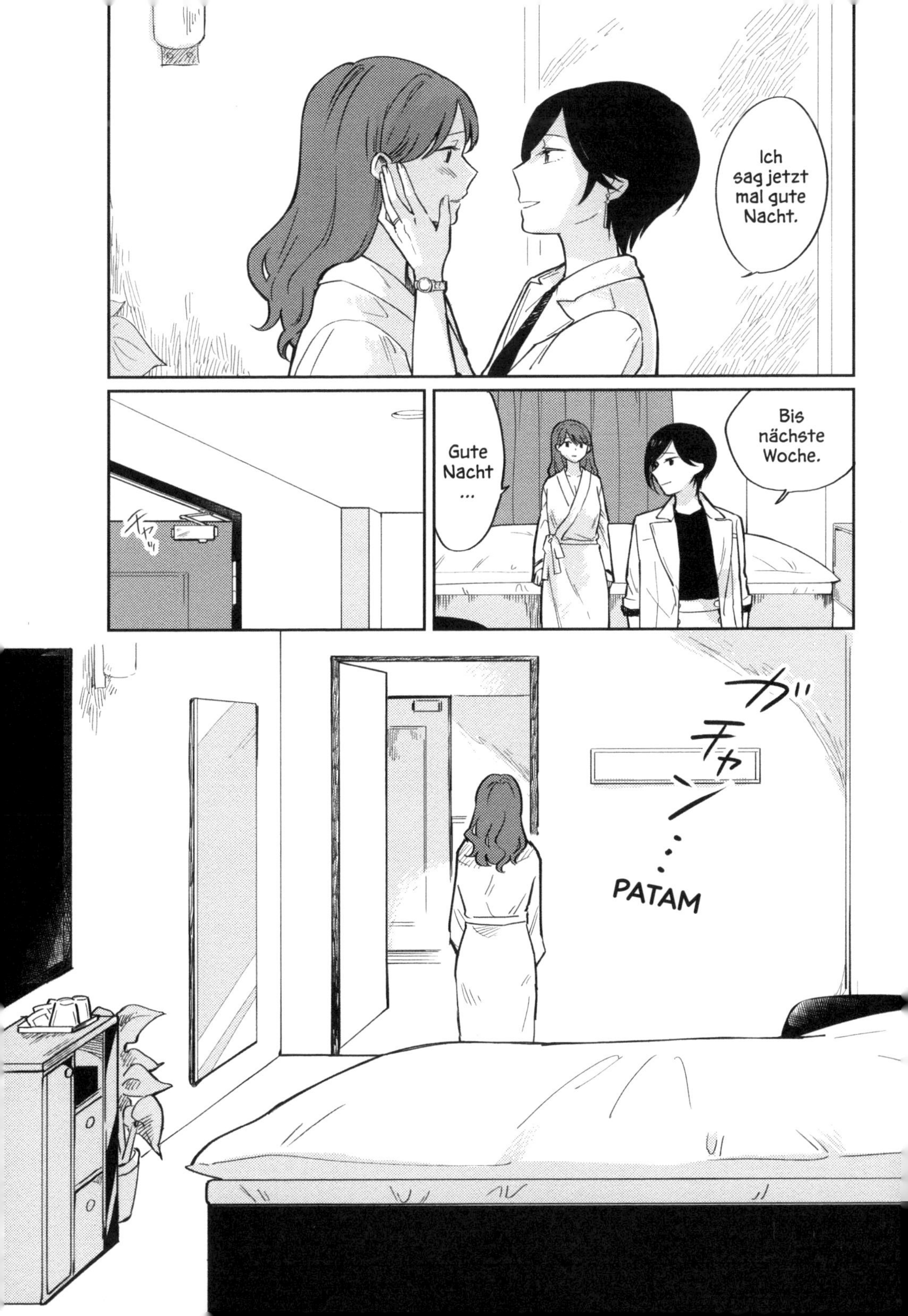
Ich sag jetzt mal gute Nacht.
Bis nächste Woche.
Gute Nacht ...
PATAM

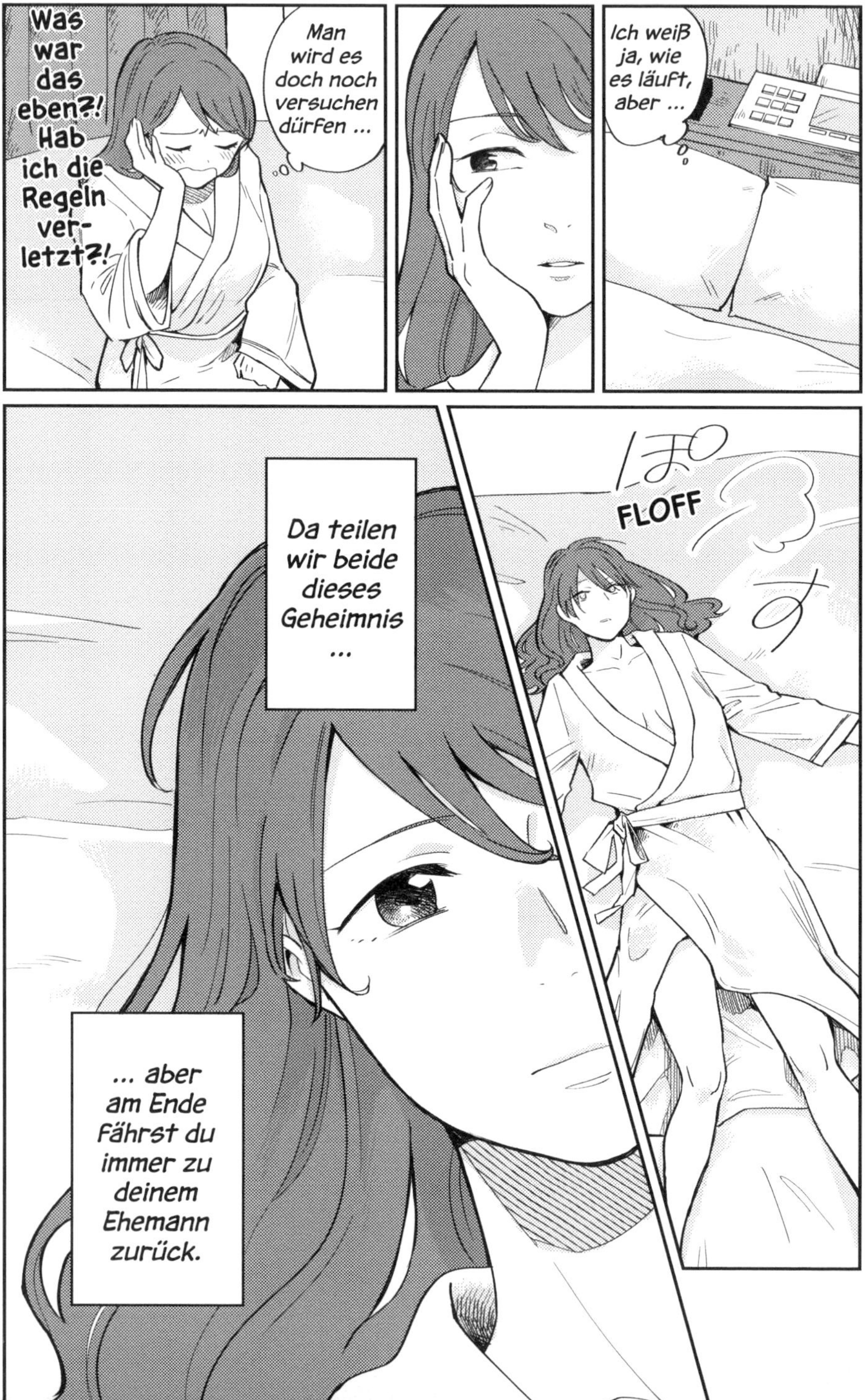

Ich weiß ja, wie es läuft, aber ...
Man wird es doch noch versuchen dürfen ...
Was war das eben?! Hab ich die Regeln ver-letzt?!
FLOFF
Da teilen wir beide dieses Geheimnis ...
... aber am Ende fährst du immer zu deinem Ehemann zurück.

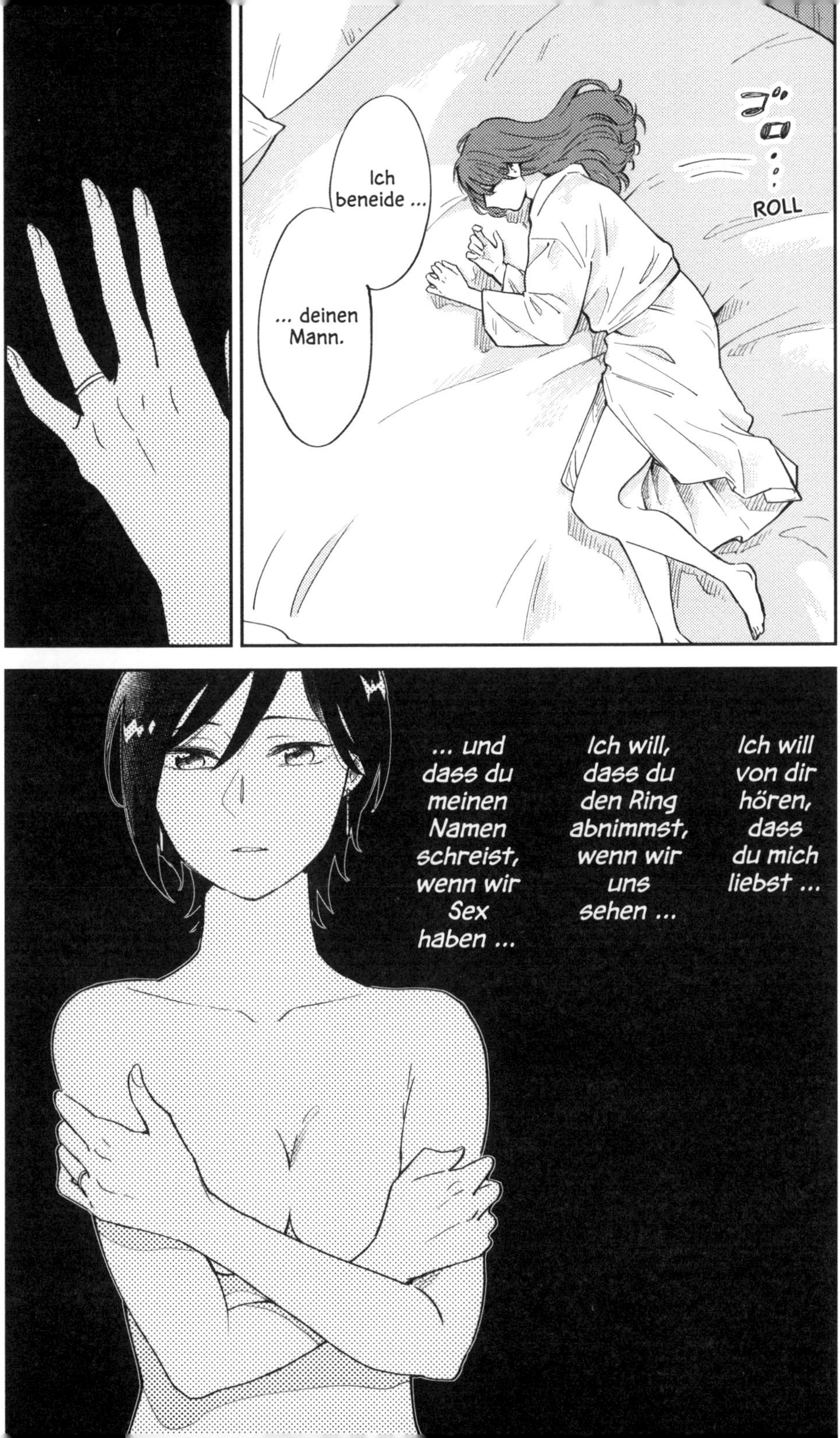
ゴロ…
ROLL
Ich beneide ...
... deinen Mann.
Ich will von dir hören, dass du mich liebst ...
Ich will, dass du den Ring abnimmst, wenn wir uns sehen ...
... und dass du meinen Namen schreist, wenn wir Sex haben ...

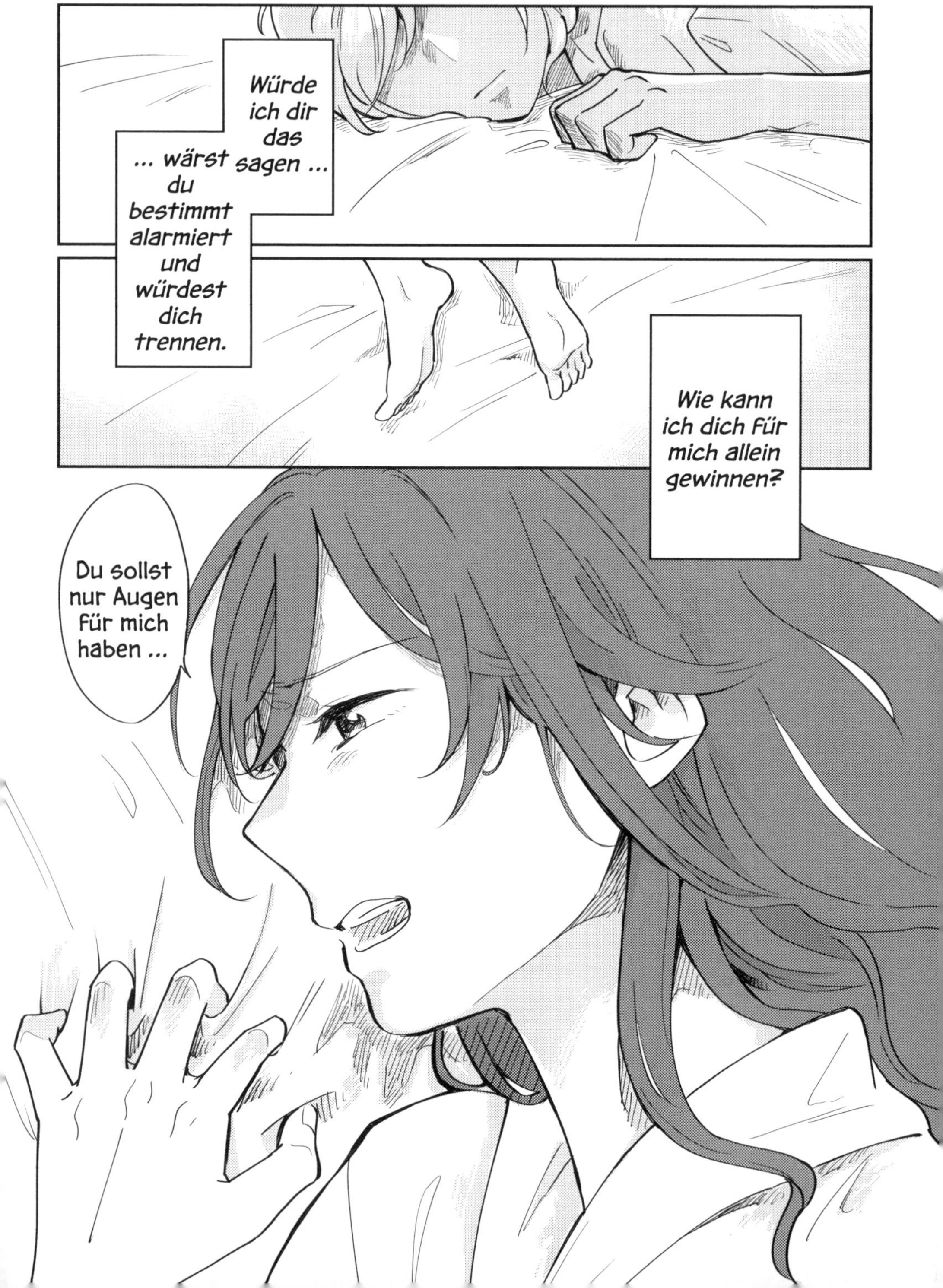

Würde ich dir das sagen ...
... wärst du bestimmt alarmiert und würdest dich trennen.
Wie kann ich dich für mich allein gewinnen?
Du sollst nur Augen für mich haben ...

KAPITEL 2: EINFACH BENEIDENSWERT

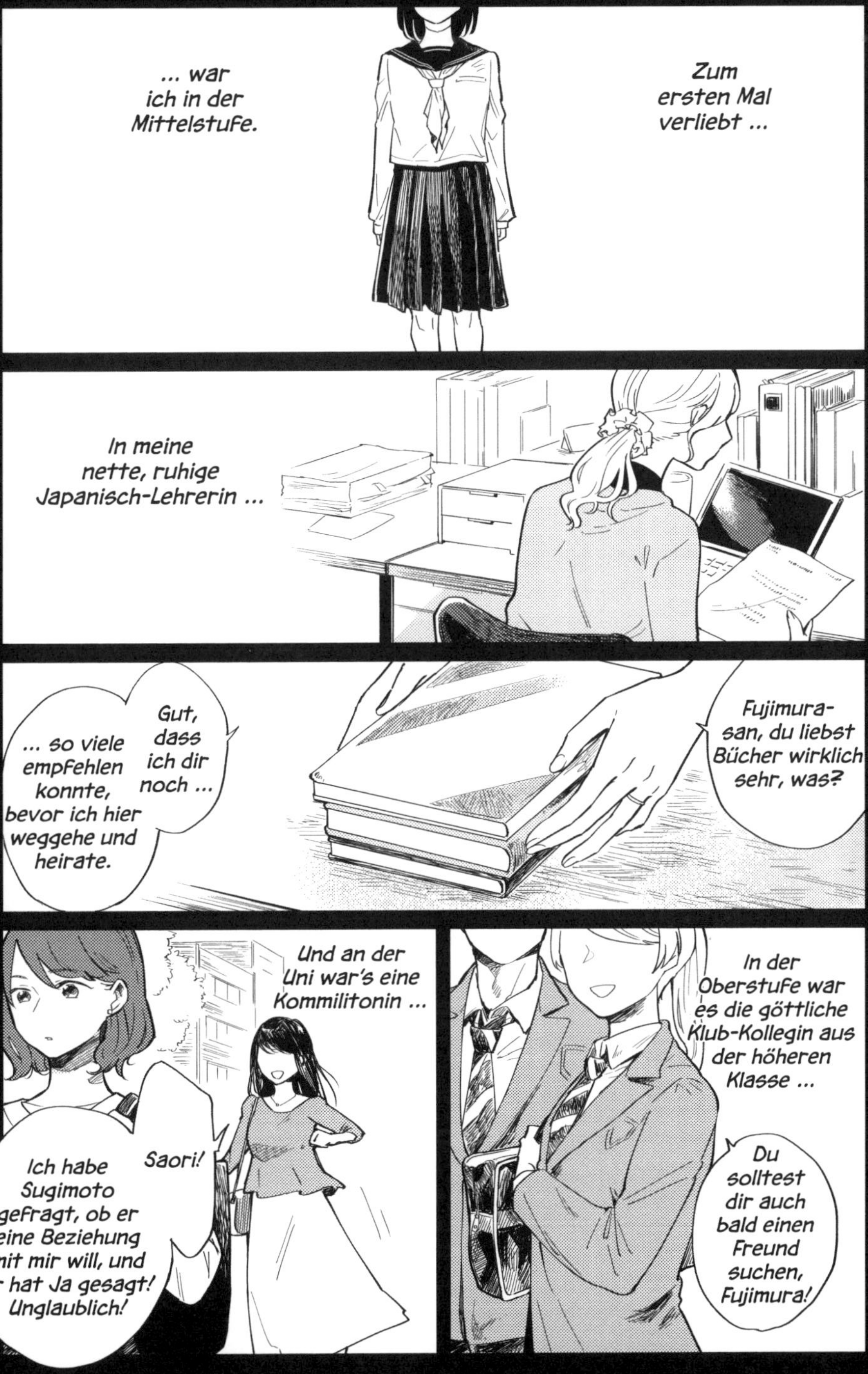

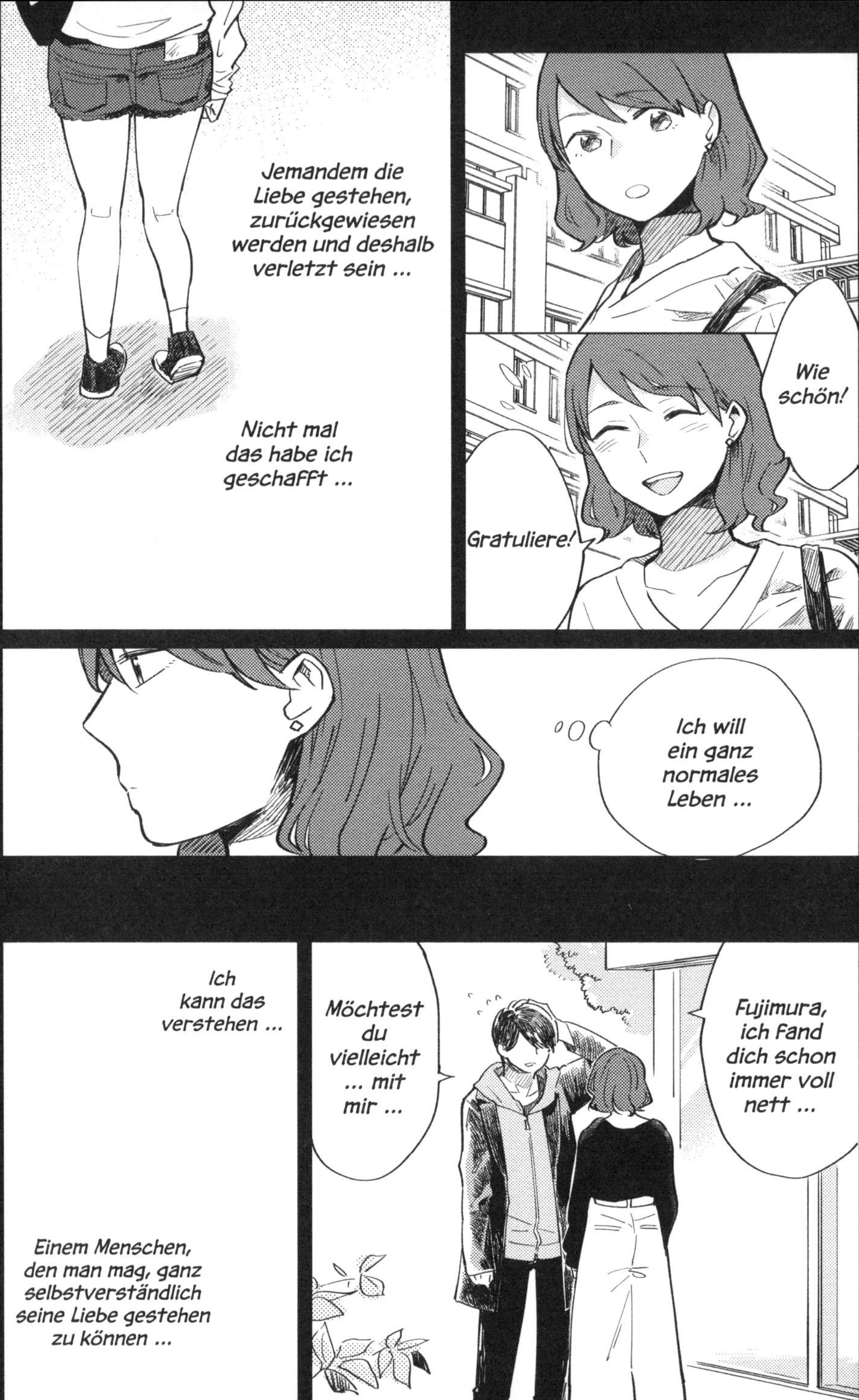
Wie schön!
Gratuliere!
Jemandem die Liebe gestehen, zurückgewiesen werden und deshalb verletzt sein ...
Nicht mal das habe ich geschafft ...
Ich will ein ganz normales Leben ...
Fujimura, ich fand dich schon immer voll nett ...
Möchtest du vielleicht ... mit mir ...
Ich kann das verstehen ...
Einem Menschen, den man mag, ganz selbstverständlich seine Liebe gestehen zu können ...

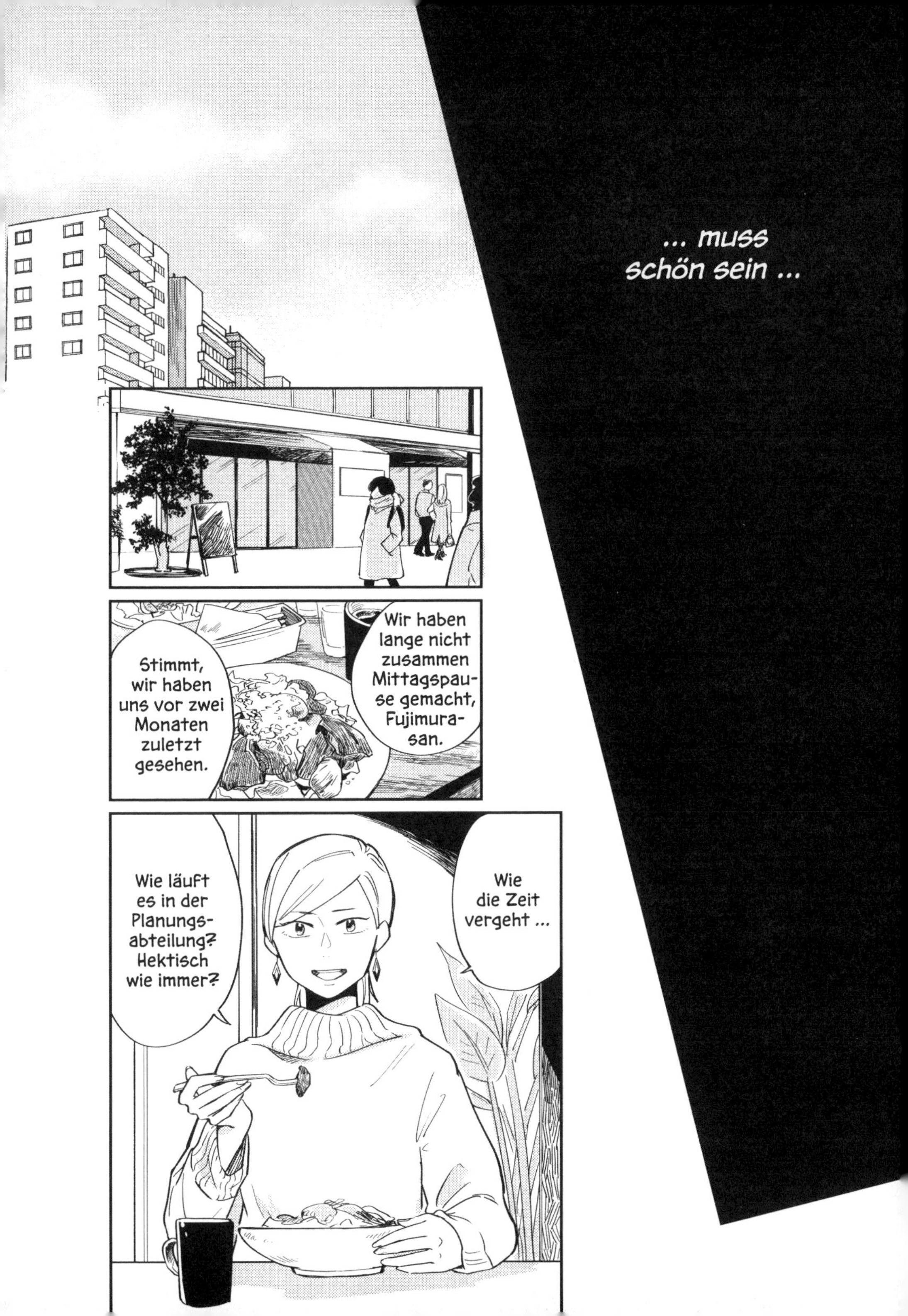
... muss
schön sein ...
Wir haben lange nicht zusammen Mittagspause gemacht, Fujimura-san.
Stimmt, wir haben uns vor zwei Monaten zuletzt gesehen.
Wie die Zeit vergeht ...
Wie läuft es in der Planungsabteilung? Hektisch wie immer?

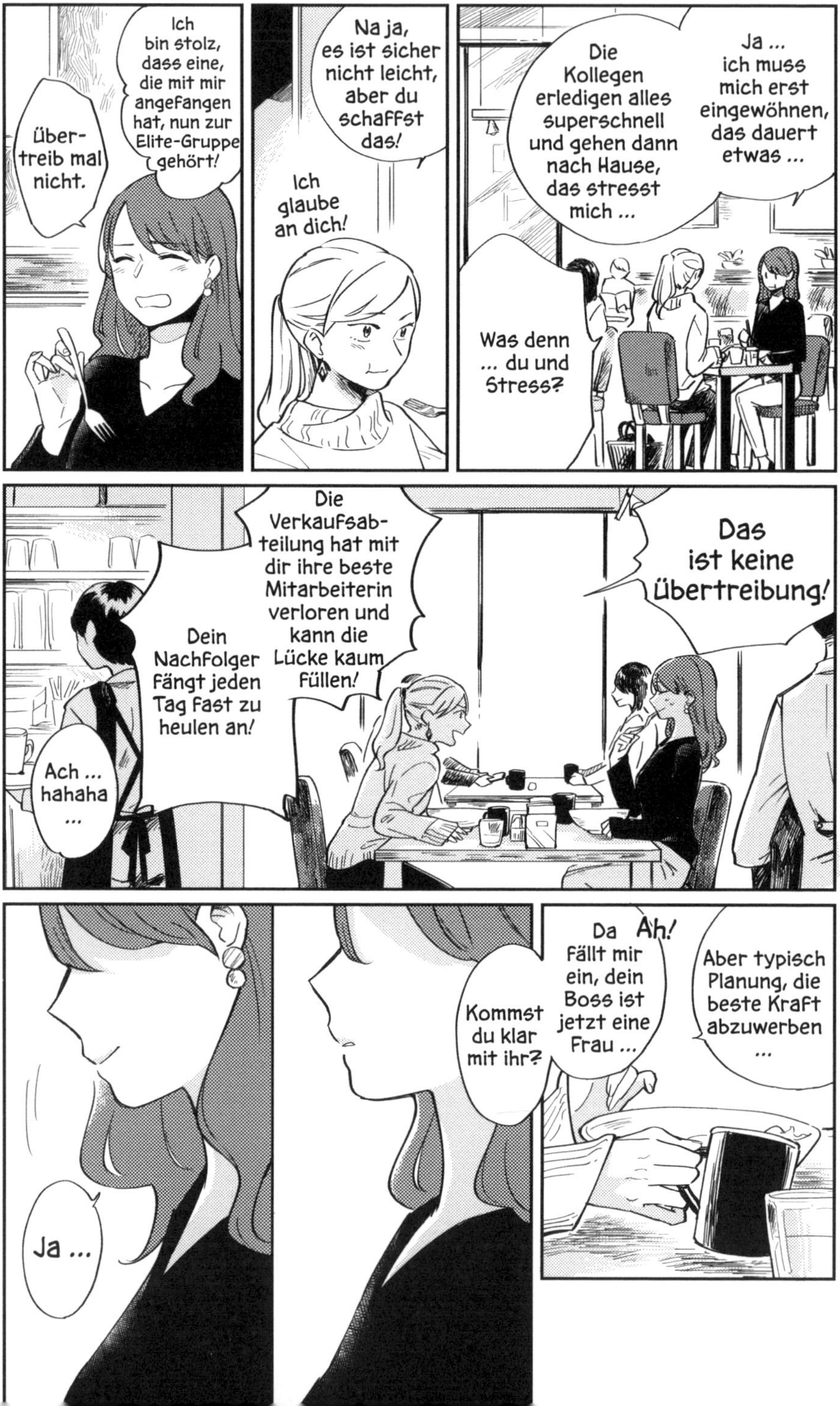

Ja ... ich muss mich erst eingewöhnen, das dauert etwas ...
Die Kollegen erledigen alles superschnell und gehen dann nach Hause, das stresst mich ...
Was denn ... du und Stress?
Na ja, es ist sicher nicht leicht, aber du schaffst das!
Ich glaube an dich!
Ich bin stolz, dass eine, die mit mir angefangen hat, nun zur Elite-Gruppe gehört!
Über-treib mal nicht.
Das ist keine Übertreibung!
Die Verkaufsab-teilung hat mit dir ihre beste Mitarbeiterin verloren und kann die Lücke kaum füllen!
Dein Nachfolger fängt jeden Tag fast zu heulen an!
Ach ... hahaha ...
Aber typisch Planung, die beste Kraft abzuwerben ...
Ah!
Da fällt mir ein, dein Boss ist jetzt eine Frau ...
Kommst du klar mit ihr?
Ja ...

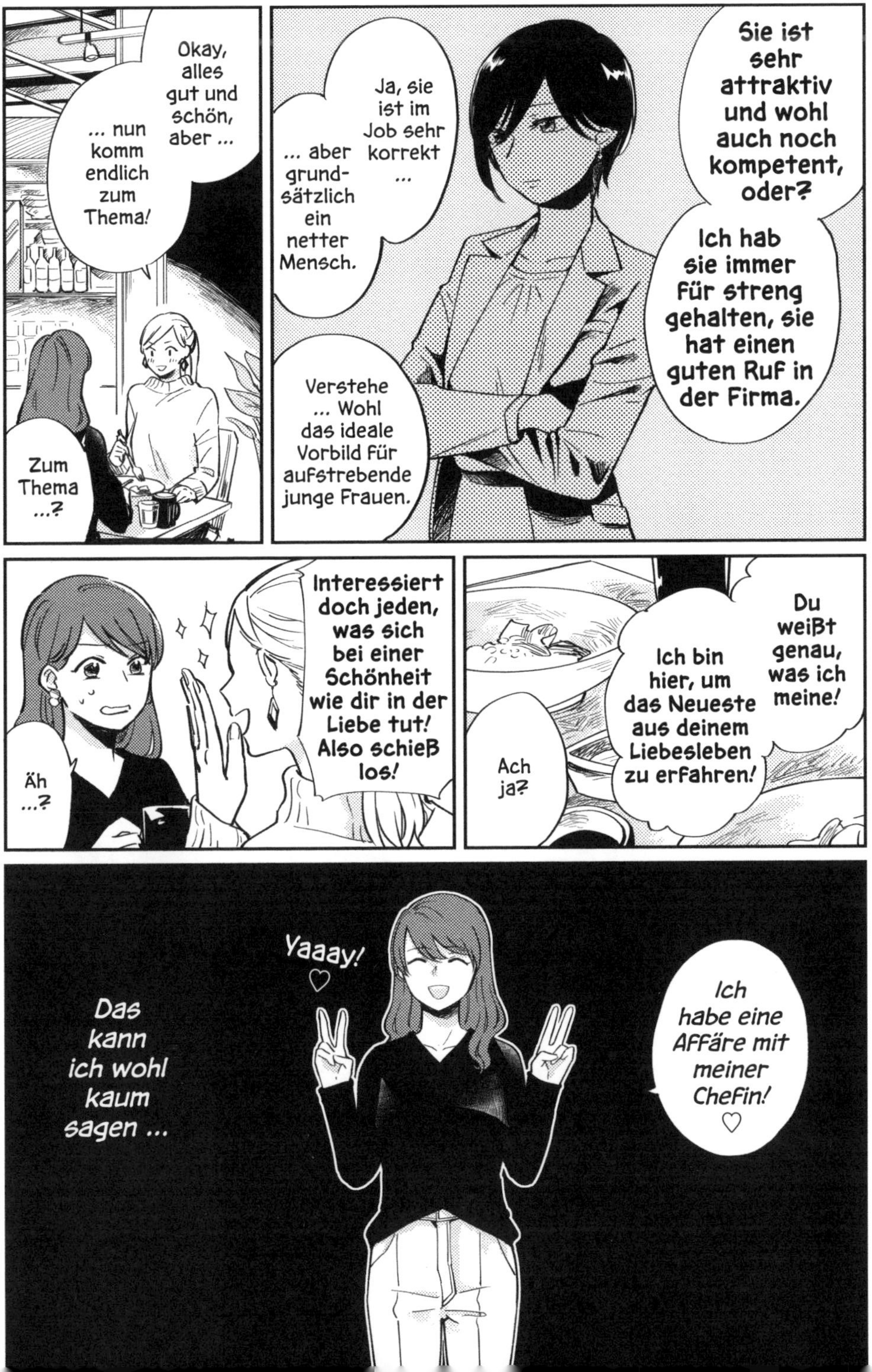

Sie ist sehr attraktiv und wohl auch noch kompetent, oder?
Ich hab sie immer für streng gehalten, sie hat einen guten Ruf in der Firma.
Ja, sie ist im Job sehr korrekt ...
... aber grund-sätzlich ein netter Mensch.
Verstehe ... Wohl das ideale Vorbild für aufstrebende junge Frauen.
Okay, alles gut und schön, aber ...
... nun komm endlich zum Thema!
Zum Thema ...?
Du weißt genau, was ich meine!
Ich bin hier, um das Neueste aus deinem Liebesleben zu erfahren!
Ach ja?
Interessiert doch jeden, was sich bei einer Schönheit wie dir in der Liebe tut! Also schieß los!
Äh ...?
Ich habe eine Affäre mit meiner Chefin! ♡
Yaaay! ♡
Das kann ich wohl kaum sagen ...

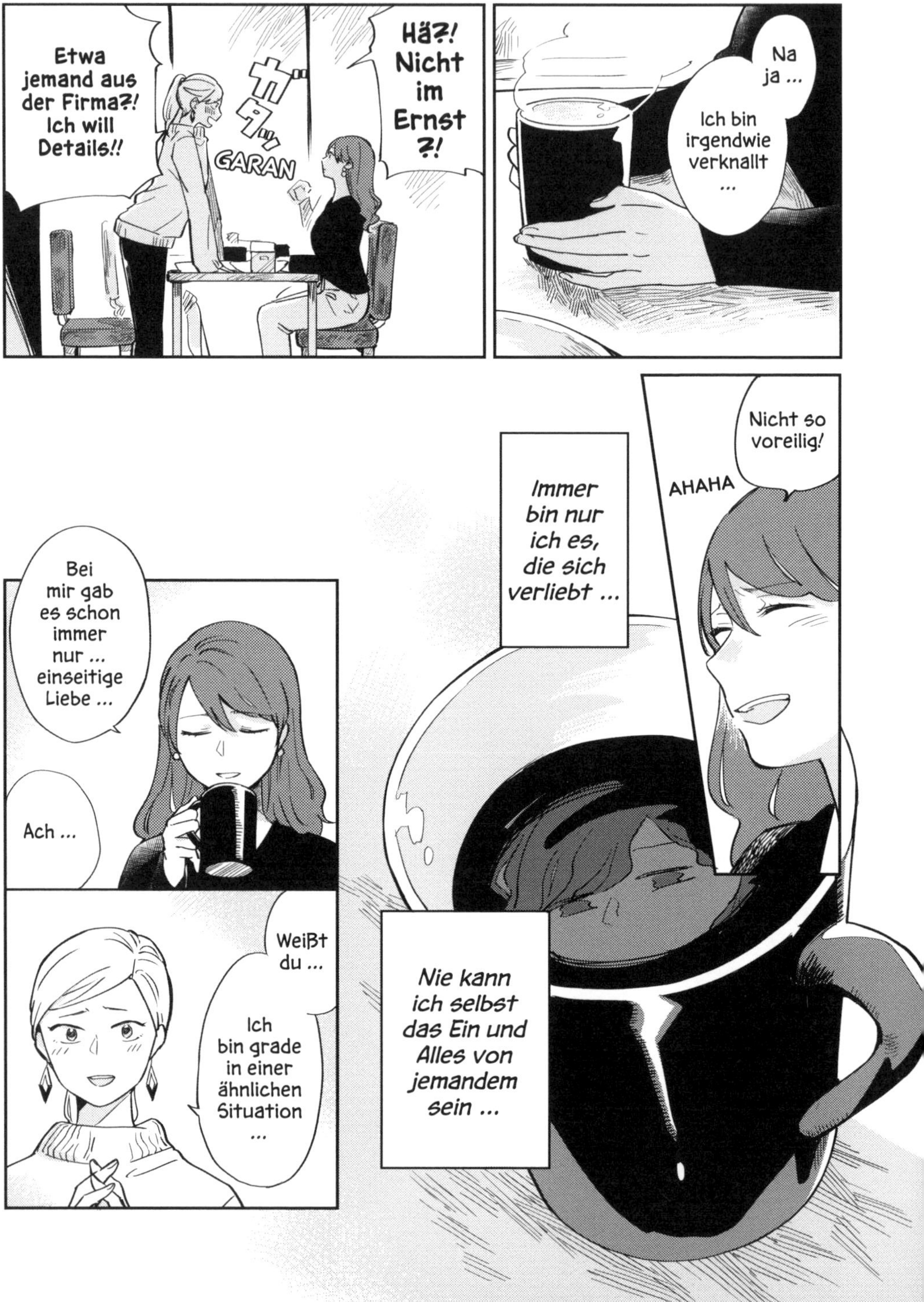
Na ja …
Ich bin irgendwie verknallt …
Hä?! Nicht im Ernst?!
ガタッ
GARAN
Etwa jemand aus der Firma?! Ich will Details!!
Nicht so voreilig!
AHAHA
Immer bin nur ich es, die sich verliebt …
Bei mir gab es schon immer nur … einseitige Liebe …
Ach …
Nie kann ich selbst das Ein und Alles von jemandem sein …
Weißt du …
Ich bin grade in einer ähnlichen Situation …

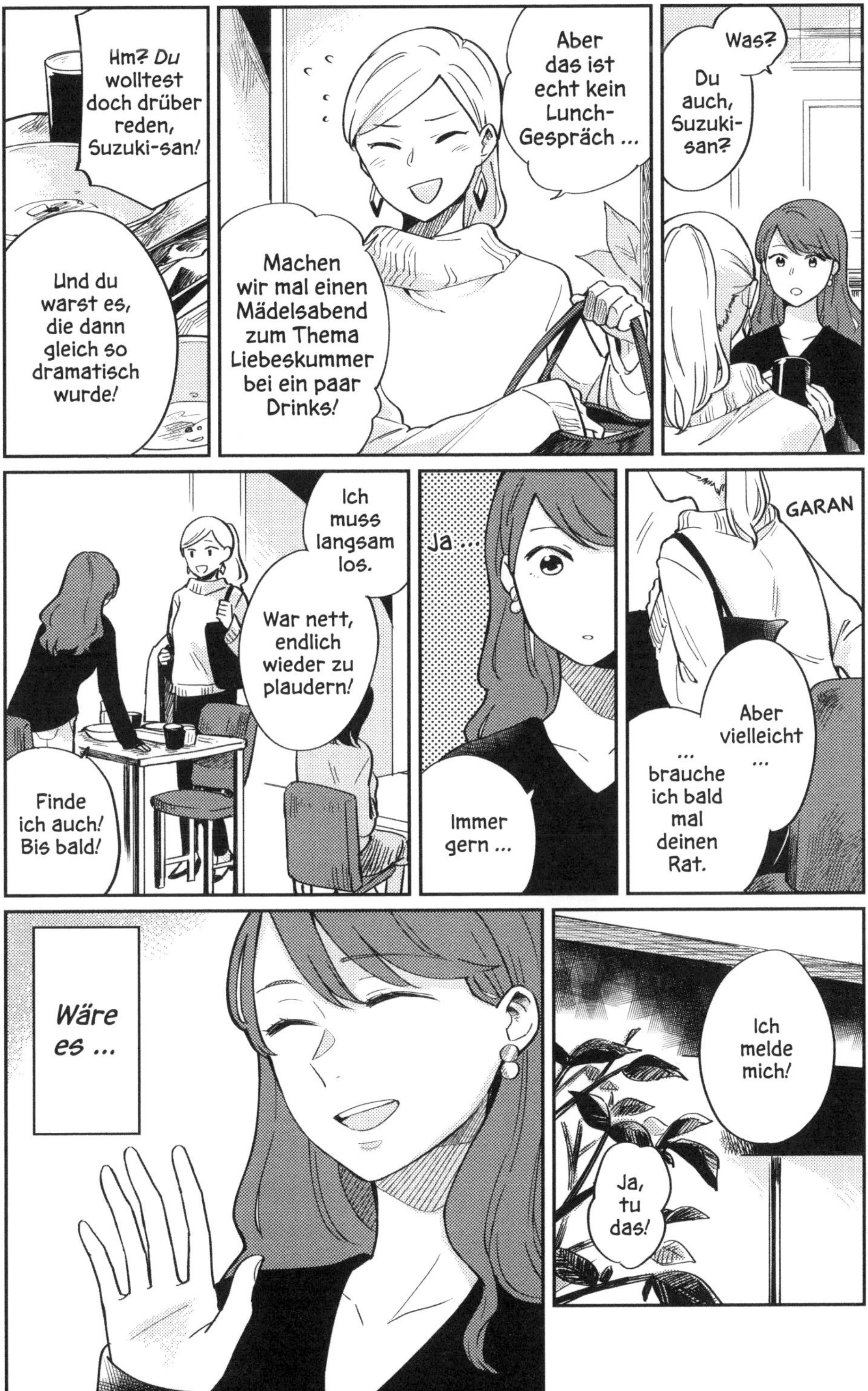
Was?
Du auch, Suzuki-san?
Aber das ist echt kein Lunch-Gespräch ...
Machen wir mal einen Mädelsabend zum Thema Liebeskummer bei ein paar Drinks!
Hm? *Du* wolltest doch drüber reden, Suzuki-san!
Und du warst es, die dann gleich so dramatisch wurde!
GARAN
Aber vielleicht ... ... brauche ich bald mal deinen Rat.
Ja ...
Immer gern ...
Ich muss langsam los.
War nett, endlich wieder zu plaudern!
Finde ich auch! Bis bald!
Ich melde mich!
Ja, tu das!
Wäre es ...

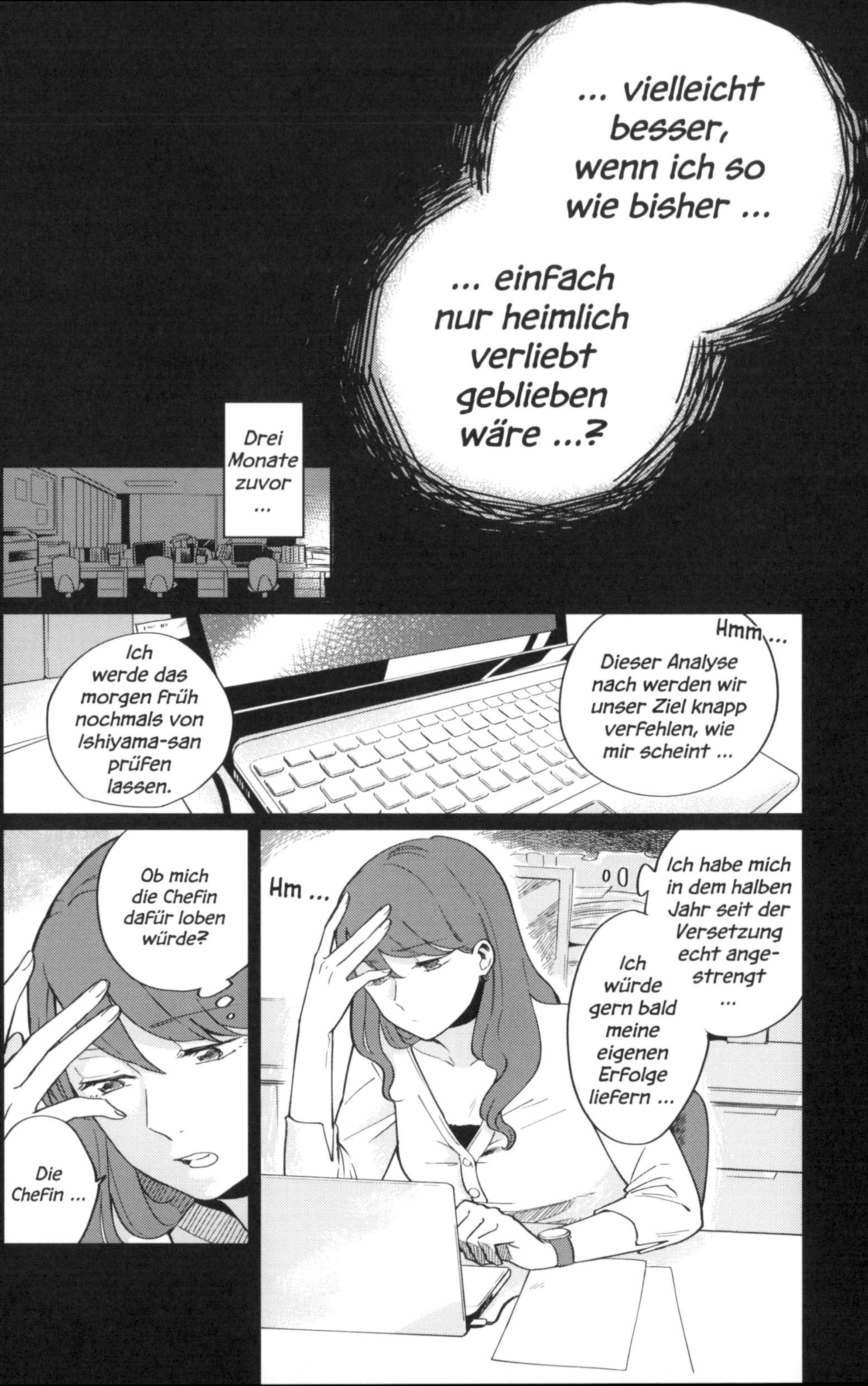
... vielleicht besser, wenn ich so wie bisher ...
... einfach nur heimlich verliebt geblieben wäre ...?
Drei Monate zuvor ...
Hmm ...
Dieser Analyse nach werden wir unser Ziel knapp verfehlen, wie mir scheint ...
Ich werde das morgen früh nochmals von Ishiyama-san prüfen lassen.
Ich habe mich in dem halben Jahr seit der Versetzung echt ange-strengt ...
Ich würde gern bald meine eigenen Erfolge liefern ...
Hm ...
Ob mich die Chefin dafür loben würde?
Die Chefin ...

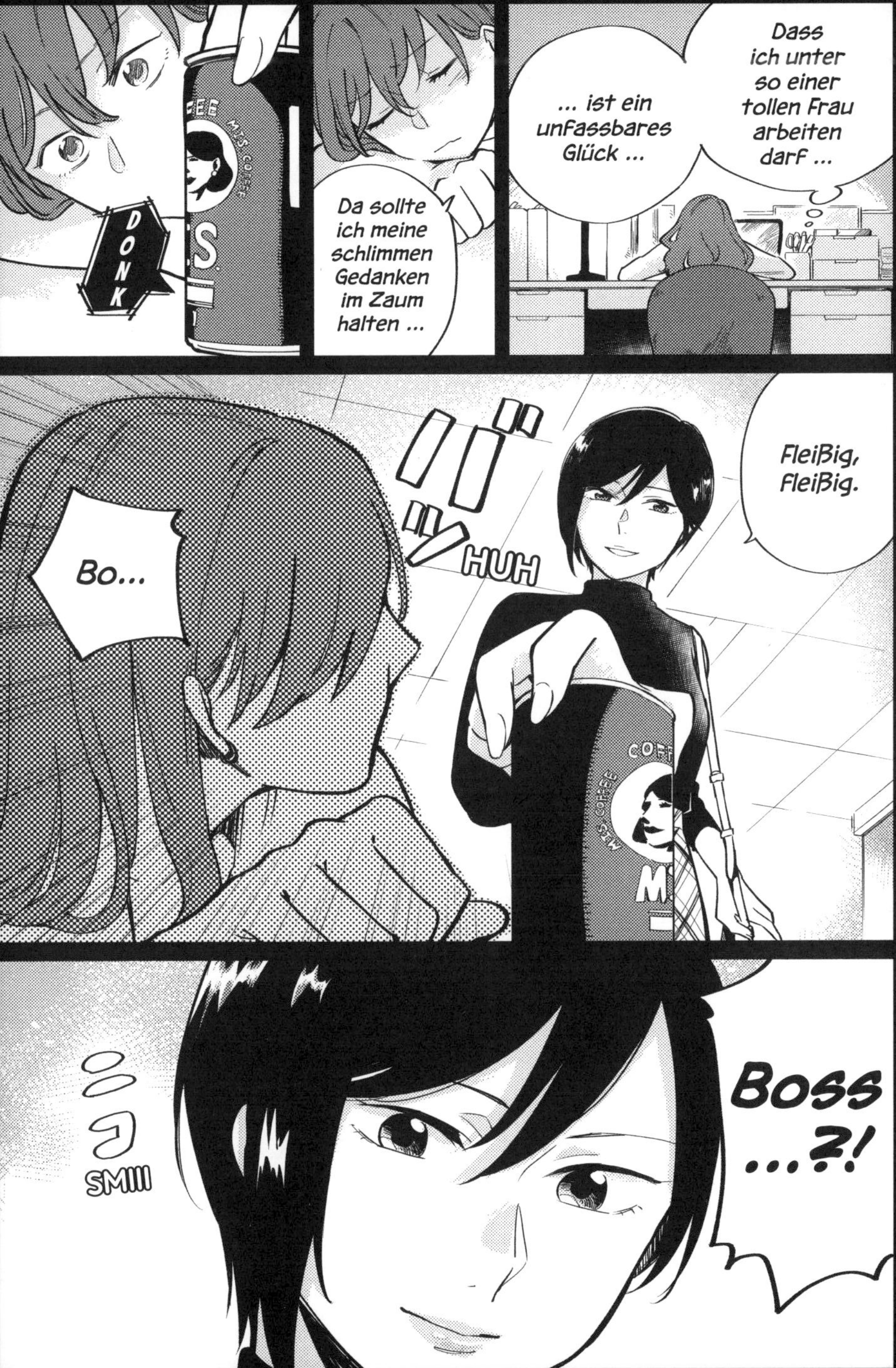

Dass ich unter so einer tollen Frau arbeiten darf ...
... ist ein unfassbares Glück ...
Da sollte ich meine schlimmen Gedanken im Zaum halten ...
DONK
Fleißig, Fleißig.
HUH
Bo...
Boss ...?!
SMIIII

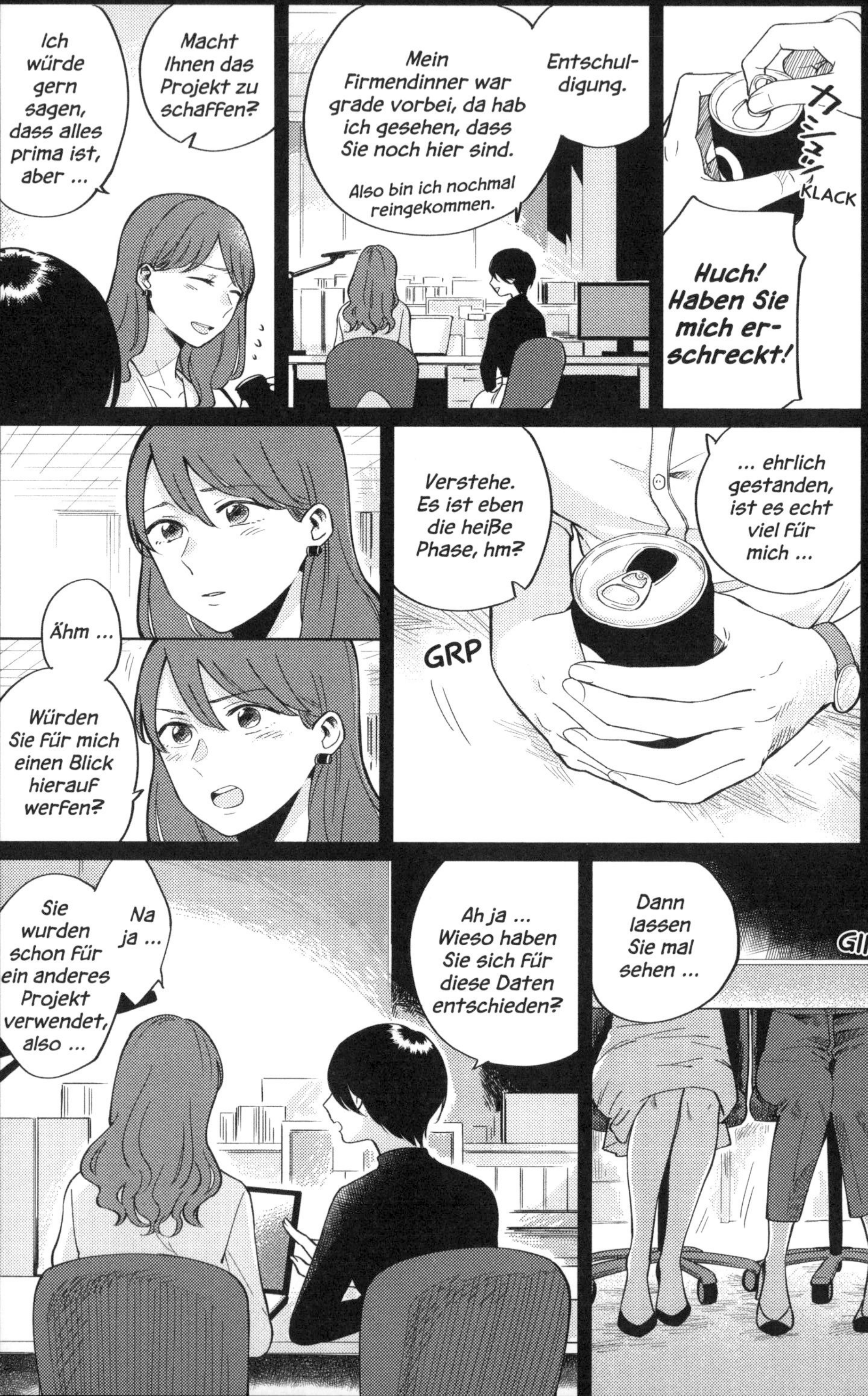
KLACK
Huch! Haben Sie mich erschreckt!
Entschuldigung.
Mein Firmendinner war grade vorbei, da hab ich gesehen, dass Sie noch hier sind.
Also bin ich nochmal reingekommen.
Macht Ihnen das Projekt zu schaffen?
Ich würde gern sagen, dass alles prima ist, aber ...
... ehrlich gestanden, ist es echt viel für mich ...
Verstehe. Es ist eben die heiße Phase, hm?
GRP
Ähm ...
Würden Sie für mich einen Blick hierauf werfen?
Dann lassen Sie mal sehen ...
GIII
Ah ja ... Wieso haben Sie sich für diese Daten entschieden?
Na ja ...
Sie wurden schon für ein anderes Projekt verwendet, also ...

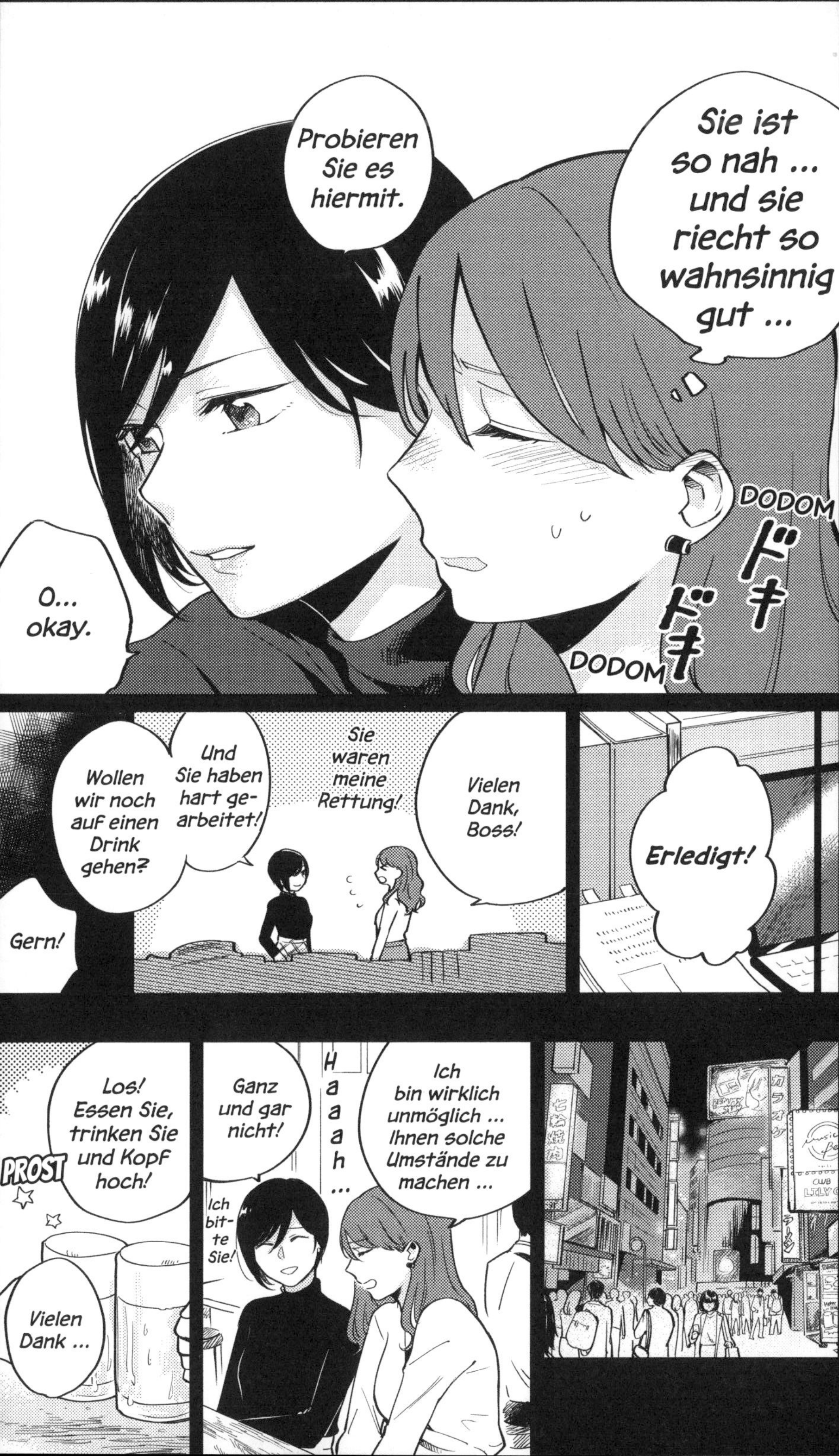
Sie ist so nah ... und sie riecht so wahnsinnig gut ...
Probieren Sie es hiermit.
DODOM ドキ
ドキ DODOM
O... okay.
Erledigt!
Vielen Dank, Boss!
Sie waren meine Rettung!
Und Sie haben hart gearbeitet!
Wollen wir noch auf einen Drink gehen?
Gern!
Ich bin wirklich unmöglich ... Ihnen solche Umstände zu machen ...
Haaaah ...
Ganz und gar nicht!
Ich bitte Sie!
Los! Essen Sie, trinken Sie und Kopf hoch!
PROST
Vielen Dank ...

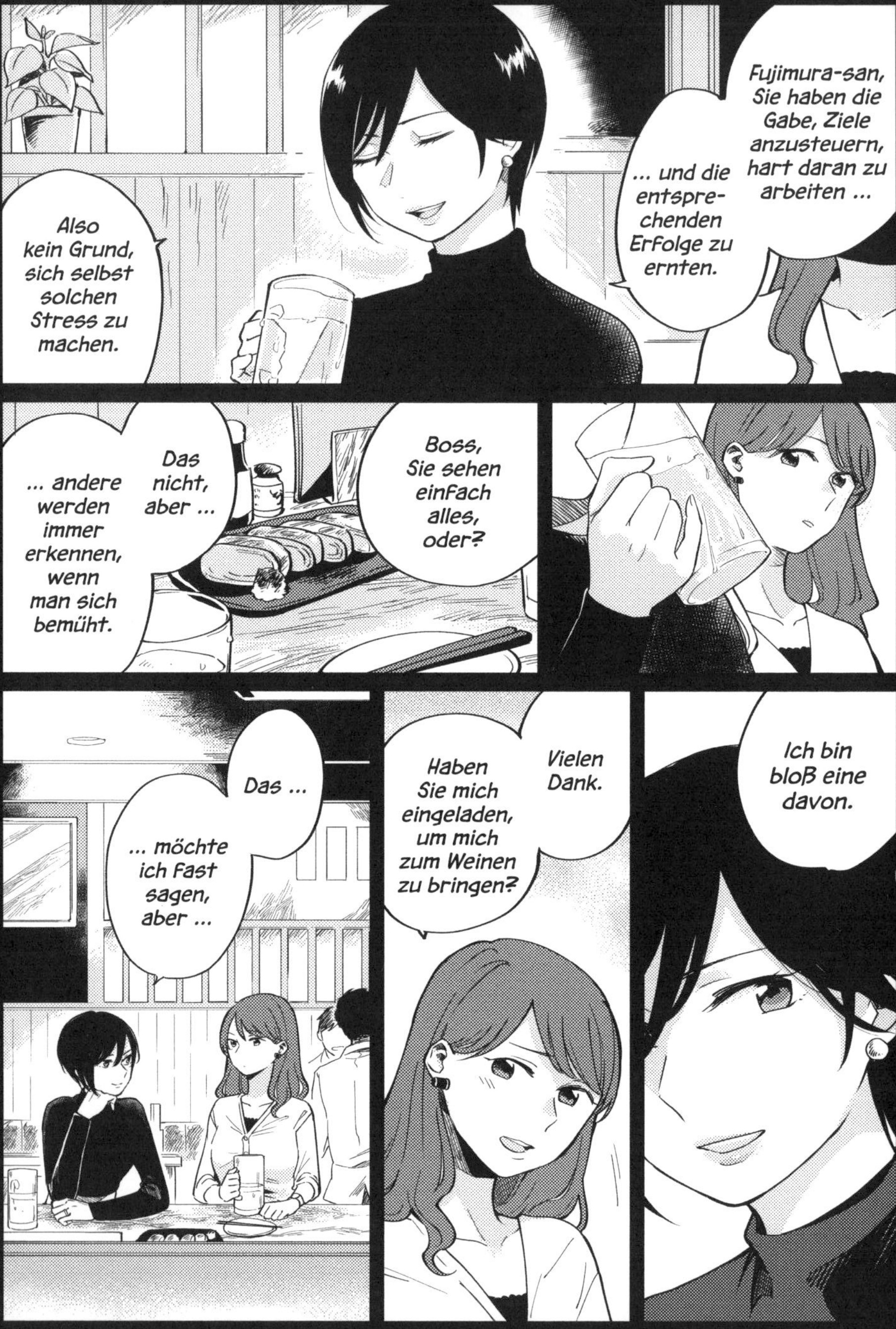
Fujimura-san, Sie haben die Gabe, Ziele anzusteuern, hart daran zu arbeiten ...
... und die entsprechenden Erfolge zu ernten.
Also kein Grund, sich selbst solchen Stress zu machen.
Boss, Sie sehen einfach alles, oder?
Das nicht, aber ...
... andere werden immer erkennen, wenn man sich bemüht.
Ich bin bloß eine davon.
Vielen Dank.
Haben Sie mich eingeladen, um mich zum Weinen zu bringen?
Das ...
... möchte ich fast sagen, aber ...

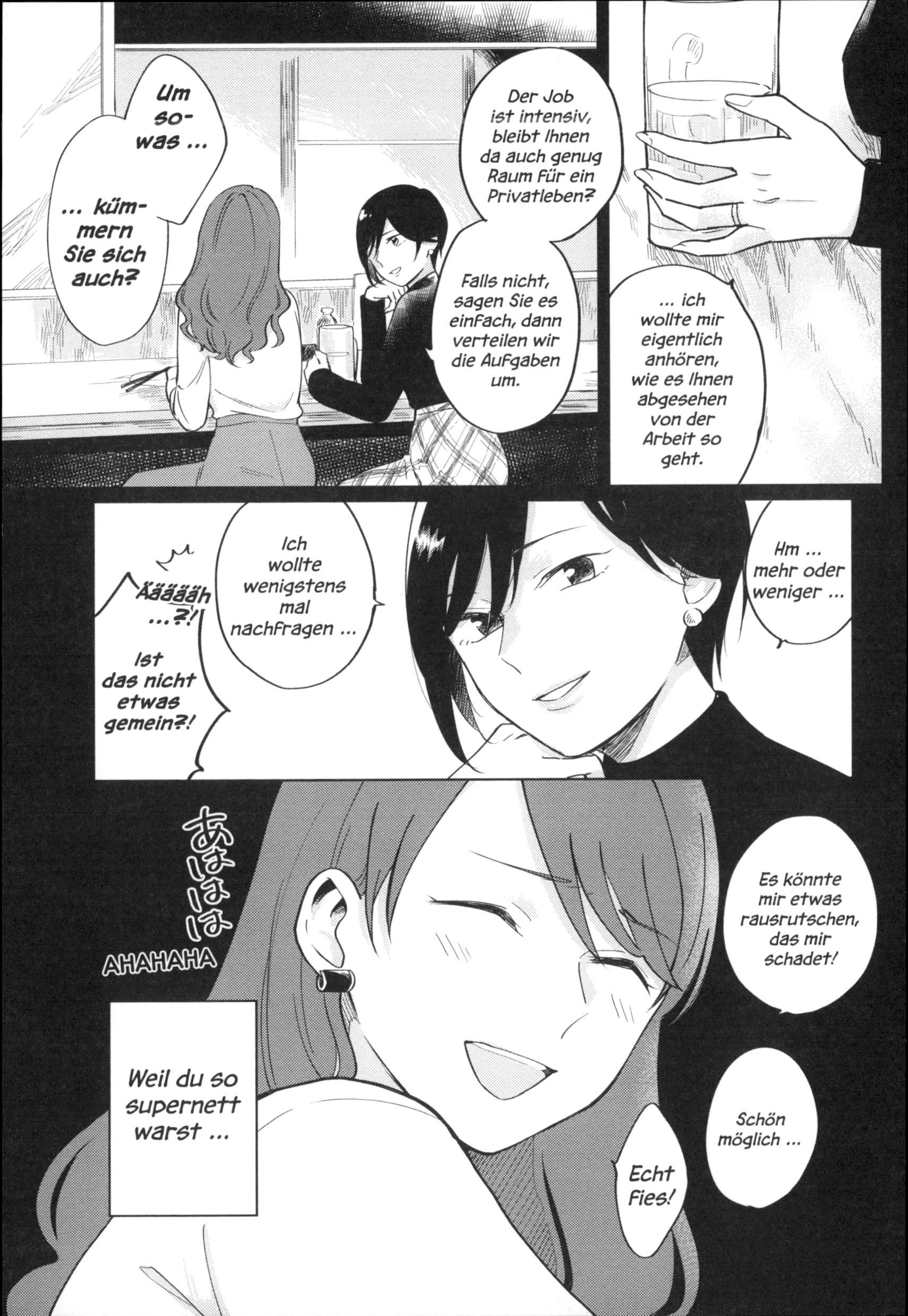
... ich wollte mir eigentlich anhören, wie es Ihnen abgesehen von der Arbeit so geht.
Der Job ist intensiv, bleibt Ihnen da auch genug Raum für ein Privatleben?
Falls nicht, sagen Sie es einfach, dann verteilen wir die Aufgaben um.
Um so-was ...
... kümmern Sie sich auch?
Hm ... mehr oder weniger ...
Ich wollte wenigstens mal nachfragen ...
Äääääh ...?!
Ist das nicht etwas gemein?!
あははは
AHAHAHA
Es könnte mir etwas rausrutschen, das mir schadet!
Schön möglich ...
Echt Fies!
Weil du so supernett warst ...

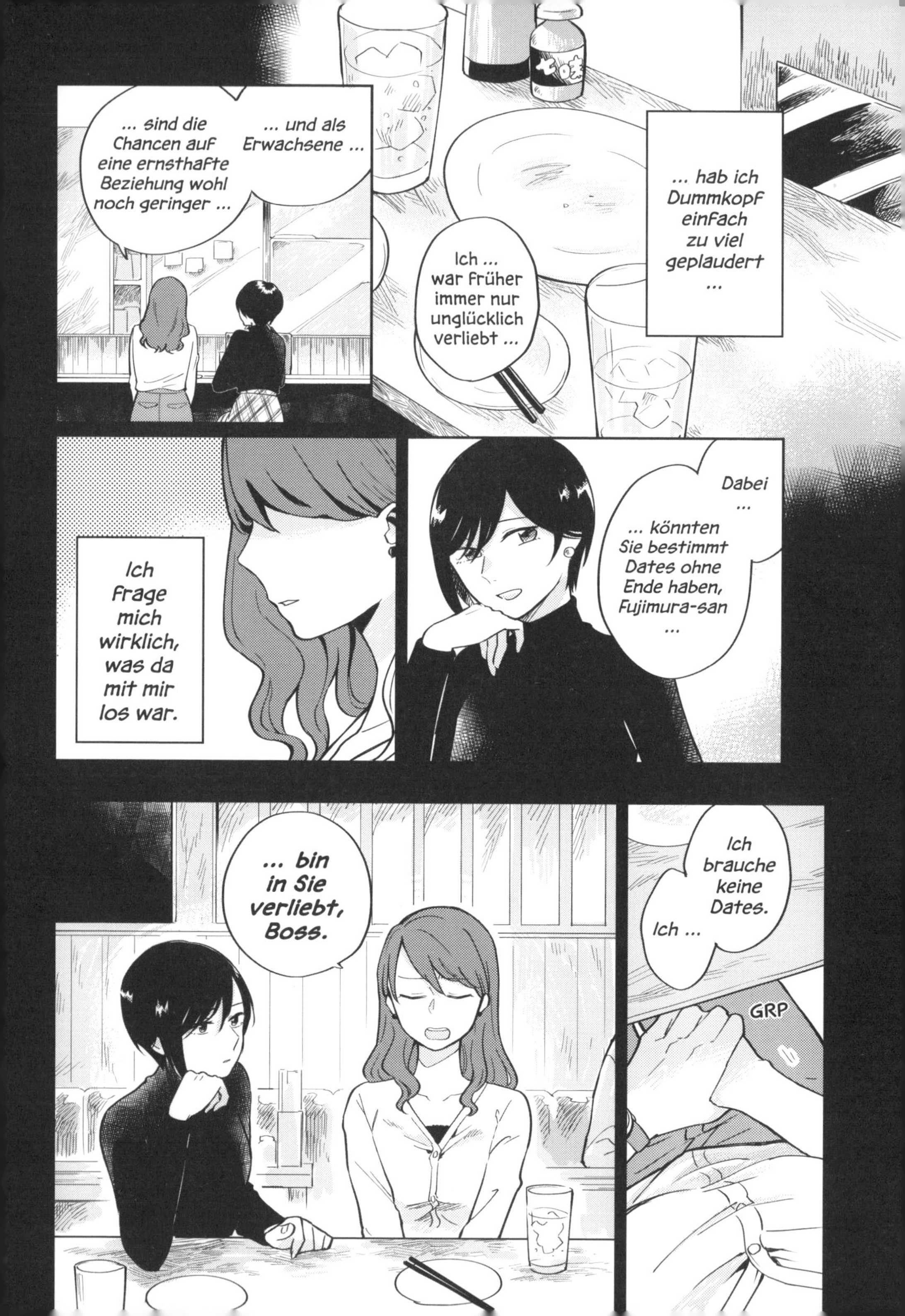

... hab ich Dummkopf einfach zu viel geplaudert ...
Ich ... war früher immer nur unglücklich verliebt ...
... und als Erwachsene ...
... sind die Chancen auf eine ernsthafte Beziehung wohl noch geringer ...
Dabei ...
... könnten Sie bestimmt Dates ohne Ende haben, Fujimura-san ...
Ich frage mich wirklich, was da mit mir los war.
Ich brauche keine Dates.
Ich ...
GRP
... bin in Sie verliebt, Boss.

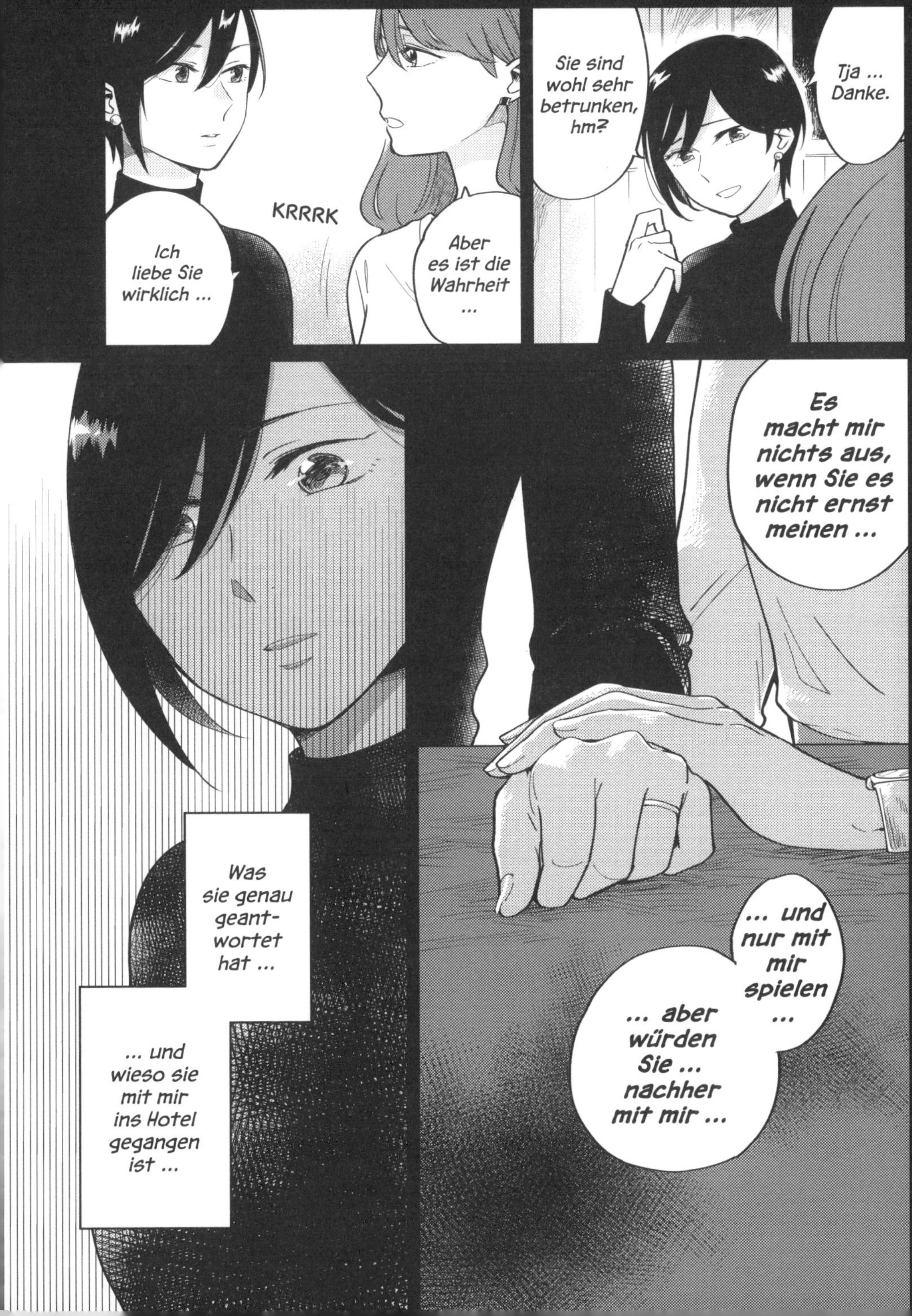
Tja ... Danke.
Sie sind wohl sehr betrunken, hm?
Aber es ist die Wahrheit ...
KRRRK
Ich liebe Sie wirklich ...
Es macht mir nichts aus, wenn Sie es nicht ernst meinen ...
... und nur mit mir spielen ...
... aber würden Sie ... nachher mit mir ...
Was sie genau geantwortet hat ...
... und wieso sie mit mir ins Hotel gegangen ist ...

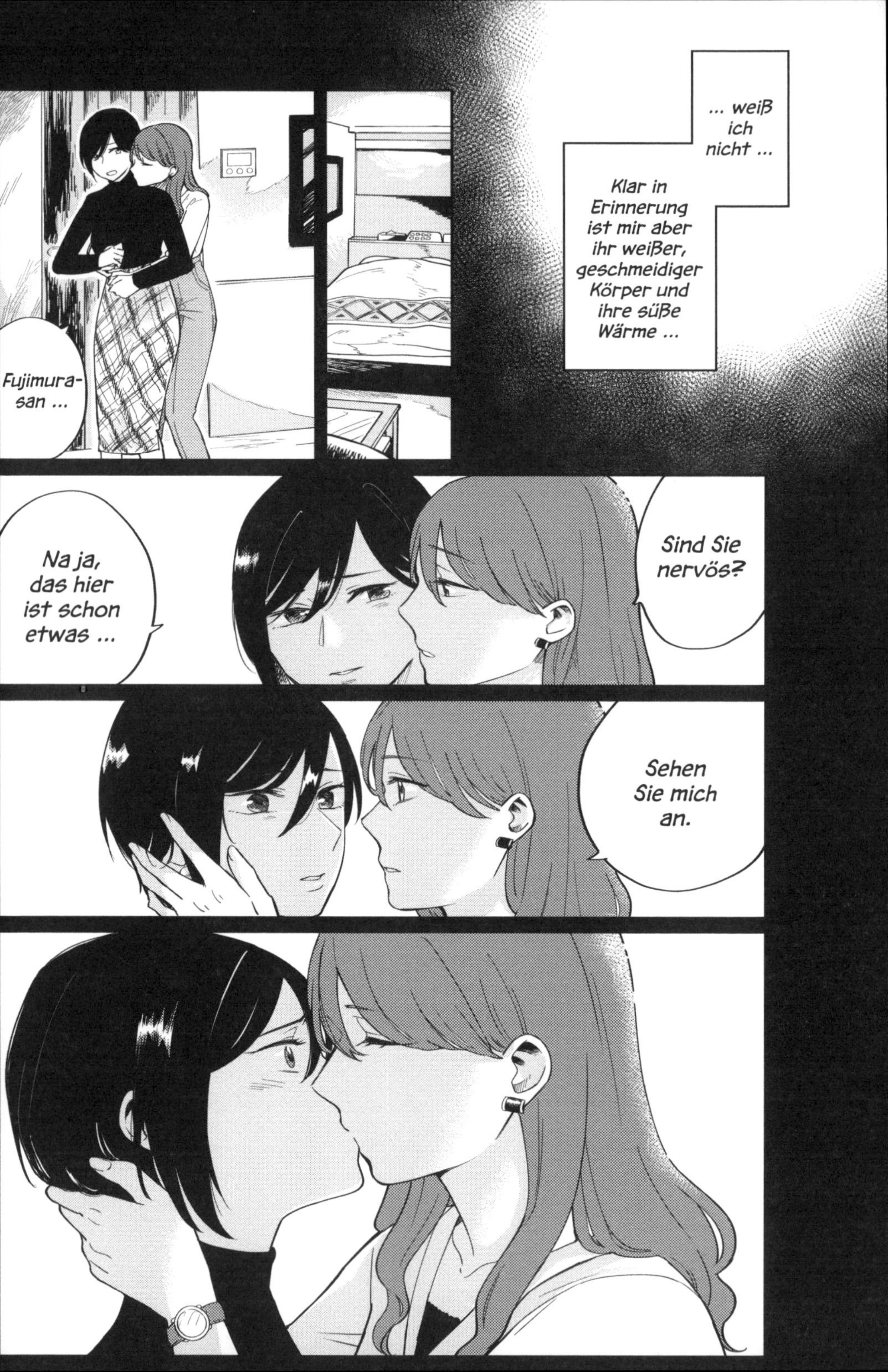
... weiß ich nicht ...
Klar in Erinnerung ist mir aber ihr weißer, geschmeidiger Körper und ihre süße Wärme ...
Fujimura-san ...
Sind Sie nervös?
Na ja, das hier ist schon etwas ...
Sehen Sie mich an.

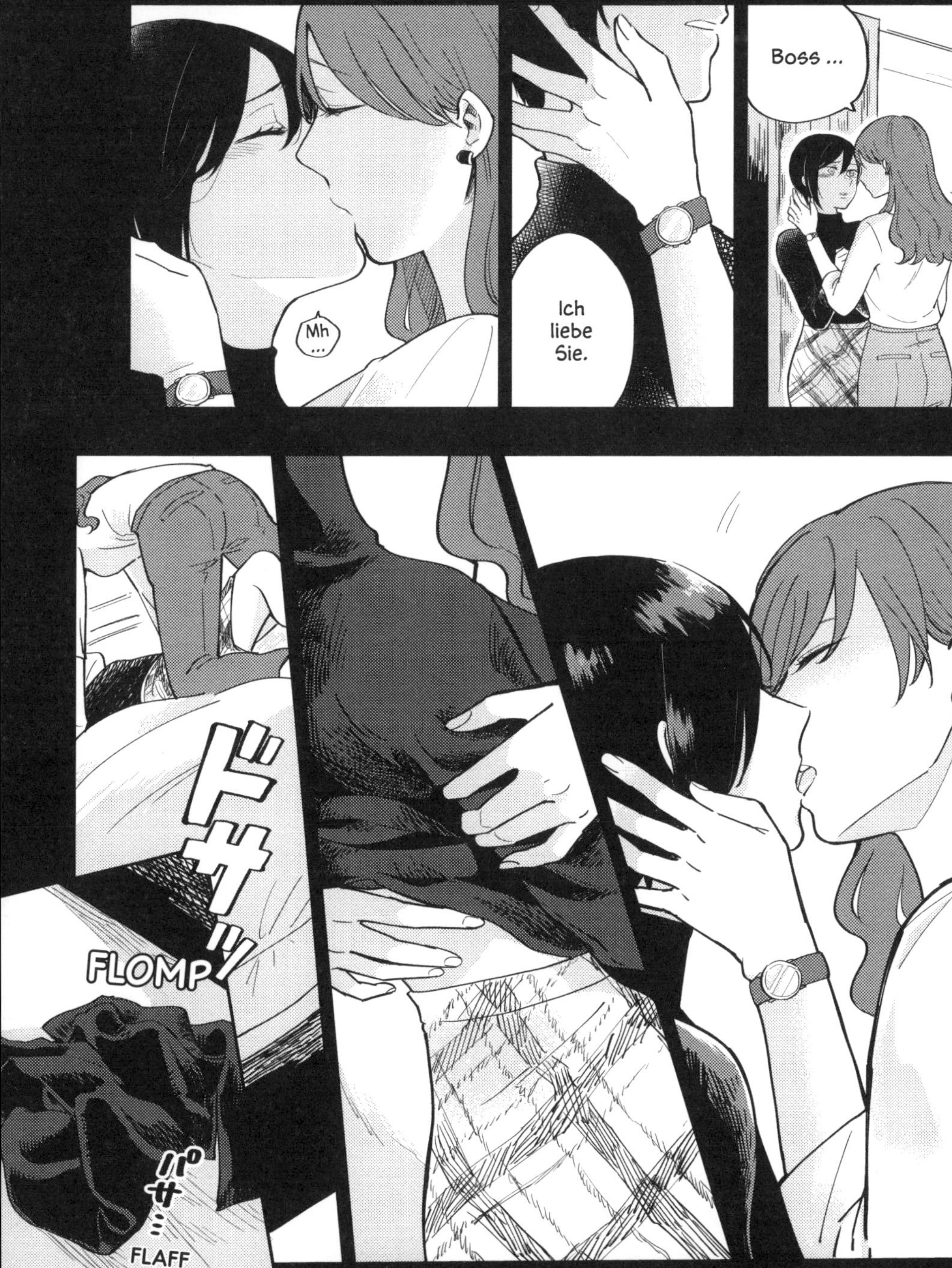

Boss ...
Ich liebe Sie.
Mh ...
ドサッ
FLOMP
パサ…
FLAFF

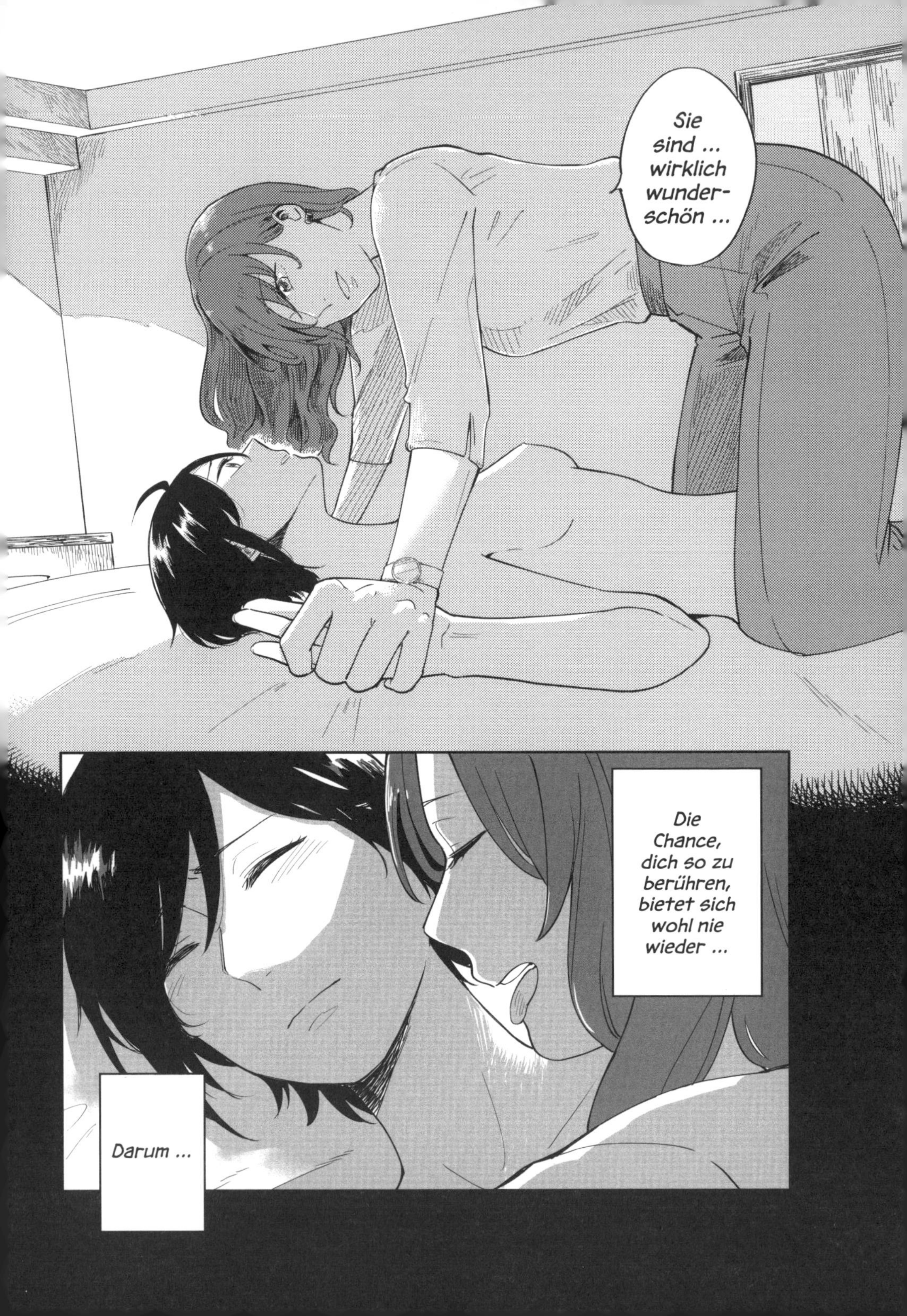
Sie sind ... wirklich wunderschön ...
Die Chance, dich so zu berühren, bietet sich wohl nie wieder ...
Darum ...

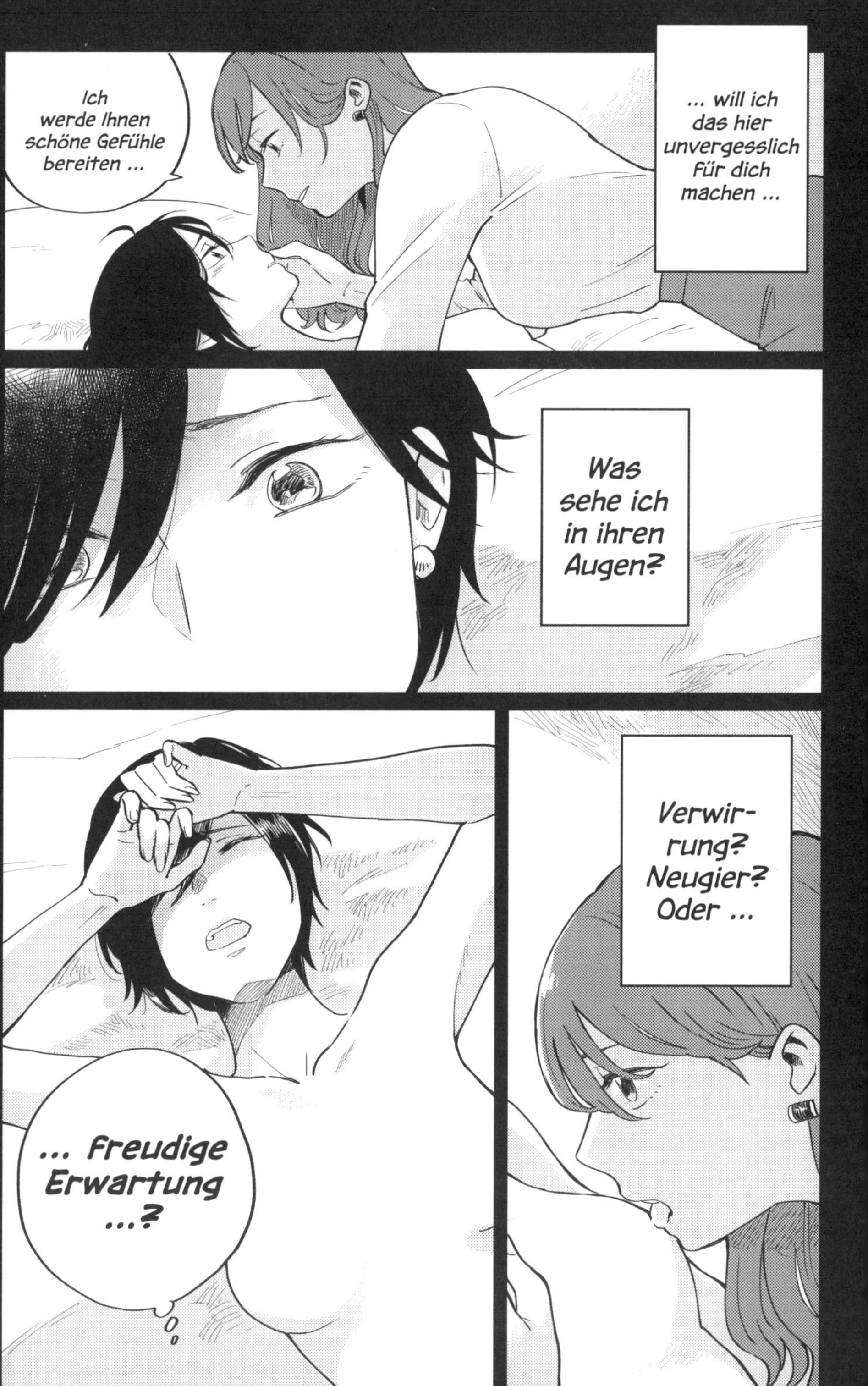
... will ich das hier unvergesslich für dich machen ...
Ich werde Ihnen schöne Gefühle bereiten ...
Was sehe ich in ihren Augen?
Verwir-rung? Neugier? Oder ...
... Freudige Erwartung ...?

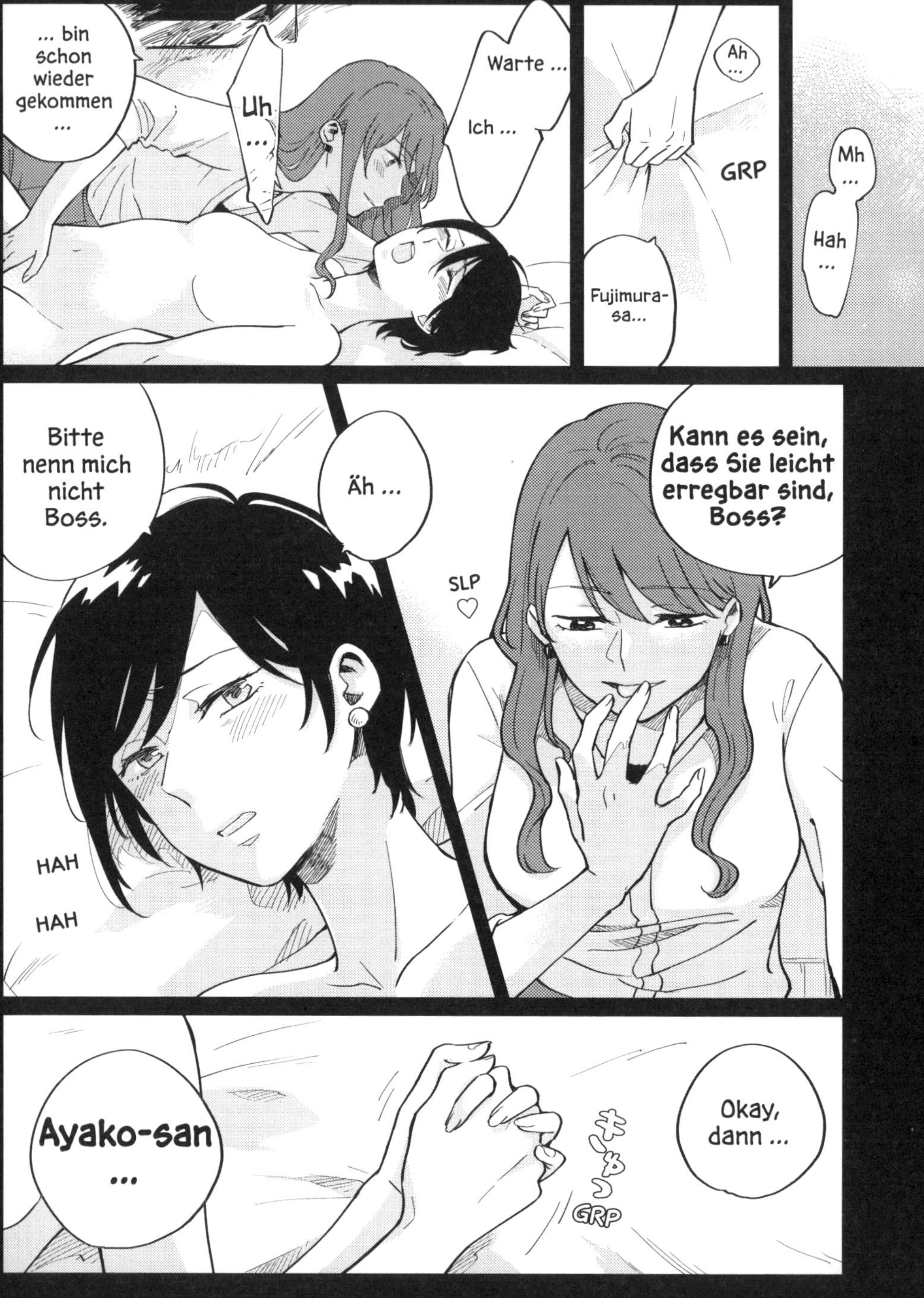
Mh ...
Hah ...
Ah ...
GRP
Fujimura-sa...
Warte ...
Ich ...
Uh ...
... bin schon wieder gekommen ...
Kann es sein, dass Sie leicht erregbar sind, Boss?
SLP ♡
Äh ...
Bitte nenn mich nicht Boss.
HAH
HAH
Okay, dann ...
きゅっ
GRP
Ayako-san ...

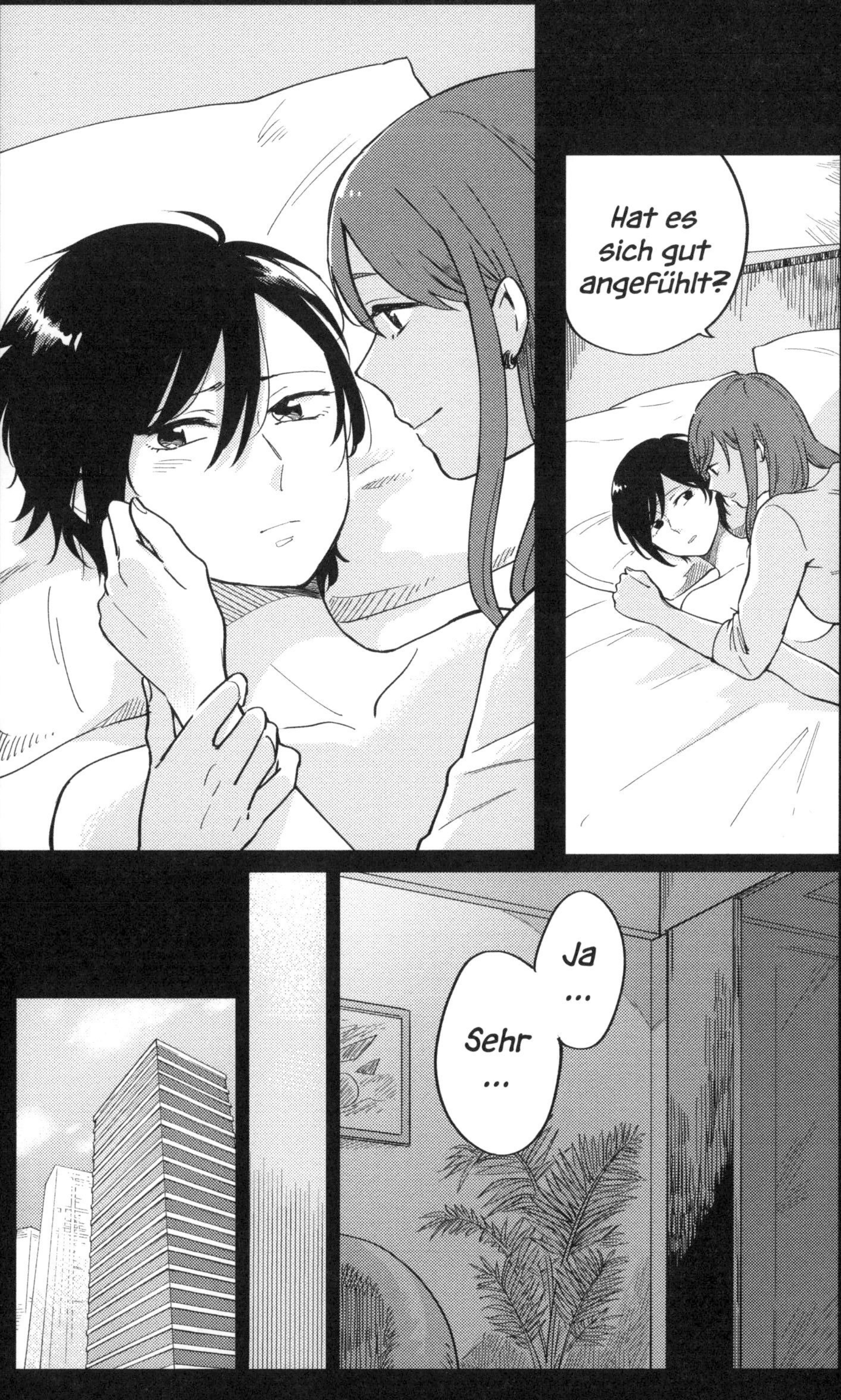
Hat es sich gut angefühlt?
Ja ...
Sehr ...

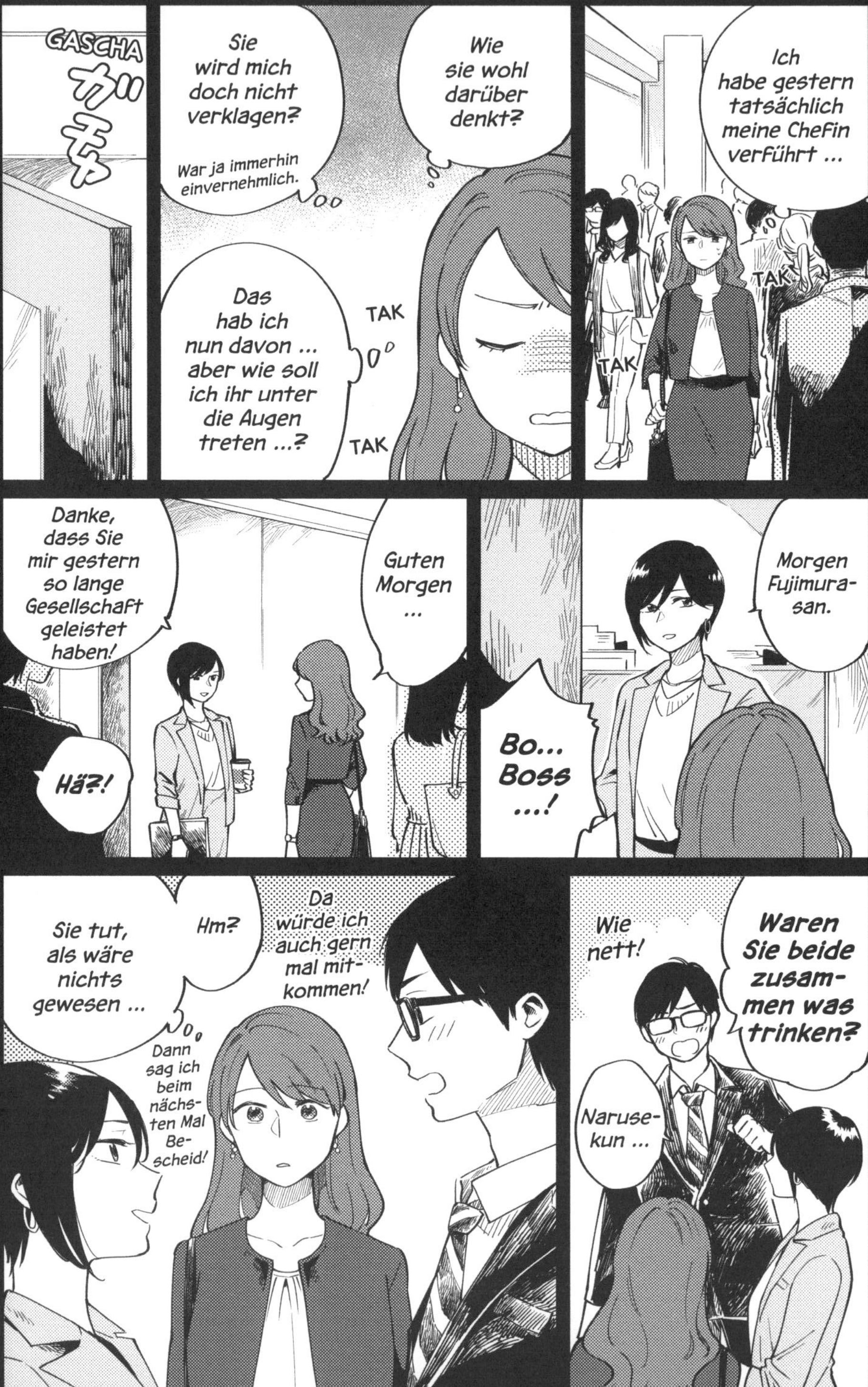

Ich habe gestern tatsächlich meine Chefin verführt ...
TAK
TAK
Wie sie wohl darüber denkt?
Sie wird mich doch nicht verklagen?
War ja immerhin einvernehmlich.
Das hab ich nun davon ... aber wie soll ich ihr unter die Augen treten ...?
TAK
TAK
GASCHA
ガチャ
Morgen Fujimura-san.
Bo... Boss ...!
Guten Morgen ...
Danke, dass Sie mir gestern so lange Gesellschaft geleistet haben!
Hä?!
Waren Sie beide zusammen was trinken?
Wie nett!
Naruse-kun ...
Da würde ich auch gern mal mitkommen!
Hm?
Sie tut, als wäre nichts gewesen ...
Dann sag ich beim nächsten Mal Bescheid!

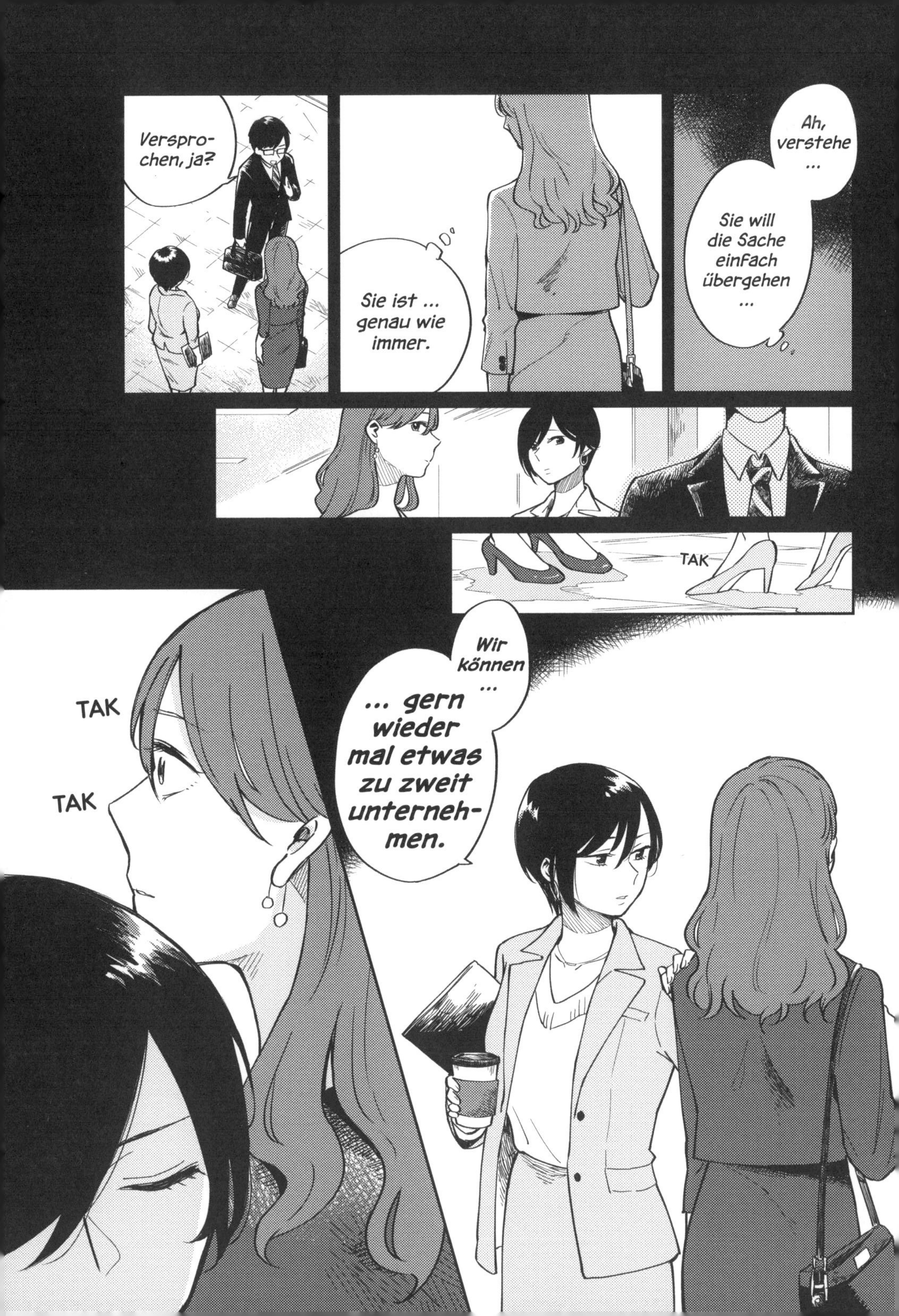

Ah, verstehe ...
Sie will die Sache einfach übergehen ...
Sie ist ... genau wie immer.
Verspro-chen, ja?
TAK
Wir können ...
... gern wieder mal etwas zu zweit unterneh-men.
TAK
TAK

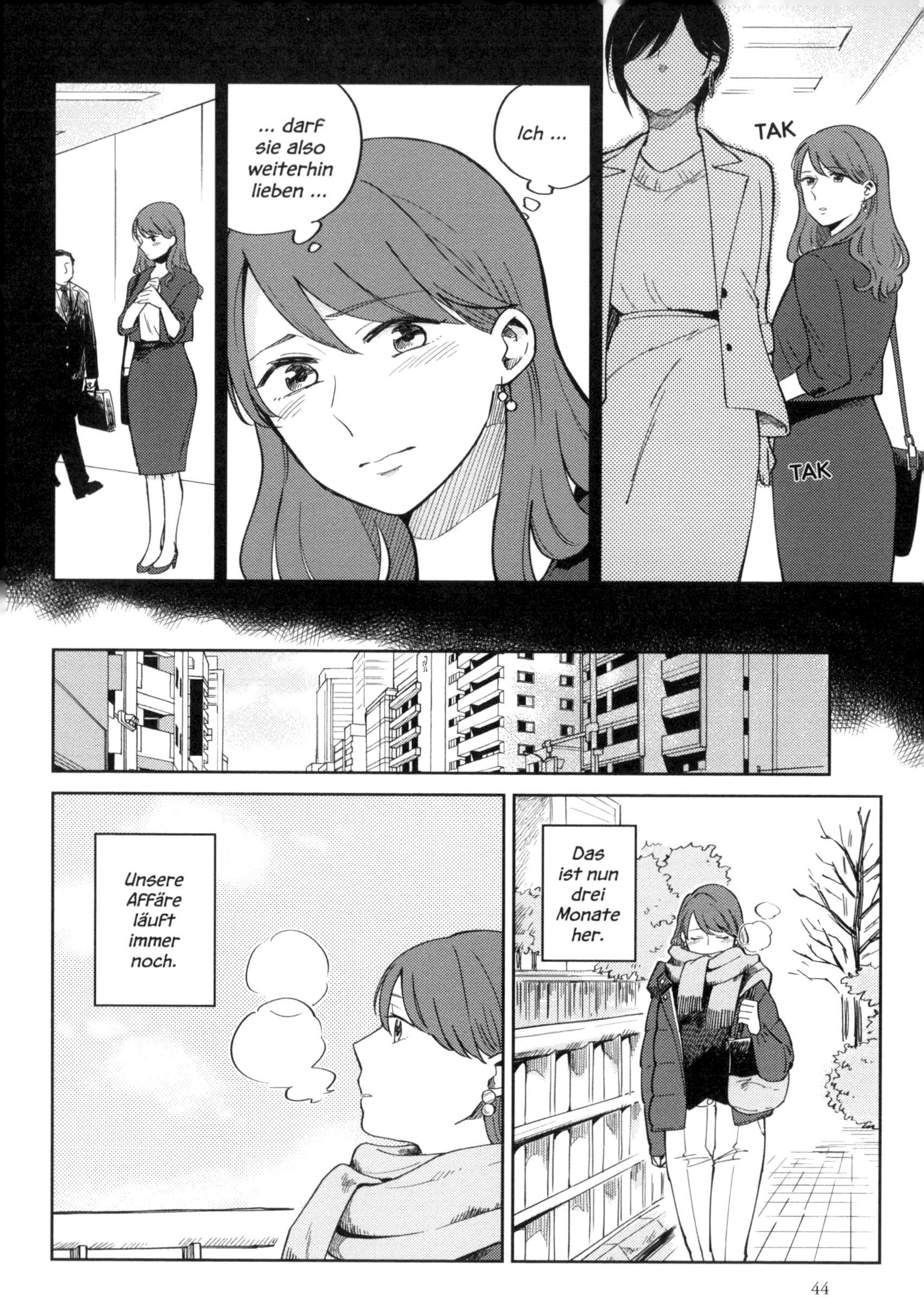
TAK
TAK
Ich ...
... darf sie also weiterhin lieben ...
Das ist nun drei Monate her.
Unsere Affäre läuft immer noch.

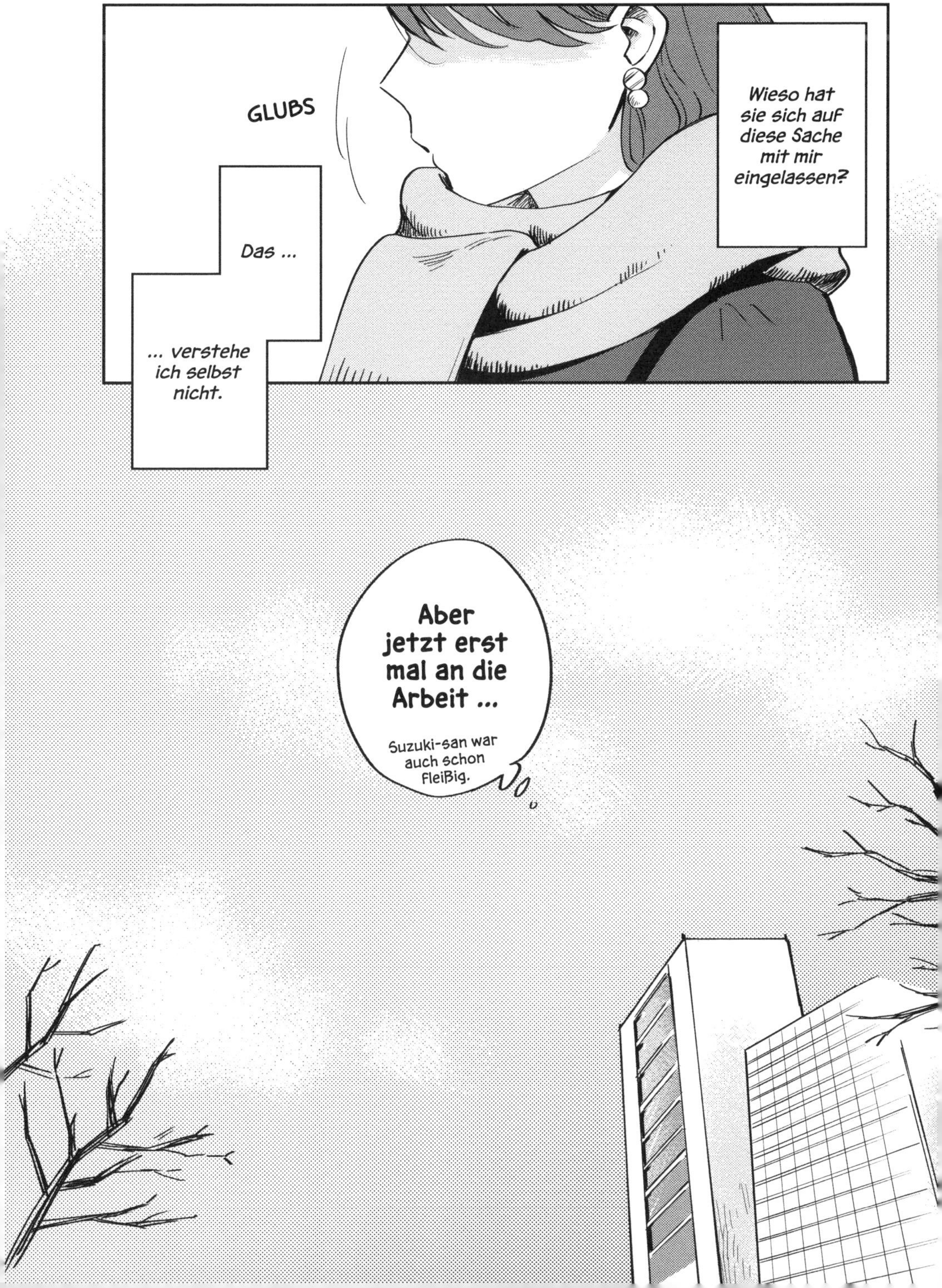
Wieso hat sie sich auf diese Sache mit mir eingelassen?
GLUBS
Das ...
... verstehe ich selbst nicht.
Aber jetzt erst mal an die Arbeit ...
Suzuki-san war auch schon Fleißig.

Office Affairs

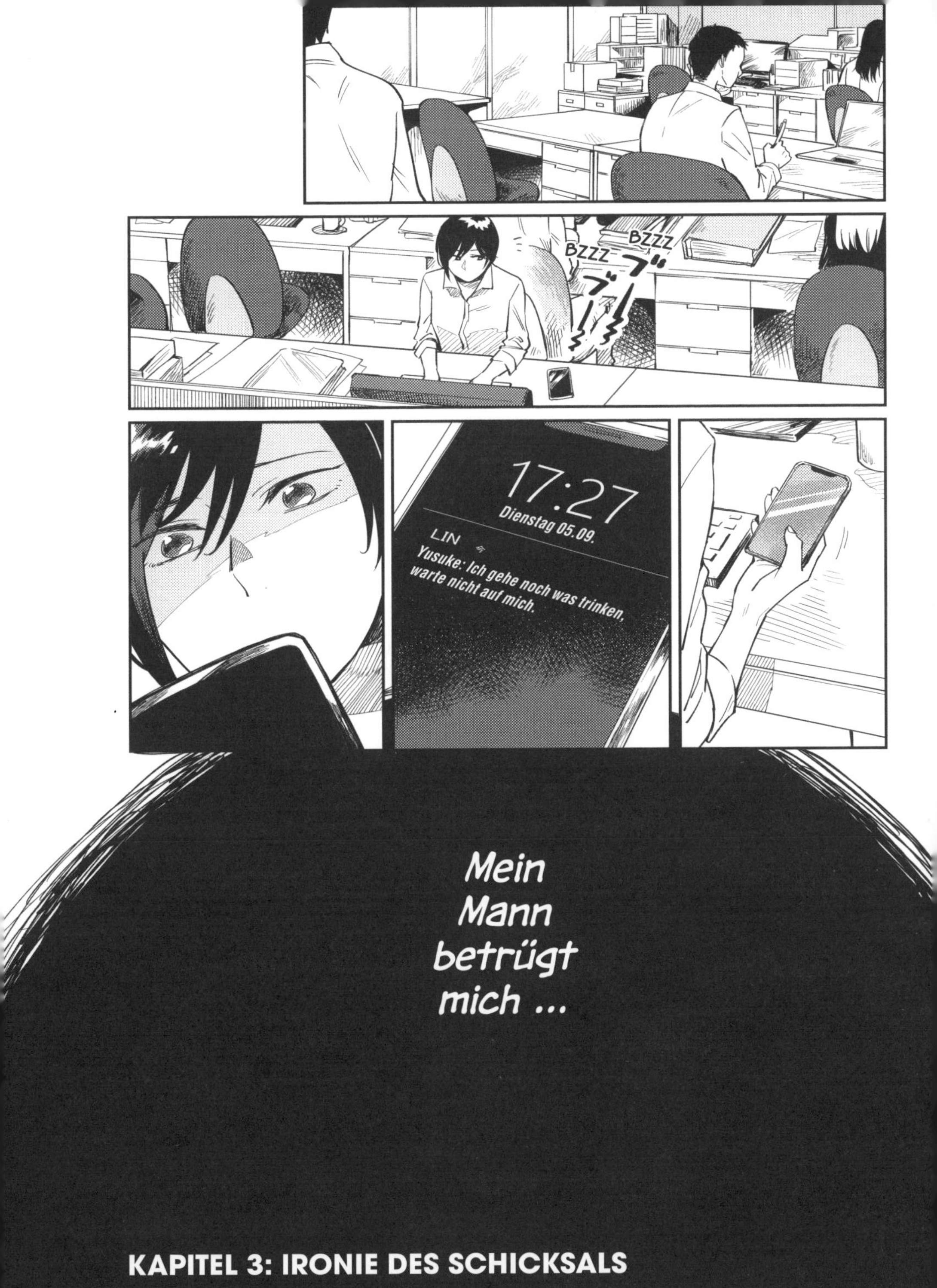

KAPITEL 3: IRONIE DES SCHICKSALS

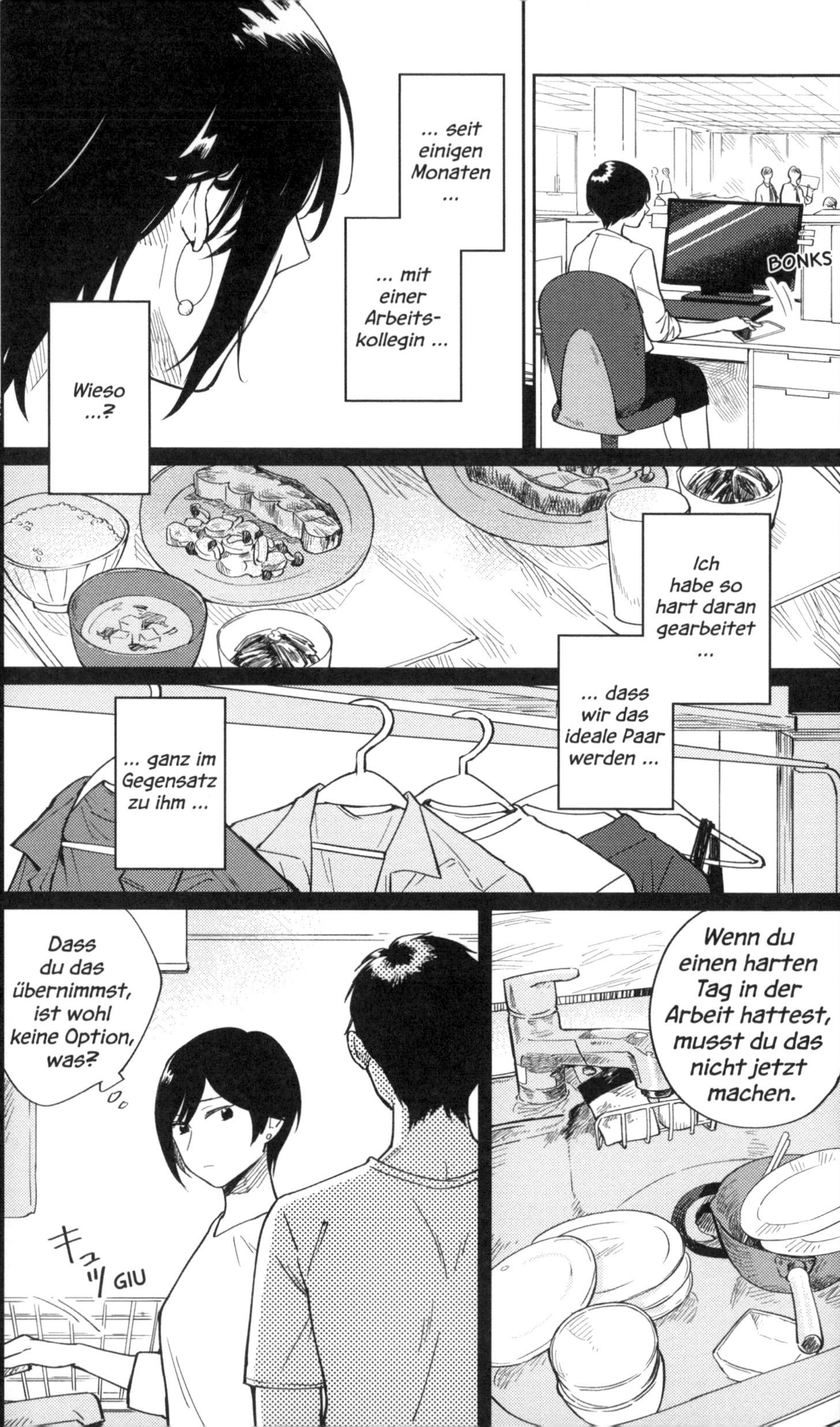
BONKS
... seit einigen Monaten ...
... mit einer Arbeitskollegin ...
Wieso ...?
Ich habe so hart daran gearbeitet ...
... dass wir das ideale Paar werden ...
... ganz im Gegensatz zu ihm ...
Wenn du einen harten Tag in der Arbeit hattest, musst du das nicht jetzt machen.
Dass du das übernimmst, ist wohl keine Option, was?
キュッ GIU

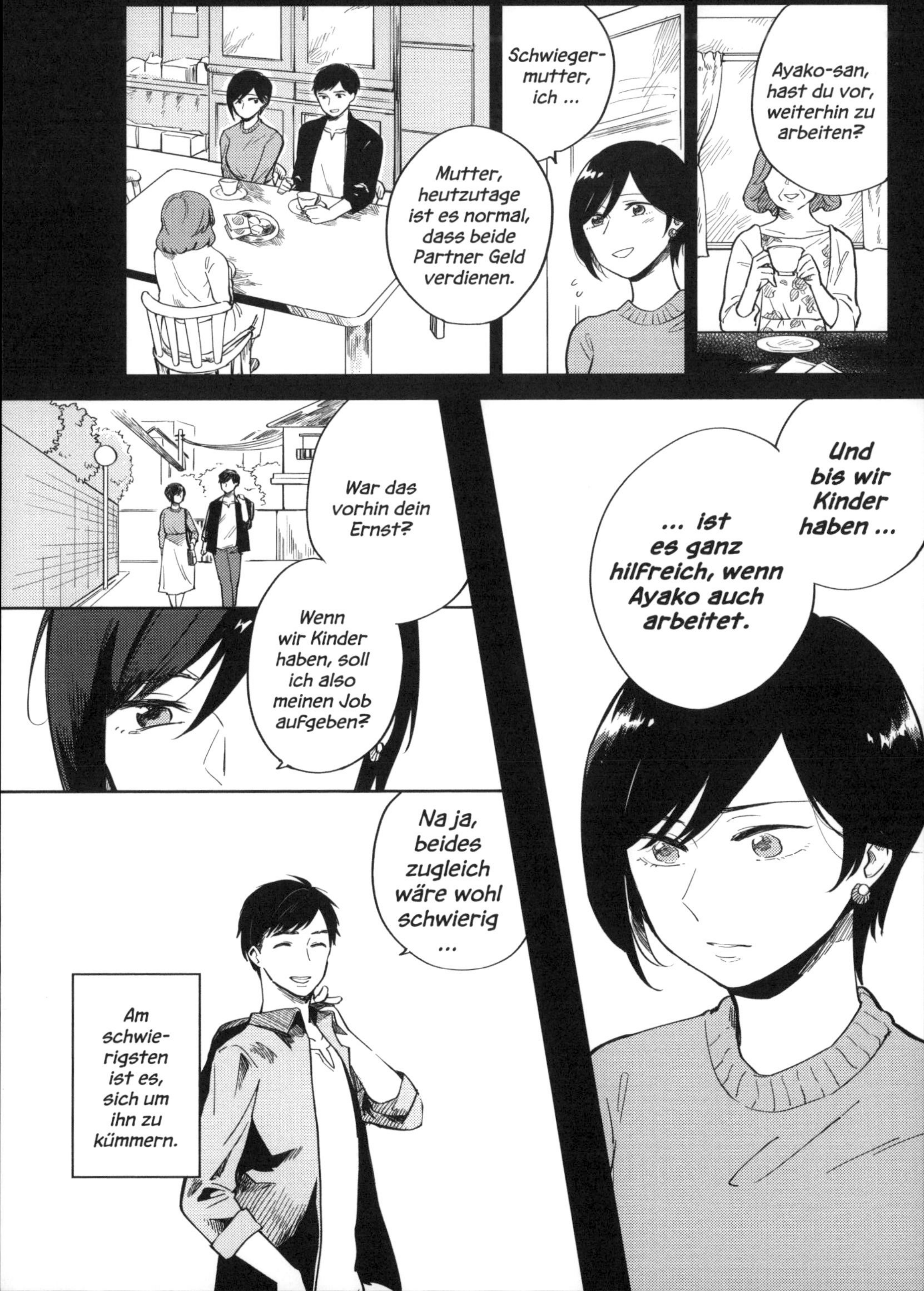
Ayako-san, hast du vor, weiterhin zu arbeiten?
Schwieger-mutter, ich ...
Mutter, heutzutage ist es normal, dass beide Partner Geld verdienen.
Und bis wir Kinder haben ...
... ist es ganz hilfreich, wenn Ayako auch arbeitet.
War das vorhin dein Ernst?
Wenn wir Kinder haben, soll ich also meinen Job aufgeben?
Na ja, beides zugleich wäre wohl schwierig ...
Am schwie-rigsten ist es, sich um ihn zu kümmern.

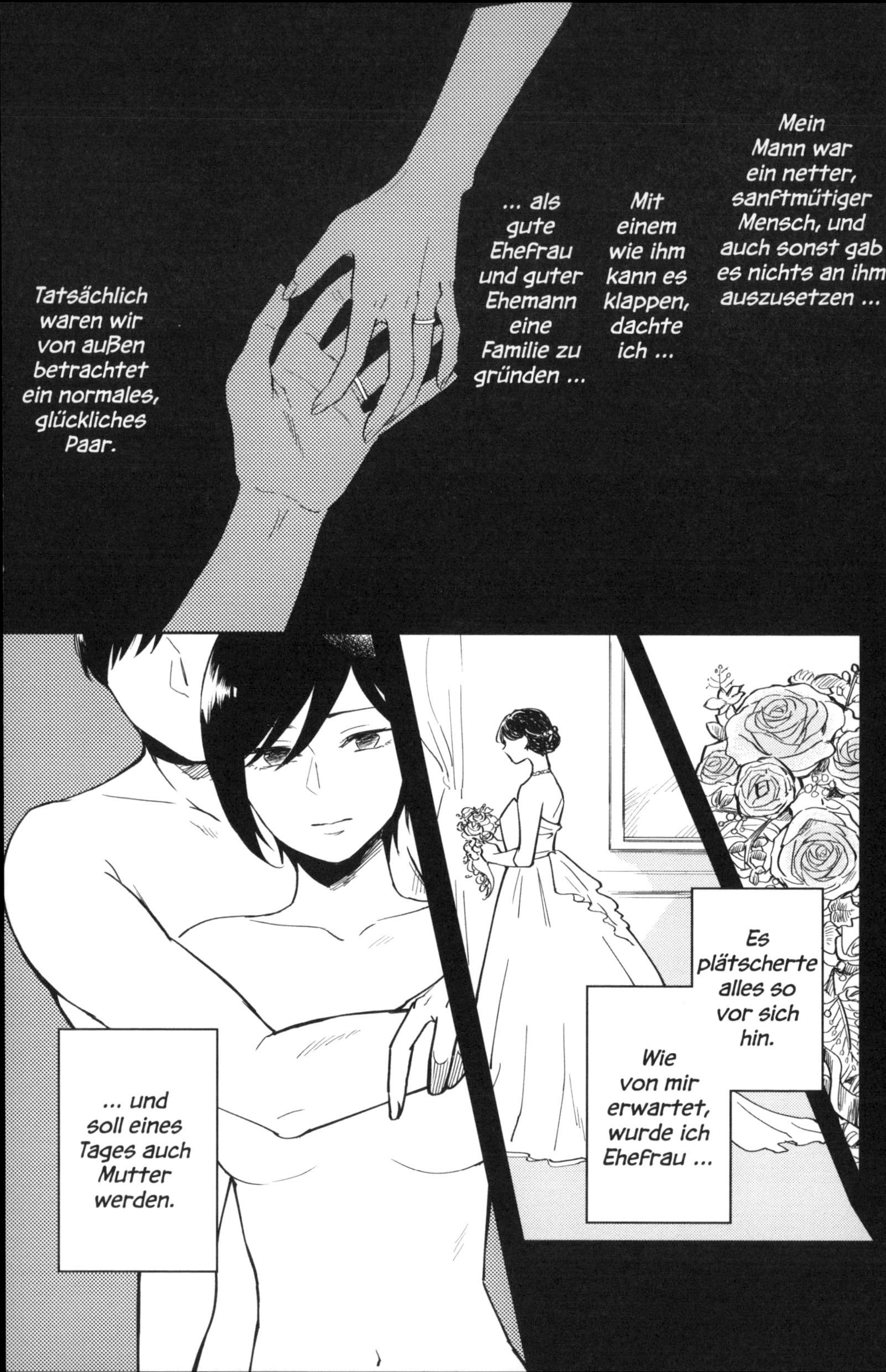
Mein Mann war ein netter, sanftmütiger Mensch, und auch sonst gab es nichts an ihm auszusetzen ...
Mit einem wie ihm kann es klappen, dachte ich ...
... als gute Ehefrau und guter Ehemann eine Familie zu gründen ...
Tatsächlich waren wir von außen betrachtet ein normales, glückliches Paar.
Es plätscherte alles so vor sich hin.
Wie von mir erwartet, wurde ich Ehefrau ...
... und soll eines Tages auch Mutter werden.

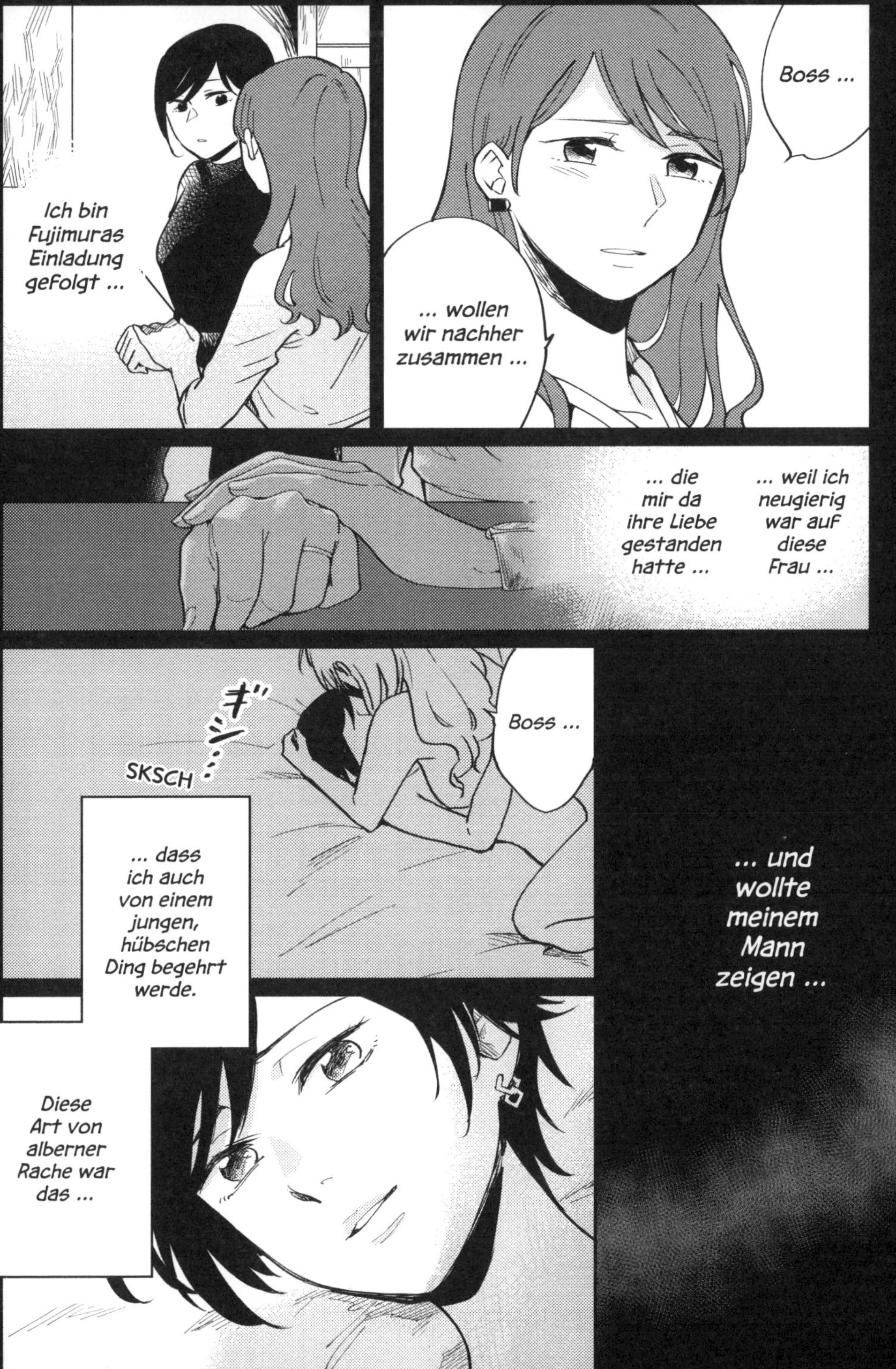
Boss ...
... wollen wir nachher zusammen ...
Ich bin Fujimuras Einladung gefolgt ...
... weil ich neugierig war auf diese Frau ...
... die mir da ihre Liebe gestanden hatte ...
... und wollte meinem Mann zeigen ...
Boss ...
SKSCH
... dass ich auch von einem jungen, hübschen Ding begehrt werde.
Diese Art von alberner Rache war das ...

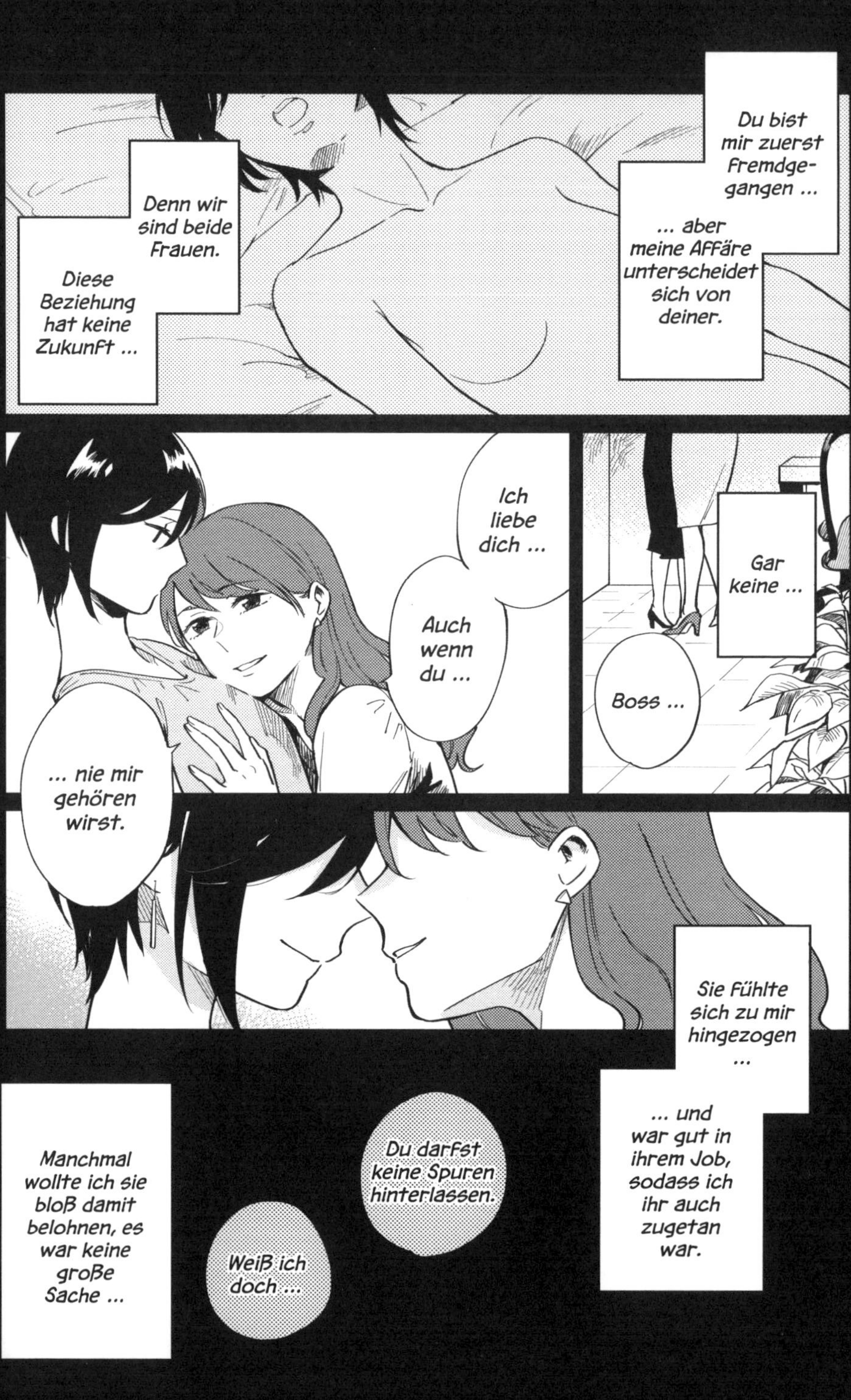
Du bist mir zuerst Fremdgegangen ...
... aber meine Affäre unterscheidet sich von deiner.
Denn wir sind beide Frauen.
Diese Beziehung hat keine Zukunft ...
Gar keine ...
Boss ...
Ich liebe dich ...
Auch wenn du ...
... nie mir gehören wirst.
Sie fühlte sich zu mir hingezogen ...
... und war gut in ihrem Job, sodass ich ihr auch zugetan war.
Du darfst keine Spuren hinterlassen.
Weiß ich doch ...
Manchmal wollte ich sie bloß damit belohnen, es war keine große Sache ...

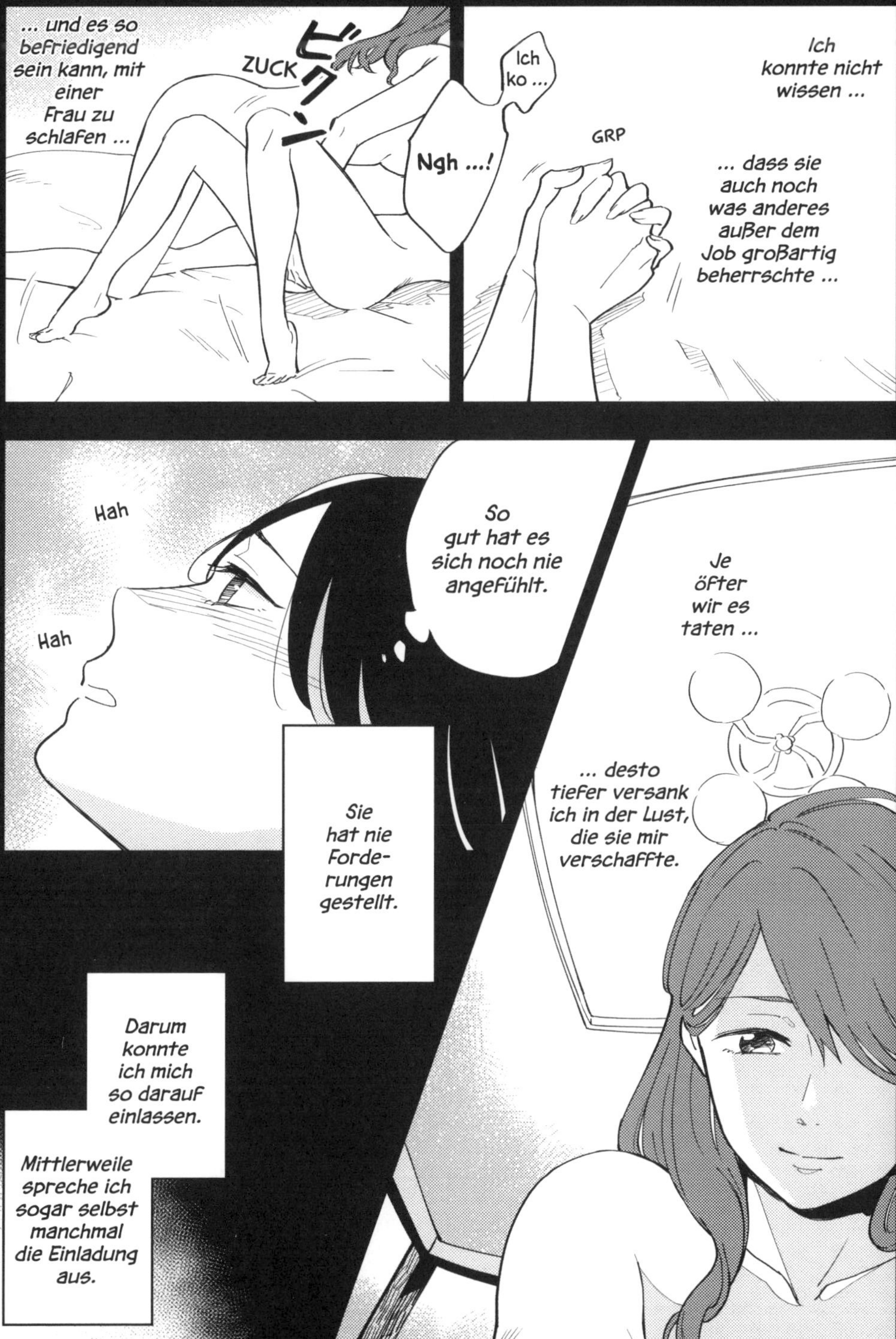
Ich konnte nicht wissen ...
Ich ko ...
GRP
Ngh ...!
... dass sie auch noch was anderes außer dem Job großartig beherrschte ...
ZUCK
... und es so befriedigend sein kann, mit einer Frau zu schlafen ...
Je öfter wir es taten ...
... desto tiefer versank ich in der Lust, die sie mir verschaffte.
So gut hat es sich noch nie angefühlt.
Hah
Hah
Sie hat nie Forderungen gestellt.
Darum konnte ich mich so darauf einlassen.
Mittlerweile spreche ich sogar selbst manchmal die Einladung aus.

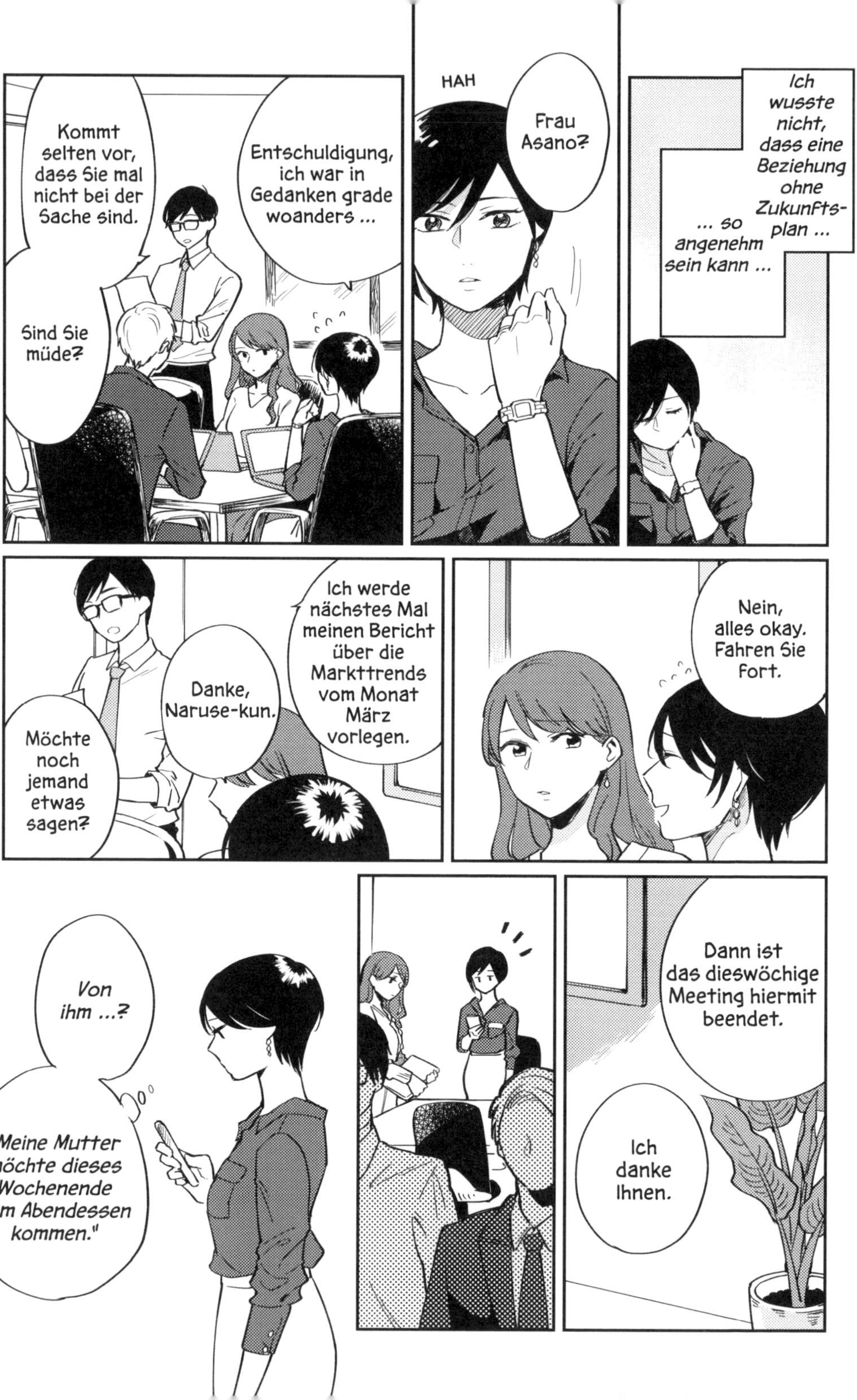

Ich wusste nicht, dass eine Beziehung ohne Zukunftsplan ...
... so angenehm sein kann ...
HAH
Frau Asano?
Entschuldigung, ich war in Gedanken grade woanders ...
Kommt selten vor, dass Sie mal nicht bei der Sache sind.
Sind Sie müde?
Nein, alles okay. Fahren Sie fort.
Ich werde nächstes Mal meinen Bericht über die Markttrends vom Monat März vorlegen.
Danke, Naruse-kun.
Möchte noch jemand etwas sagen?
Dann ist das dieswöchige Meeting hiermit beendet.
Ich danke Ihnen.
Von ihm ...?
„Meine Mutter möchte dieses Wochenende zum Abendessen kommen."

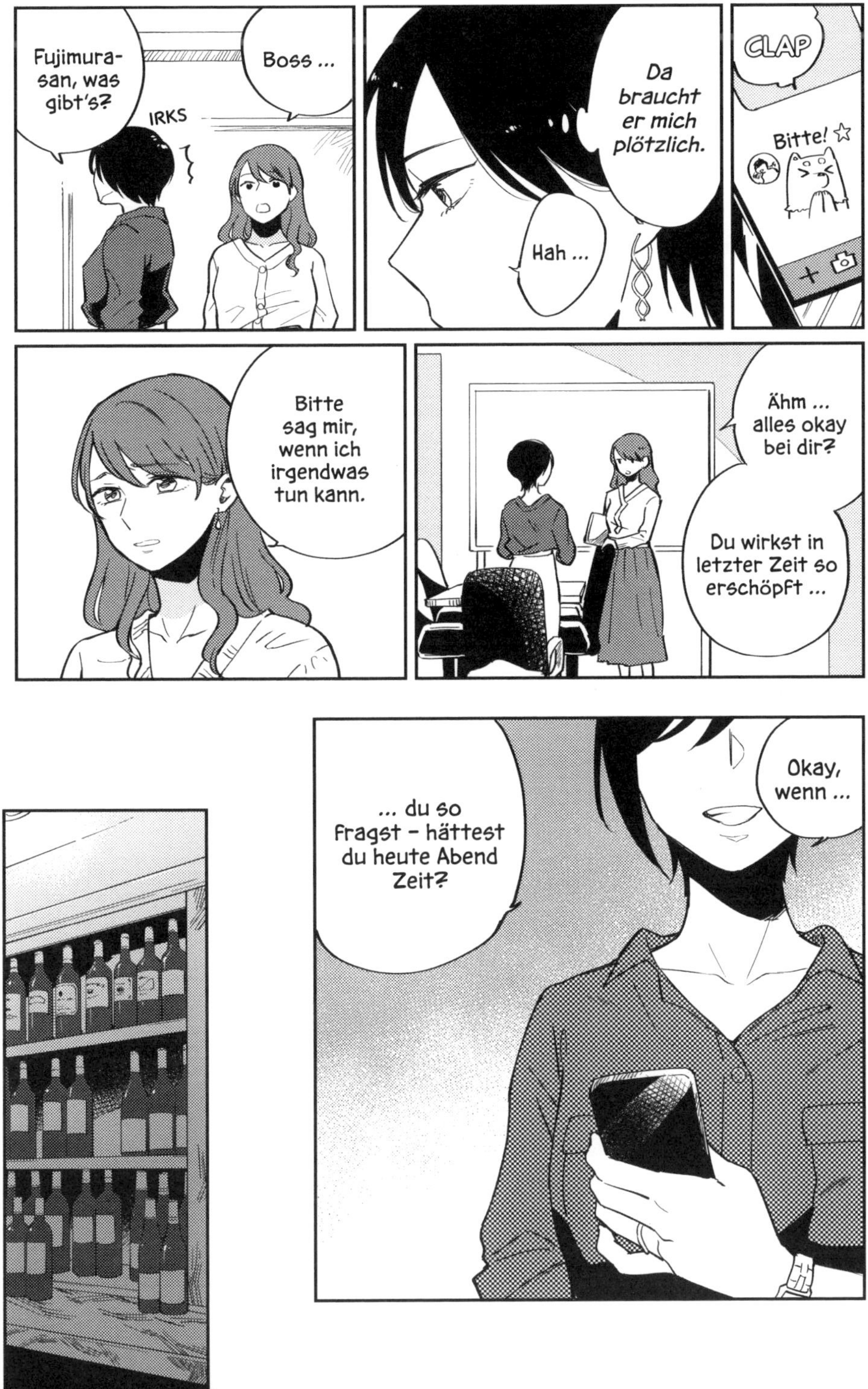
CLAP
Bitte! ☆
Da braucht er mich plötzlich.
Hah ...
Boss ...
Fujimura-san, was gibt's?
IRKS
Ähm ... alles okay bei dir?
Du wirkst in letzter Zeit so erschöpft ...
Bitte sag mir, wenn ich irgendwas tun kann.
Okay, wenn ...
... du so fragst – hättest du heute Abend Zeit?

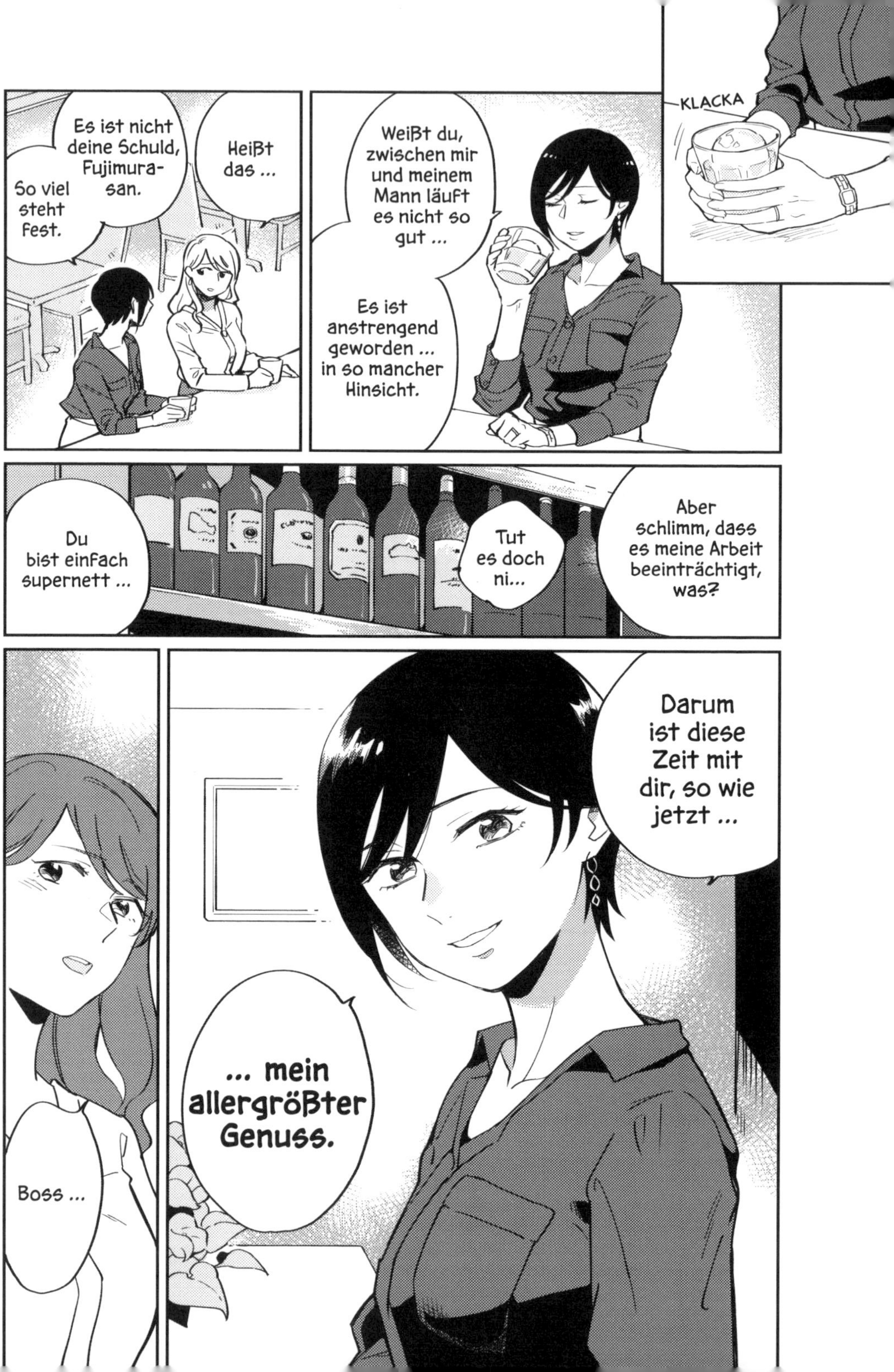
KLACKA
Weißt du, zwischen mir und meinem Mann läuft es nicht so gut ...
Es ist anstrengend geworden ... in so mancher Hinsicht.
Heißt das ...
Es ist nicht deine Schuld, Fujimura-san.
So viel steht fest.
Aber schlimm, dass es meine Arbeit beeinträchtigt, was?
Tut es doch ni...
Du bist einfach supernett ...
Darum ist diese Zeit mit dir, so wie jetzt ...
... mein allergrößter Genuss.
Boss ...

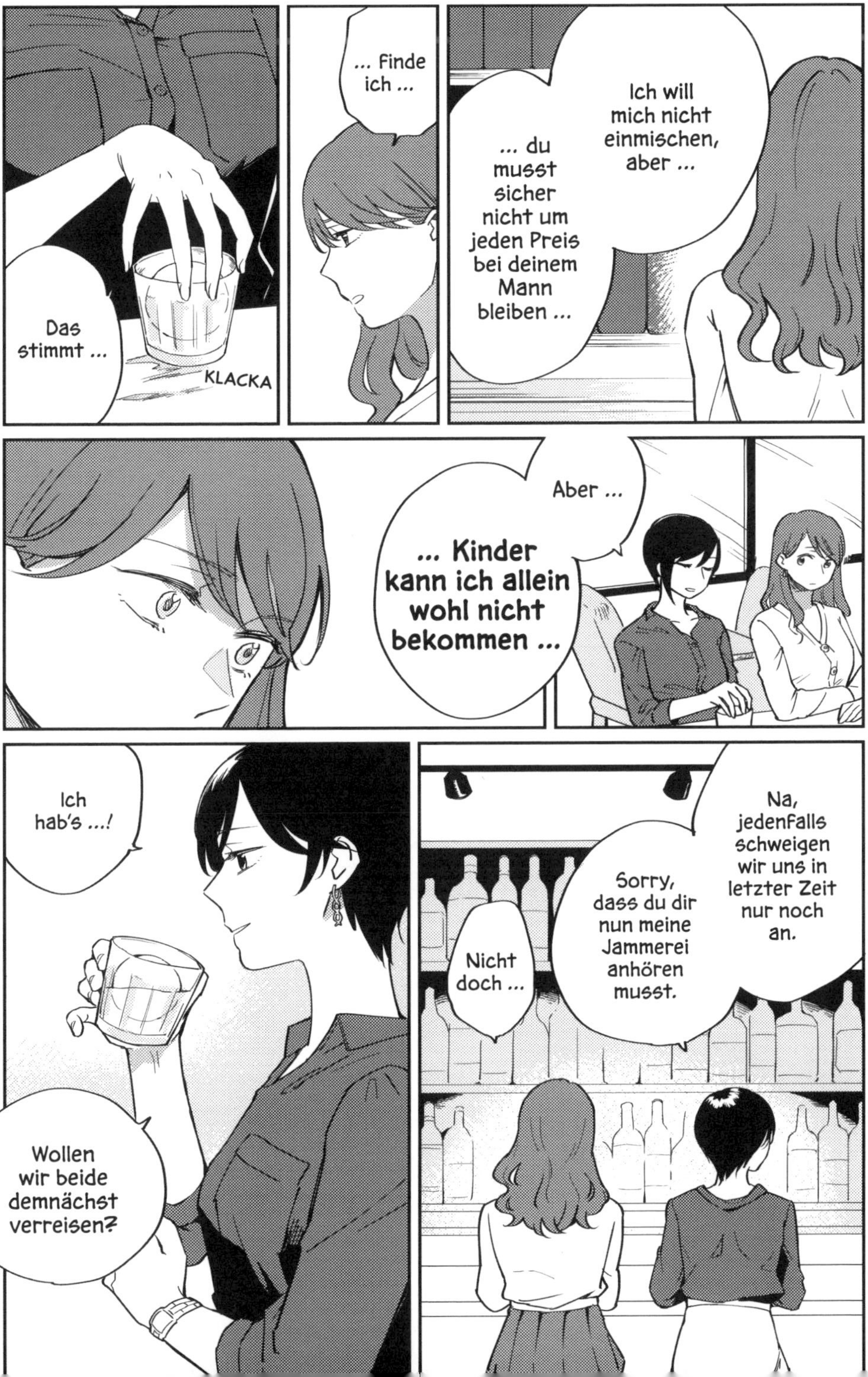
Ich will mich nicht einmischen, aber ...
... du musst sicher nicht um jeden Preis bei deinem Mann bleiben ...
... finde ich ...
Das stimmt ...
KLACKA
Aber ...
... Kinder kann ich allein wohl nicht bekommen ...
Na, jedenfalls schweigen wir uns in letzter Zeit nur noch an.
Sorry, dass du dir nun meine Jammerei anhören musst.
Nicht doch ...
Ich hab's ...!
Wollen wir beide demnächst verreisen?

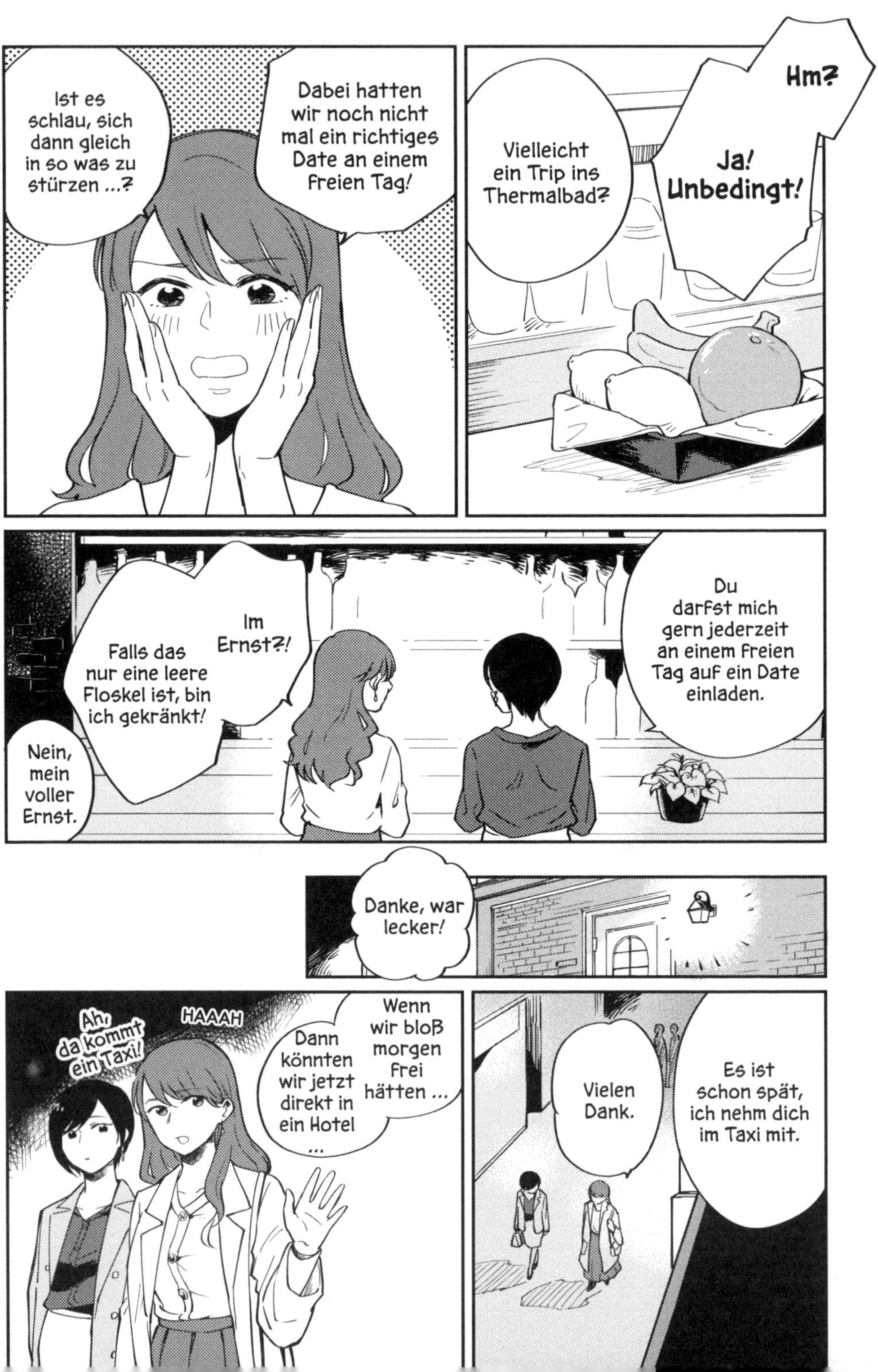
Hm?
Ja! Unbedingt!
Vielleicht ein Trip ins Thermalbad?
Dabei hatten wir noch nicht mal ein richtiges Date an einem freien Tag!
Ist es schlau, sich dann gleich in so was zu stürzen ...?
Du darfst mich gern jederzeit an einem freien Tag auf ein Date einladen.
Im Ernst?!
Falls das nur eine leere Floskel ist, bin ich gekränkt!
Nein, mein voller Ernst.
Danke, war lecker!
Es ist schon spät, ich nehm dich im Taxi mit.
Vielen Dank.
Wenn wir bloß morgen frei hätten ...
Dann könnten wir jetzt direkt in ein Hotel ...
HAAAH
Ah, da kommt ein Taxi!

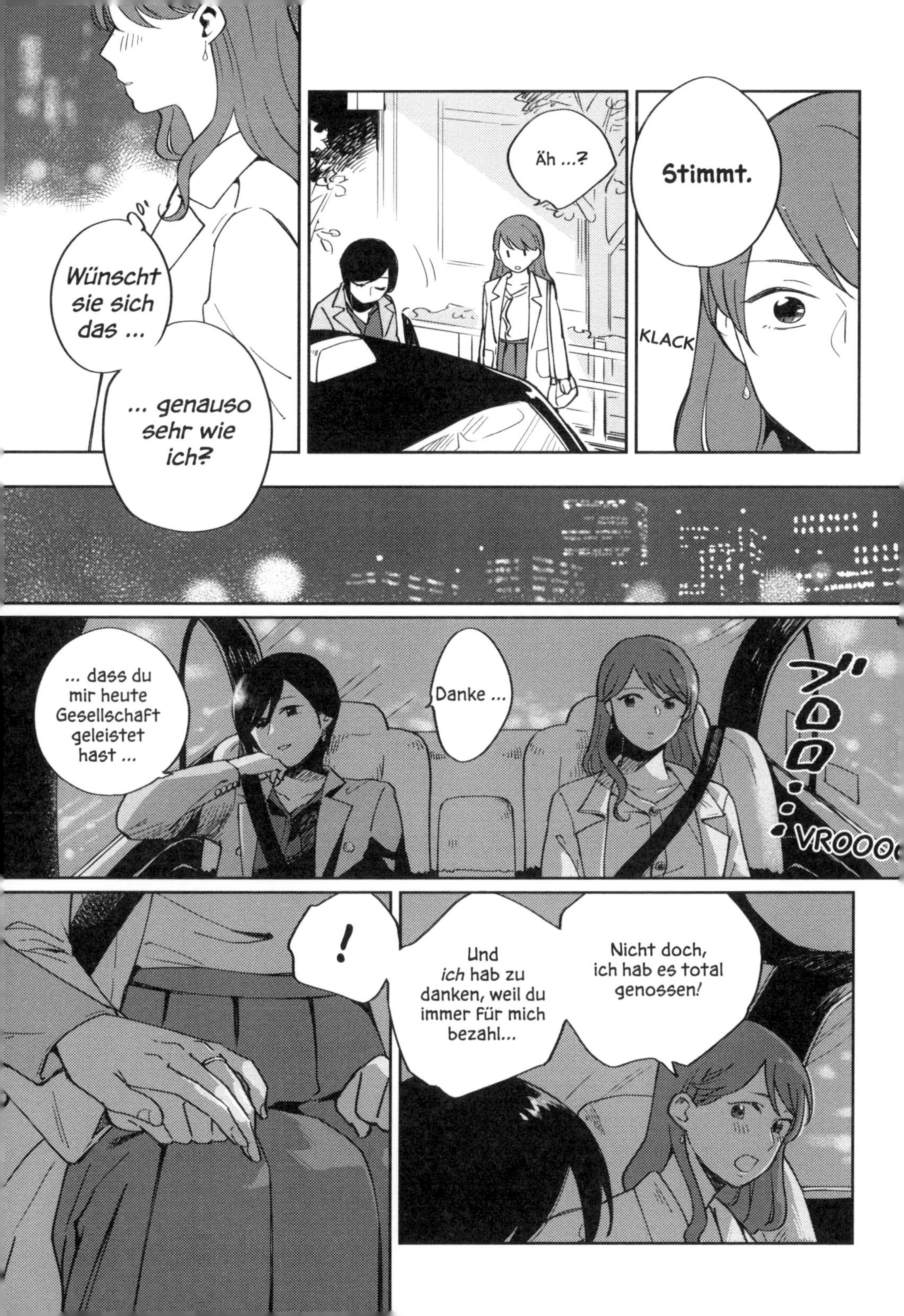

Stimmt.
KLACK
Äh ...?
Wünscht sie sich das ...
... genauso sehr wie ich?
ブロロ…
VROOO
Danke ...
... dass du mir heute Gesellschaft geleistet hast ...
Nicht doch, ich hab es total genossen!
Und *ich* hab zu danken, weil du immer für mich bezahl...
!

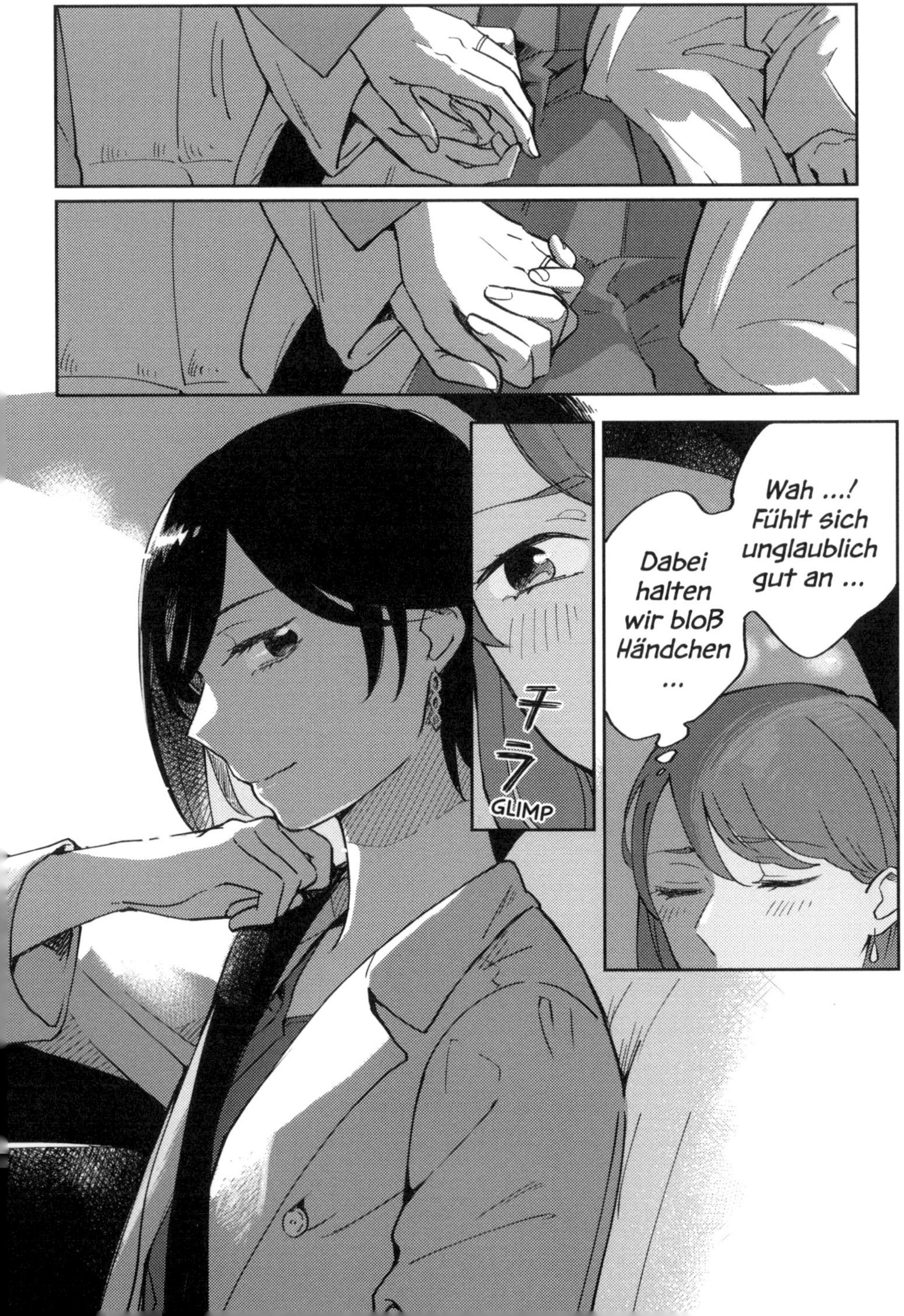
Wah ...! Fühlt sich unglaublich gut an ...
Dabei halten wir bloß Händchen ...
チラ
GLIMP

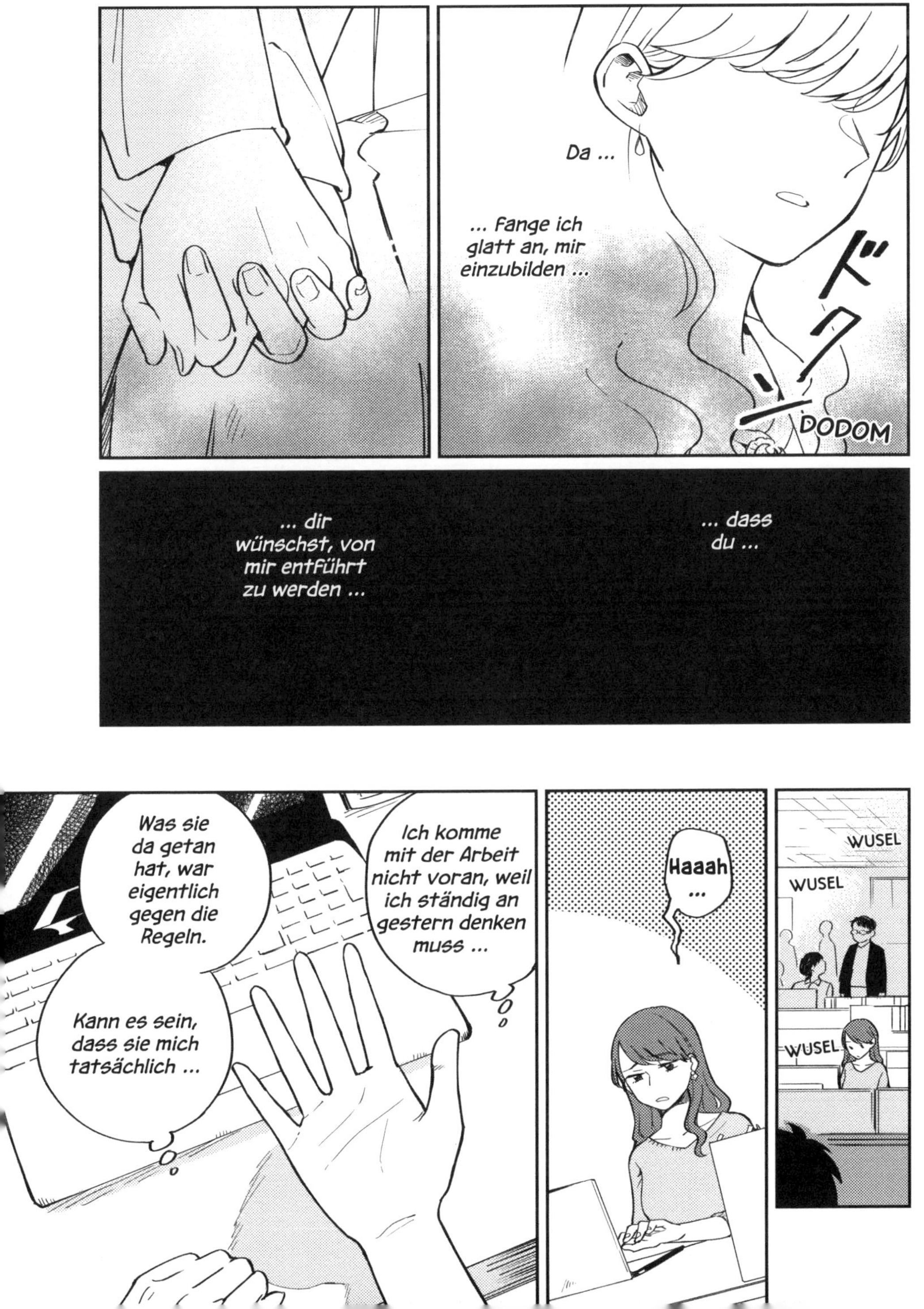
Da ...
... fange ich glatt an, mir einzubilden ...
ドクン
DODOM
... dass du ...
... dir wünschst, von mir entführt zu werden ...
WUSEL
WUSEL
WUSEL
Haaah ...
Ich komme mit der Arbeit nicht voran, weil ich ständig an gestern denken muss ...
Was sie da getan hat, war eigentlich gegen die Regeln.
Kann es sein, dass sie mich tatsächlich ...

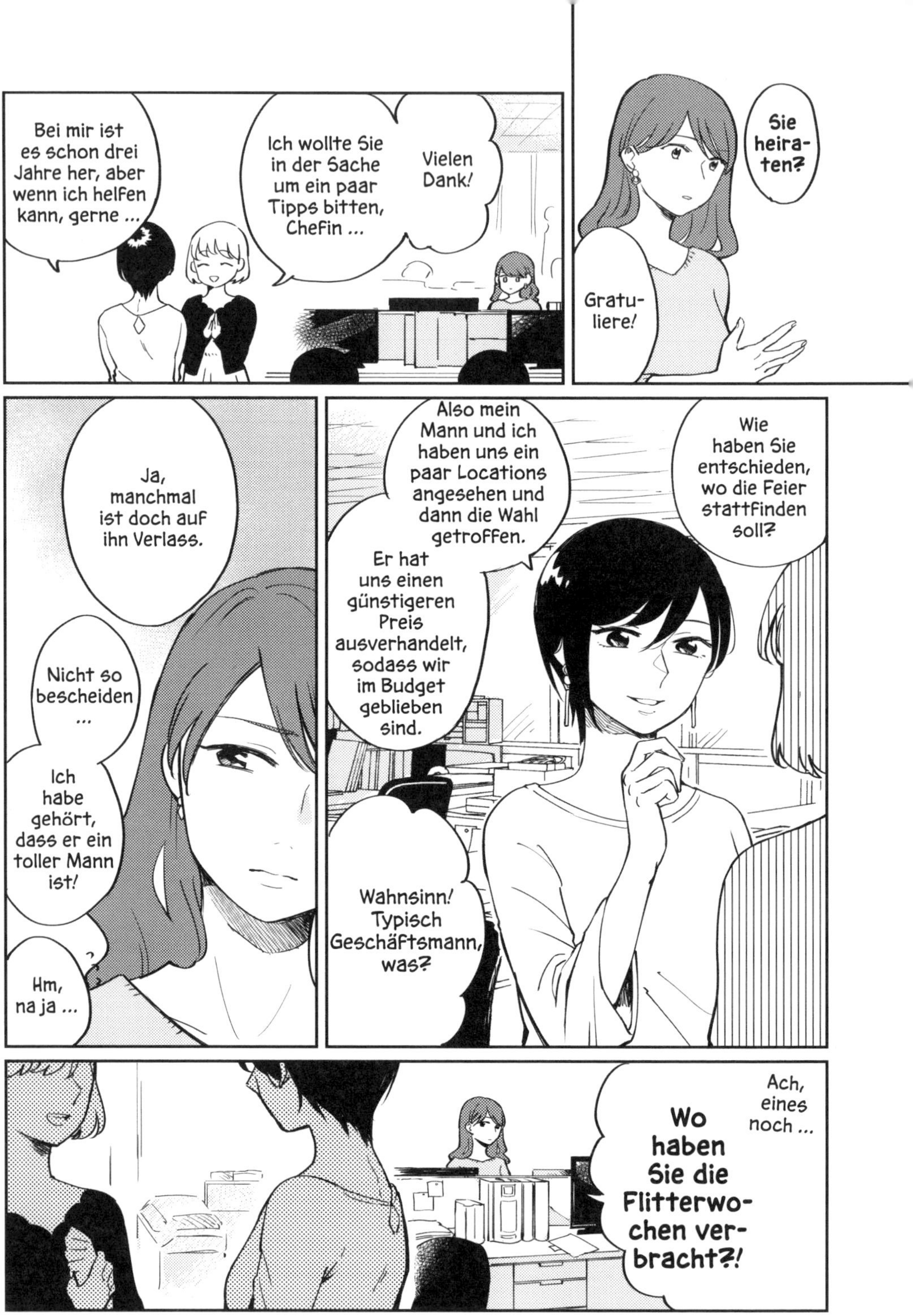

Sie heiraten?
Gratuliere!
Vielen Dank!
Ich wollte Sie in der Sache um ein paar Tipps bitten, Chefin ...
Bei mir ist es schon drei Jahre her, aber wenn ich helfen kann, gerne ...
Wie haben Sie entschieden, wo die Feier stattfinden soll?
Also mein Mann und ich haben uns ein paar Locations angesehen und dann die Wahl getroffen.
Er hat uns einen günstigeren Preis ausverhandelt, sodass wir im Budget geblieben sind.
Wahnsinn! Typisch Geschäftsmann, was?
Ja, manchmal ist doch auf ihn Verlass.
Nicht so bescheiden ...
Ich habe gehört, dass er ein toller Mann ist!
Hm, na ja ...
Ach, eines noch ...
Wo haben Sie die Flitterwochen verbracht?!

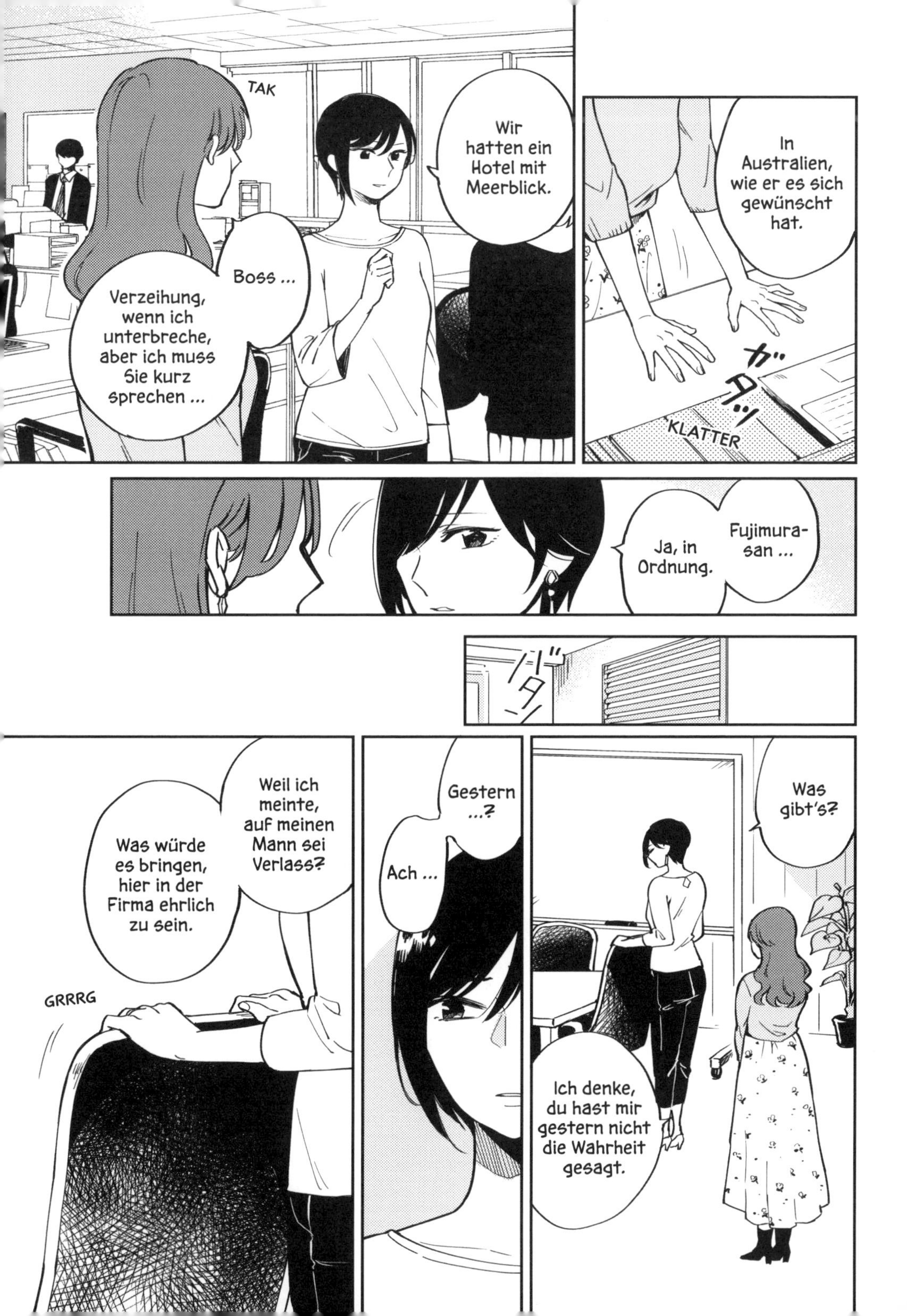
Wir hatten ein Hotel mit Meerblick.
In Australien, wie er es sich gewünscht hat.
KLATTER
TAK
Boss ...
Verzeihung, wenn ich unterbreche, aber ich muss Sie kurz sprechen ...
Fujimura-san ...
Ja, in Ordnung.
Was gibt's?
Ich denke, du hast mir gestern nicht die Wahrheit gesagt.
Gestern ...?
Ach ...
Weil ich meinte, auf meinen Mann sei Verlass?
Was würde es bringen, hier in der Firma ehrlich zu sein.
GRRRG

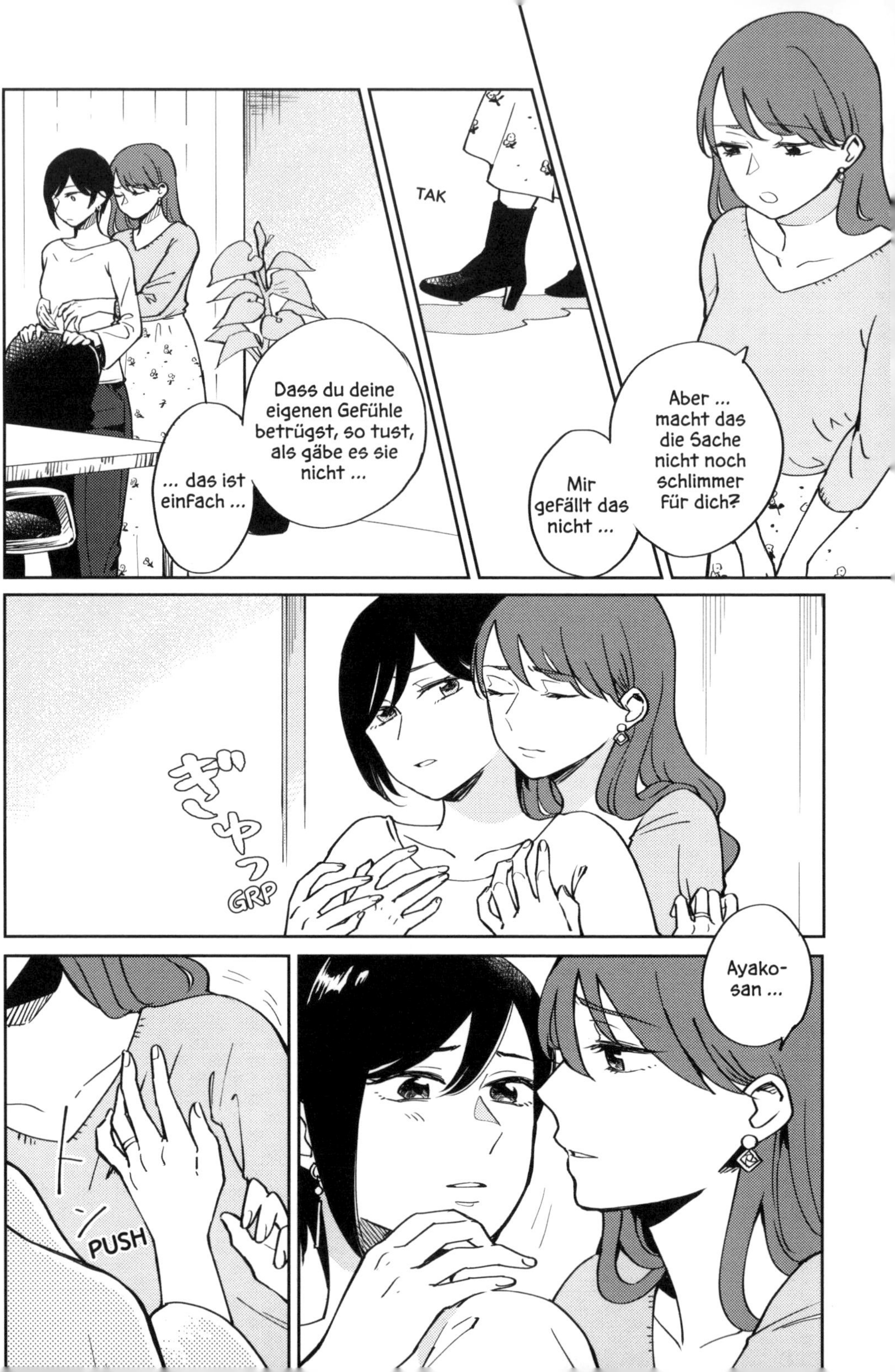
Aber ... macht das die Sache nicht noch schlimmer für dich?
Mir gefällt das nicht ...
TAK
Dass du deine eigenen Gefühle betrügst, so tust, als gäbe es sie nicht ...
... das ist einfach ...
ぎゅっ
GRP
Ayako-san ...
PUSH

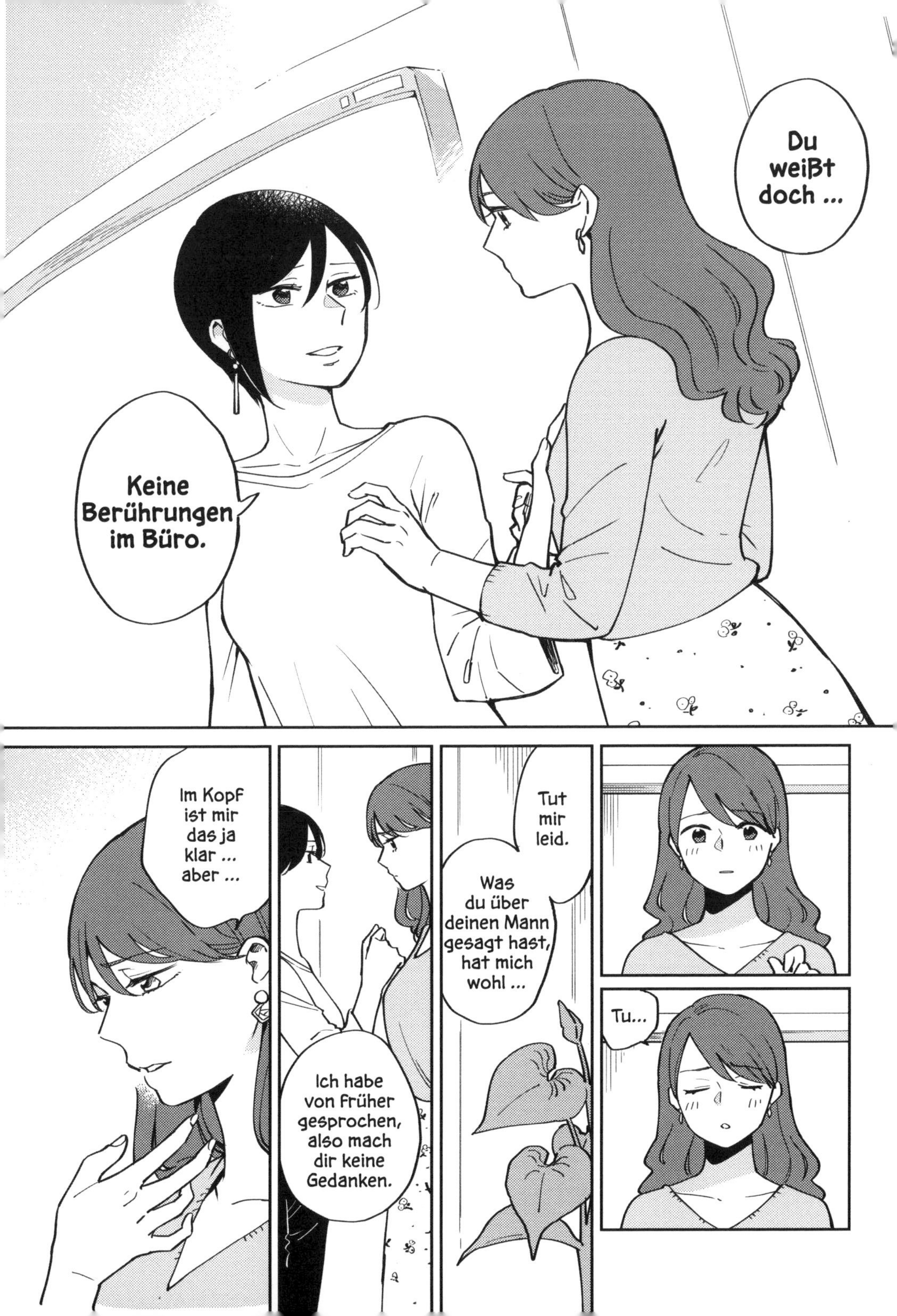
Du weißt doch ...
Keine Berührungen im Büro.
Tu...
Tut mir leid.
Was du über deinen Mann gesagt hast, hat mich wohl ...
Ich habe von früher gesprochen, also mach dir keine Gedanken.
Im Kopf ist mir das ja klar ... aber ...

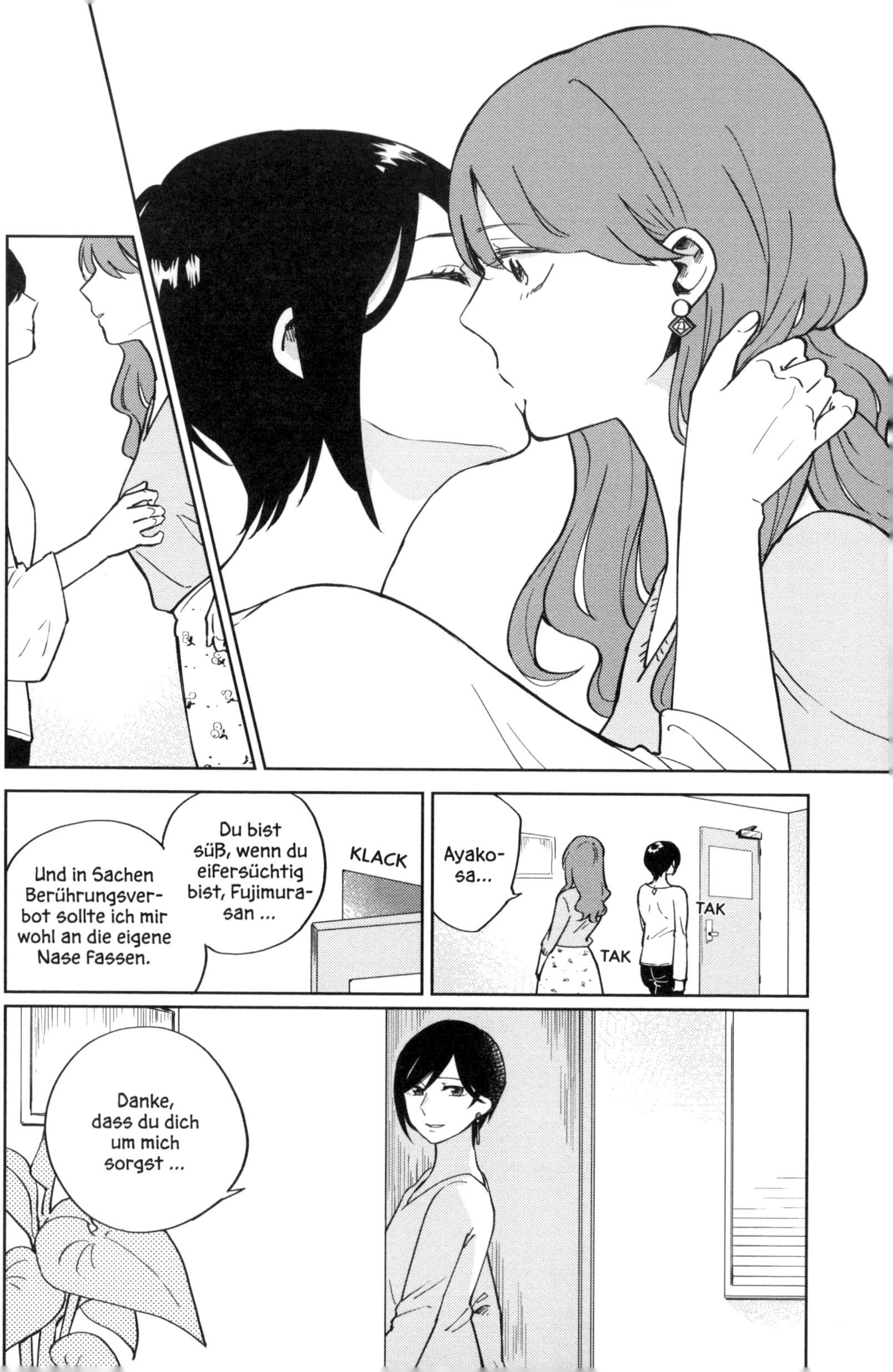
Ayako-sa...
TAK
TAK
KLACK
Du bist süß, wenn du eifersüchtig bist, Fujimura-san ...
Und in Sachen Berührungsverbot sollte ich mir wohl an die eigene Nase fassen.
Danke, dass du dich um mich sorgst ...

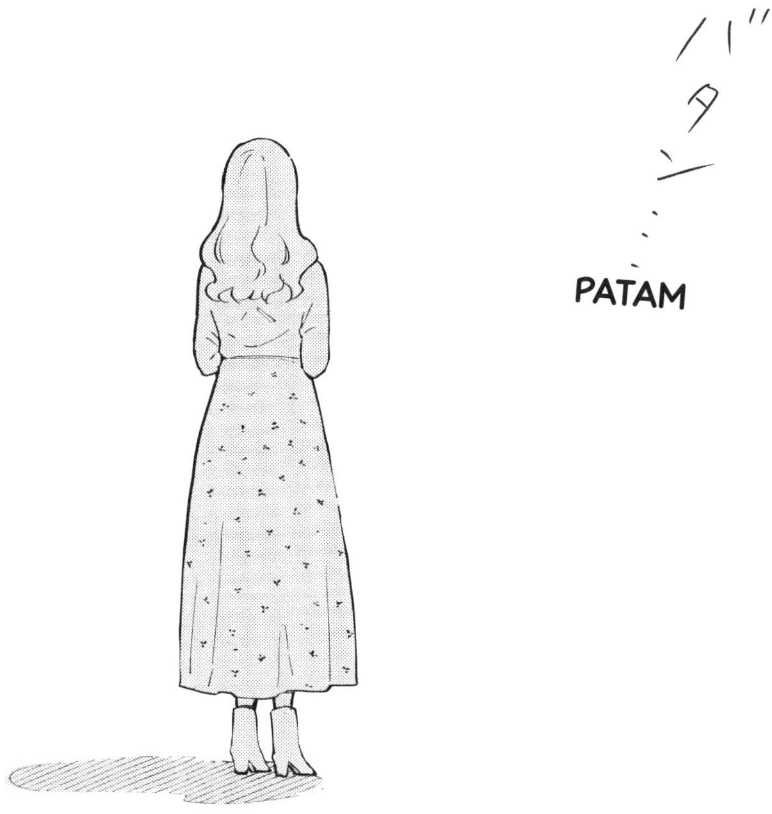
バタン
PATAM

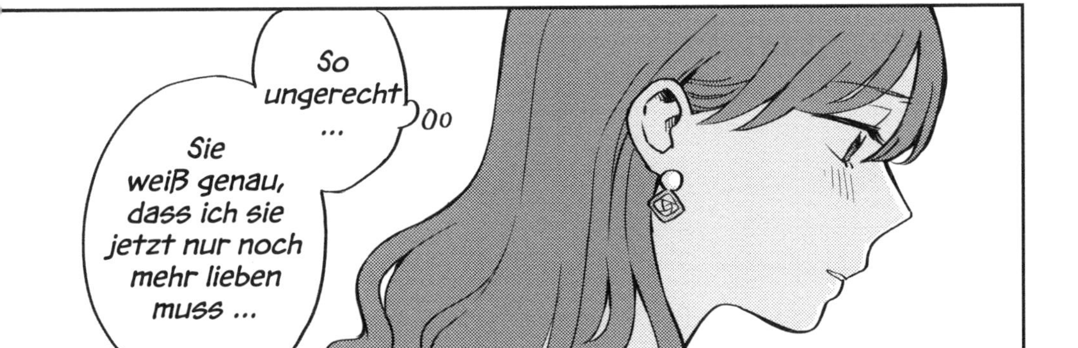
So ungerecht ...
Sie weiß genau, dass ich sie jetzt nur noch mehr lieben muss ...

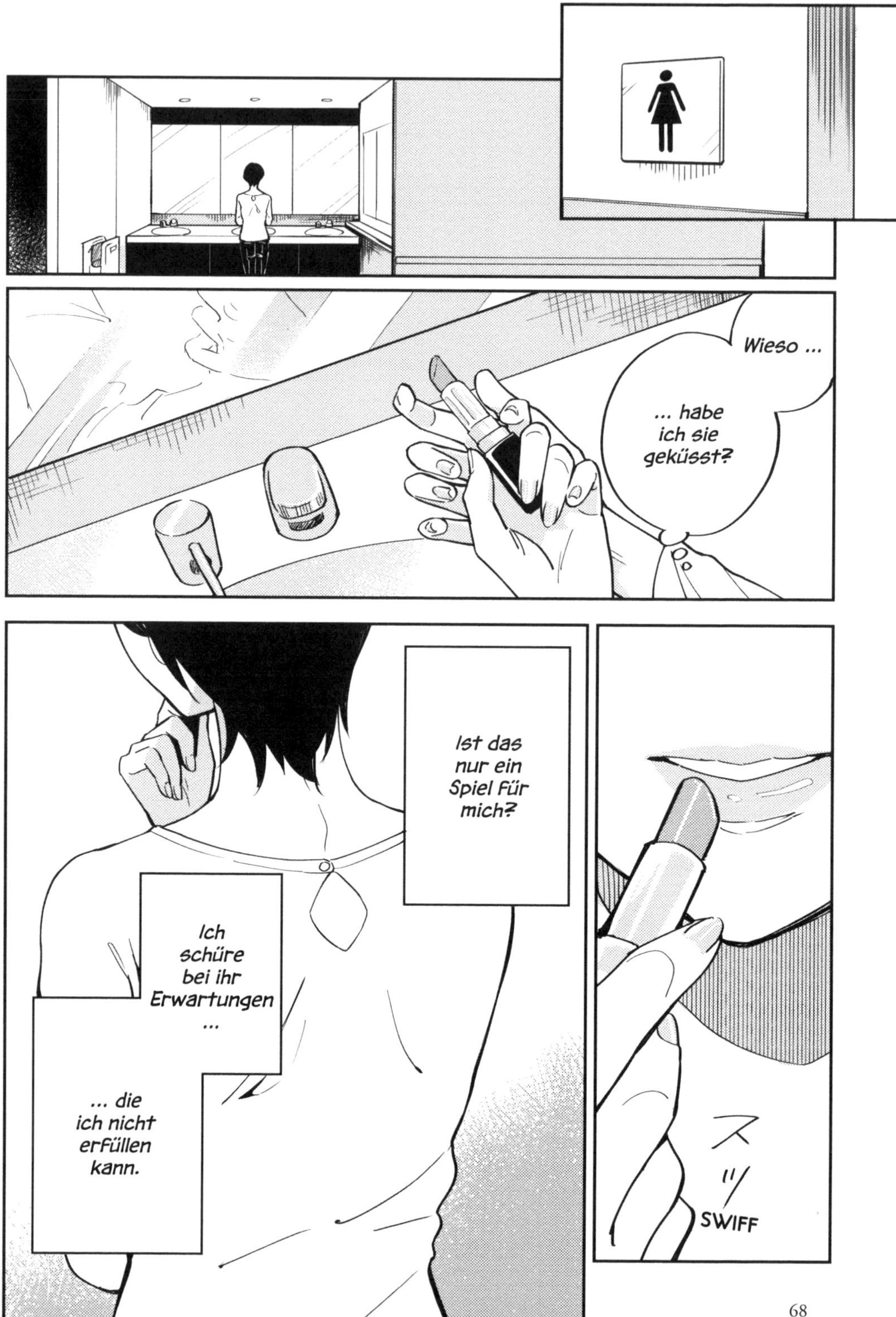
Wieso ...
... habe ich sie geküsst?
SWIFF
Ist das nur ein Spiel für mich?
Ich schüre bei ihr Erwartungen ...
... die ich nicht erfüllen kann.

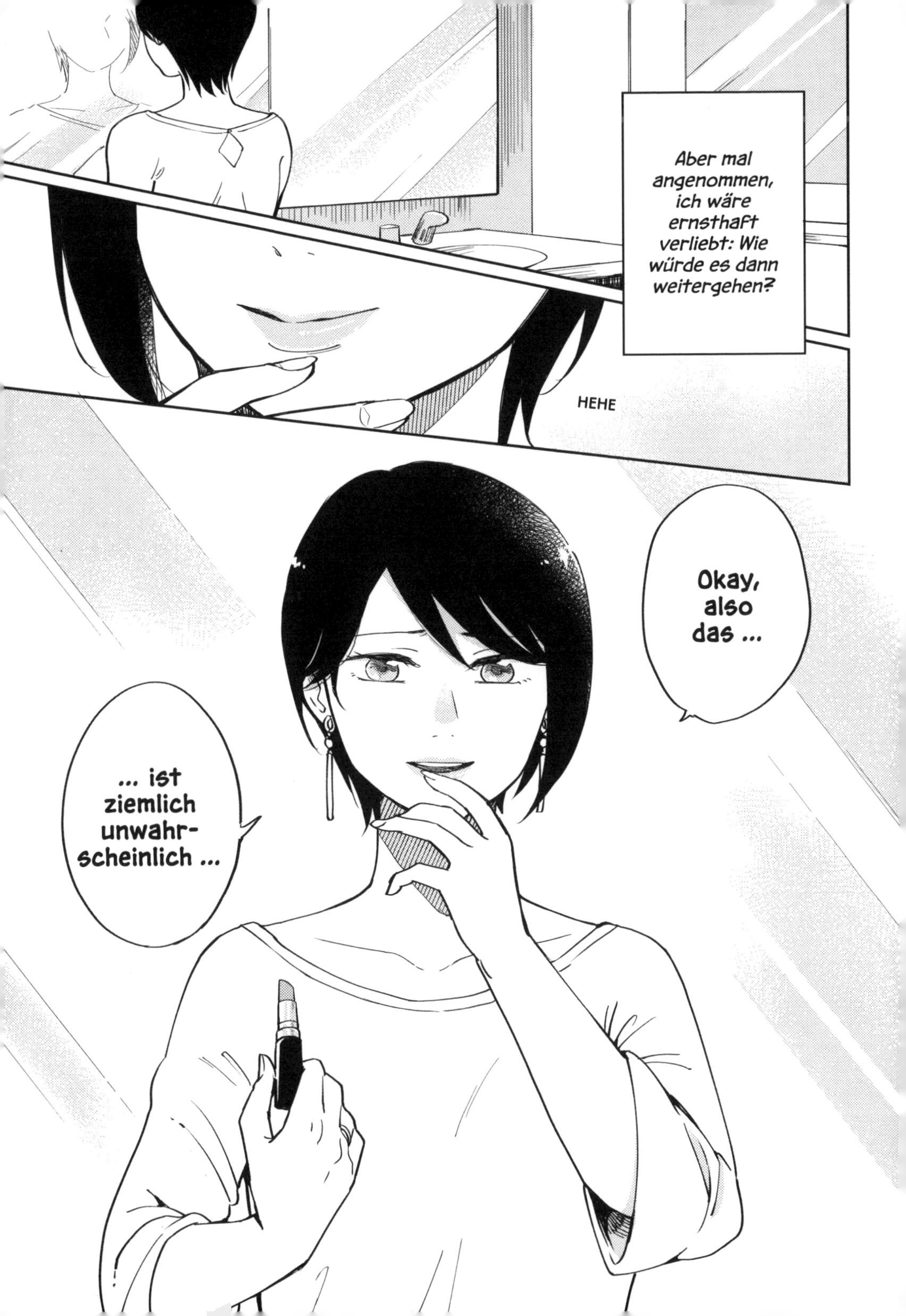
Aber mal angenommen, ich wäre ernsthaft verliebt: Wie würde es dann weitergehen?
HEHE
Okay, also das ...
... ist ziemlich unwahr-scheinlich ...

Office Affairs

KAPITEL 4: TÄUSCHEND ECHT

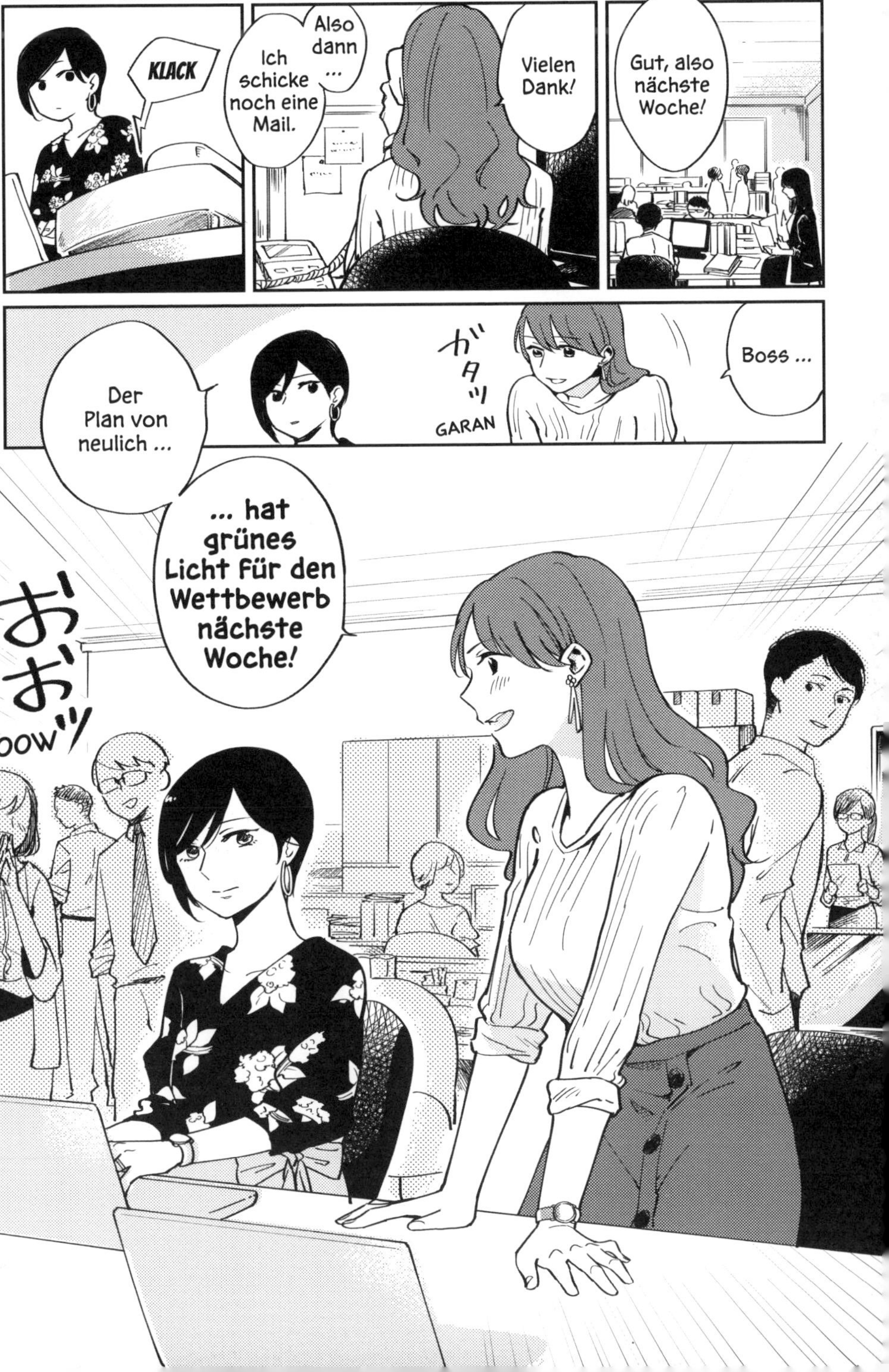

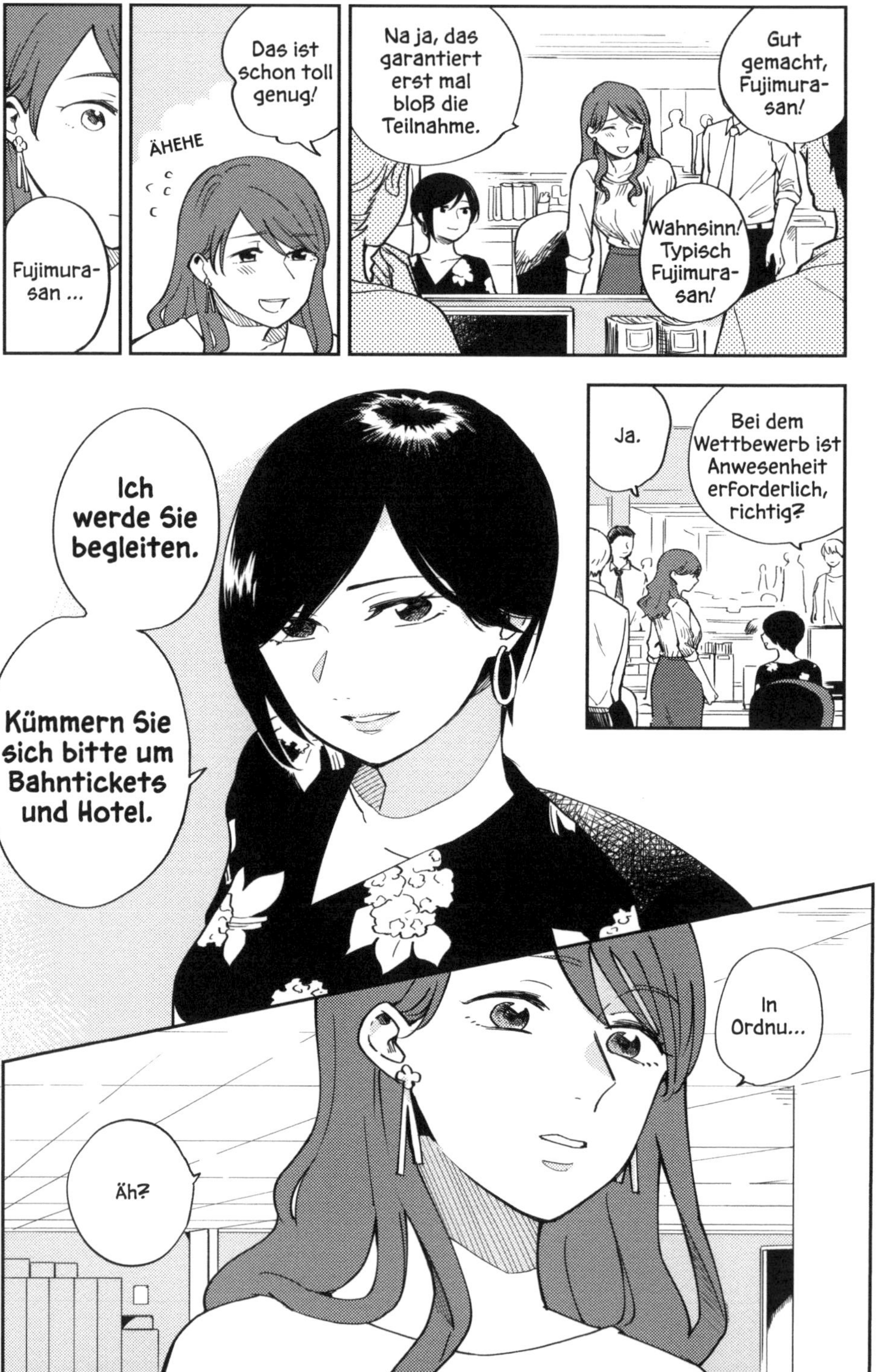
Gut gemacht, Fujimura-san!
Wahnsinn! Typisch Fujimura-san!
Na ja, das garantiert erst mal bloß die Teilnahme.
Das ist schon toll genug!
ÄHEHE
Fujimura-san ...
Bei dem Wettbewerb ist Anwesenheit erforderlich, richtig?
Ja.
Ich werde Sie begleiten.
Kümmern Sie sich bitte um Bahntickets und Hotel.
In Ordnu...
Äh?

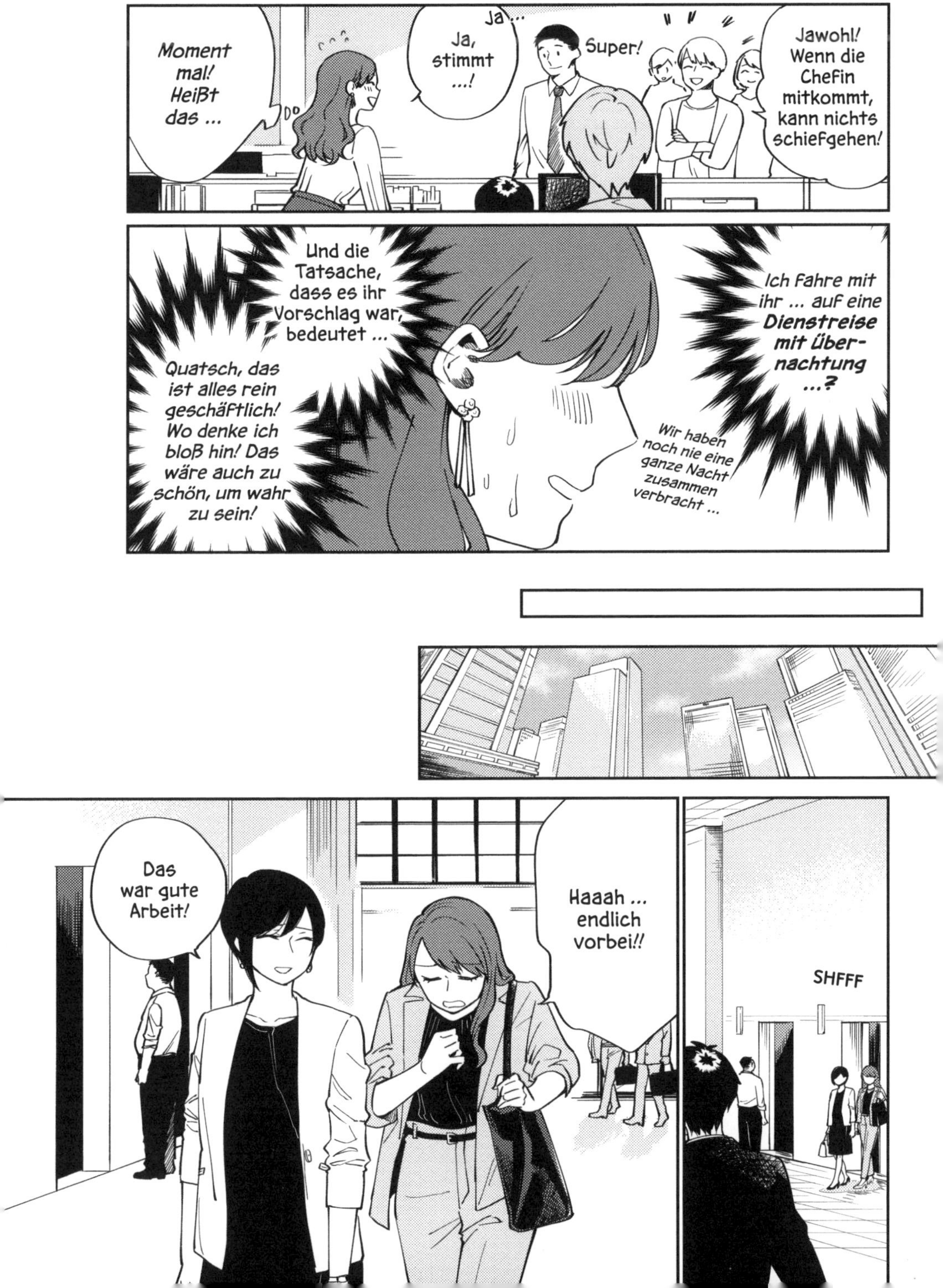

Jawohl! Wenn die Chefin mitkommt, kann nichts schiefgehen!
Super!
Ja ...
Ja, stimmt ...!
Moment mal! Heißt das ...
Ich fahre mit ihr ... auf eine **Dienstreise mit Übernachtung ...?**
Wir haben noch nie eine ganze Nacht zusammen verbracht ...
Und die Tatsache, dass es ihr Vorschlag war, bedeutet ...
Quatsch, das ist alles rein geschäftlich! Wo denke ich bloß hin! Das wäre auch zu schön, um wahr zu sein!
SHFFF
Haaah ... endlich vorbei!!
Das war gute Arbeit!

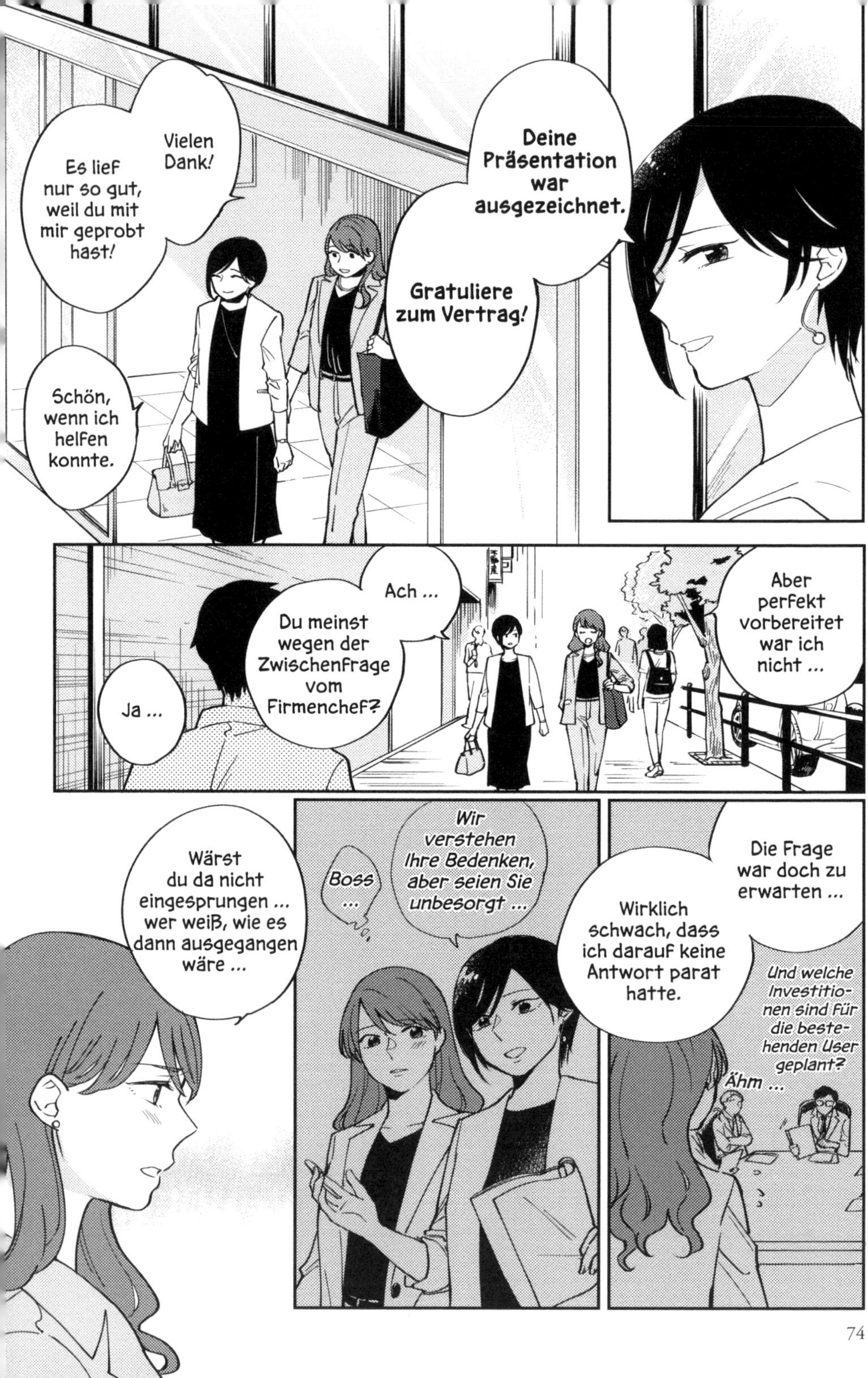
Deine Präsentation war ausgezeichnet.
Gratuliere zum Vertrag!
Vielen Dank!
Es lief nur so gut, weil du mit mir geprobt hast!
Schön, wenn ich helfen konnte.
Aber perfekt vorbereitet war ich nicht ...
Ach ...
Du meinst wegen der Zwischenfrage vom Firmenchef?
Ja ...
Die Frage war doch zu erwarten ...
Wirklich schwach, dass ich darauf keine Antwort parat hatte.
Und welche Investitionen sind für die bestehenden User geplant?
Ähm ...
Wir verstehen Ihre Bedenken, aber seien Sie unbesorgt ...
Boss ...
Wärst du da nicht eingesprungen ... wer weiß, wie es dann ausgegangen wäre ...

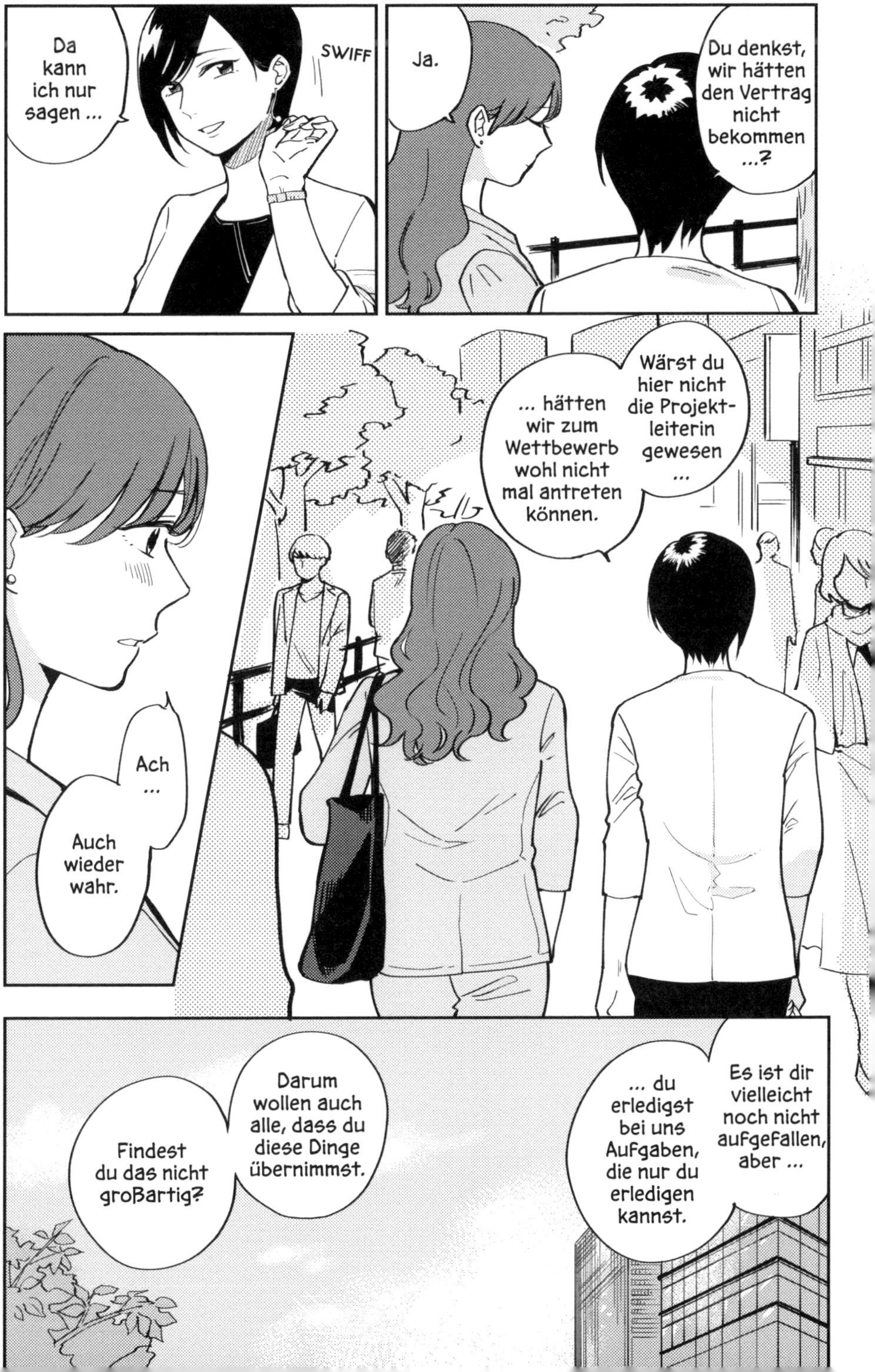

Du denkst, wir hätten den Vertrag nicht bekommen ...?
Ja.
Da kann ich nur sagen ...
SWIFF
Wärst du hier nicht die Projektleiterin gewesen ...
... hätten wir zum Wettbewerb wohl nicht mal antreten können.
Ach ...
Auch wieder wahr.
Es ist dir vielleicht noch nicht aufgefallen, aber ...
... du erledigst bei uns Aufgaben, die nur du erledigen kannst.
Darum wollen auch alle, dass du diese Dinge übernimmst.
Findest du das nicht großartig?

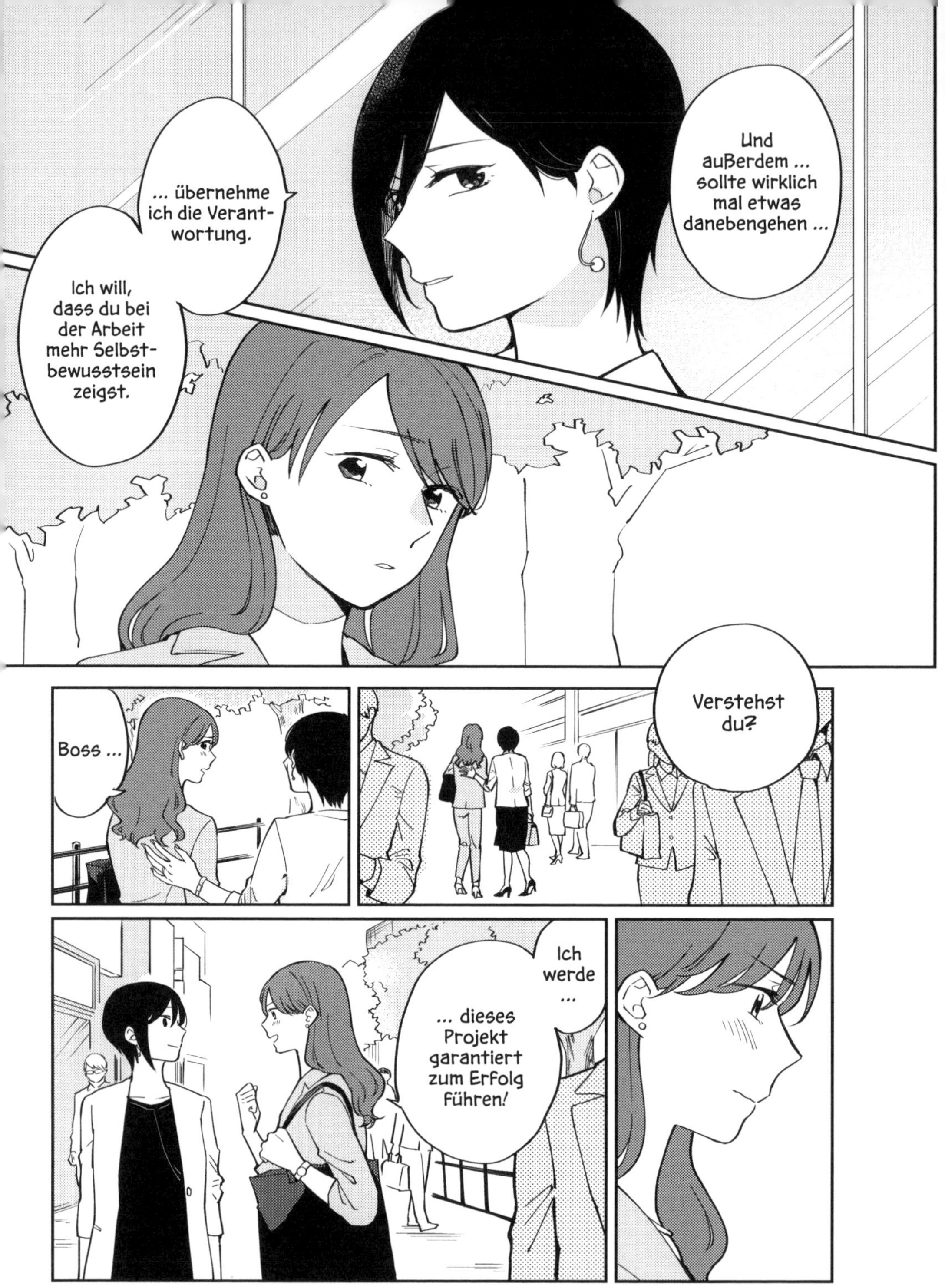
Und außerdem ... sollte wirklich mal etwas danebengehen ...
... übernehme ich die Verantwortung.
Ich will, dass du bei der Arbeit mehr Selbstbewusstsein zeigst.
Verstehst du?
Boss ...
Ich werde ...
... dieses Projekt garantiert zum Erfolg führen!

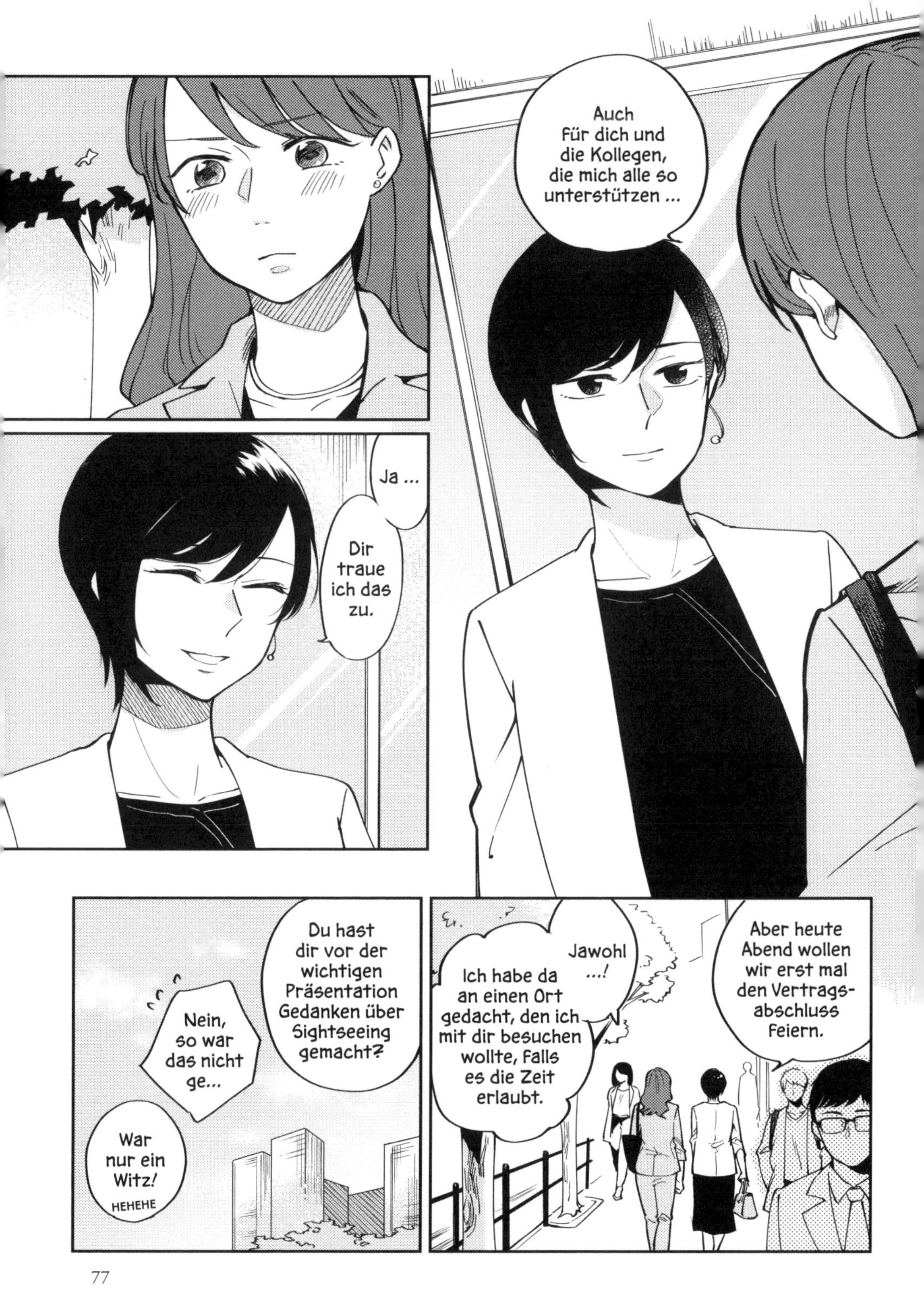
Auch für dich und die Kollegen, die mich alle so unterstützen ...
Ja ...
Dir traue ich das zu.
Aber heute Abend wollen wir erst mal den Vertrags-abschluss feiern.
Jawohl ...!
Ich habe da an einen Ort gedacht, den ich mit dir besuchen wollte, falls es die Zeit erlaubt.
Du hast dir vor der wichtigen Präsentation Gedanken über Sightseeing gemacht?
Nein, so war das nicht ge...
War nur ein Witz!
HEHEHE

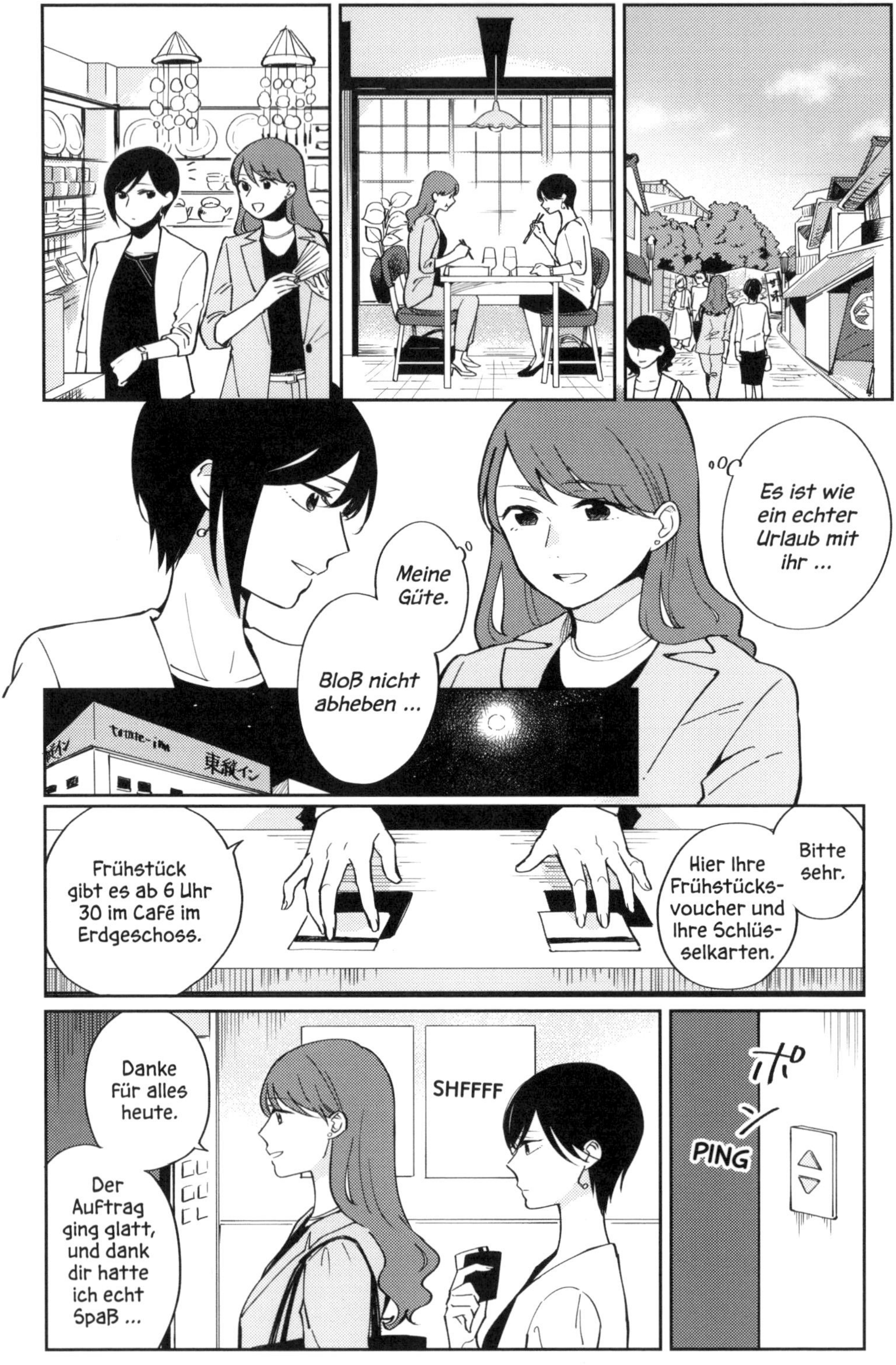
Es ist wie ein echter Urlaub mit ihr ...
Meine Güte.
Bloß nicht abheben ...
Bitte sehr.
Hier Ihre Frühstücks-voucher und Ihre Schlüs-selkarten.
Frühstück gibt es ab 6 Uhr 30 im Café im Erdgeschoss.
PING
SHFFFF
Danke für alles heute.
Der Auftrag ging glatt, und dank dir hatte ich echt Spaß ...

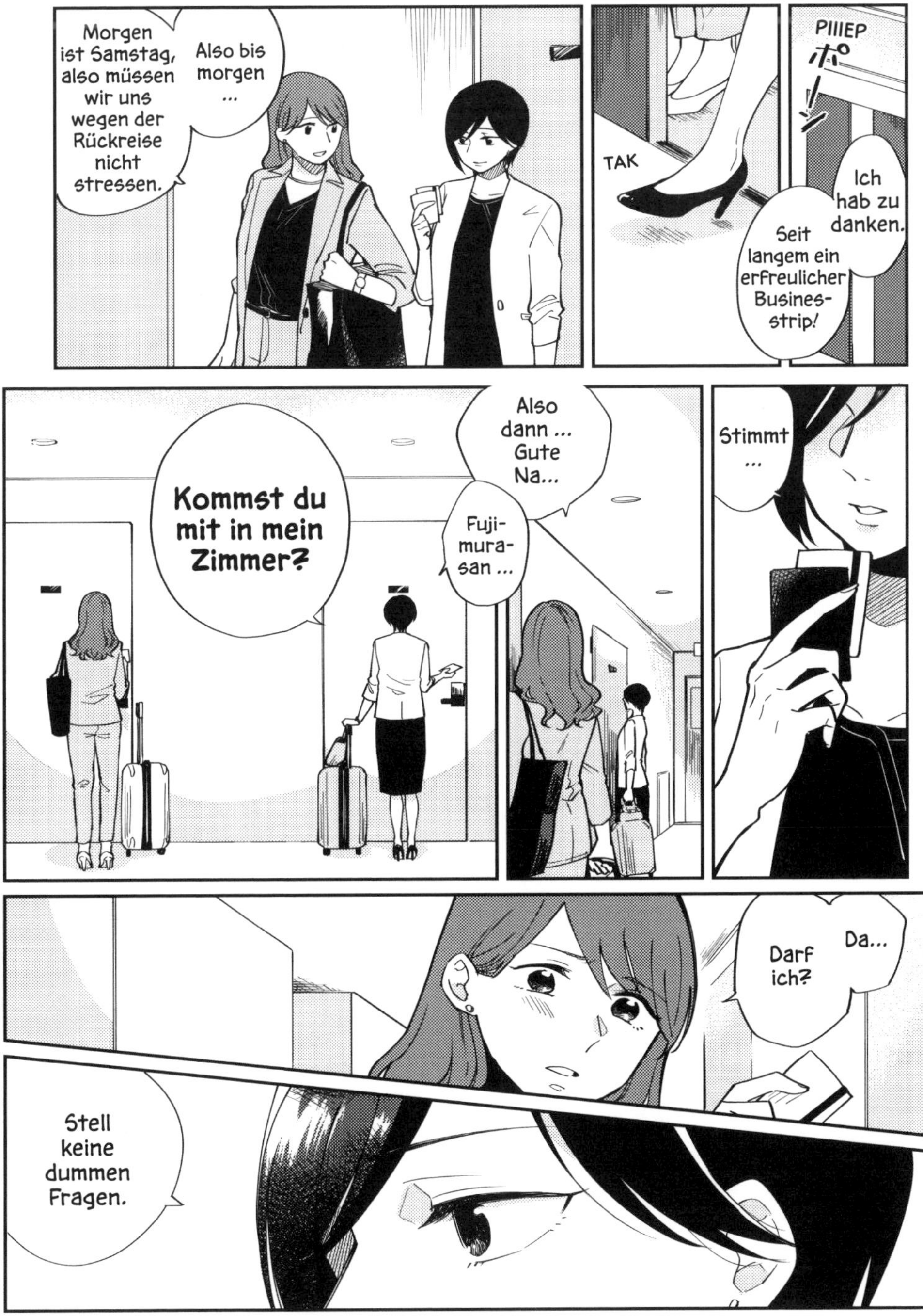
PIIIEP
Ich hab zu danken.
Seit langem ein erfreulicher Busines-strip!
TAK
Also bis morgen ...
Morgen ist Samstag, also müssen wir uns wegen der Rückreise nicht stressen.
Stimmt ...
Also dann ... Gute Na...
Fuji-mura-san ...
Kommst du mit in mein Zimmer?
Da...
Darf ich?
Stell keine dummen Fragen.

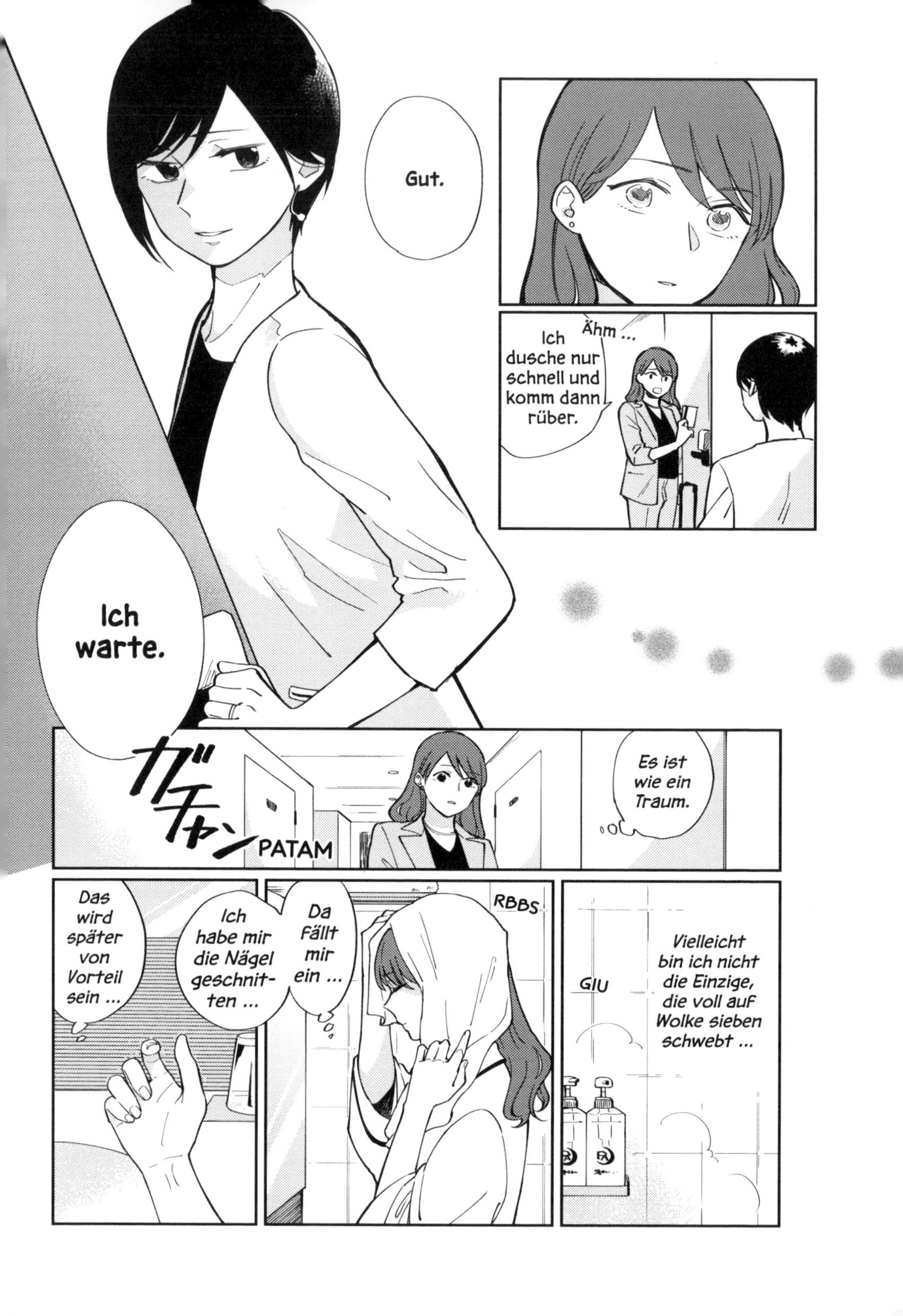
Ähm …
Ich dusche nur schnell und komm dann rüber.
Gut.
Ich warte.
ガチャン PATAM
Es ist wie ein Traum.
Vielleicht bin ich nicht die Einzige, die voll auf Wolke sieben schwebt …
GIU
RBBS
Da fällt mir ein …
Ich habe mir die Nägel geschnitten …
Das wird später von Vorteil sein …

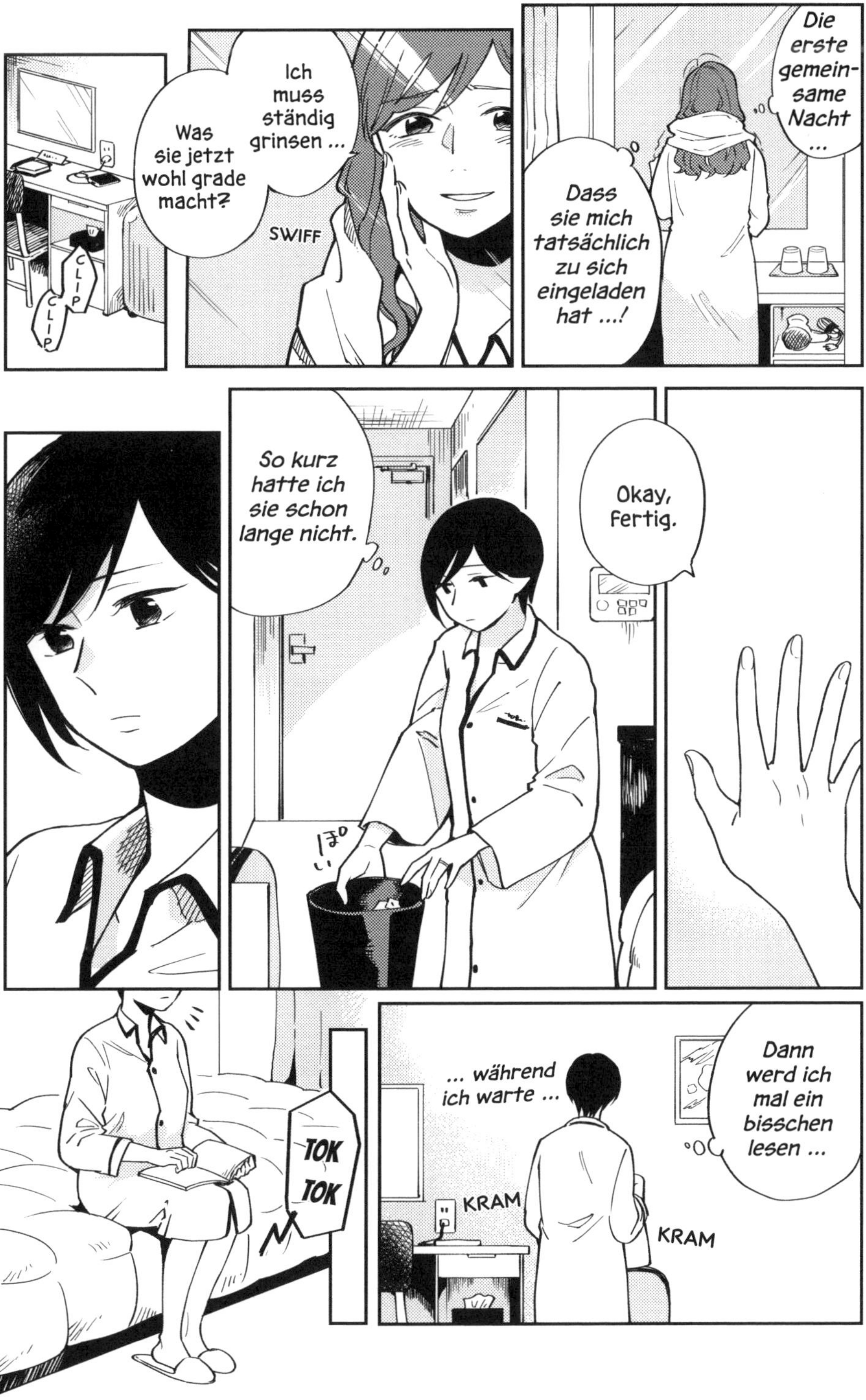

Die erste gemeinsame Nacht ...
Dass sie mich tatsächlich zu sich eingeladen hat ...!
Ich muss ständig grinsen ...
SWIFF
Was sie jetzt wohl grade macht?
CLIP
CLIP
Okay, fertig.
So kurz hatte ich sie schon lange nicht.
ぽい
Dann werd ich mal ein bisschen lesen ...
... während ich warte ...
KRAM
KRAM
TOK
TOK

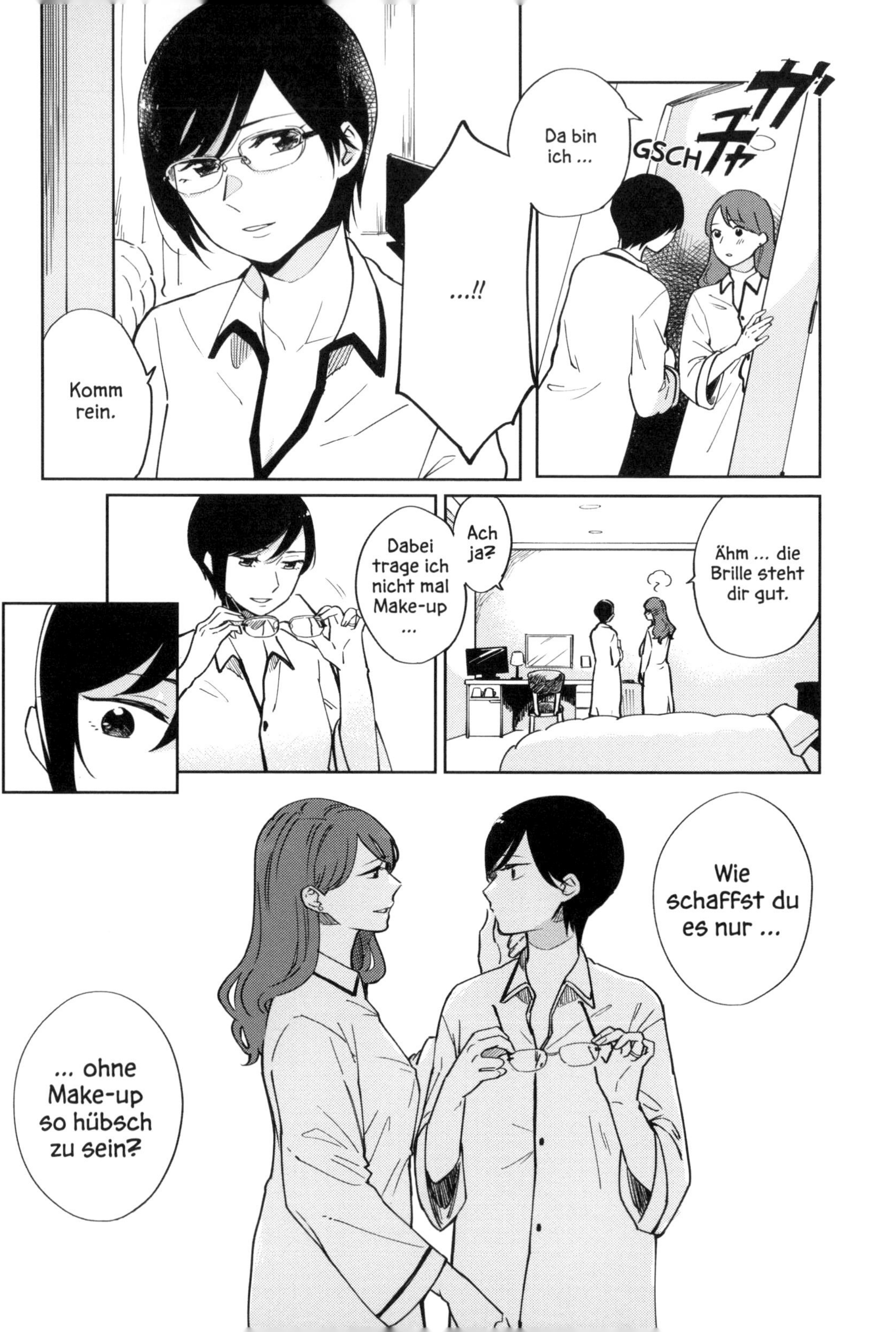
ガチャ
GSCH
Da bin ich ...
...!!
Komm rein.
Ähm ... die Brille steht dir gut.
Ach ja?
Dabei trage ich nicht mal Make-up ...
Wie schaffst du es nur ...
... ohne Make-up so hübsch zu sein?

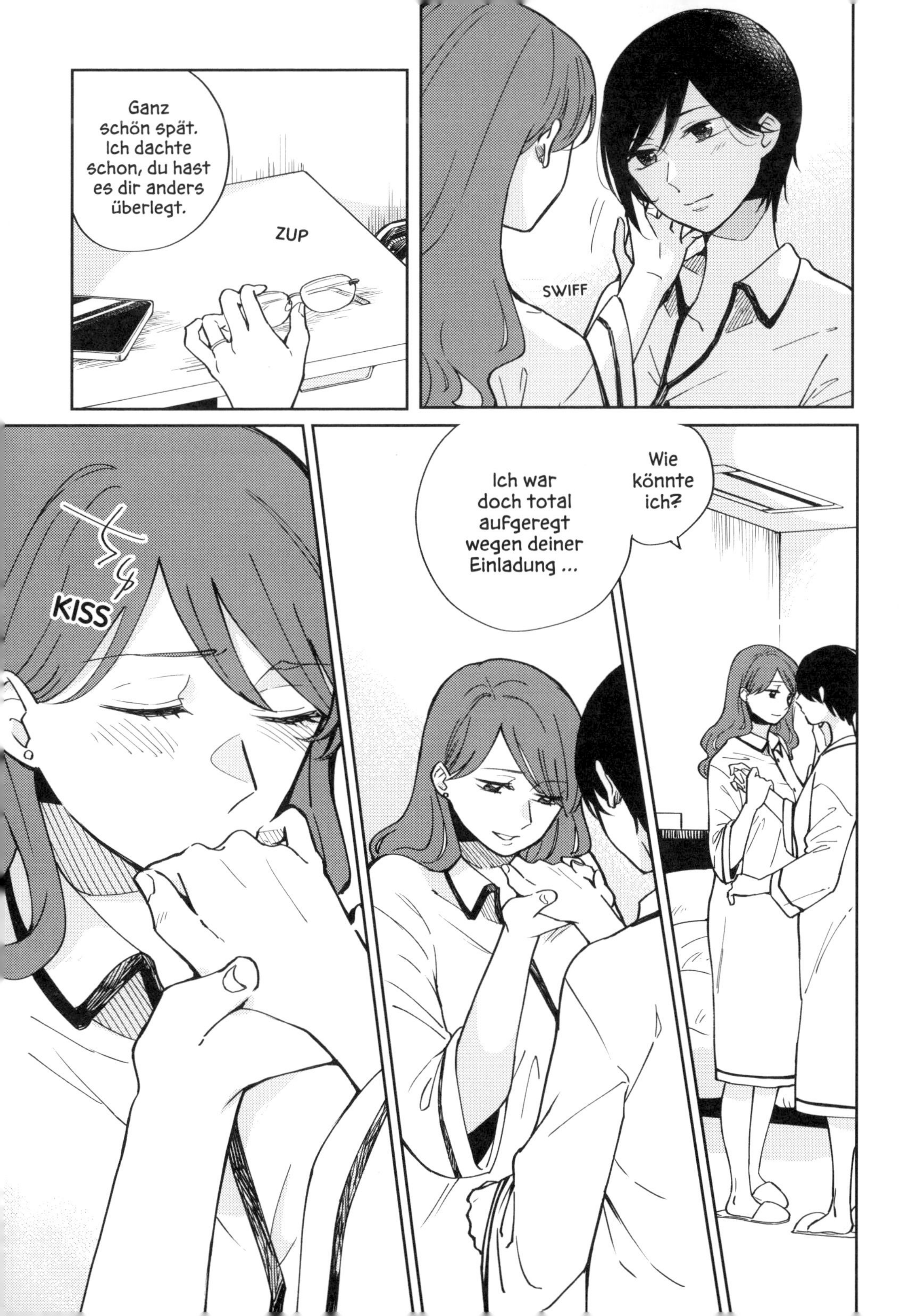
SWIFF
Ganz schön spät. Ich dachte schon, du hast es dir anders überlegt.
ZUP
Wie könnte ich?
Ich war doch total aufgeregt wegen deiner Einladung ...
KISS

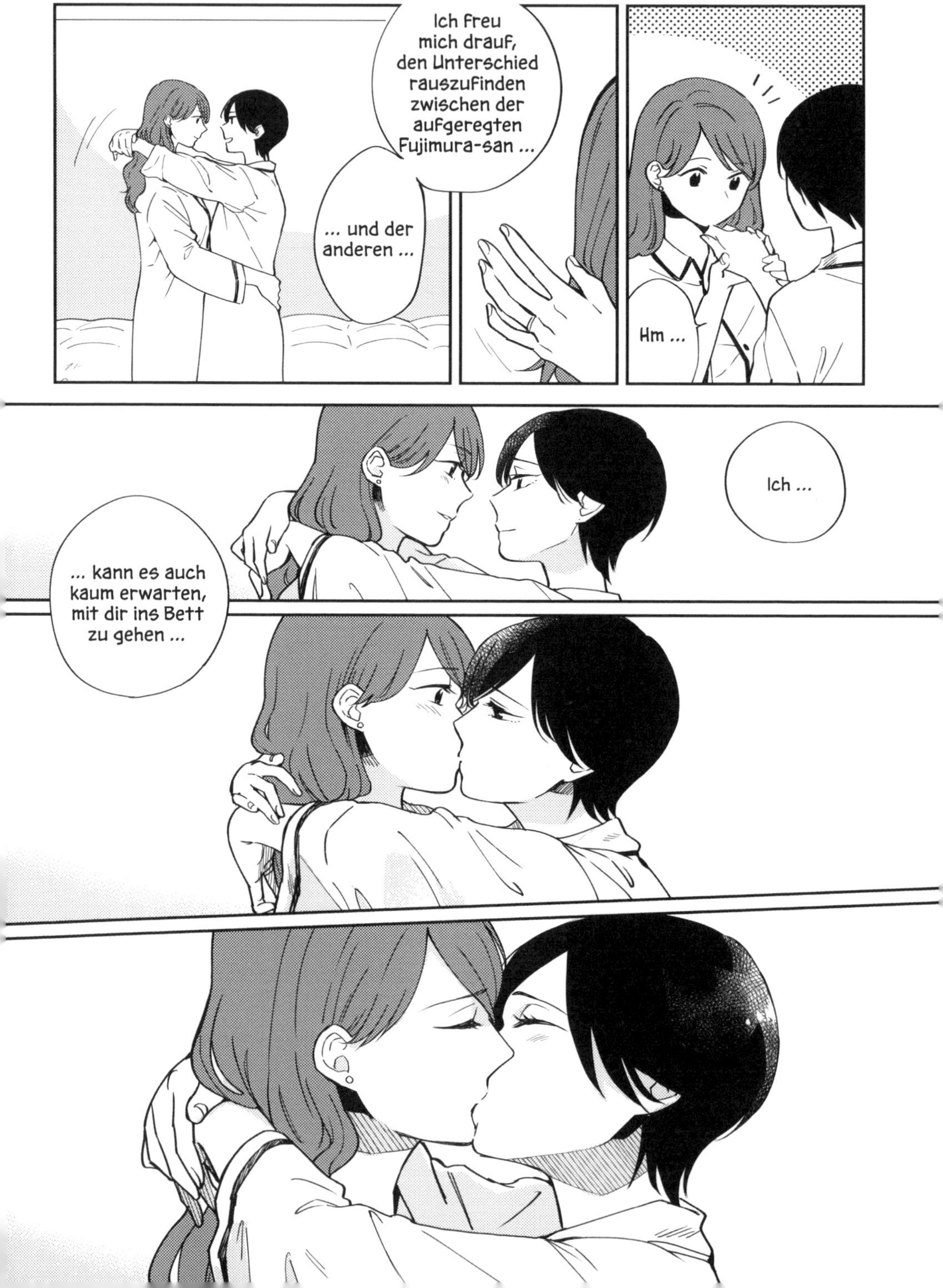
Ich freu mich drauf, den Unterschied rauszufinden zwischen der aufgeregten Fujimura-san ...
... und der anderen ...
Hm ...
Ich ...
... kann es auch kaum erwarten, mit dir ins Bett zu gehen ...

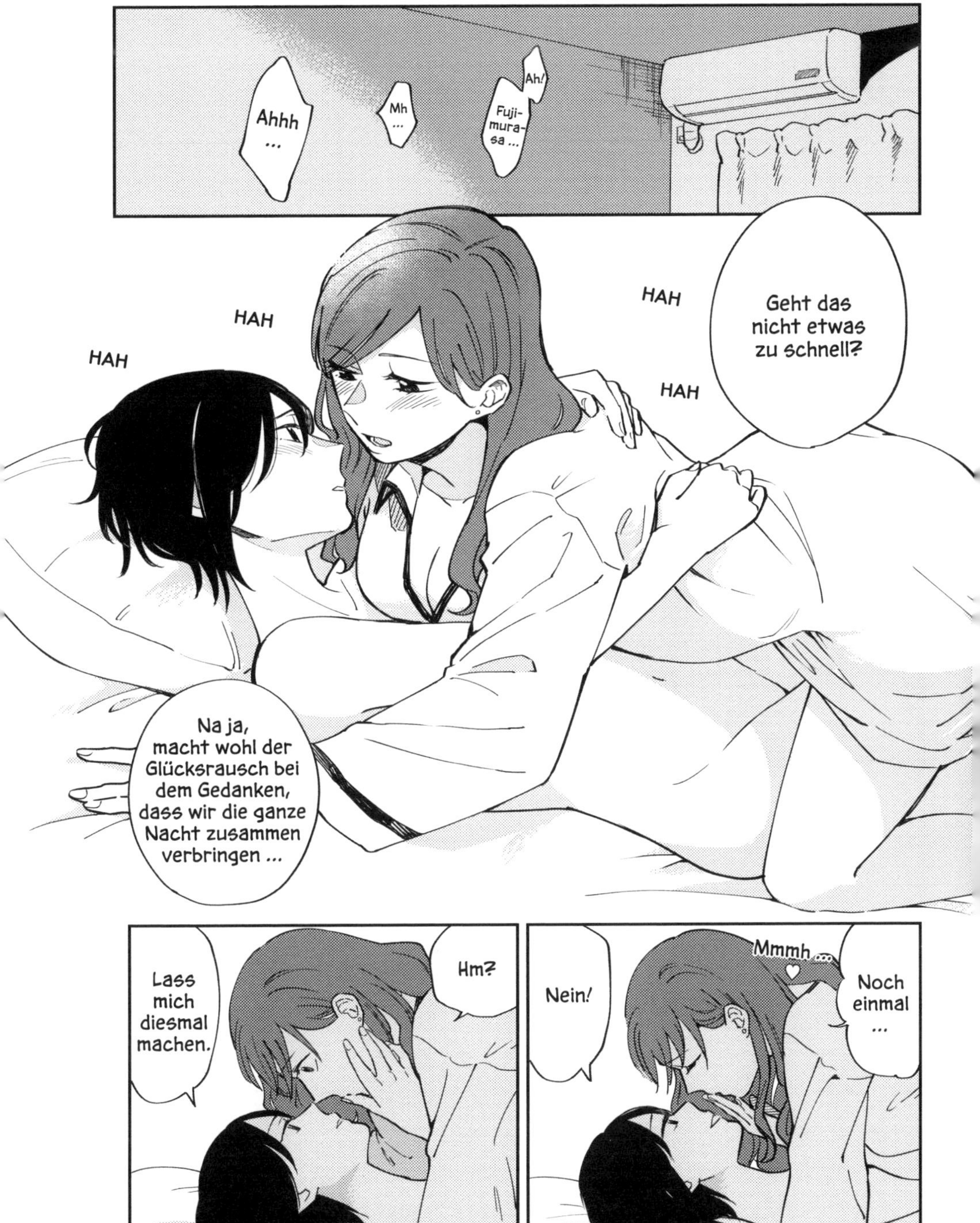
Ah!
Fuji-mura-sa ...
Mh ...
Ahhh ...
HAH
HAH
HAH
HAH
Geht das nicht etwas zu schnell?
Na ja, macht wohl der Glücksrausch bei dem Gedanken, dass wir die ganze Nacht zusammen verbringen ...
Mmmh ... ♥
Noch einmal ...
Nein!
Hm?
Lass mich diesmal machen.

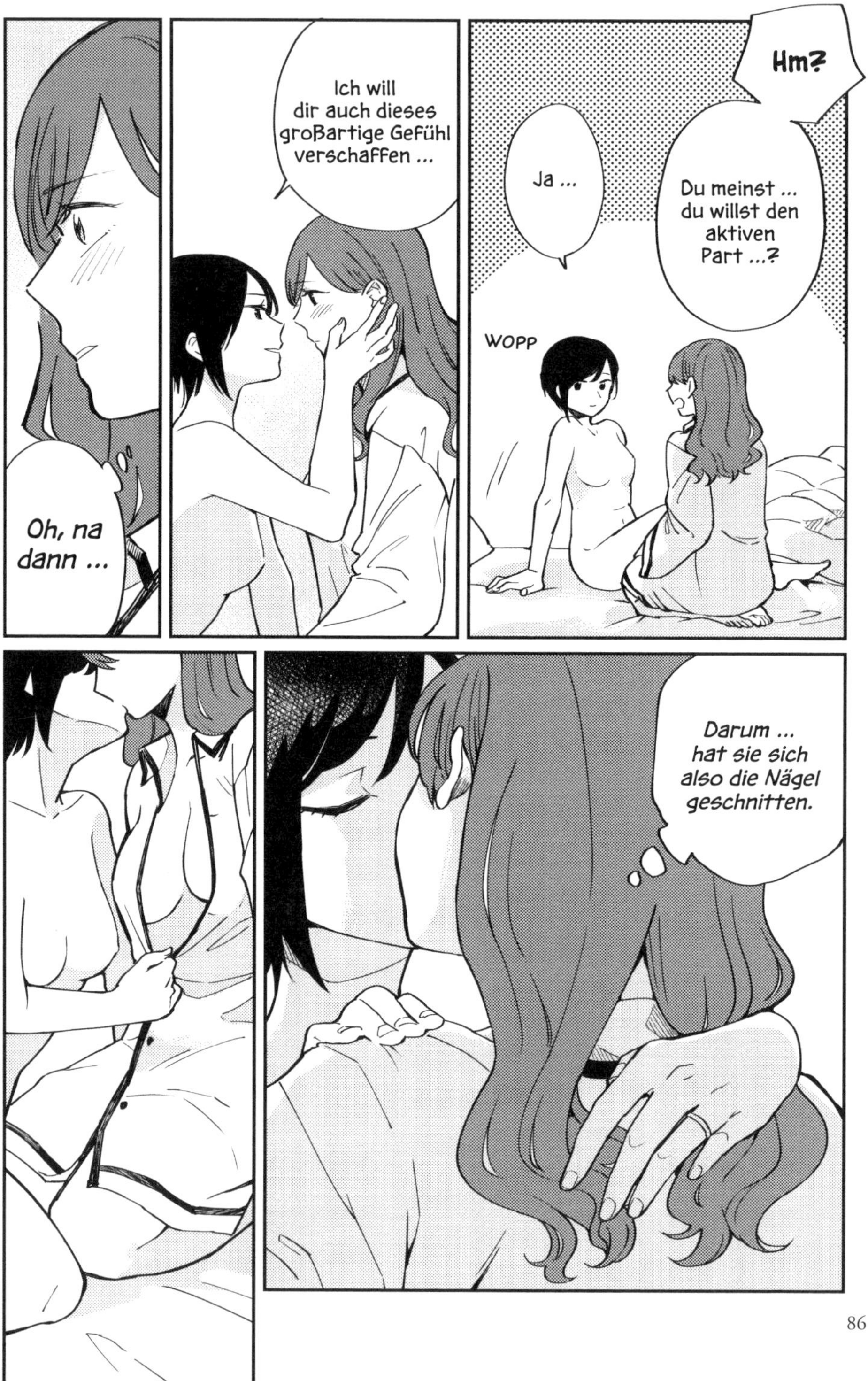
Hm?
Du meinst ... du willst den aktiven Part ...?
Ja ...
WOPP
Ich will dir auch dieses großartige Gefühl verschaffen ...
Oh, na dann ...
Darum ... hat sie sich also die Nägel geschnitten.

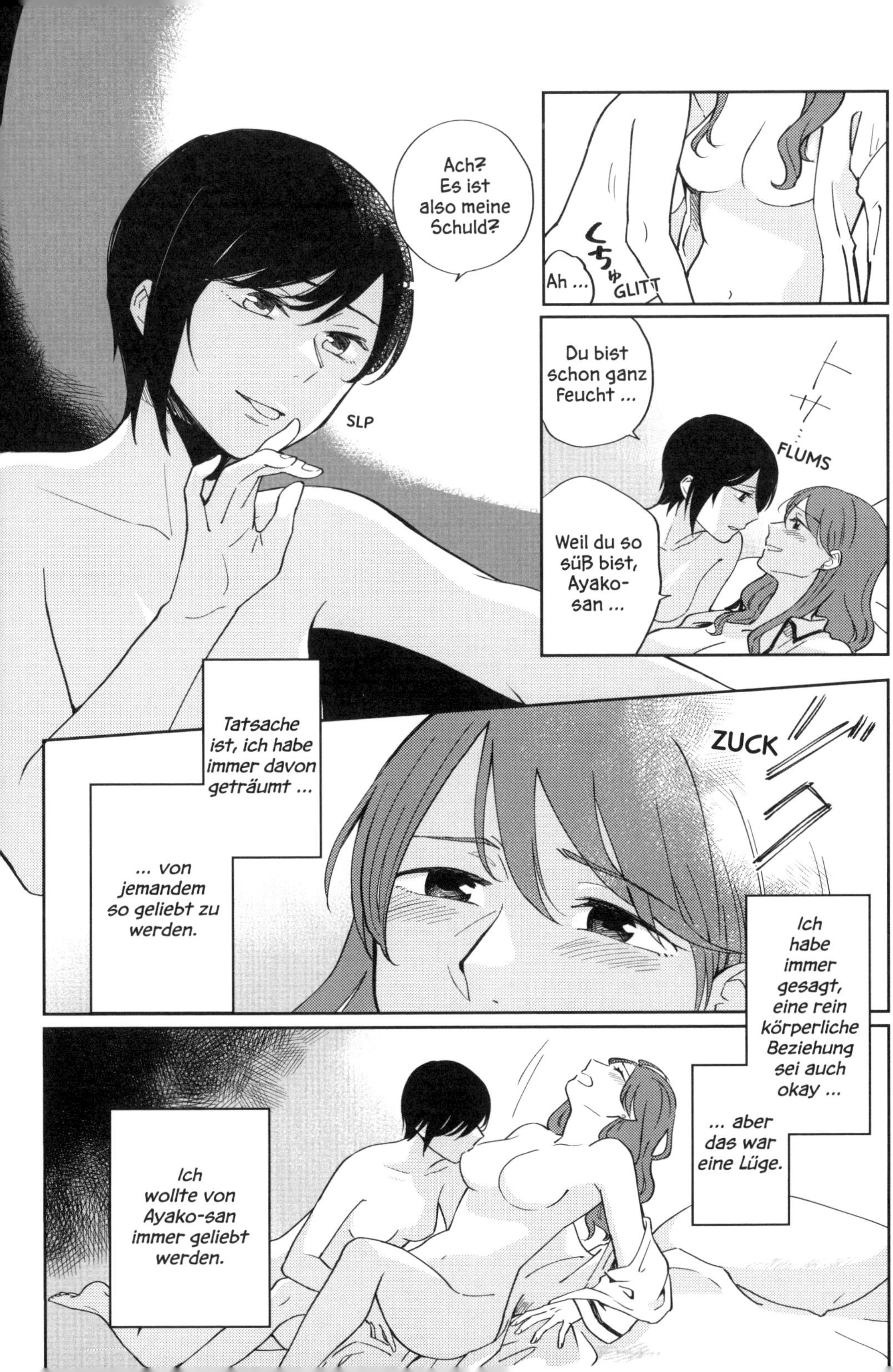
Ah ...
くちゅ
GLITT
Ach?
Es ist
also meine
Schuld?
SLP
Du bist
schon ganz
feucht ...
FLUMS
Weil du so
süß bist,
Ayako-
san ...
ZUCK
Tatsache
ist, ich habe
immer davon
geträumt ...
... von
jemandem
so geliebt zu
werden.
Ich
habe
immer
gesagt,
eine rein
körperliche
Beziehung
sei auch
okay ...
... aber
das war
eine Lüge.
Ich
wollte von
Ayako-san
immer geliebt
werden.

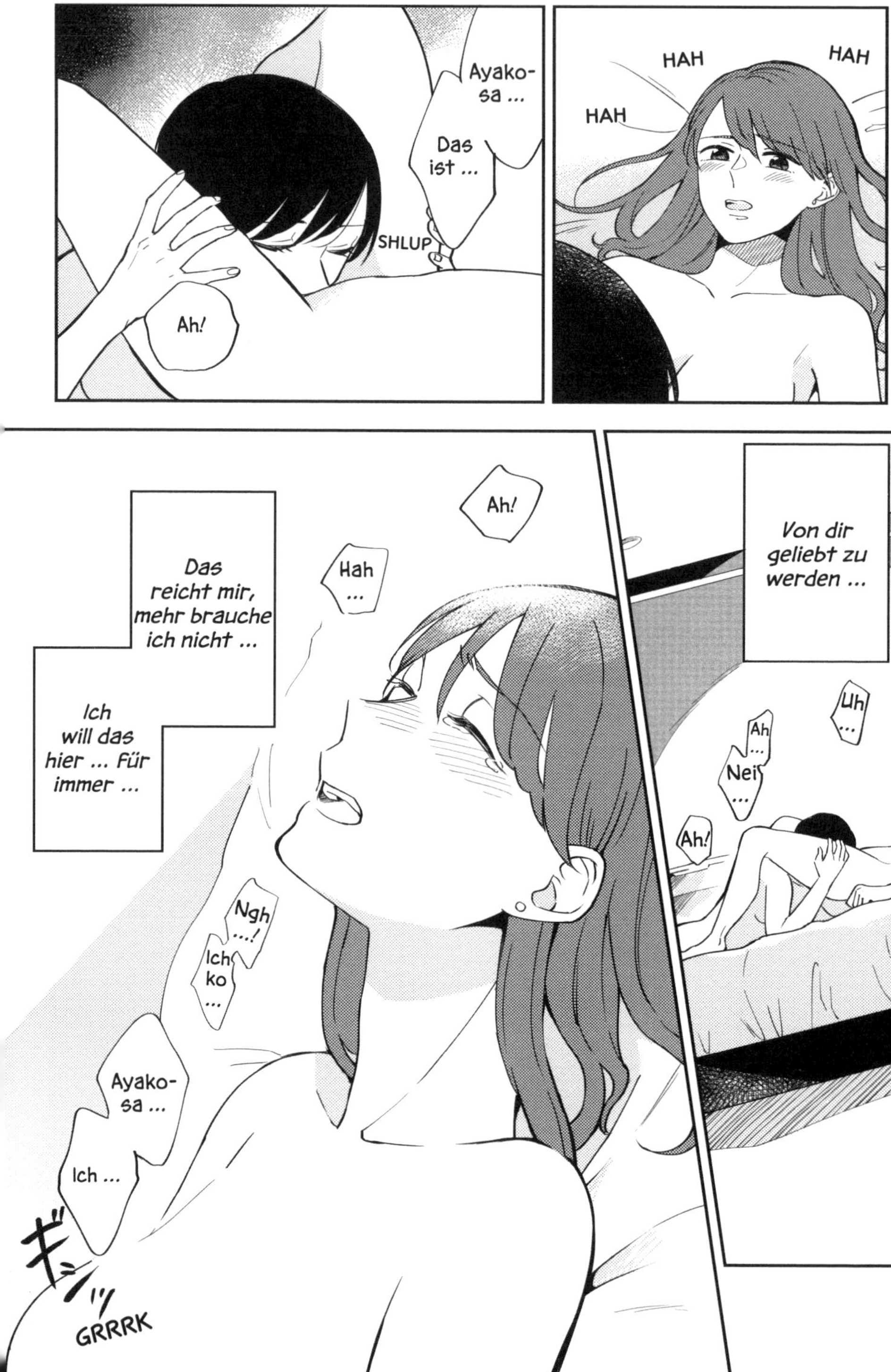
HAH
HAH
HAH
Ayako-sa ...
Das ist ...
SHLUP
Ah!
Von dir geliebt zu werden ...
Uh ...
Ah ...
Nei ...
Ah!
Ah!
Hah ...
Das reicht mir, mehr brauche ich nicht ...
Ich will das hier ... für immer ...
Ngh ...!
Ich ko ...
Ayako-sa ...
Ich ...
GRRRK

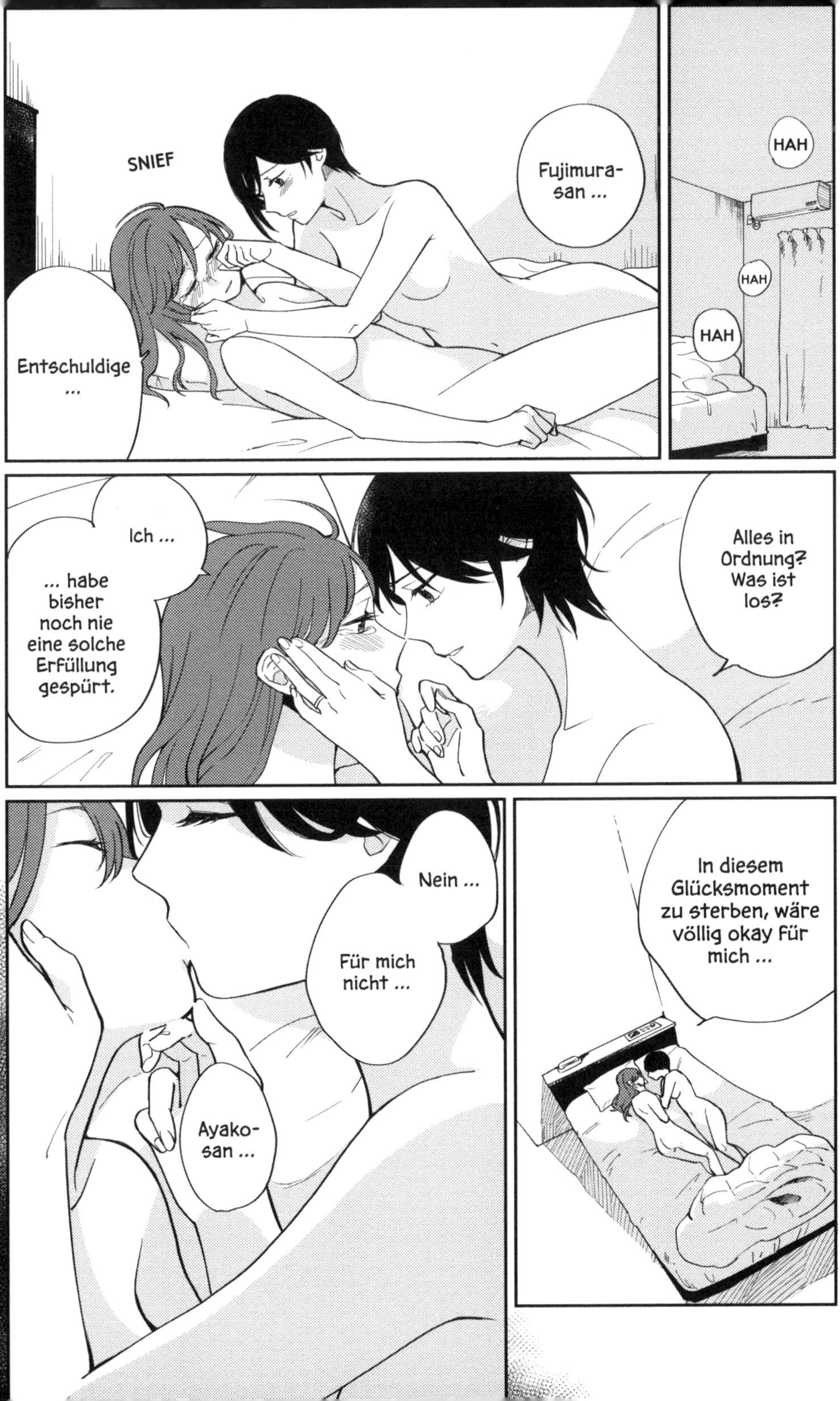
HAH
HAH
HAH
Fujimura-san ...
SNIEF
Entschuldige ...
Alles in Ordnung? Was ist los?
Ich ...
... habe bisher noch nie eine solche Erfüllung gespürt.
In diesem Glücksmoment zu sterben, wäre völlig okay für mich ...
Nein ...
Für mich nicht ...
Ayako-san ...

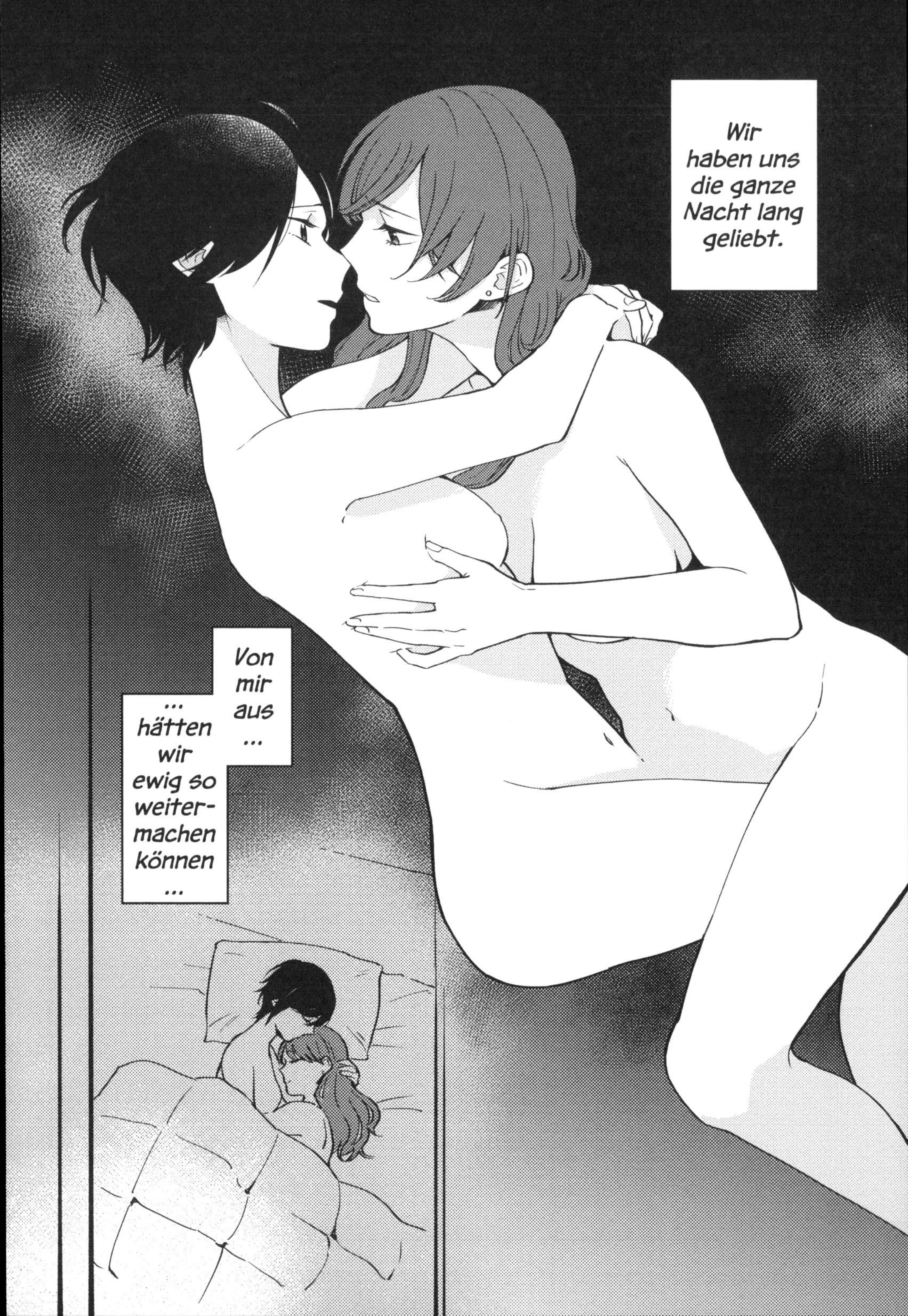
Wir haben uns die ganze Nacht lang geliebt.
Von mir aus ...
... hätten wir ewig so weiter-machen können ...

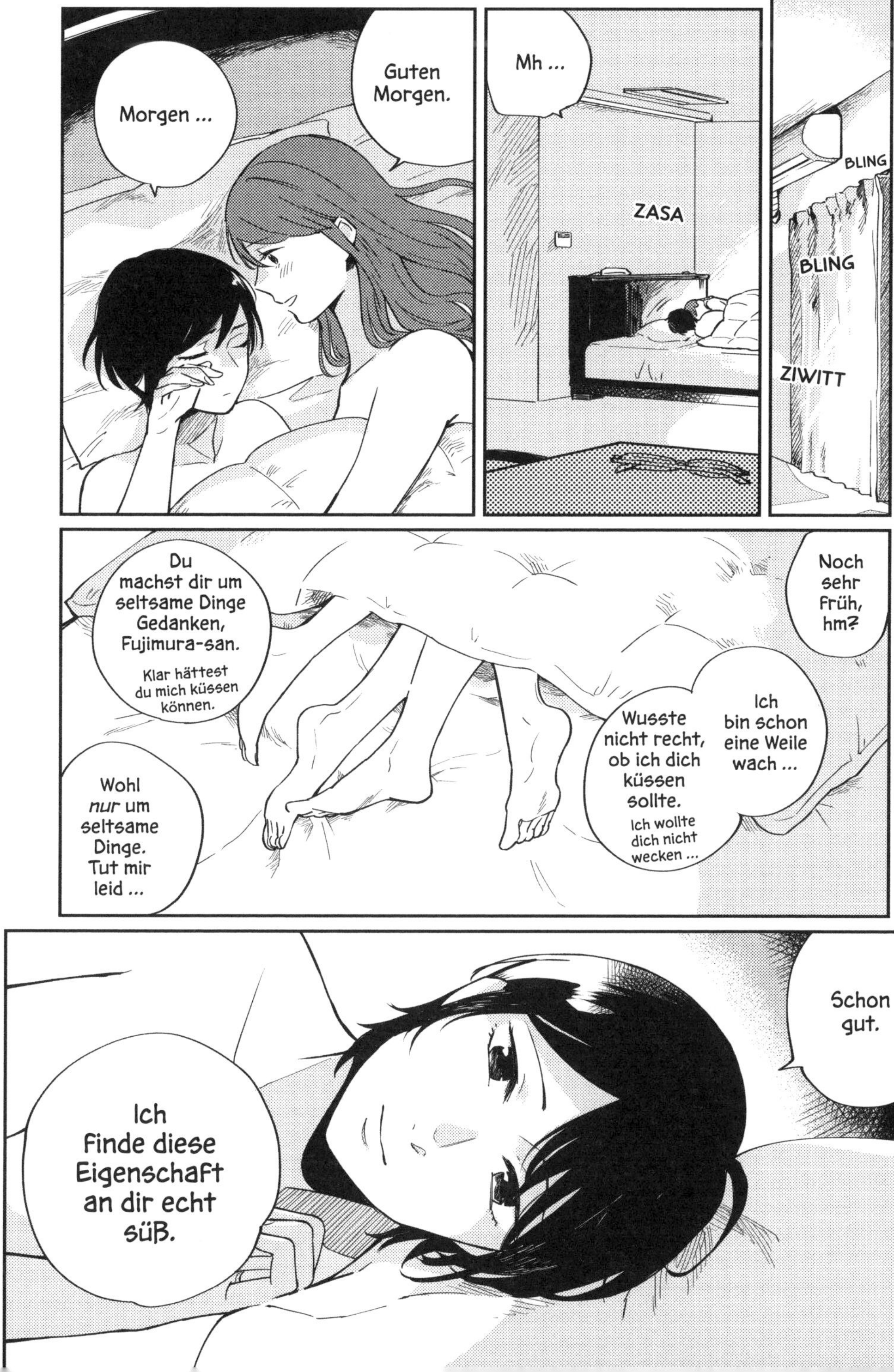
BLING
BLING
ZIWITT
Mh ...
ZASA
Guten Morgen.
Morgen ...
Noch sehr früh, hm?
Ich bin schon eine Weile wach ...
Wusste nicht recht, ob ich dich küssen sollte.
Ich wollte dich nicht wecken ...
Du machst dir um seltsame Dinge Gedanken, Fujimura-san.
Klar hättest du mich küssen können.
Wohl *nur* um seltsame Dinge. Tut mir leid ...
Schon gut.
Ich finde diese Eigenschaft an dir echt süß.

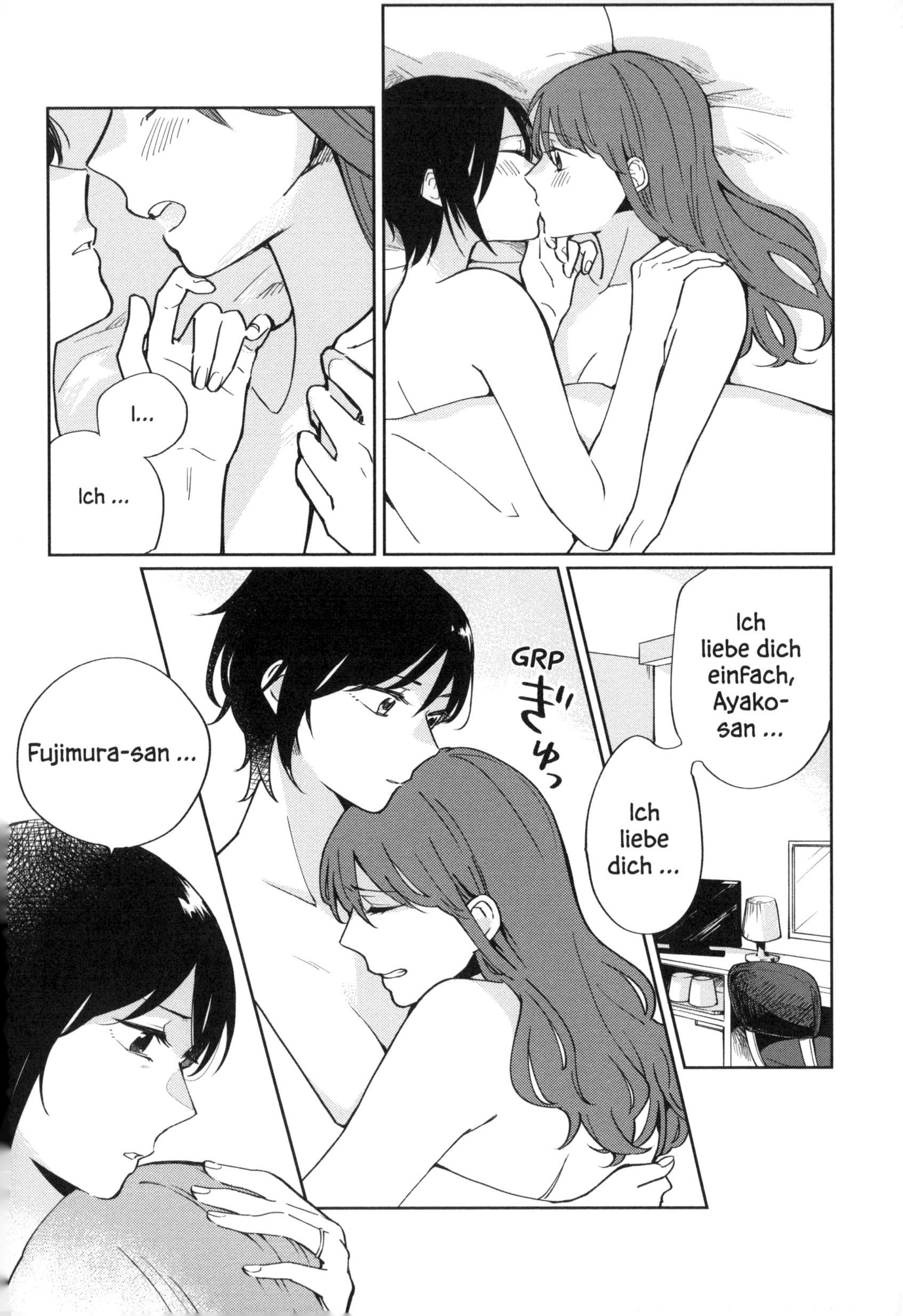
I...
Ich ...
Ich liebe dich einfach, Ayako-san ...
Ich liebe dich ...
GRP
ぎゅっ
Fujimura-san ...

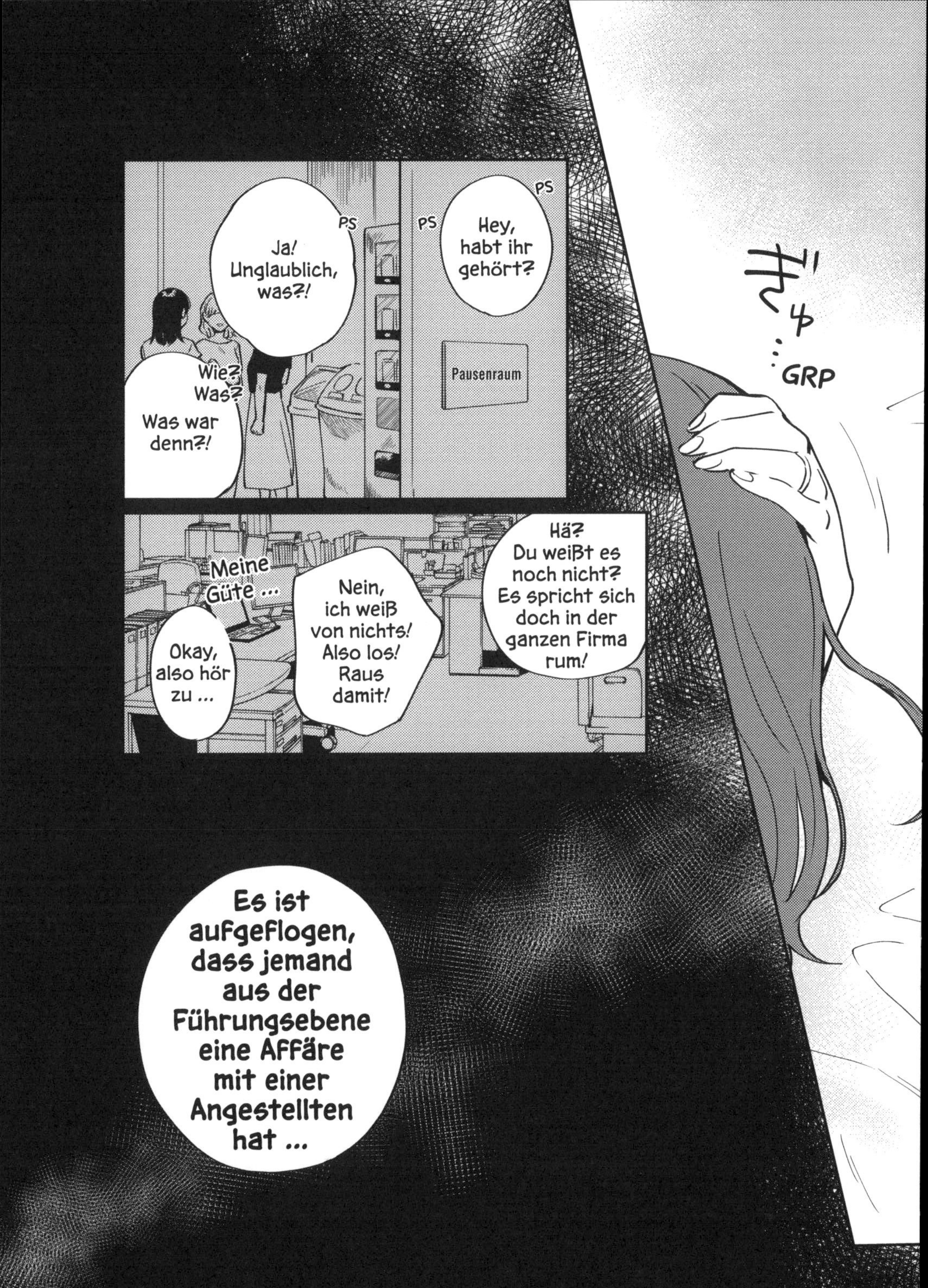

ぎゅ… GRP
PS PS
Hey, habt ihr gehört?
PS
Ja! Unglaublich, was?!
Wie? Was?
Was war denn?!
Pausenraum
Hä? Du weißt es noch nicht? Es spricht sich doch in der ganzen Firma rum!
Nein, ich weiß von nichts! Also los! Raus damit!
Meine Güte ...
Okay, also hör zu ...
Es ist aufgeflogen, dass jemand aus der Führungsebene eine Affäre mit einer Angestellten hat ...

Office Affairs

KAPITEL 5: LEISER ZWEIFEL

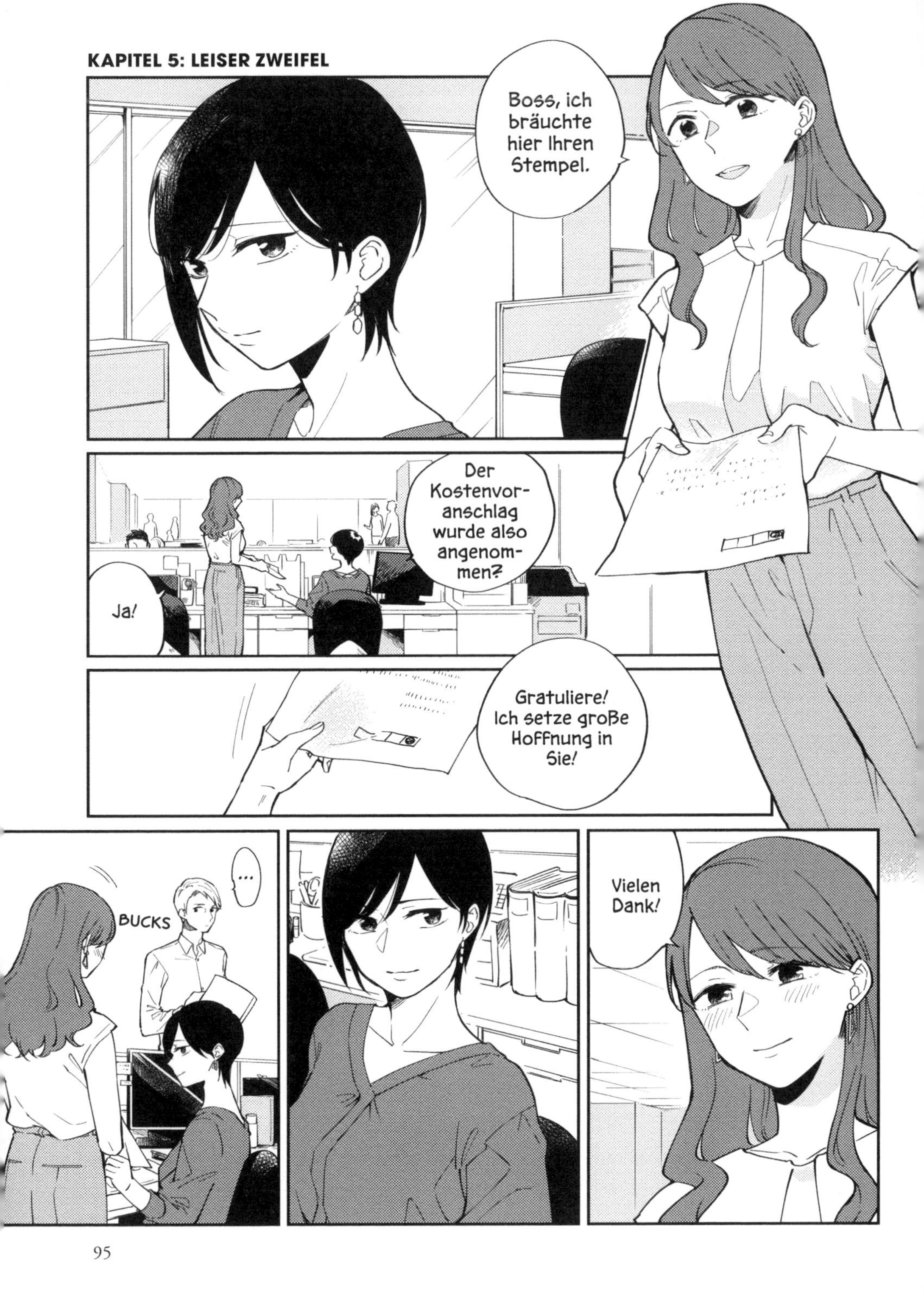

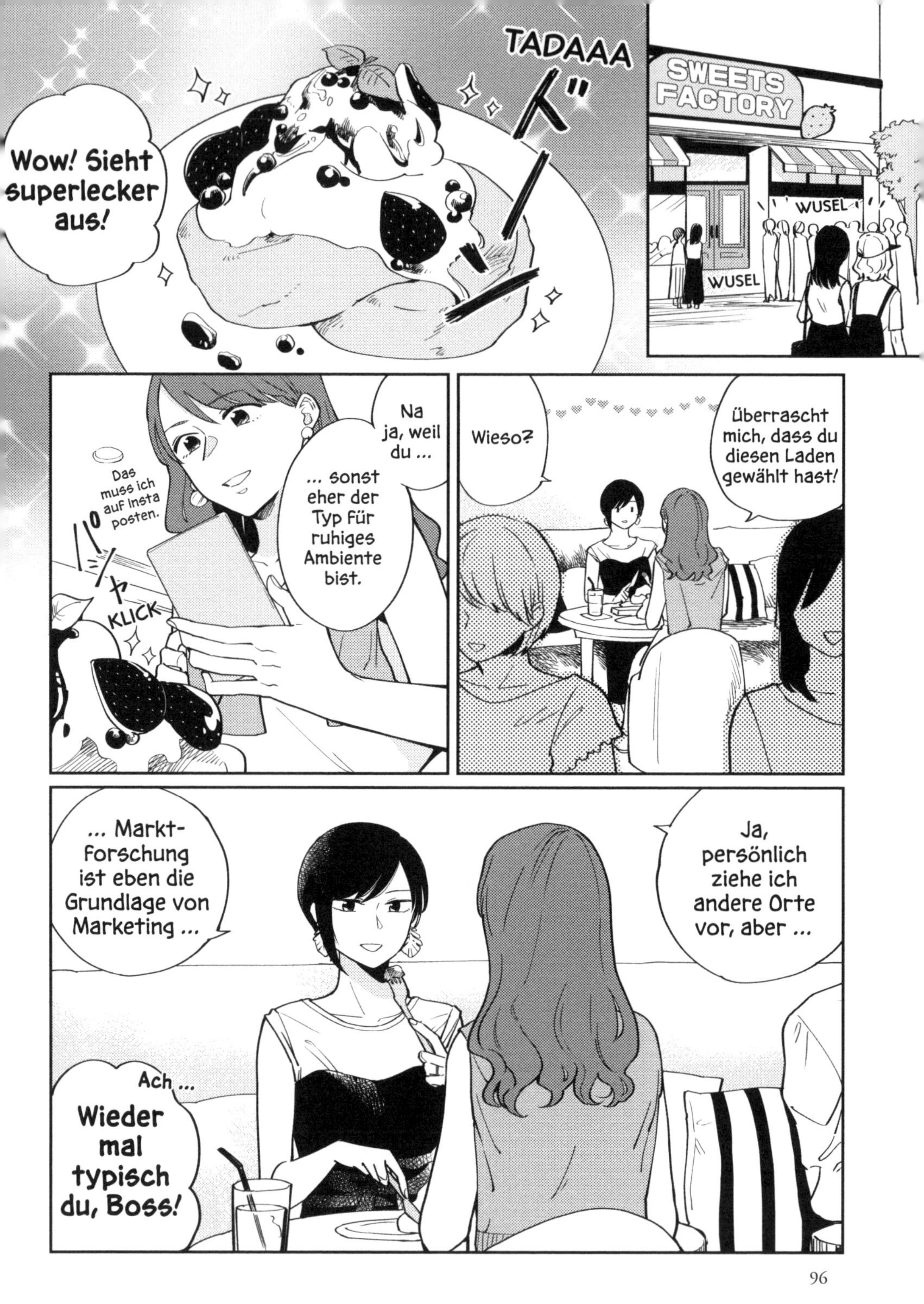
SWEETS FACTORY
WUSEL
WUSEL
TADAAA
Wow! Sieht superlecker aus!
Überrascht mich, dass du diesen Laden gewählt hast!
Wieso?
Na ja, weil du …
… sonst eher der Typ für ruhiges Ambiente bist.
Das muss ich auf Insta posten.
KLICK
Ja, persönlich ziehe ich andere Orte vor, aber …
… Markt-forschung ist eben die Grundlage von Marketing …
Ach …
Wieder mal typisch du, Boss!

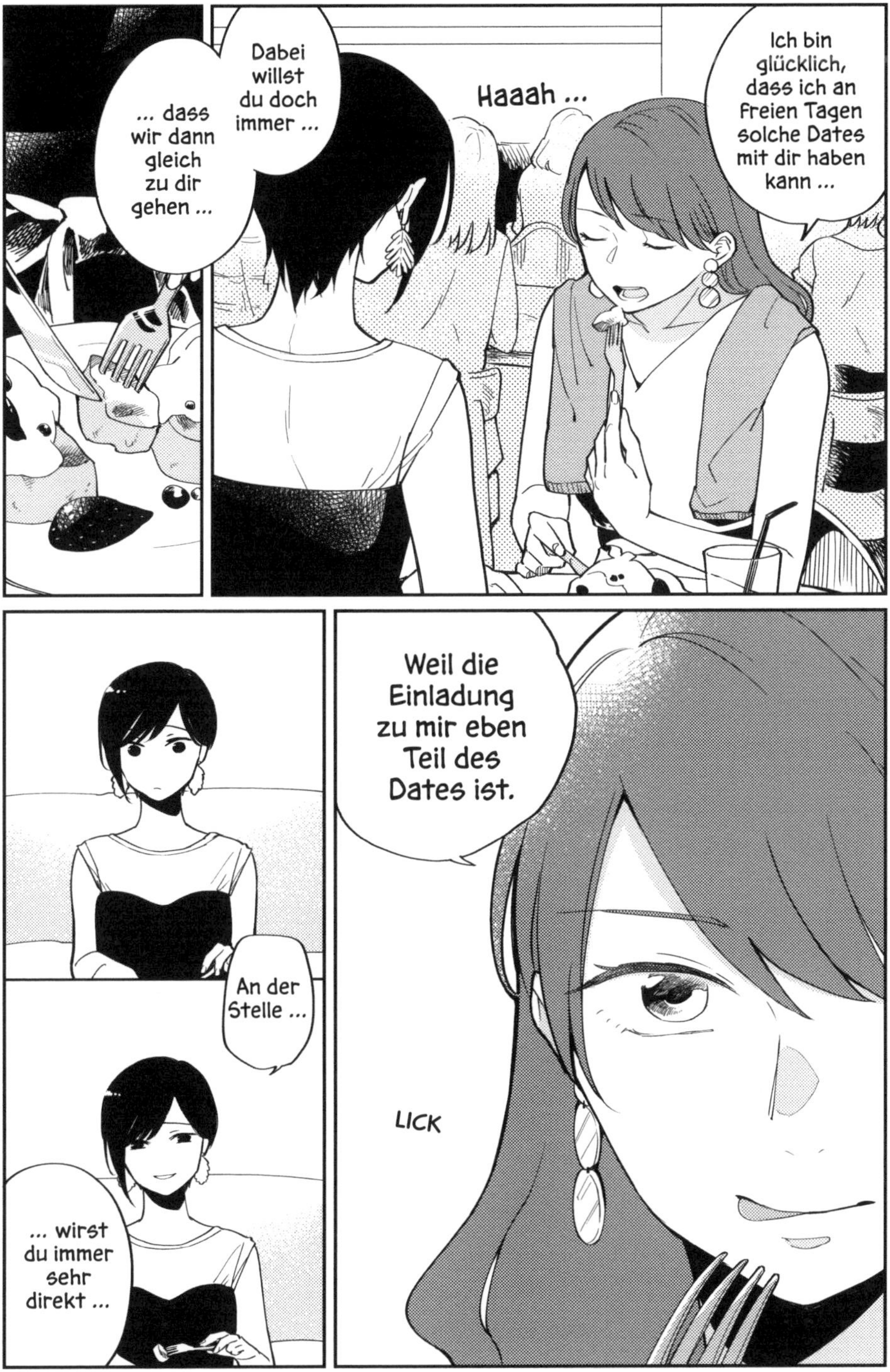
Ich bin glücklich, dass ich an freien Tagen solche Dates mit dir haben kann ...
Haaah ...
Dabei willst du doch immer ...
... dass wir dann gleich zu dir gehen ...
Weil die Einladung zu mir eben Teil des Dates ist.
LICK
An der Stelle ...
... wirst du immer sehr direkt ...

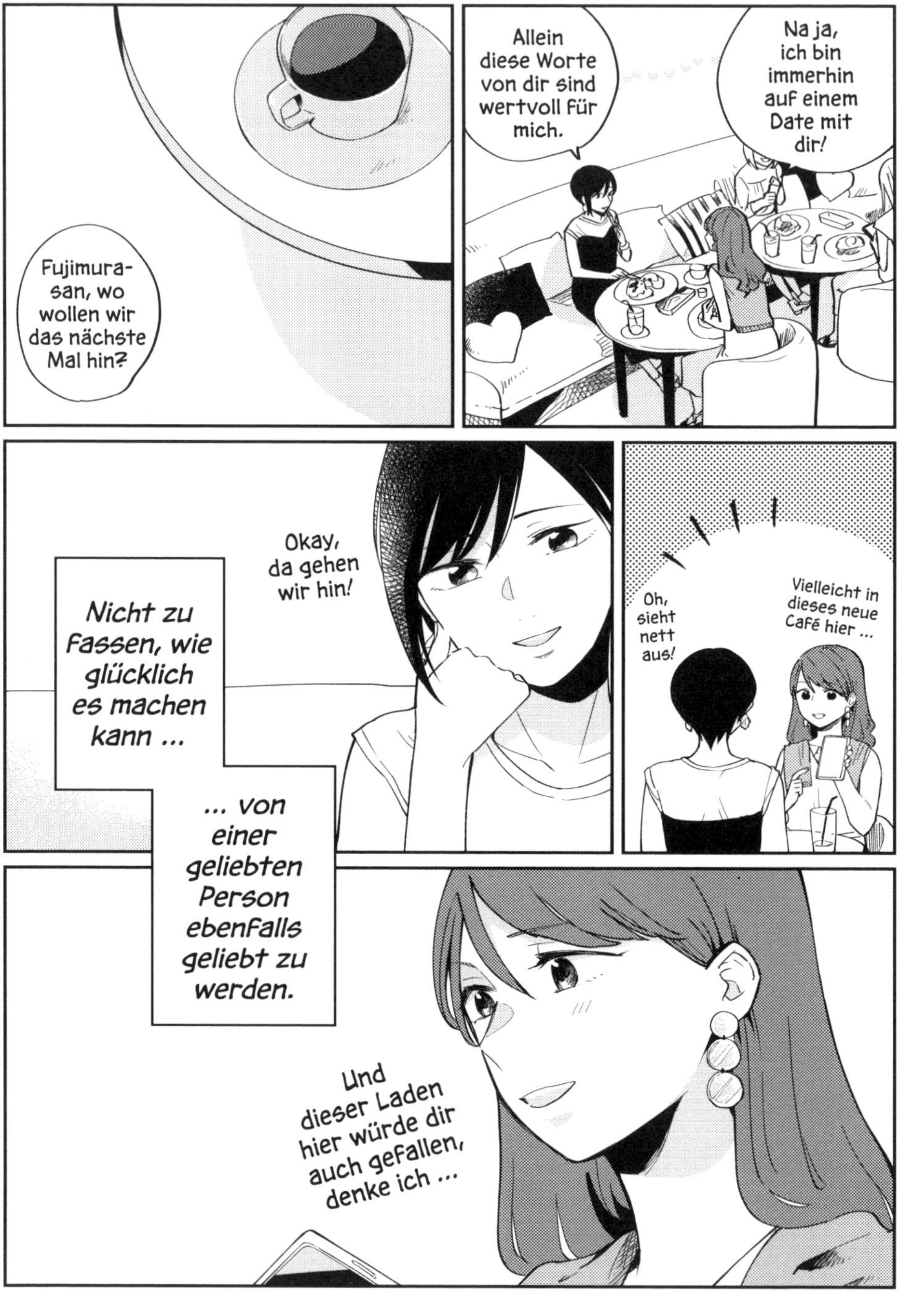
Na ja, ich bin immerhin auf einem Date mit dir!
Allein diese Worte von dir sind wertvoll für mich.
Fujimura-san, wo wollen wir das nächste Mal hin?
Vielleicht in dieses neue Café hier ...
Oh, sieht nett aus!
Okay, da gehen wir hin!
Nicht zu fassen, wie glücklich es machen kann ...
... von einer geliebten Person ebenfalls geliebt zu werden.
Und dieser Laden hier würde dir auch gefallen, denke ich ...

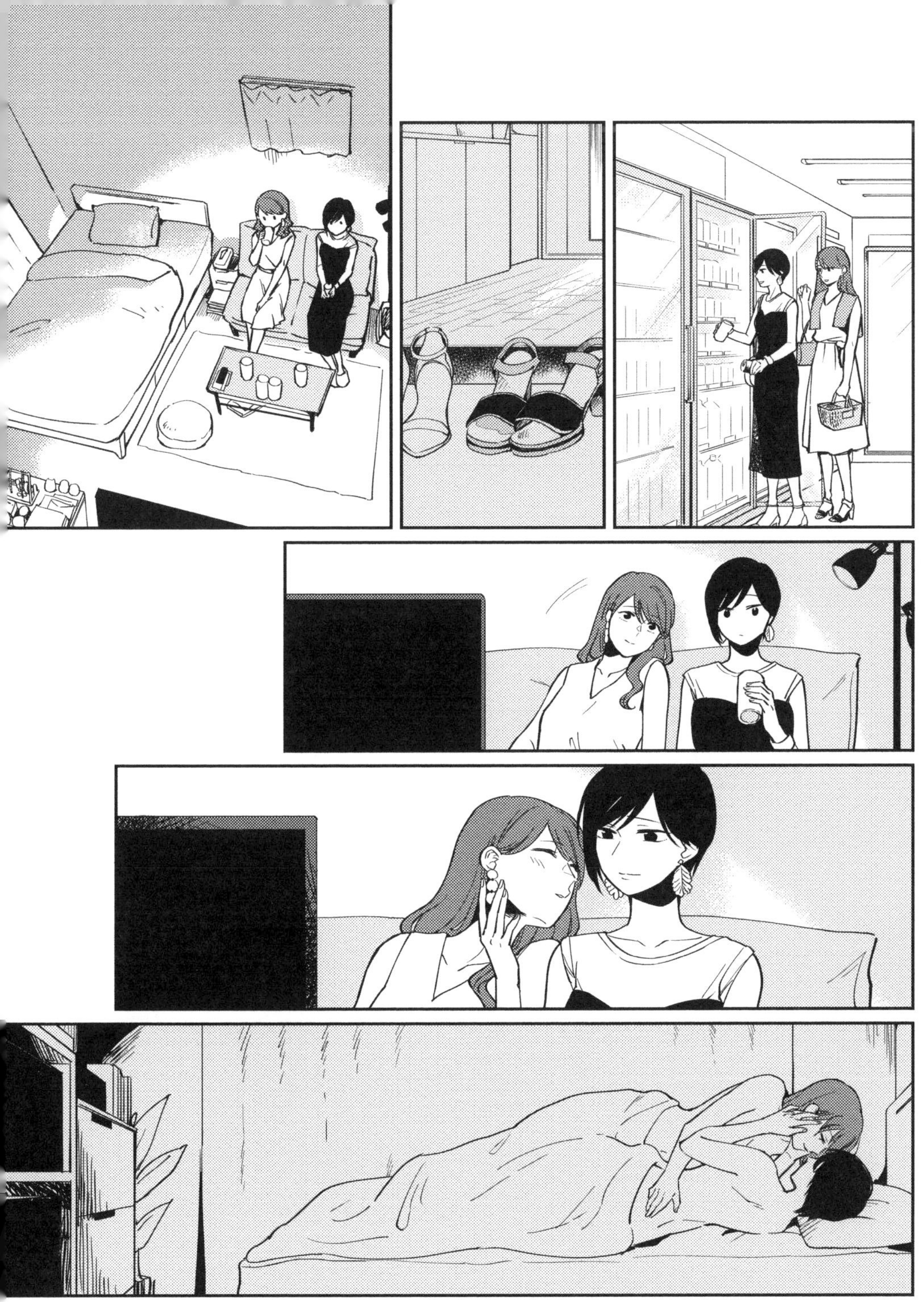

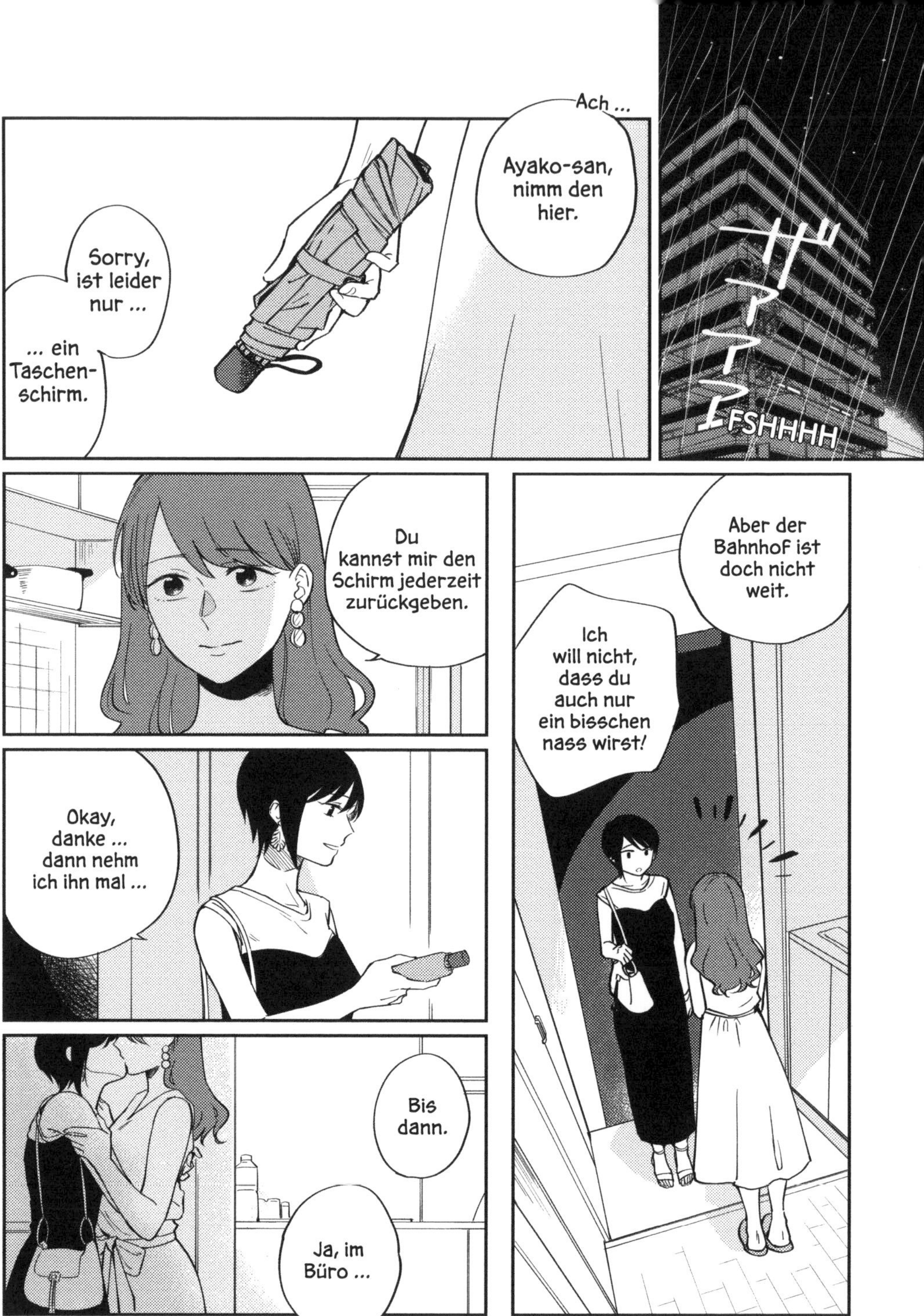
FSHHHH
Ach ...
Ayako-san, nimm den hier.
Sorry, ist leider nur ...
... ein Taschen-schirm.
Aber der Bahnhof ist doch nicht weit.
Ich will nicht, dass du auch nur ein bisschen nass wirst!
Du kannst mir den Schirm jederzeit zurückgeben.
Okay, danke ... dann nehm ich ihn mal ...
Bis dann.
Ja, im Büro ...

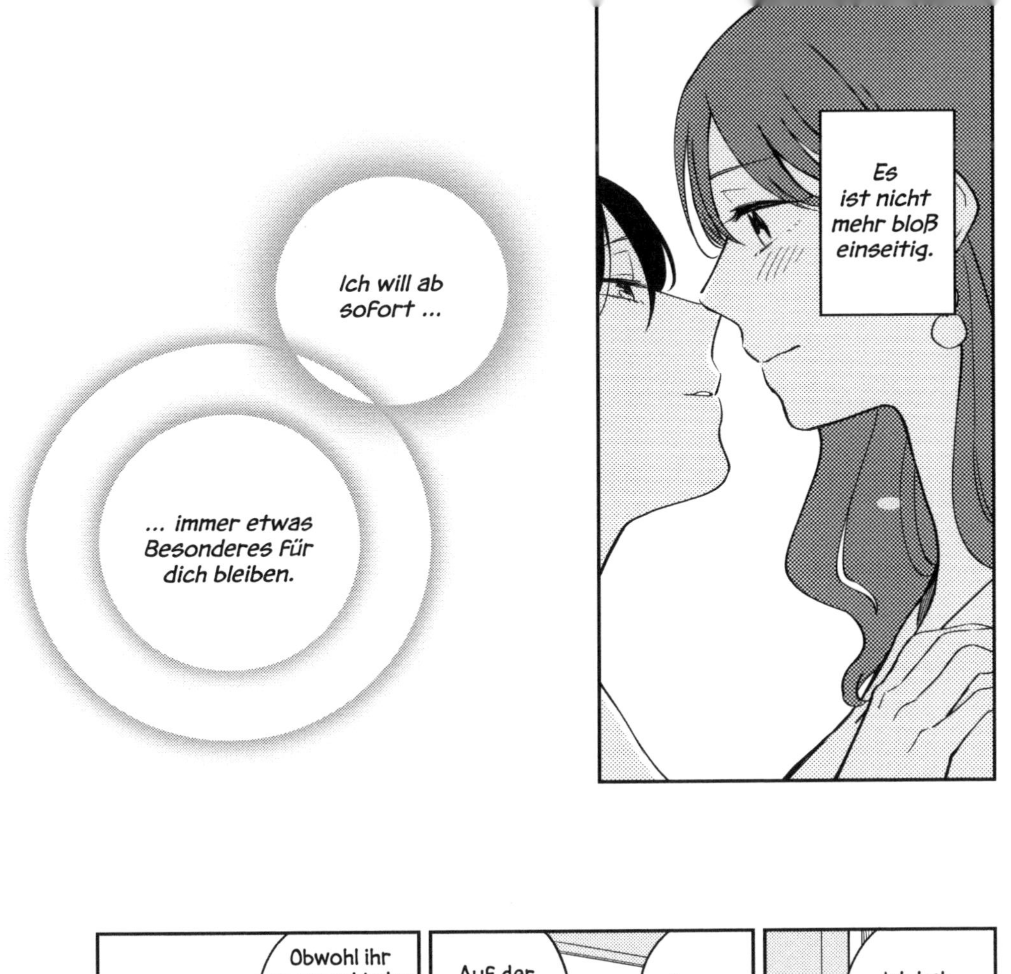

*bekannte Straße in Tokio

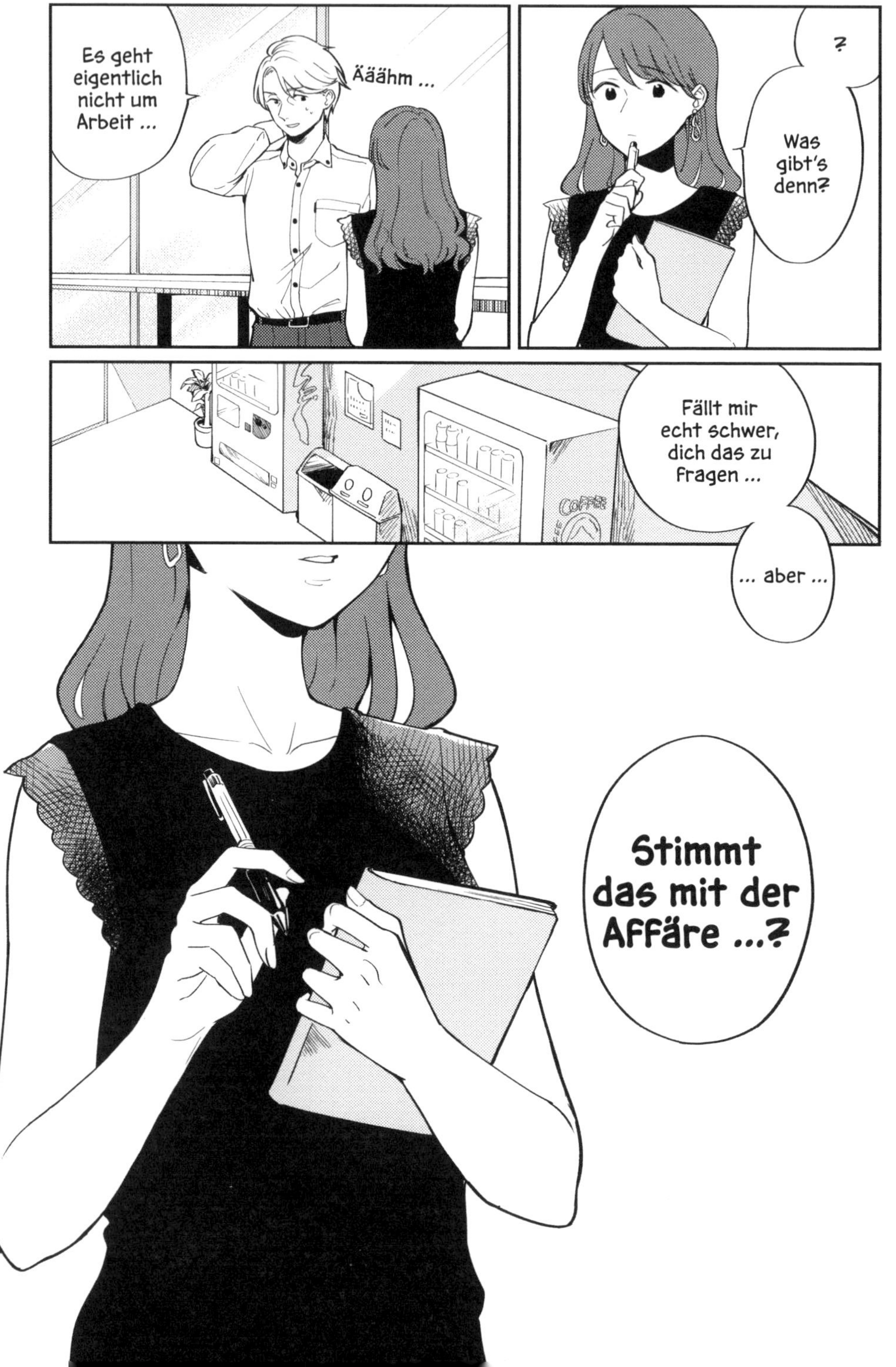
?
Was gibt's denn?
Äääähm ...
Es geht eigentlich nicht um Arbeit ...
Fällt mir echt schwer, dich das zu fragen ...
... aber ...
Stimmt das mit der Affäre ...?

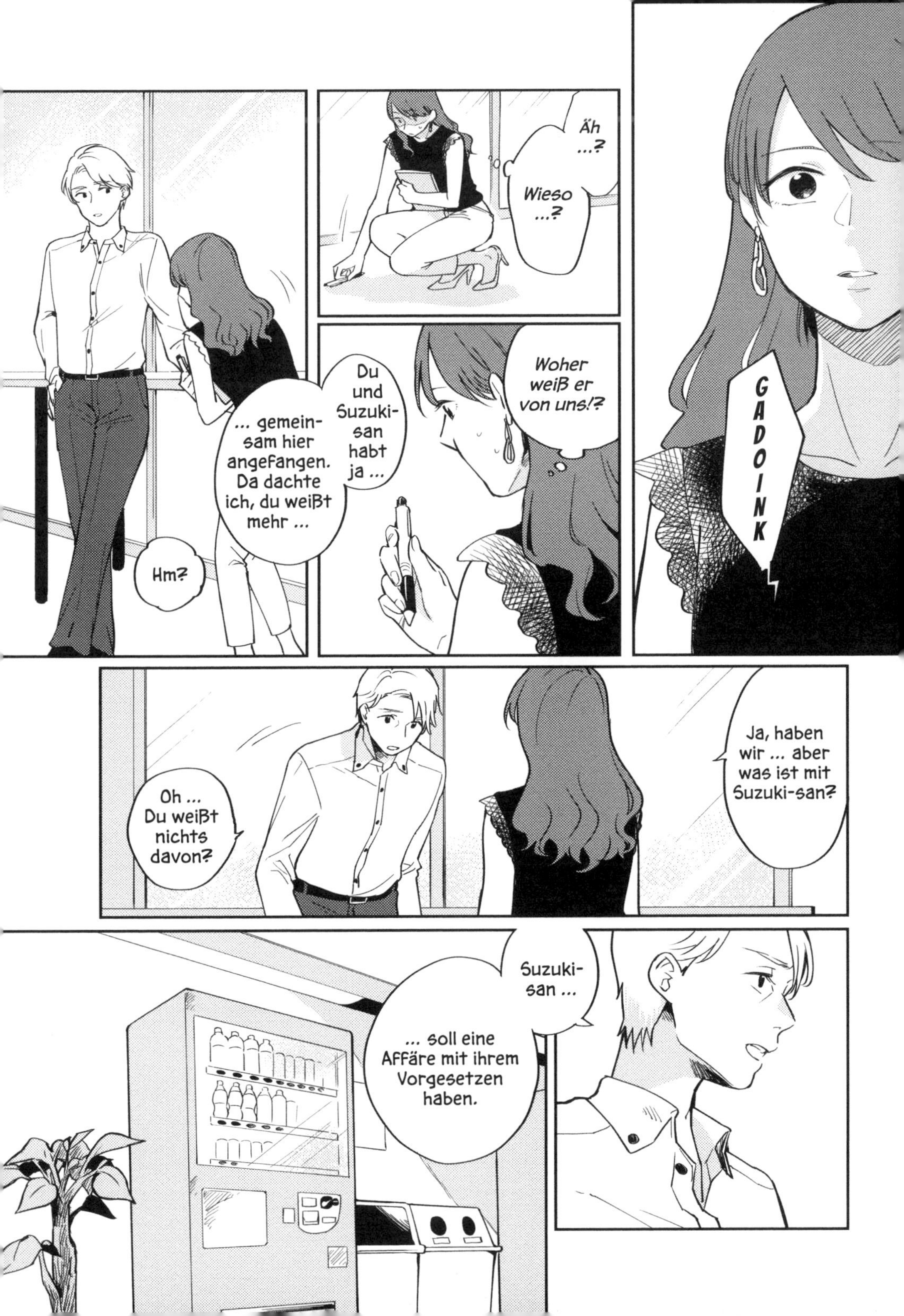
GADOINK
Äh ...?
Wieso ...?
Woher weiß er von uns!?
Du und Suzuki-san habt ja ...
... gemeinsam hier angefangen. Da dachte ich, du weißt mehr ...
Hm?
Ja, haben wir ... aber was ist mit Suzuki-san?
Oh ... Du weißt nichts davon?
Suzuki-san ...
... soll eine Affäre mit ihrem Vorgesetzen haben.

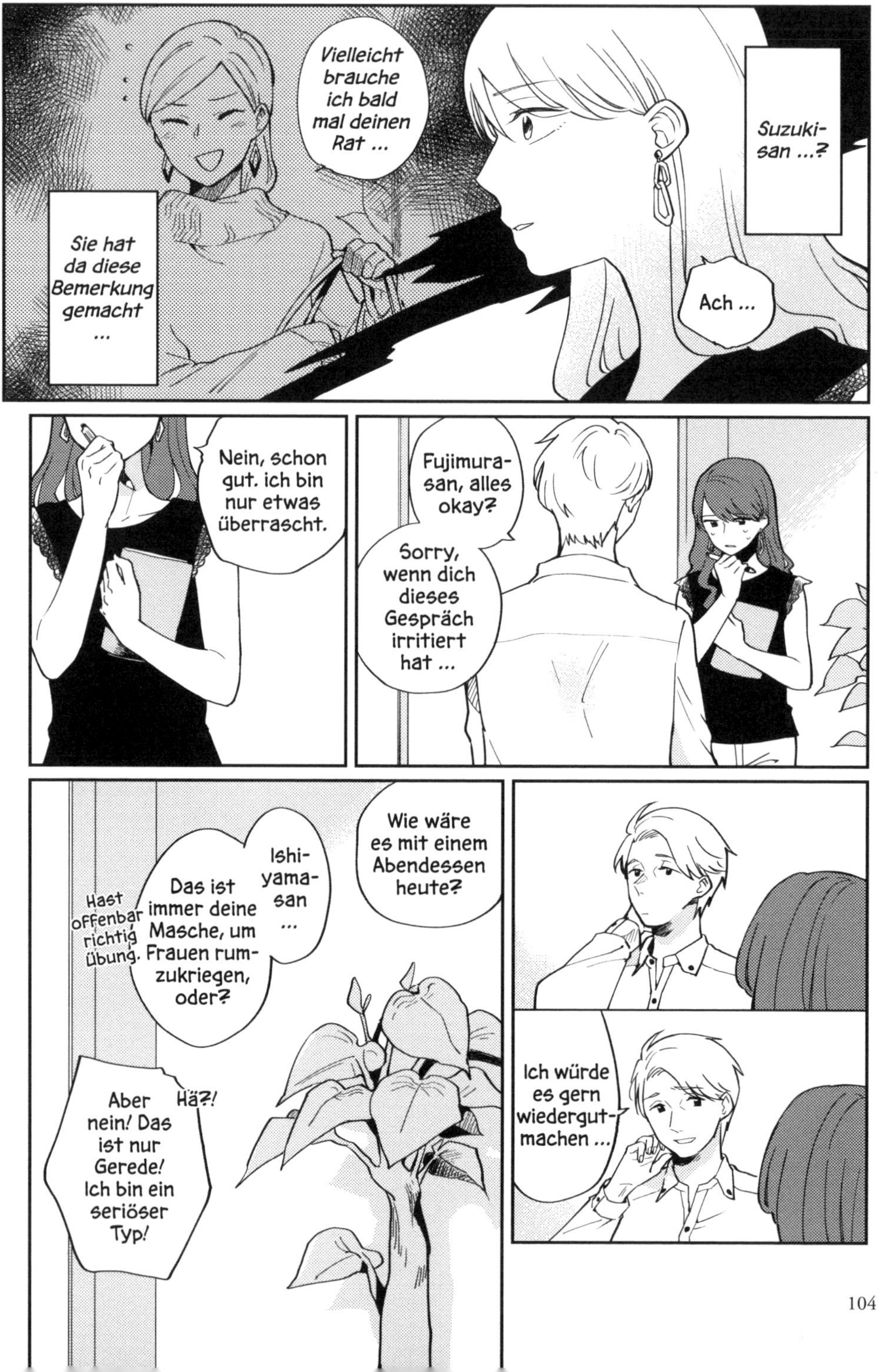
Suzuki-san ...?
Ach ...
Vielleicht brauche ich bald mal deinen Rat ...
Sie hat da diese Bemerkung gemacht ...
Fujimura-san, alles okay?
Sorry, wenn dich dieses Gespräch irritiert hat ...
Nein, schon gut. ich bin nur etwas überrascht.
Ich würde es gern wiedergutmachen ...
Wie wäre es mit einem Abendessen heute?
Ishi-yama-san ...
Das ist immer deine Masche, um Frauen rumzukriegen, oder?
Hast offenbar richtig Übung.
Hä?!
Aber nein! Das ist nur Gerede! Ich bin ein seriöser Typ!

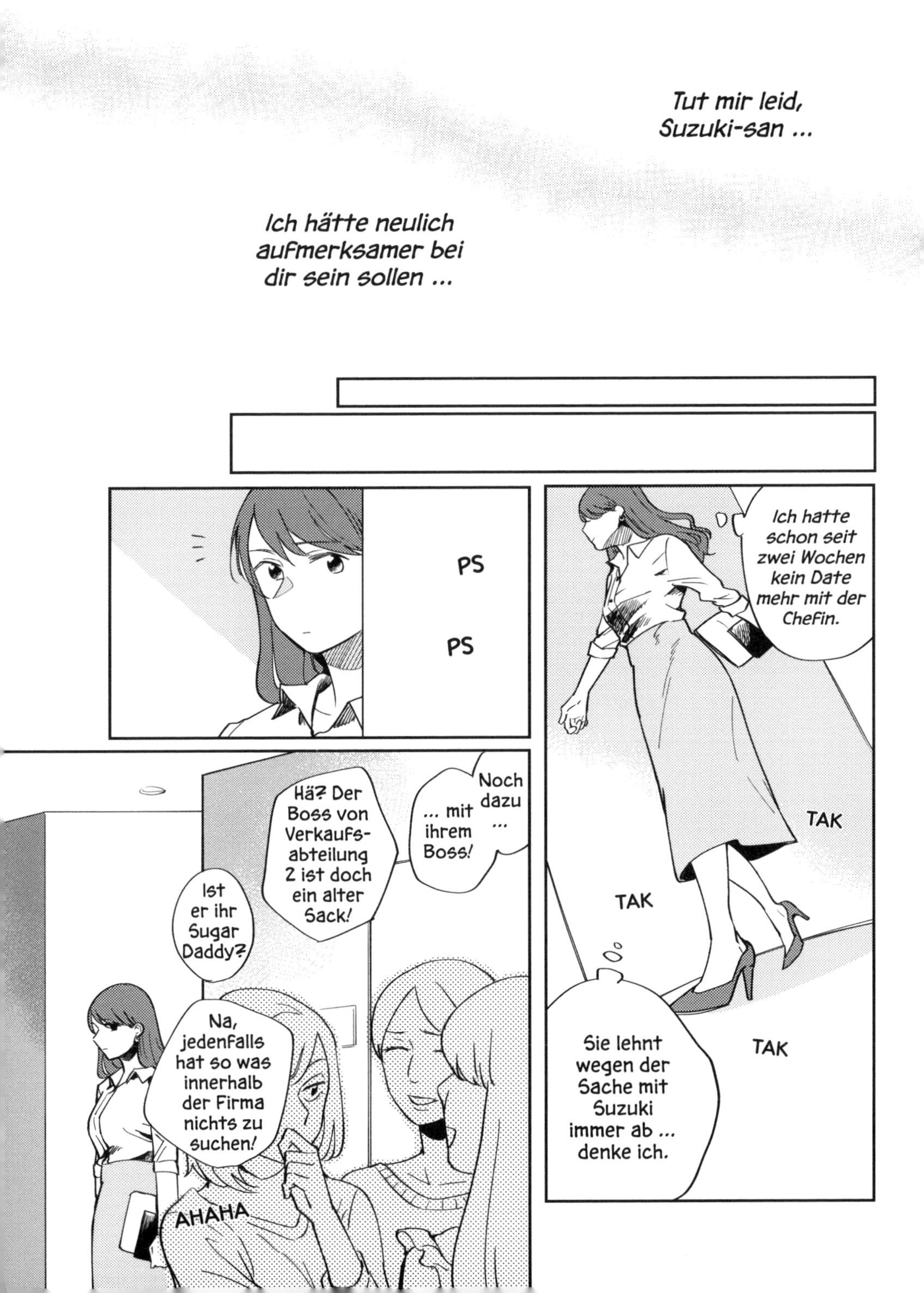

Tut mir leid, Suzuki-san ...
Ich hätte neulich aufmerksamer bei dir sein sollen ...
Ich hatte schon seit zwei Wochen kein Date mehr mit der Chefin.
PS
PS
Noch dazu ...
... mit ihrem Boss!
Hä? Der Boss von Verkaufs-abteilung 2 ist doch ein alter Sack!
Ist er ihr Sugar Daddy?
Na, jedenfalls hat so was innerhalb der Firma nichts zu suchen!
AHAHA
TAK
TAK
TAK
Sie lehnt wegen der Sache mit Suzuki immer ab ... denke ich.

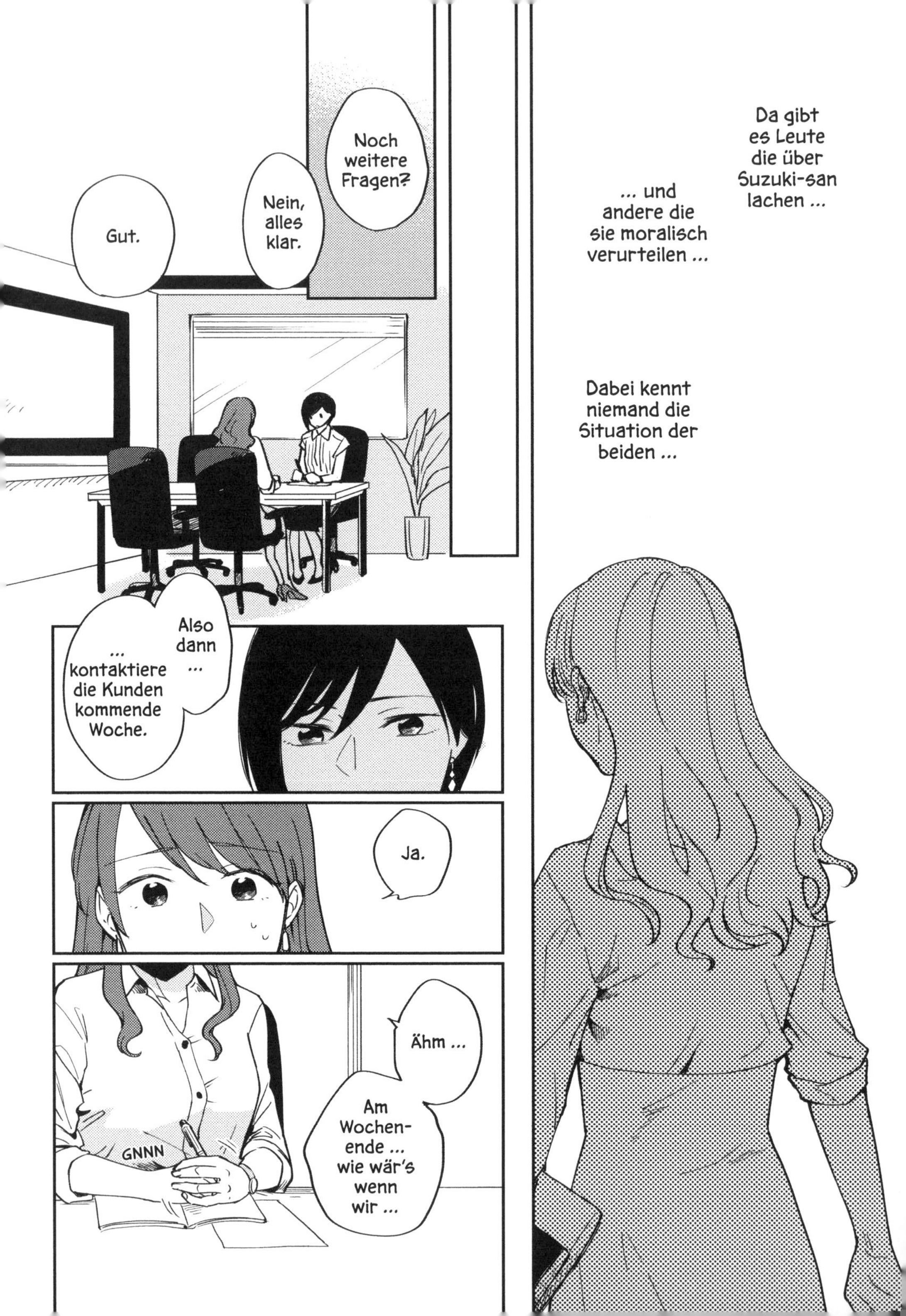
Da gibt es Leute die über Suzuki-san lachen ...
... und andere die sie moralisch verurteilen ...
Dabei kennt niemand die Situation der beiden ...
Noch weitere Fragen?
Nein, alles klar.
Gut.
Also dann ...
... kontaktiere die Kunden kommende Woche.
Ja.
Ähm ...
Am Wochen-ende ... wie wär's wenn wir ...
GNNN

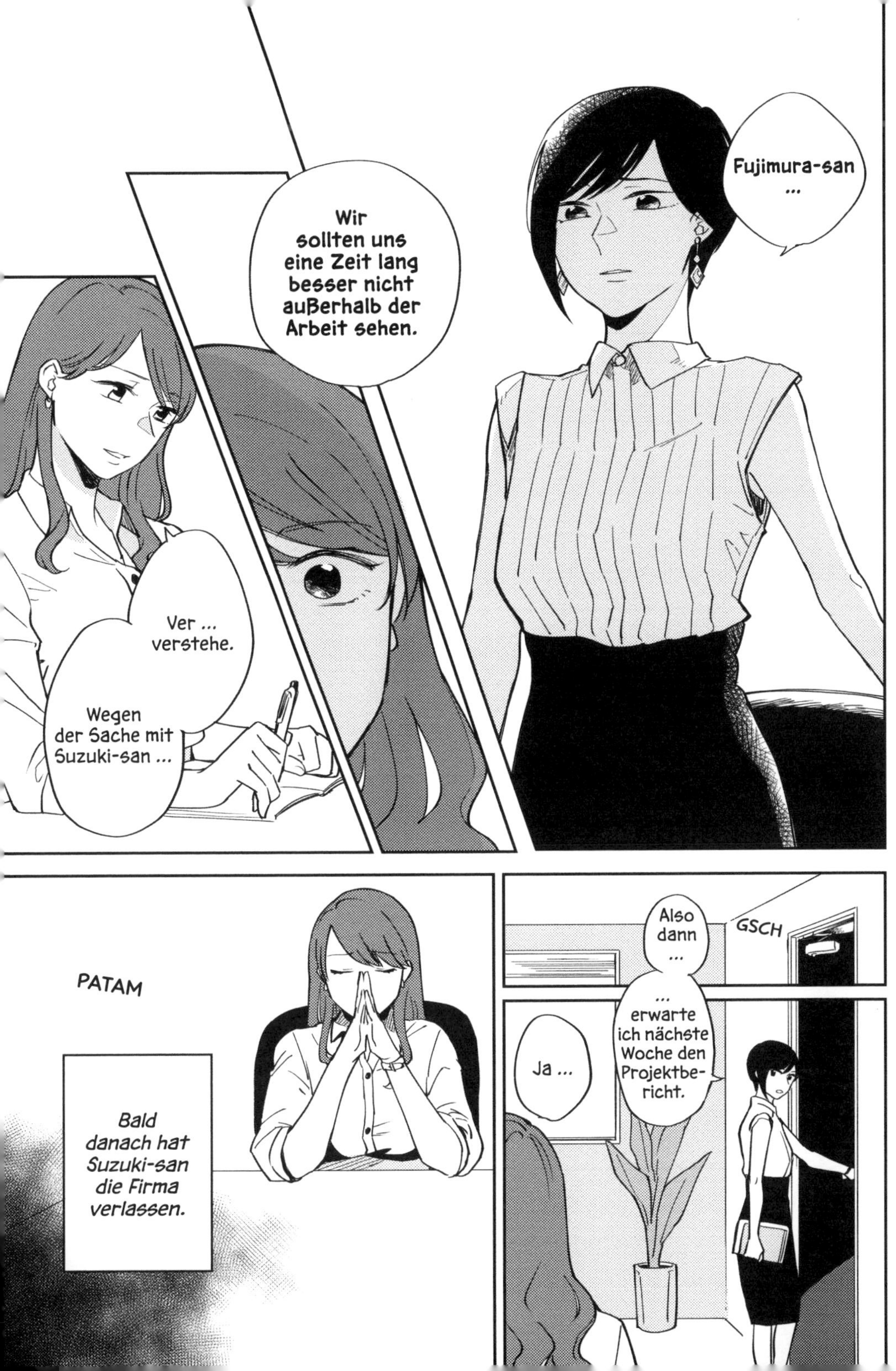
Fujimura-san ...
Wir sollten uns eine Zeit lang besser nicht außerhalb der Arbeit sehen.
Ver ... verstehe.
Wegen der Sache mit Suzuki-san ...
GSCH
Also dann ...
... erwarte ich nächste Woche den Projektbericht.
Ja ...
PATAM
Bald danach hat Suzuki-san die Firma verlassen.

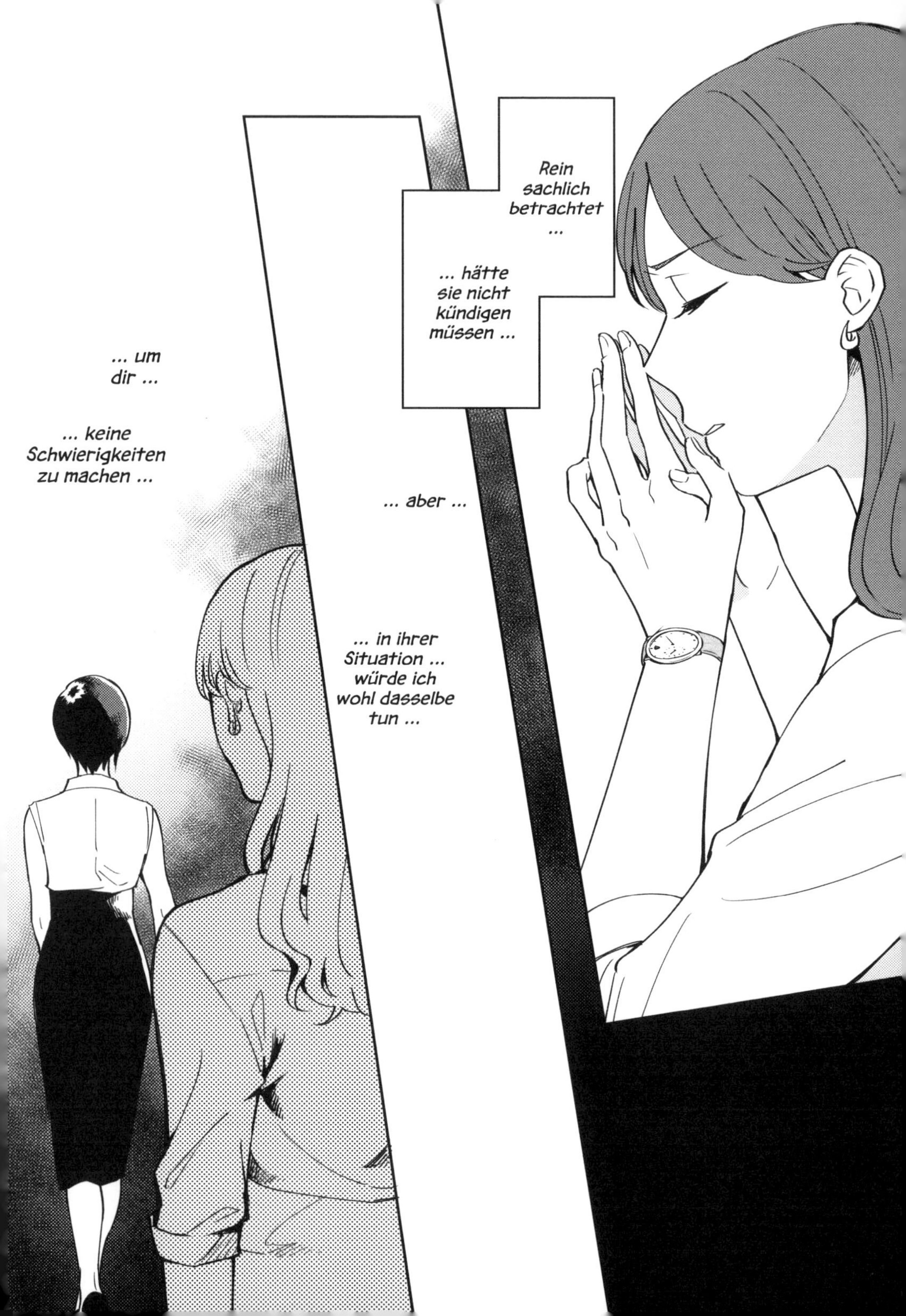
Rein sachlich betrachtet ...
... hätte sie nicht kündigen müssen ...
... aber ...
... in ihrer Situation ... würde ich wohl dasselbe tun ...
... um dir ...
... keine Schwierigkeiten zu machen ...

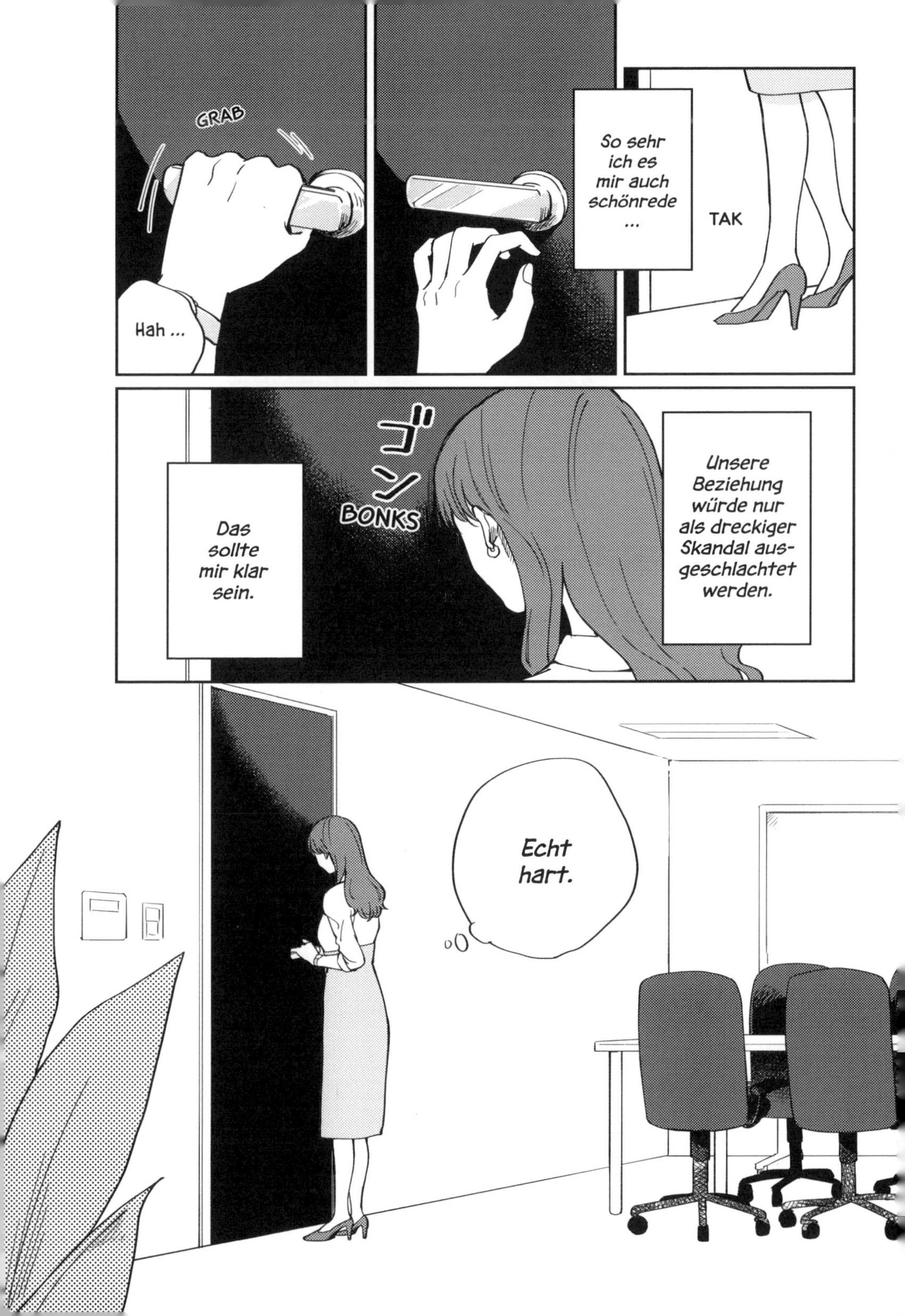
So sehr ich es mir auch schönrede ...
TAK
GRAB
Hah ...
Unsere Beziehung würde nur als dreckiger Skandal ausgeschlachtet werden.
ゴン
BONKS
Das sollte mir klar sein.
Echt hart.

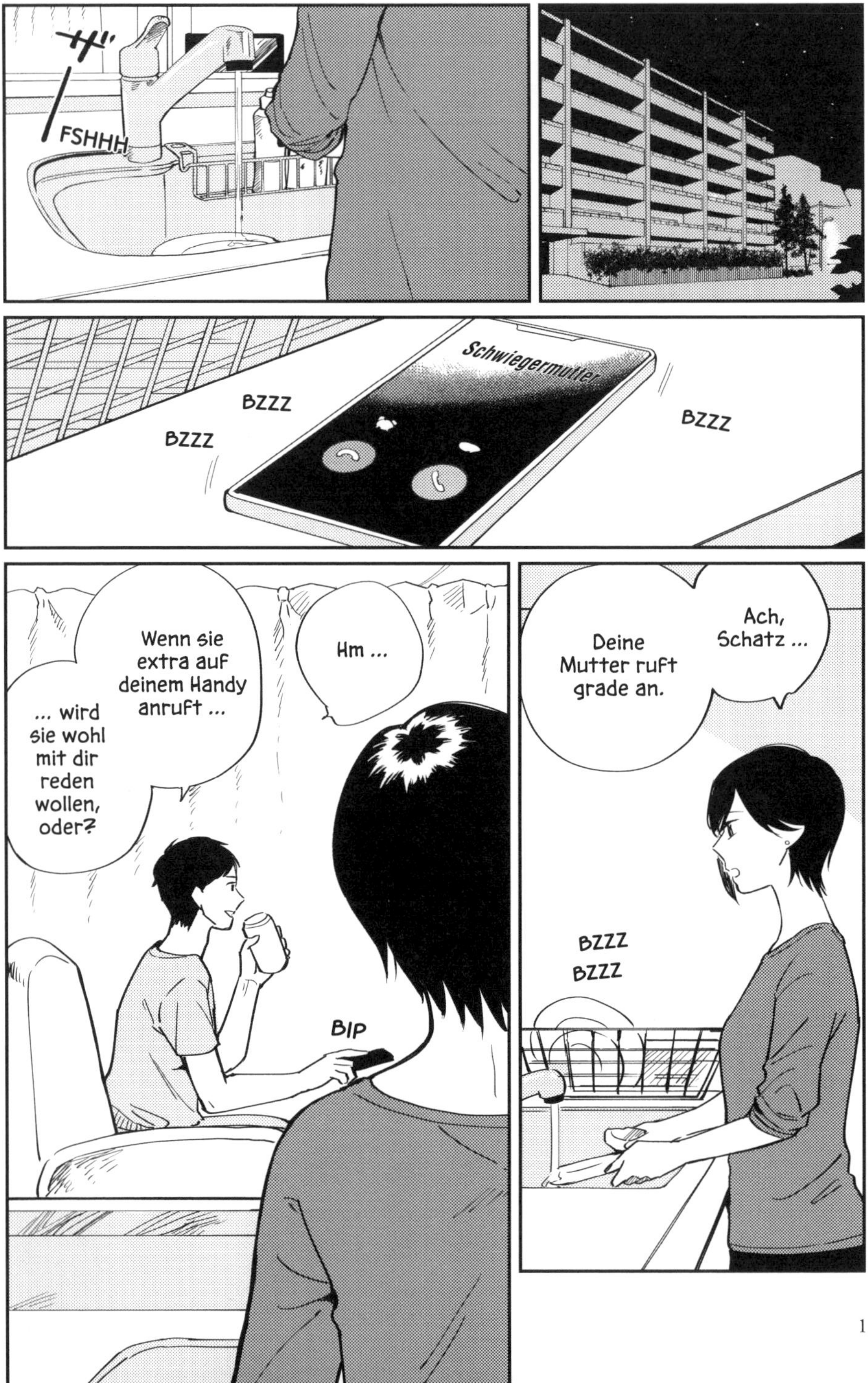
FSHHH
Schwiegermutter
BZZZ
BZZZ
BZZZ
Ach, Schatz ...
Deine Mutter ruft grade an.
BZZZ
BZZZ
Hm ...
Wenn sie extra auf deinem Handy anruft ...
... wird sie wohl mit dir reden wollen, oder?
BIP

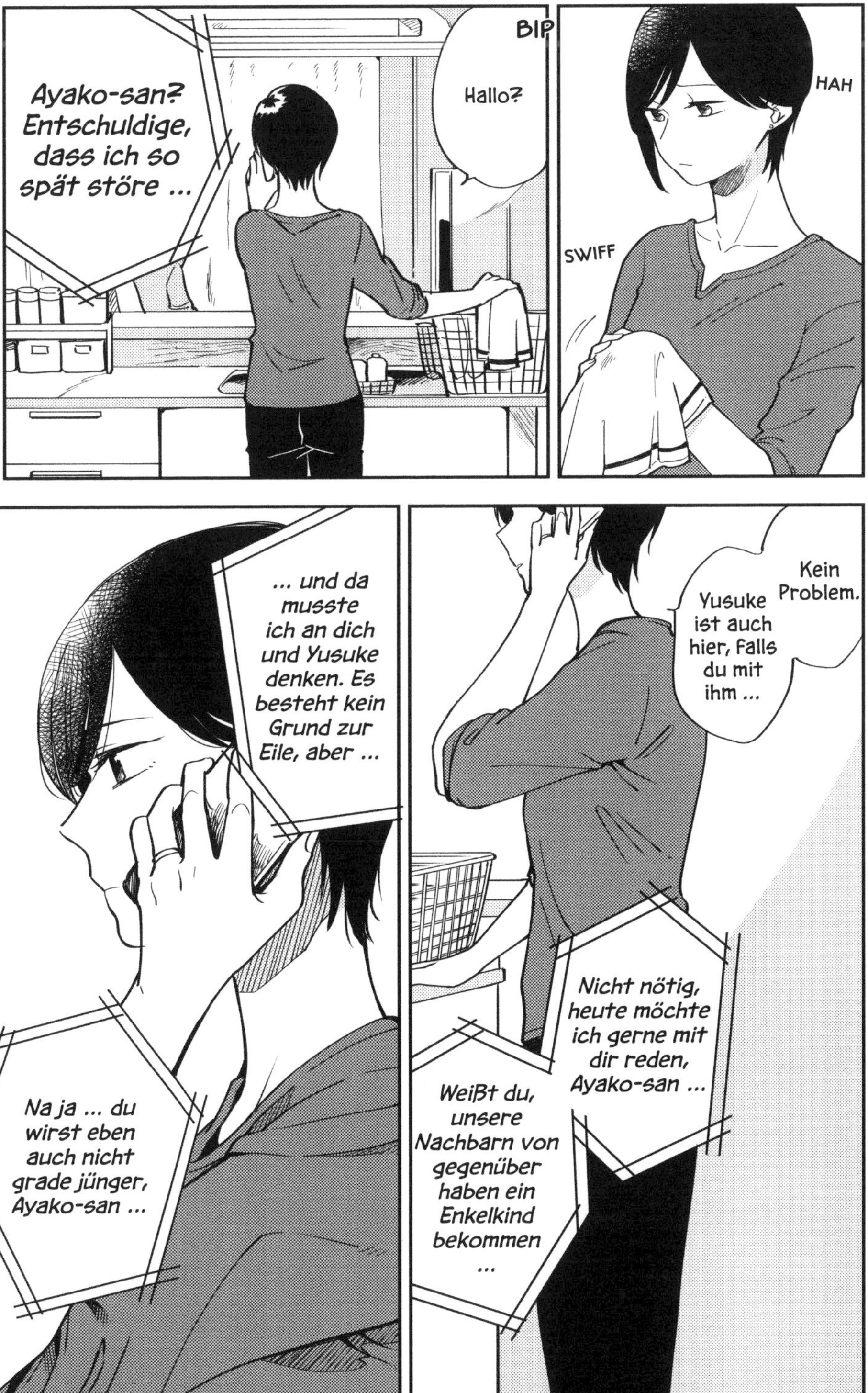
HAH
SWIFF
BIP
Hallo?
Ayako-san? Entschuldige, dass ich so spät störe ...
Kein Problem.
Yusuke ist auch hier, falls du mit ihm ...
Nicht nötig, heute möchte ich gerne mit dir reden, Ayako-san ...
Weißt du, unsere Nachbarn von gegenüber haben ein Enkelkind bekommen ...
Na ja ... du wirst eben auch nicht grade jünger, Ayako-san ...
... und da musste ich an dich und Yusuke denken. Es besteht kein Grund zur Eile, aber ...

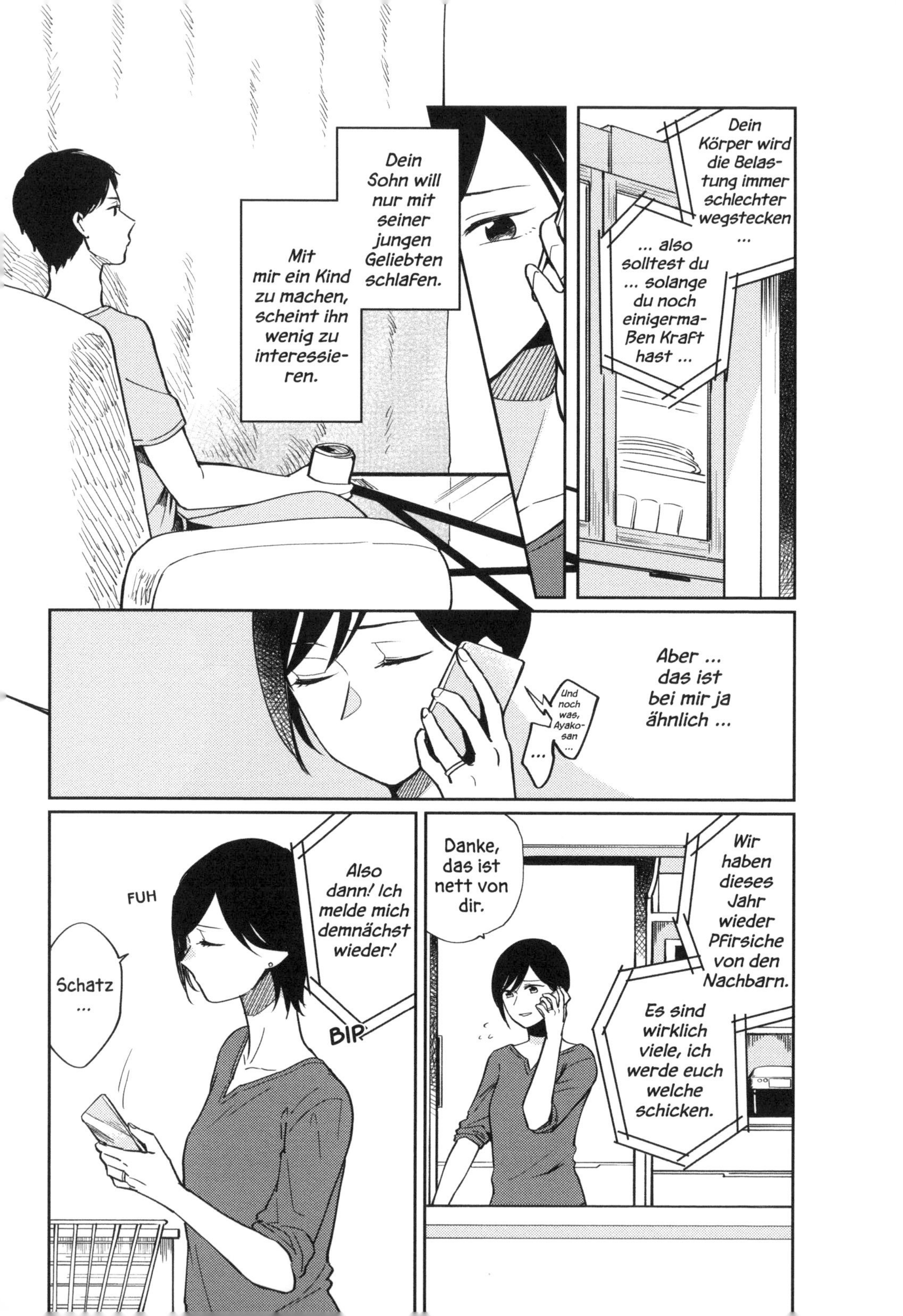
Dein Körper wird die Belastung immer schlechter wegstecken ...
... also solltest du ... solange du noch einigermaßen Kraft hast ...
Dein Sohn will nur mit seiner jungen Geliebten schlafen.
Mit mir ein Kind zu machen, scheint ihn wenig zu interessieren.
Aber ... das ist bei mir ja ähnlich ...
Und noch was, Ayako-san ...
...
Wir haben dieses Jahr wieder Pfirsiche von den Nachbarn.
Es sind wirklich viele, ich werde euch welche schicken.
Danke, das ist nett von dir.
Also dann! Ich melde mich demnächst wieder!
BIP
FUH
Schatz ...

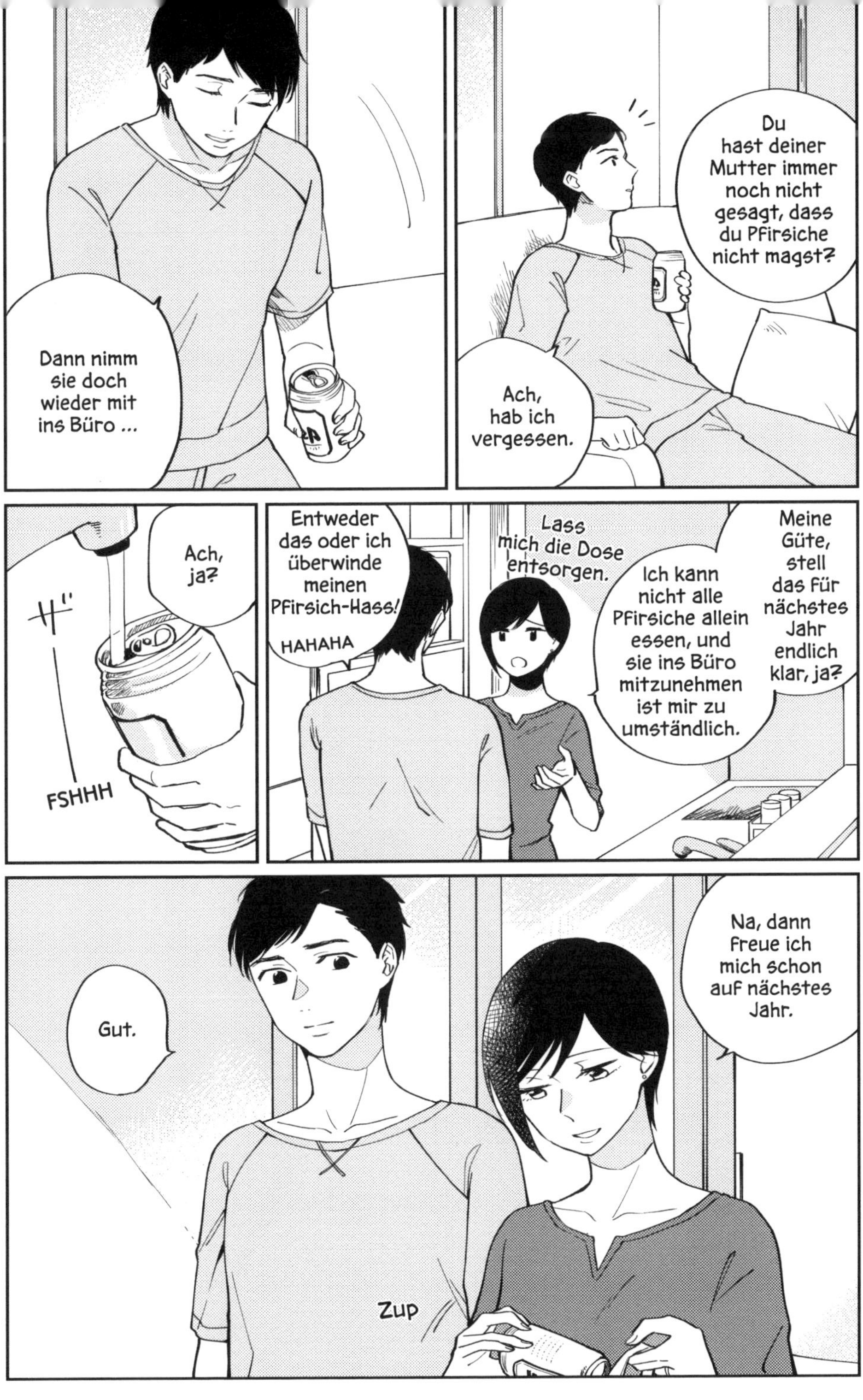
Du hast deiner Mutter immer noch nicht gesagt, dass du Pfirsiche nicht magst?
Ach, hab ich vergessen.
Dann nimm sie doch wieder mit ins Büro ...
Meine Güte, stell das für nächstes Jahr endlich klar, ja?
Ich kann nicht alle Pfirsiche allein essen, und sie ins Büro mitzunehmen ist mir zu umständlich.
Lass mich die Dose entsorgen.
Entweder das oder ich überwinde meinen Pfirsich-Hass!
HAHAHA
Ach, ja?
FSHHH
Na, dann freue ich mich schon auf nächstes Jahr.
Gut.
Zup

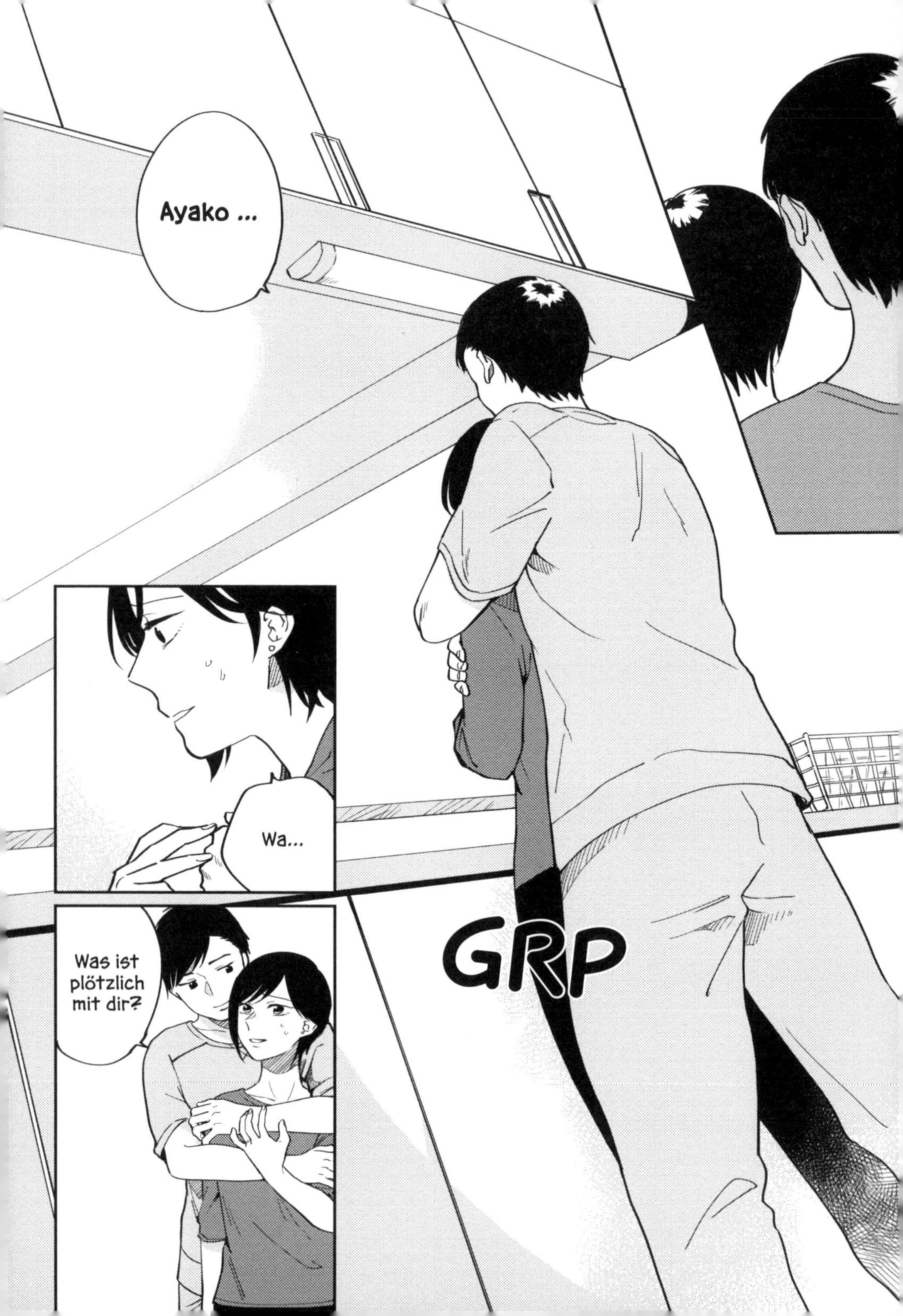
Ayako ...
GRP
Wa...
Was ist plötzlich mit dir?

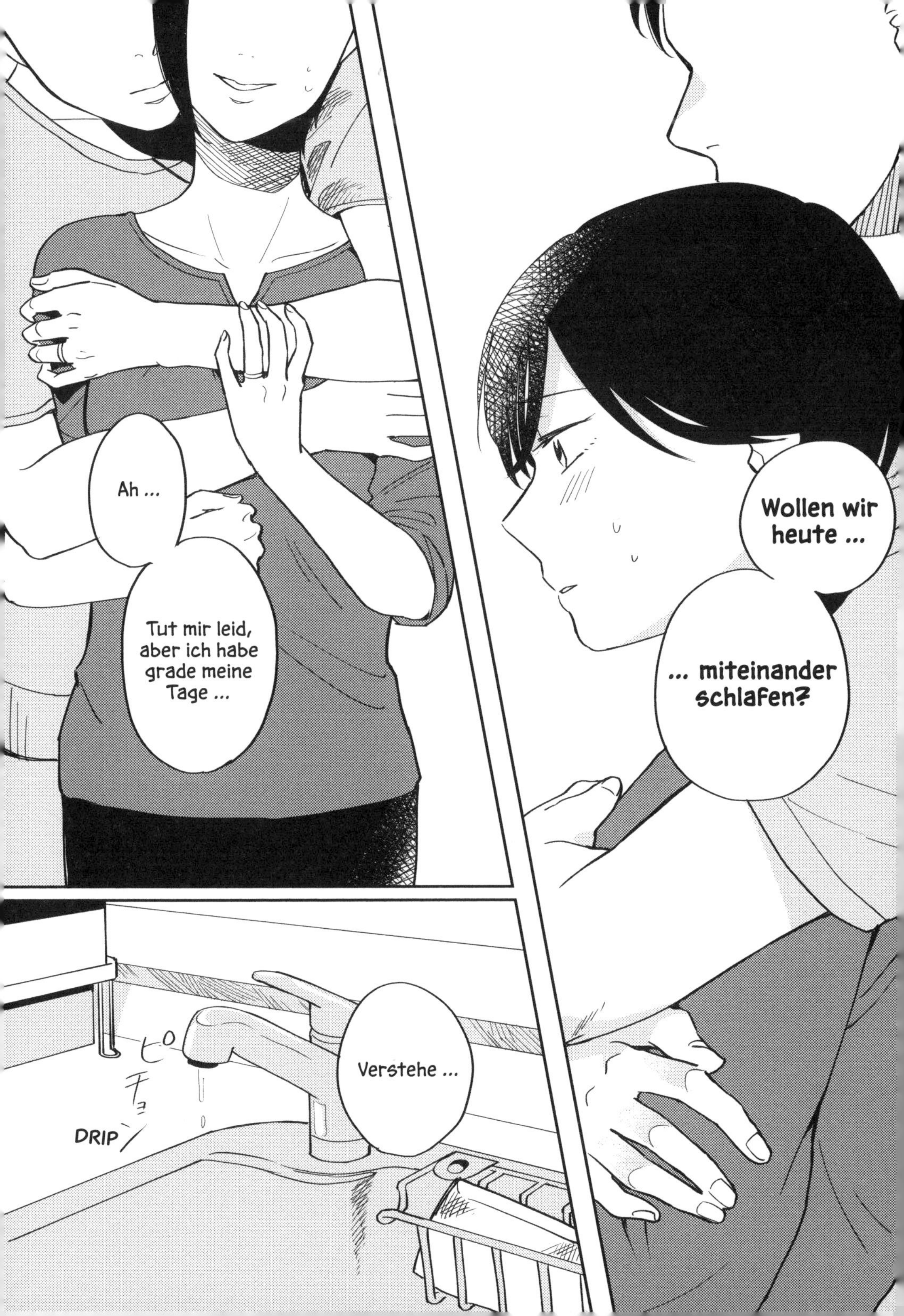
Wollen wir heute ...
... miteinander schlafen?
Ah ...
Tut mir leid, aber ich habe grade meine Tage ...
Verstehe ...
DRIP

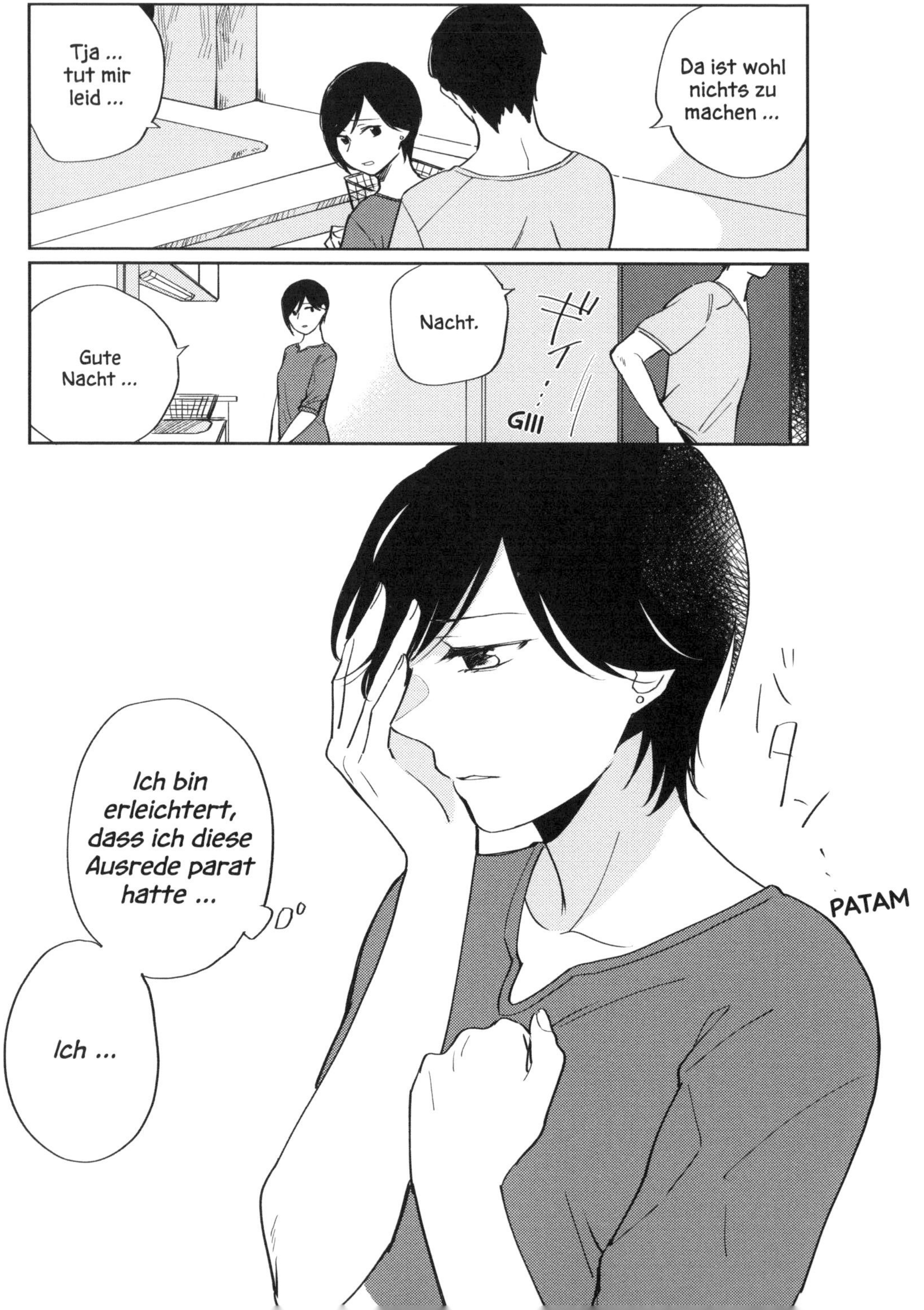

Da ist wohl nichts zu machen ...
Tja ... tut mir leid ...
GIII
Nacht.
Gute Nacht ...
PATAM
Ich bin erleichtert, dass ich diese Ausrede parat hatte ...
Ich ...

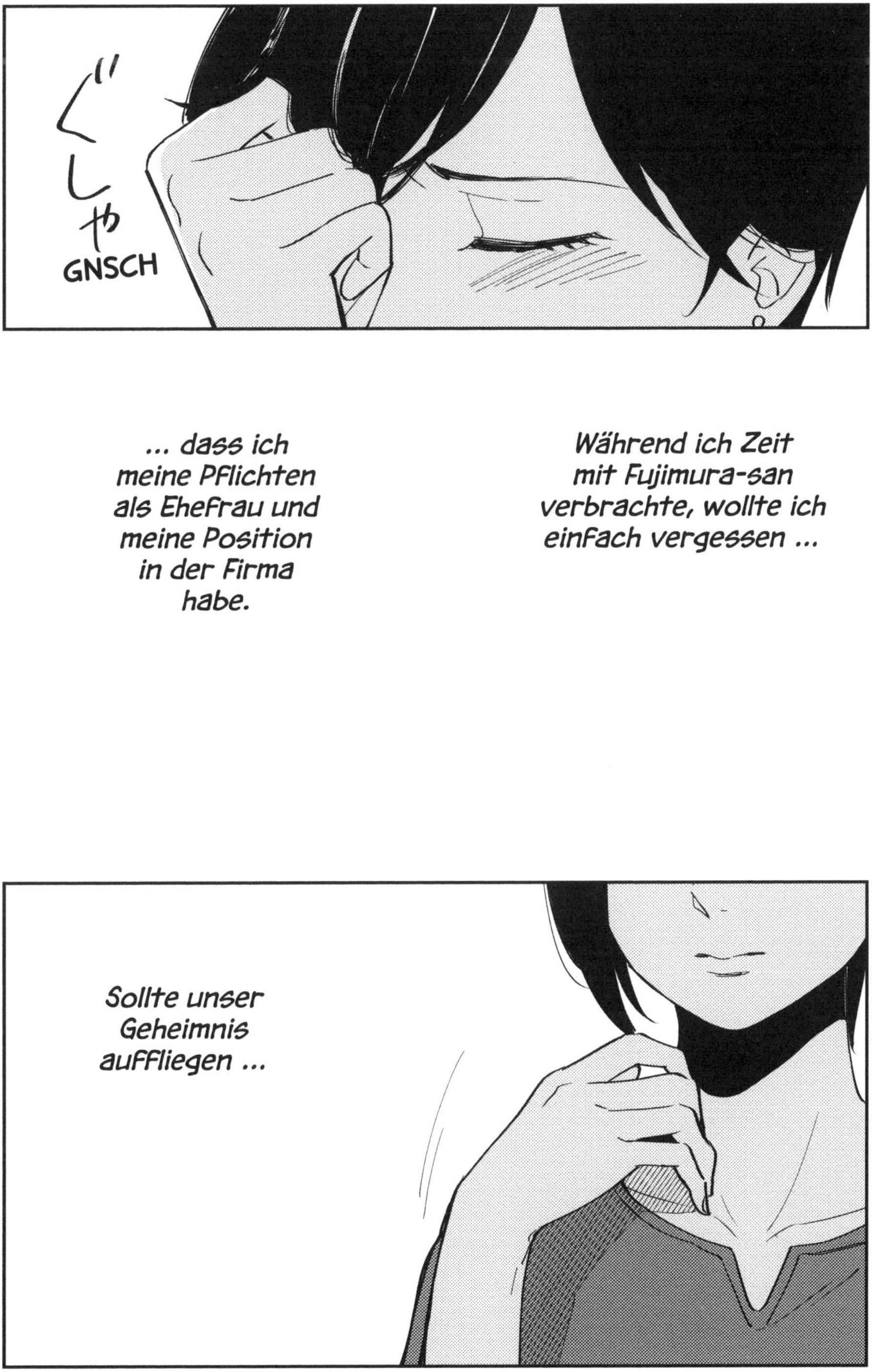

ぐしゃ
GNSCH
Während ich Zeit mit Fujimura-san verbrachte, wollte ich einfach vergessen ...
... dass ich meine Pflichten als Ehefrau und meine Position in der Firma habe.
Sollte unser Geheimnis auffliegen ...

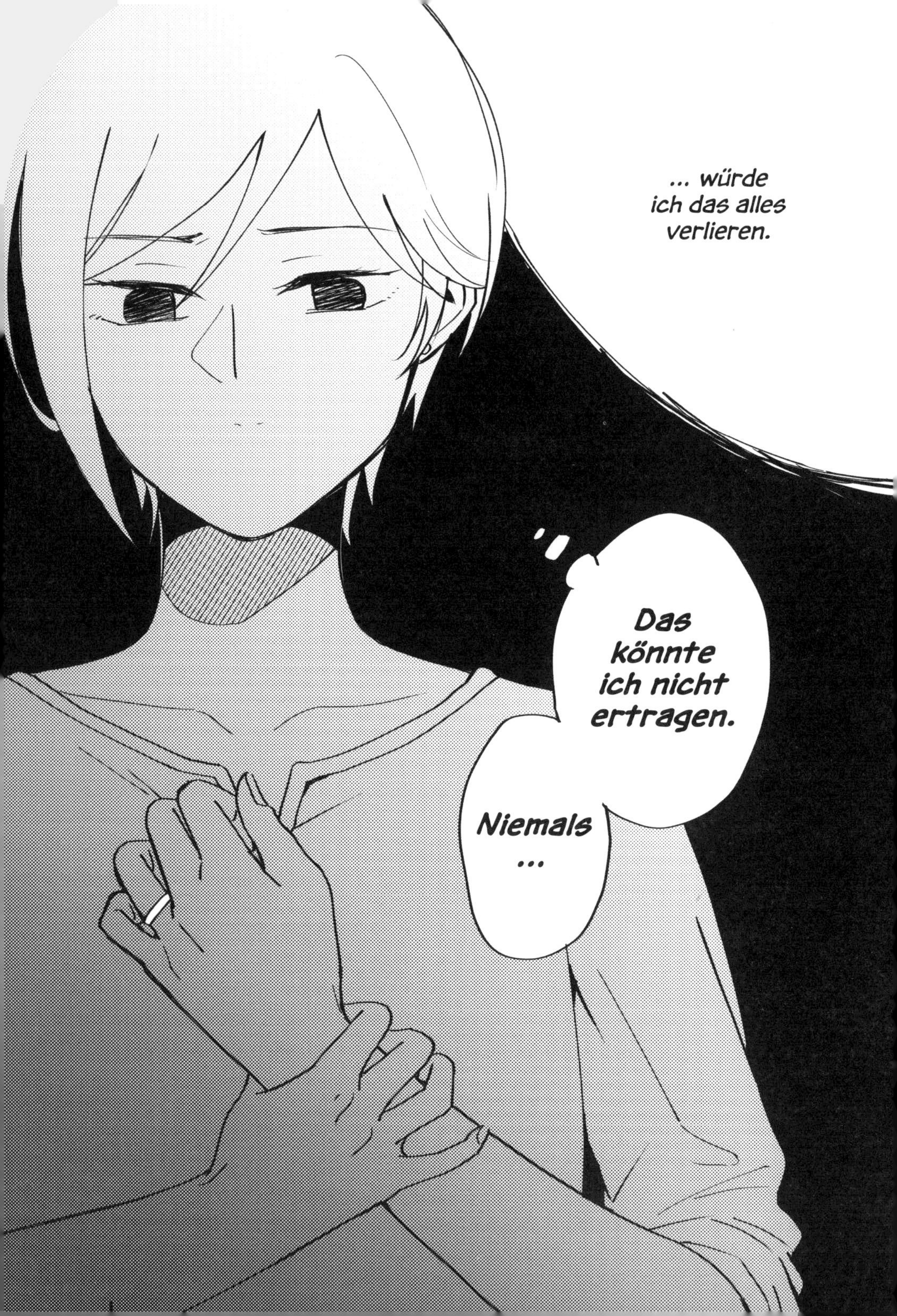
... würde ich das alles verlieren.
Das könnte ich nicht ertragen.
Niemals ...

KAPITEL 6: NICHTS ZU BEREUEN

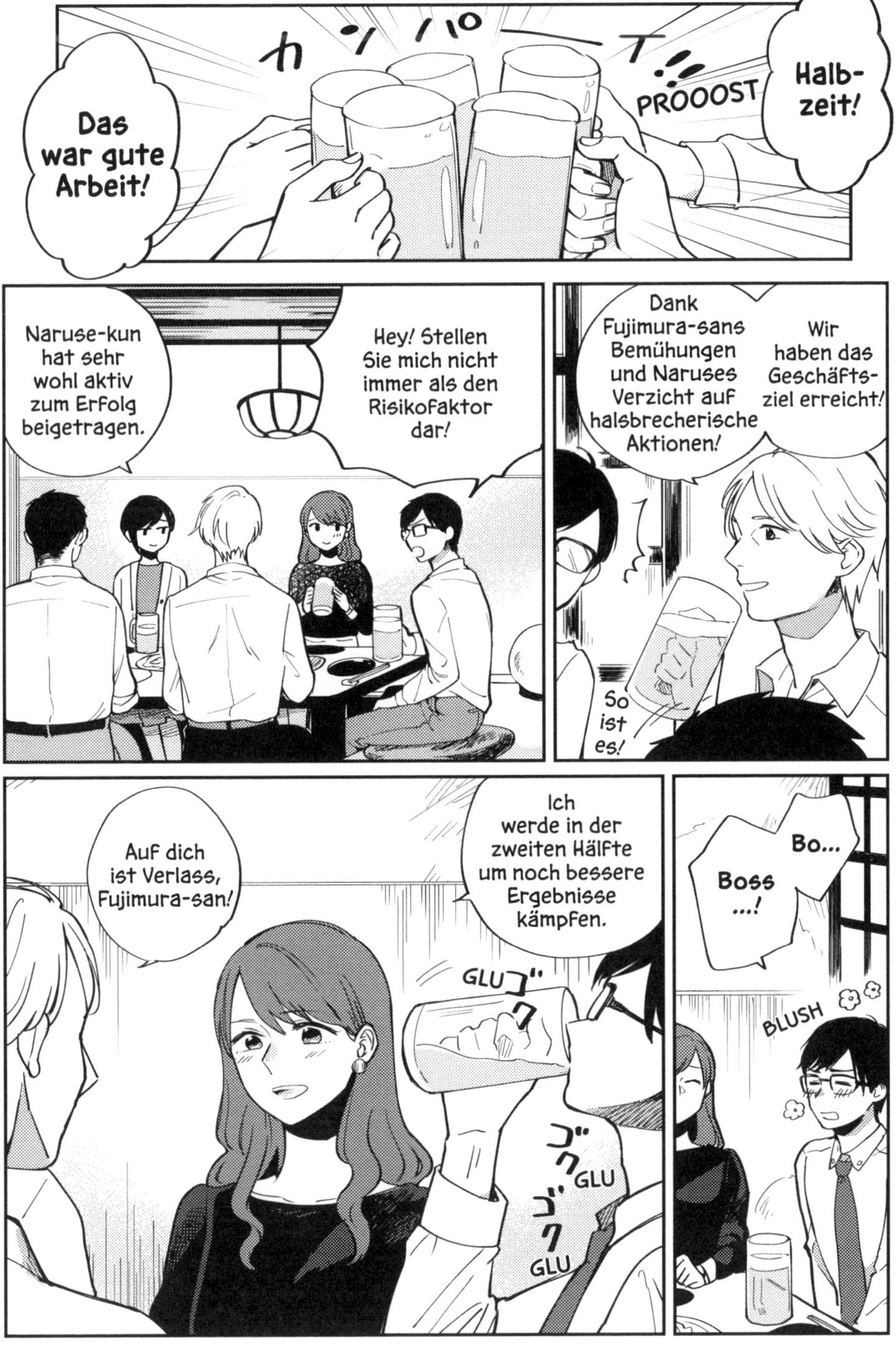

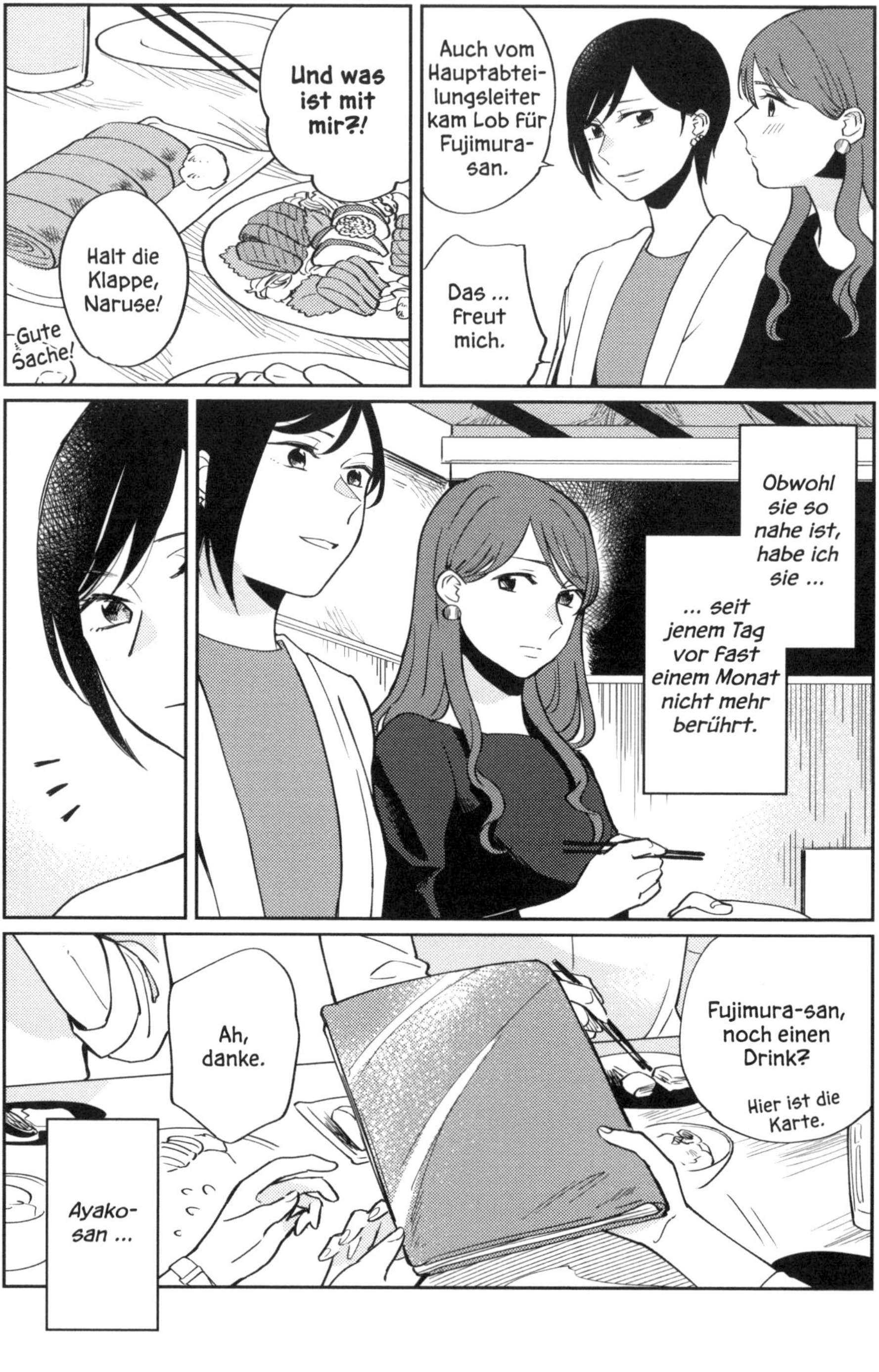
Auch vom Hauptabteilungsleiter kam Lob für Fujimura-san.
Das ... freut mich.
Und was ist mit mir?!
Halt die Klappe, Naruse!
Gute Sache!
Obwohl sie so nahe ist, habe ich sie ...
... seit jenem Tag vor fast einem Monat nicht mehr berührt.
Fujimura-san, noch einen Drink?
Hier ist die Karte.
Ah, danke.
Ayako-san ...

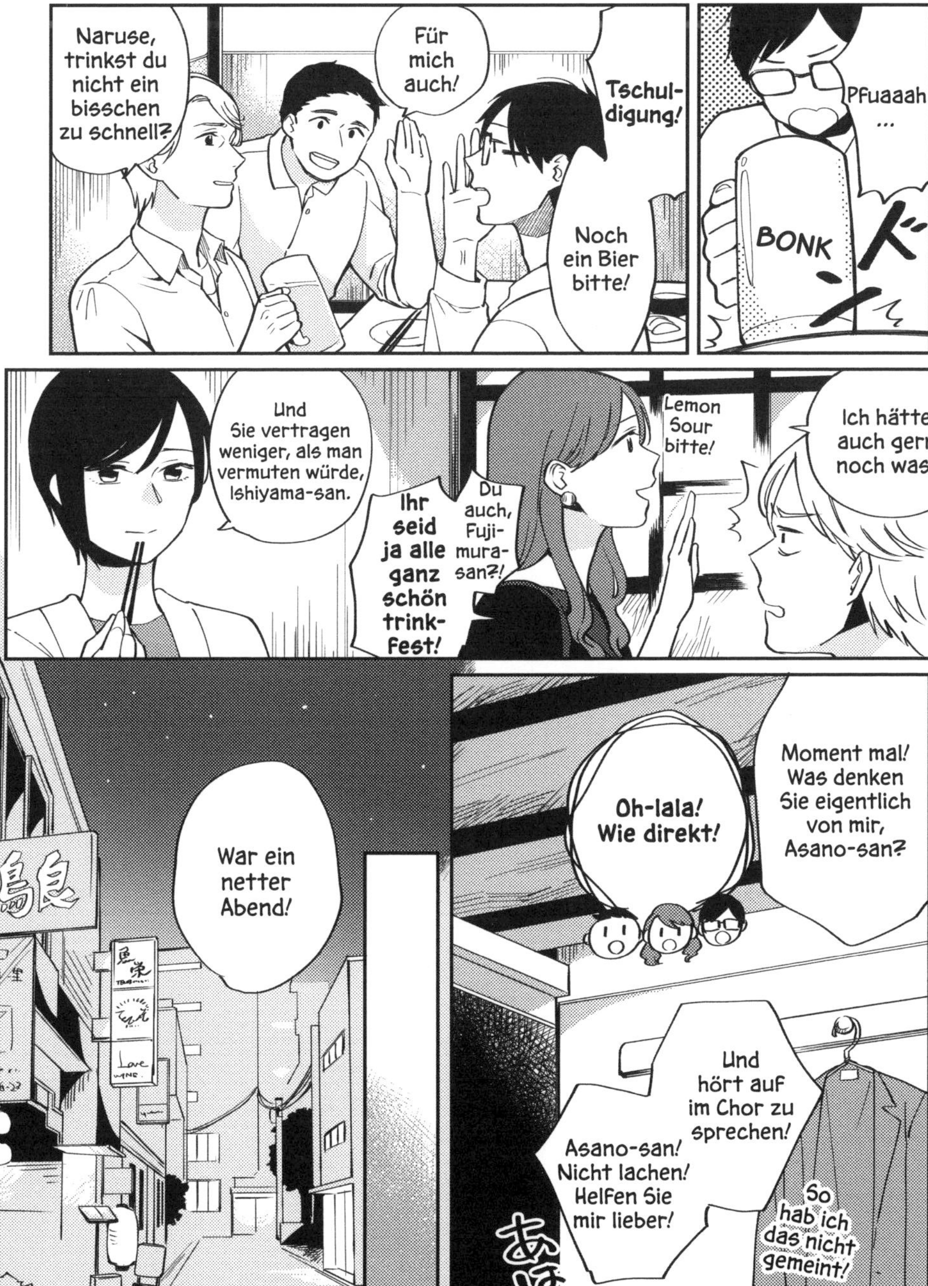

Pfuaaah ...
BONK
Tschuldigung!
Noch ein Bier bitte!
Für mich auch!
Naruse, trinkst du nicht ein bisschen zu schnell?
Ich hätte auch gern noch was!
Lemon Sour bitte!
Du auch, Fujimura-san?!
Ihr seid ja alle ganz schön trinkfest!
Und Sie vertragen weniger, als man vermuten würde, Ishiyama-san.
Moment mal! Was denken Sie eigentlich von mir, Asano-san?
Oh-lala! Wie direkt!
Und hört auf im Chor zu sprechen!
So hab ich das nicht gemeint!
Asano-san! Nicht lachen! Helfen Sie mir lieber!
あはは AHAHA
War ein netter Abend!

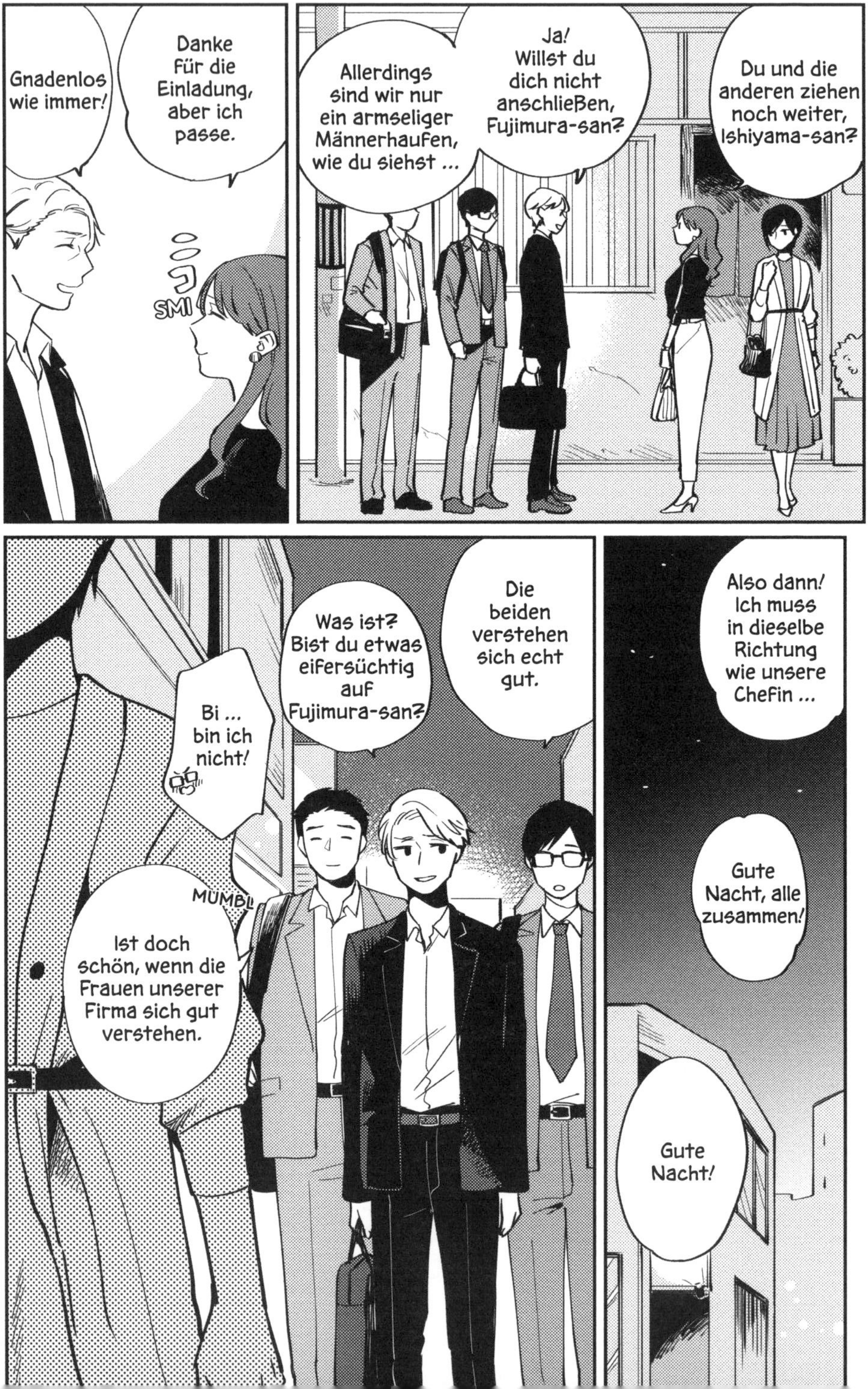
Du und die anderen ziehen noch weiter, Ishiyama-san?
Ja! Willst du dich nicht anschließen, Fujimura-san?
Allerdings sind wir nur ein armseliger Männerhaufen, wie du siehst ...
Danke für die Einladung, aber ich passe.
SMI
Gnadenlos wie immer!
Also dann! Ich muss in dieselbe Richtung wie unsere Chefin ...
Gute Nacht, alle zusammen!
Gute Nacht!
Die beiden verstehen sich echt gut.
Was ist? Bist du etwas eifersüchtig auf Fujimura-san?
Bi ... bin ich nicht!
MUMBL
Ist doch schön, wenn die Frauen unserer Firma sich gut verstehen.

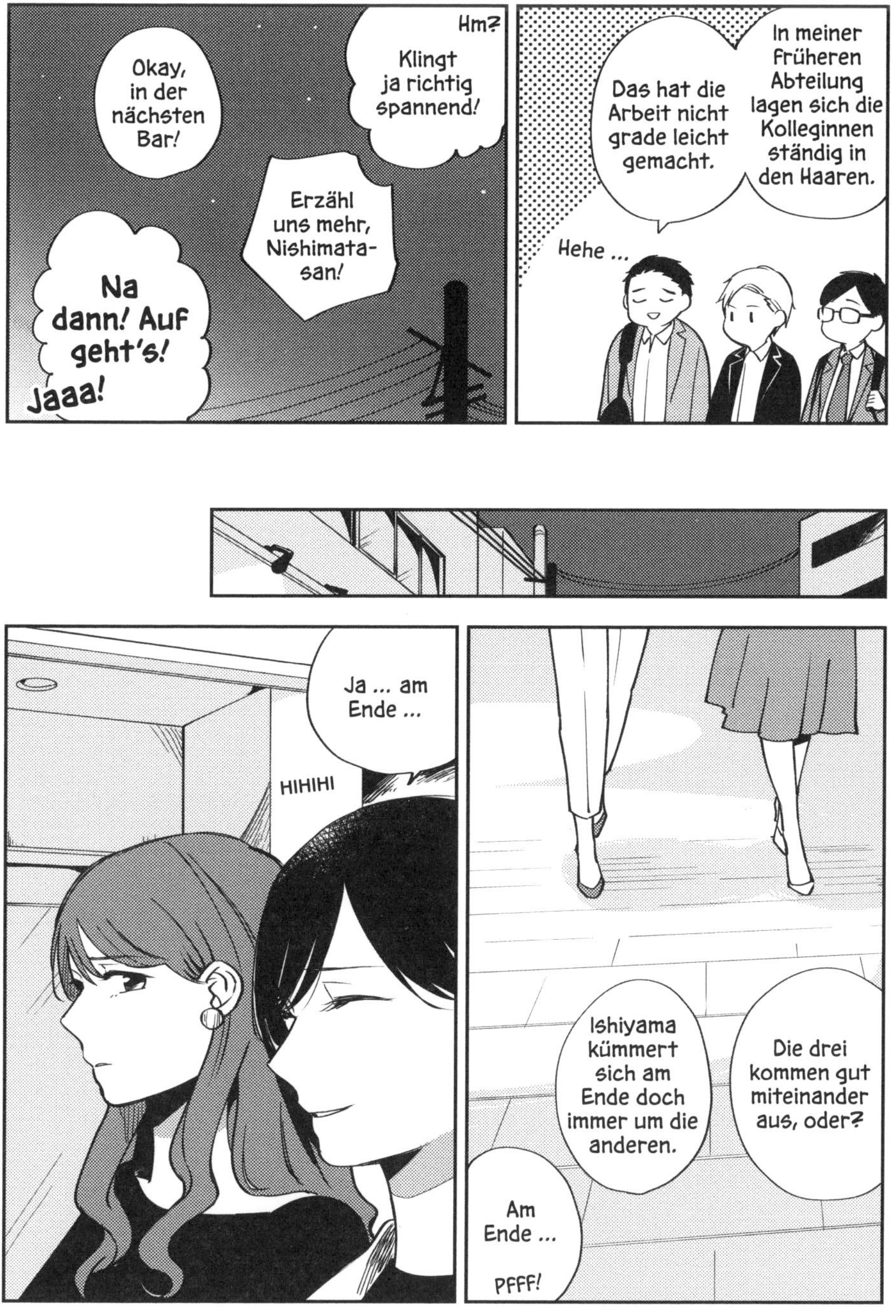
In meiner früheren Abteilung lagen sich die Kolleginnen ständig in den Haaren.
Das hat die Arbeit nicht grade leicht gemacht.
Hehe …
Hm?
Klingt ja richtig spannend!
Okay, in der nächsten Bar!
Erzähl uns mehr, Nishimata-san!
Na dann! Auf geht's!
Jaaa!
Die drei kommen gut miteinander aus, oder?
Ishiyama kümmert sich am Ende doch immer um die anderen.
Am Ende …
PFFF!
Ja … am Ende …
HIHIHI

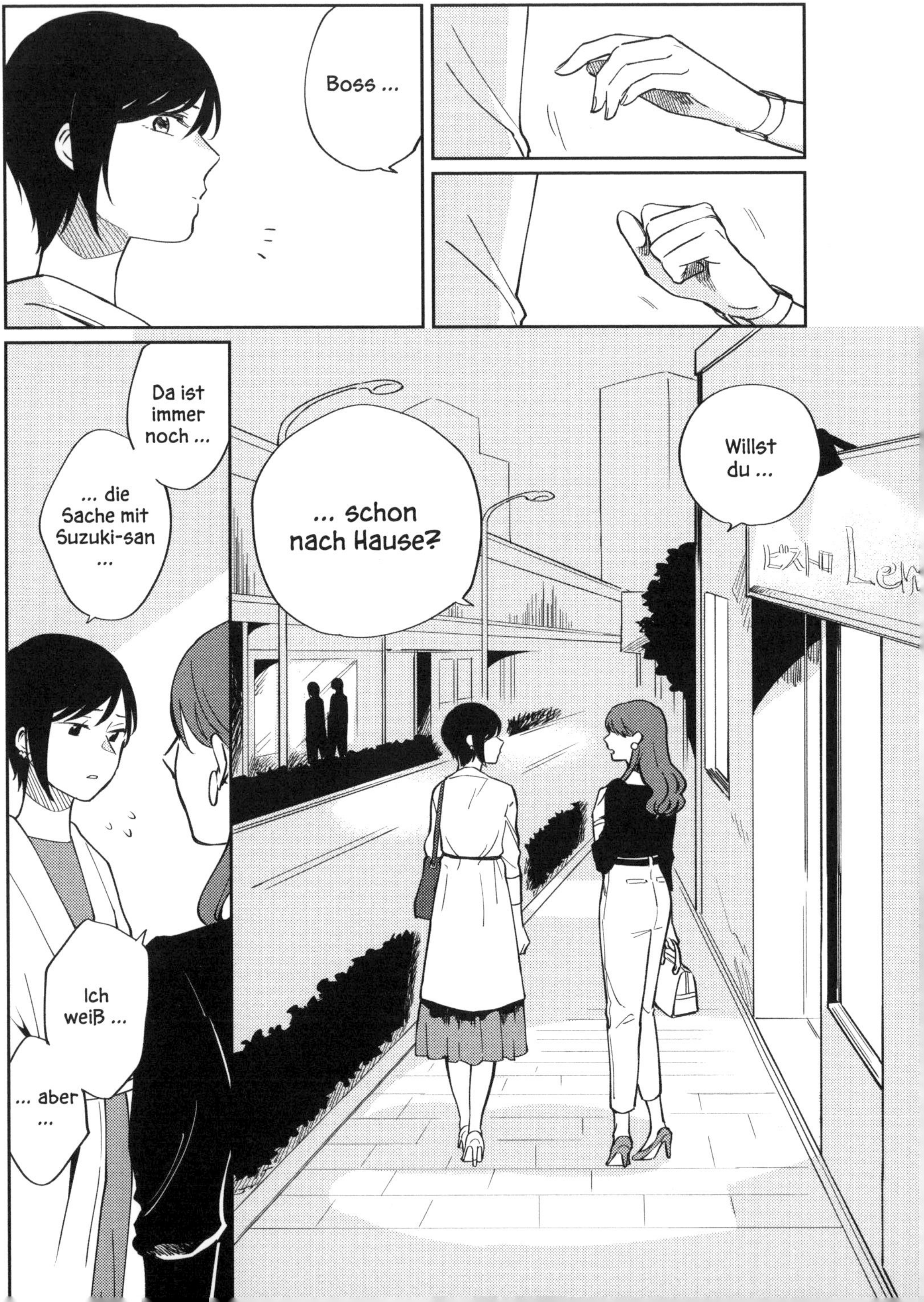
Boss ...
Willst du ...
... schon nach Hause?
Da ist immer noch ...
... die Sache mit Suzuki-san ...
Ich weiß ...
... aber ...

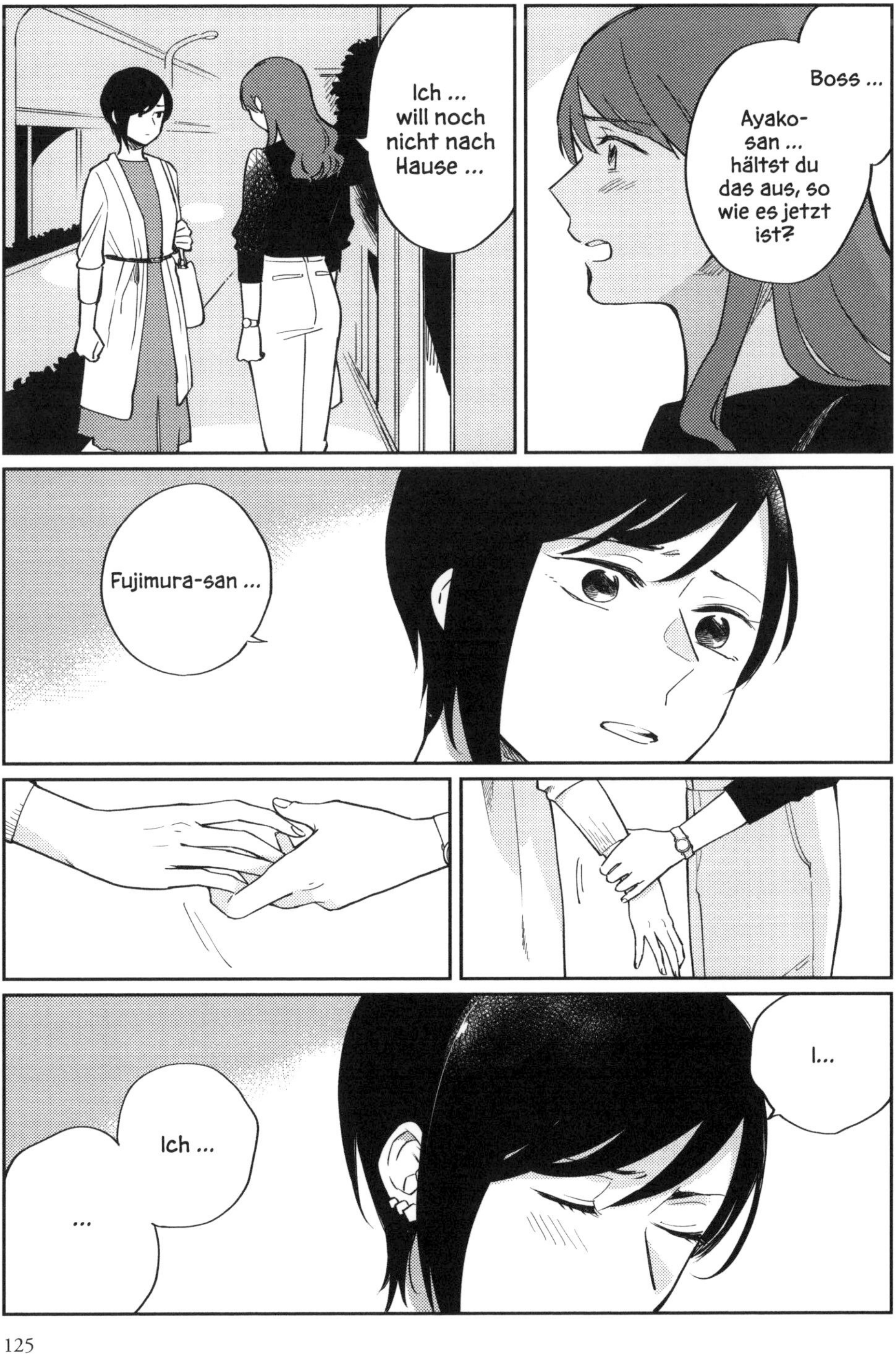
Boss ...
Ayako-san ... hältst du das aus, so wie es jetzt ist?
Ich ... will noch nicht nach Hause ...
Fujimura-san ...
I...
Ich ...
...

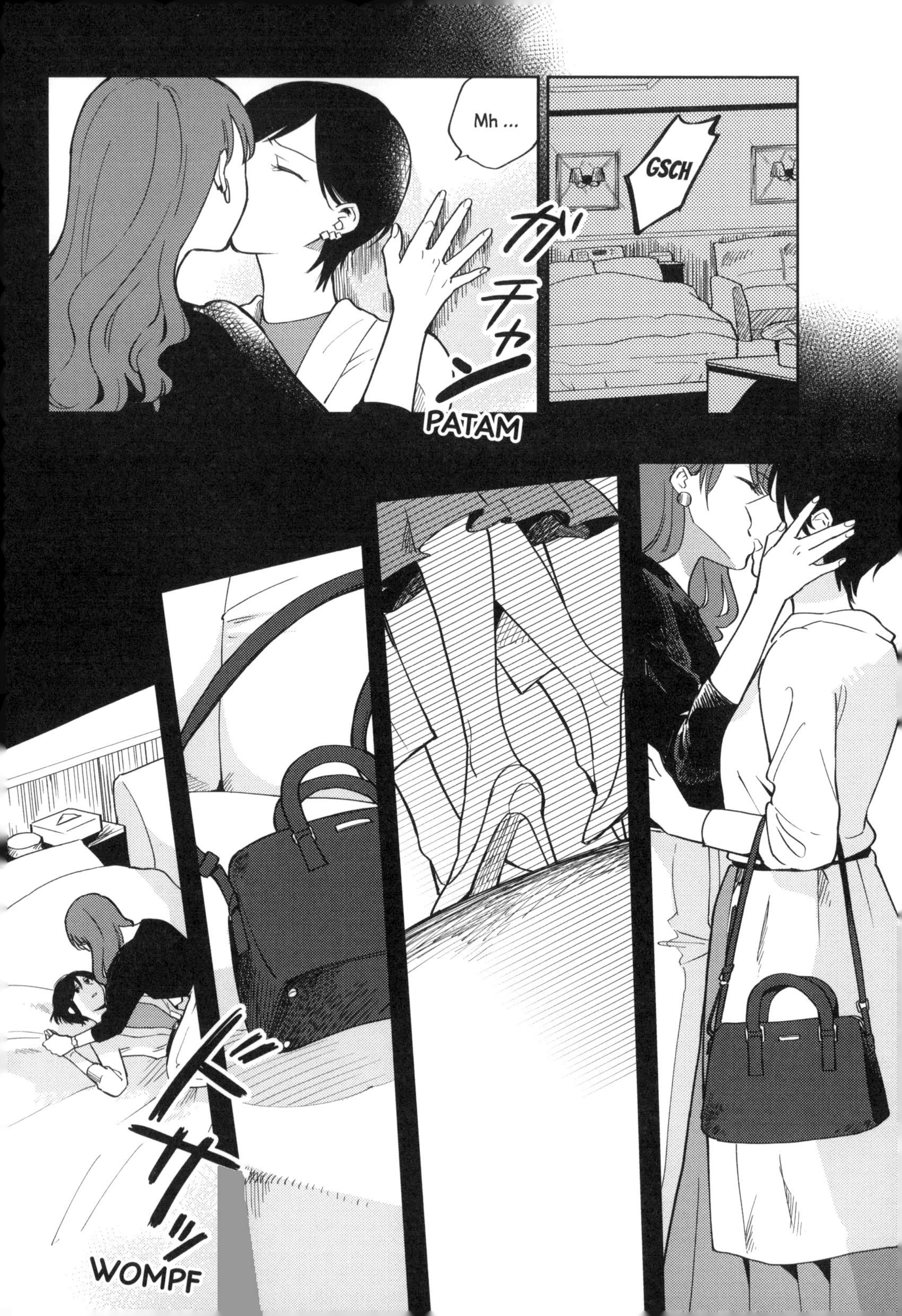
GSCH
ガチャン
PATAM
Mh ...
ドサッ
WOMPF

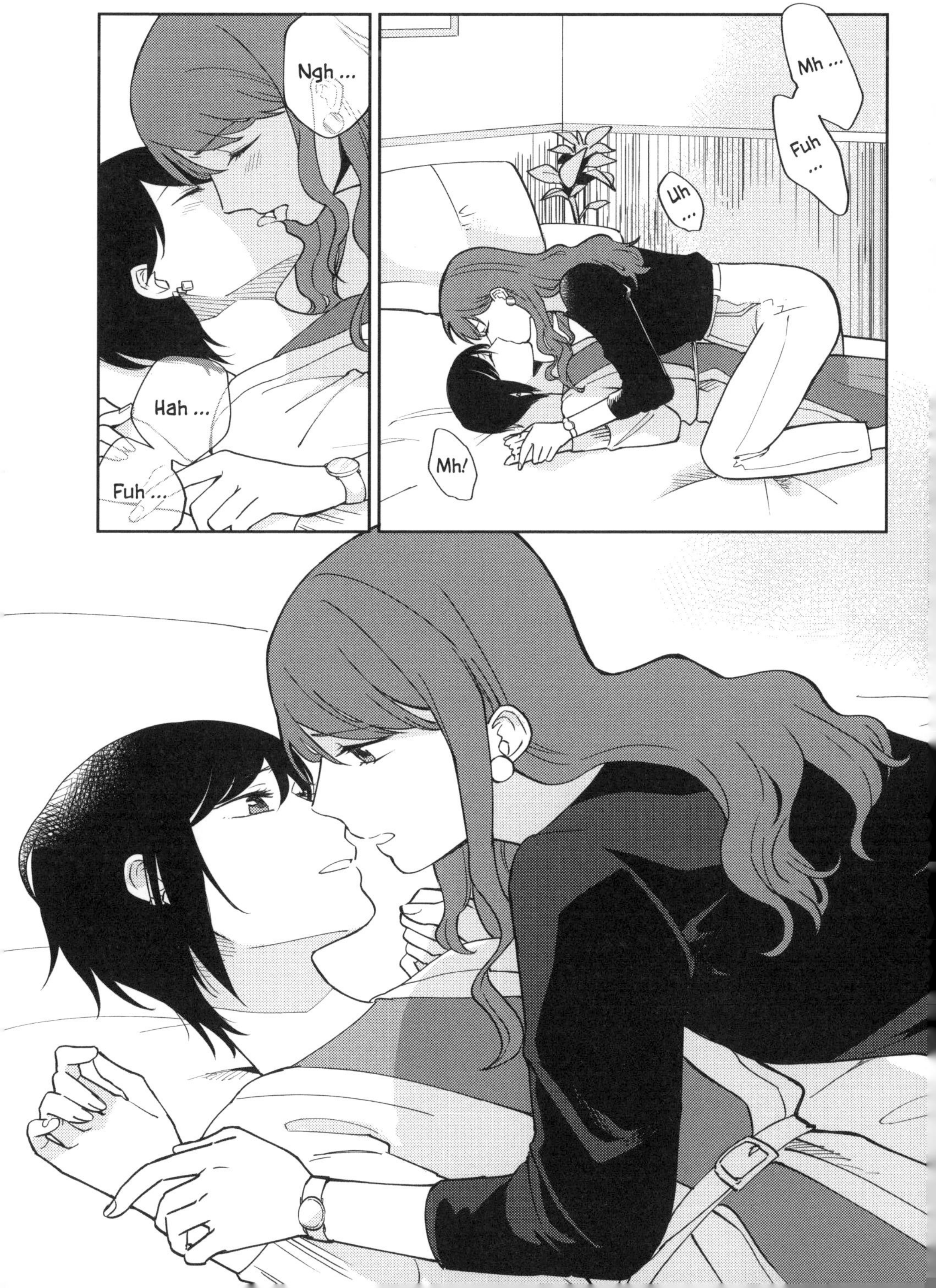
Mh ...
Fuh ...
Uh ...
Mh!
Ngh ...
Hah ...
Fuh ...

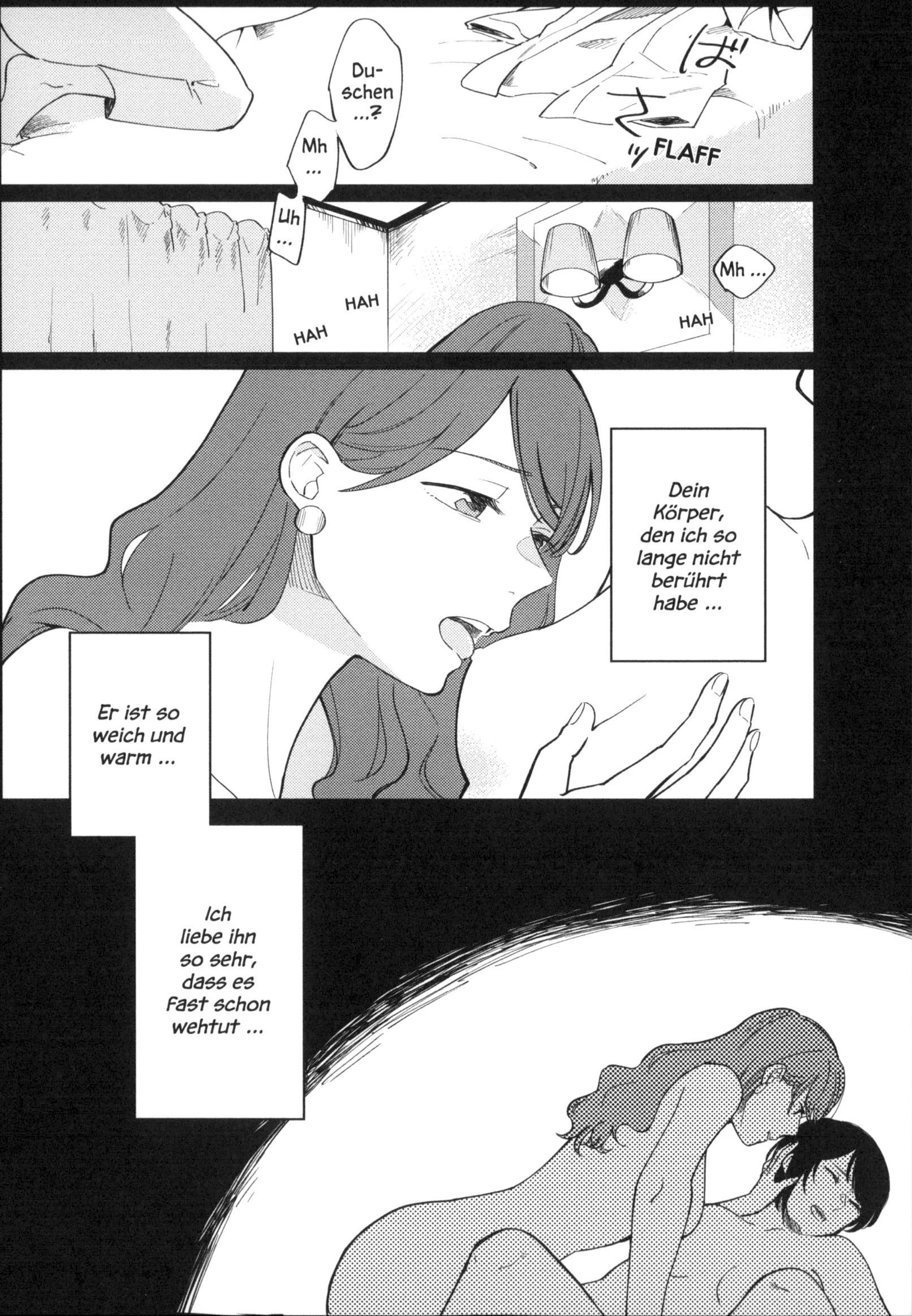

ぱさ
FLAFF
Du-schen ...?
Mh ...
Uh ...
Mh ...
HAH
HAH
HAH
Dein Körper, den ich so lange nicht berührt habe ...
Er ist so weich und warm ...
Ich liebe ihn so sehr, dass es fast schon wehtut ...

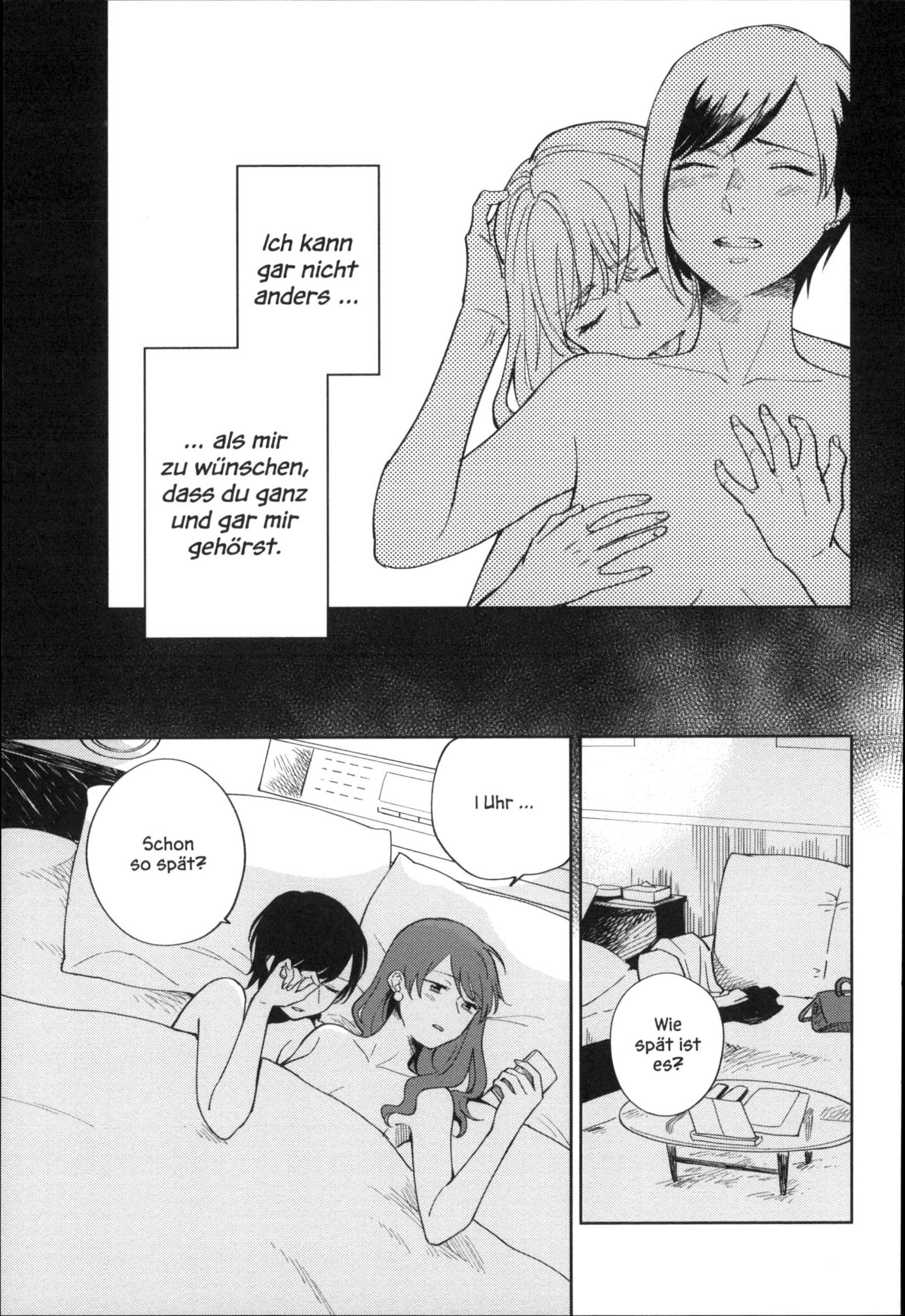
Ich kann gar nicht anders ...
... als mir zu wünschen, dass du ganz und gar mir gehörst.
Wie spät ist es?
1 Uhr ...
Schon so spät?

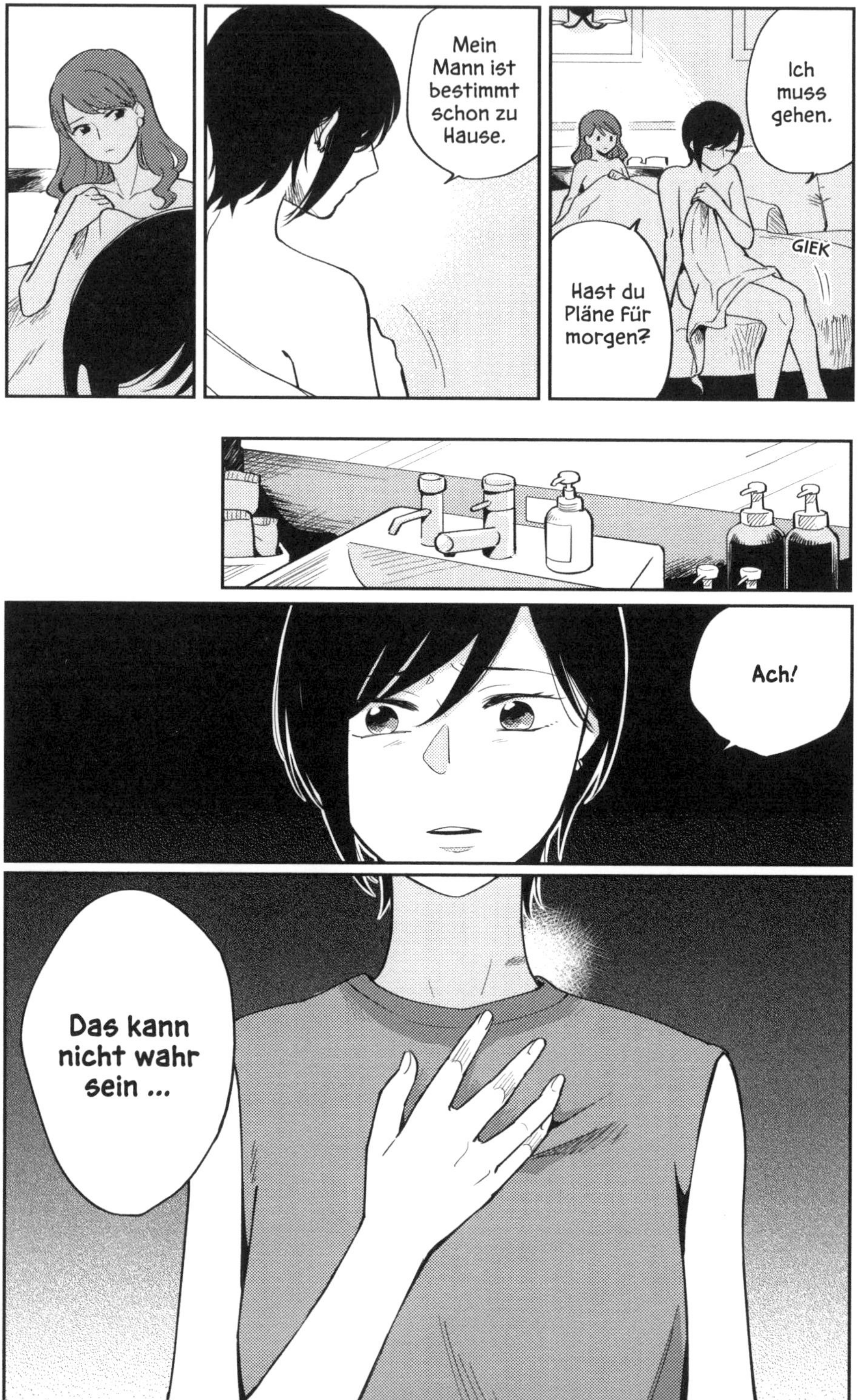
Ich muss gehen.
GIEK
Hast du Pläne für morgen?
Mein Mann ist bestimmt schon zu Hause.
Ach!
Das kann nicht wahr sein ...

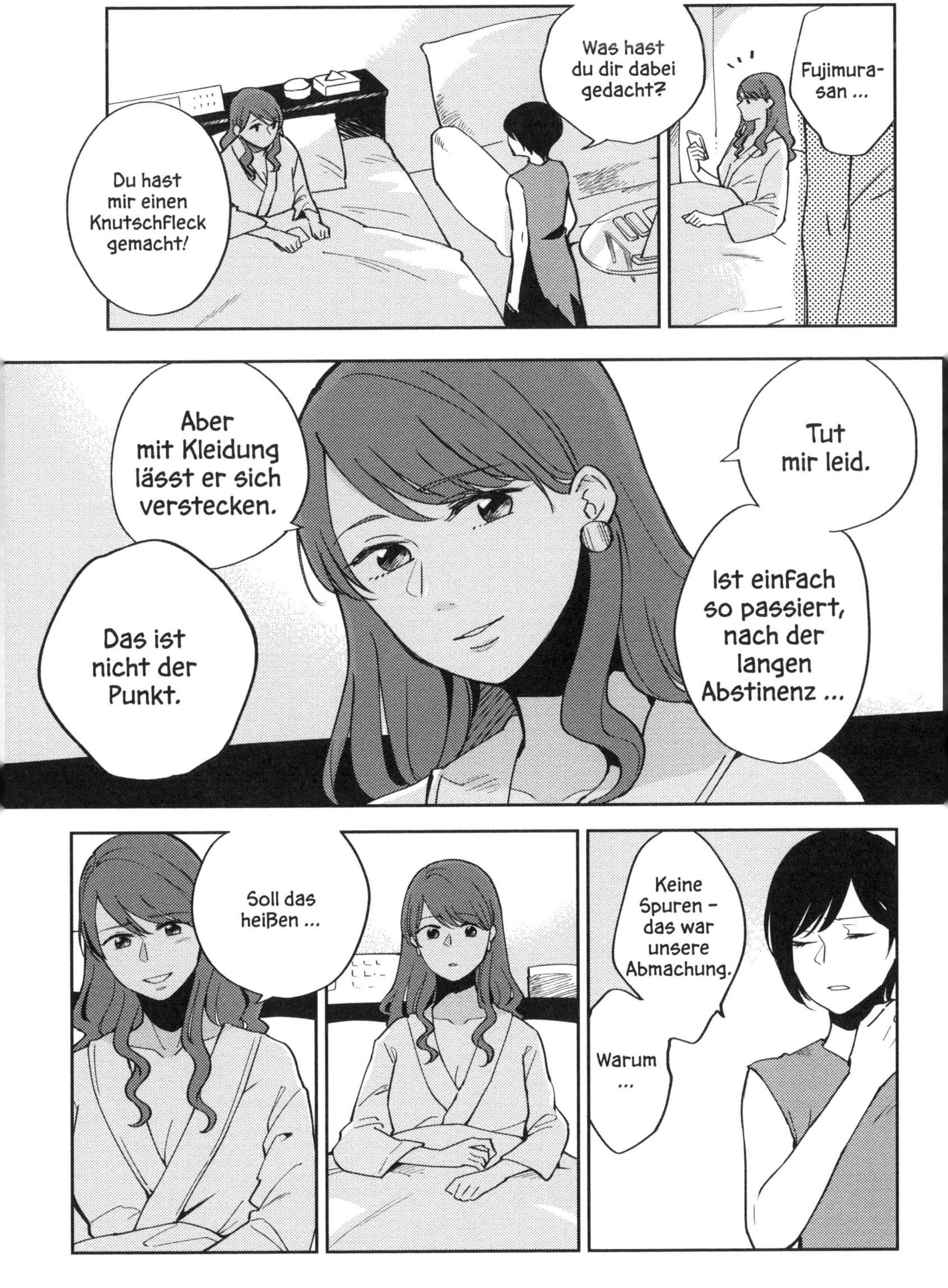
Fujimura-san ...
Was hast du dir dabei gedacht?
Du hast mir einen Knutschfleck gemacht!
Tut mir leid.
Ist einfach so passiert, nach der langen Abstinenz ...
Aber mit Kleidung lässt er sich verstecken.
Das ist nicht der Punkt.
Keine Spuren – das war unsere Abmachung.
Warum ...
Soll das heißen ...

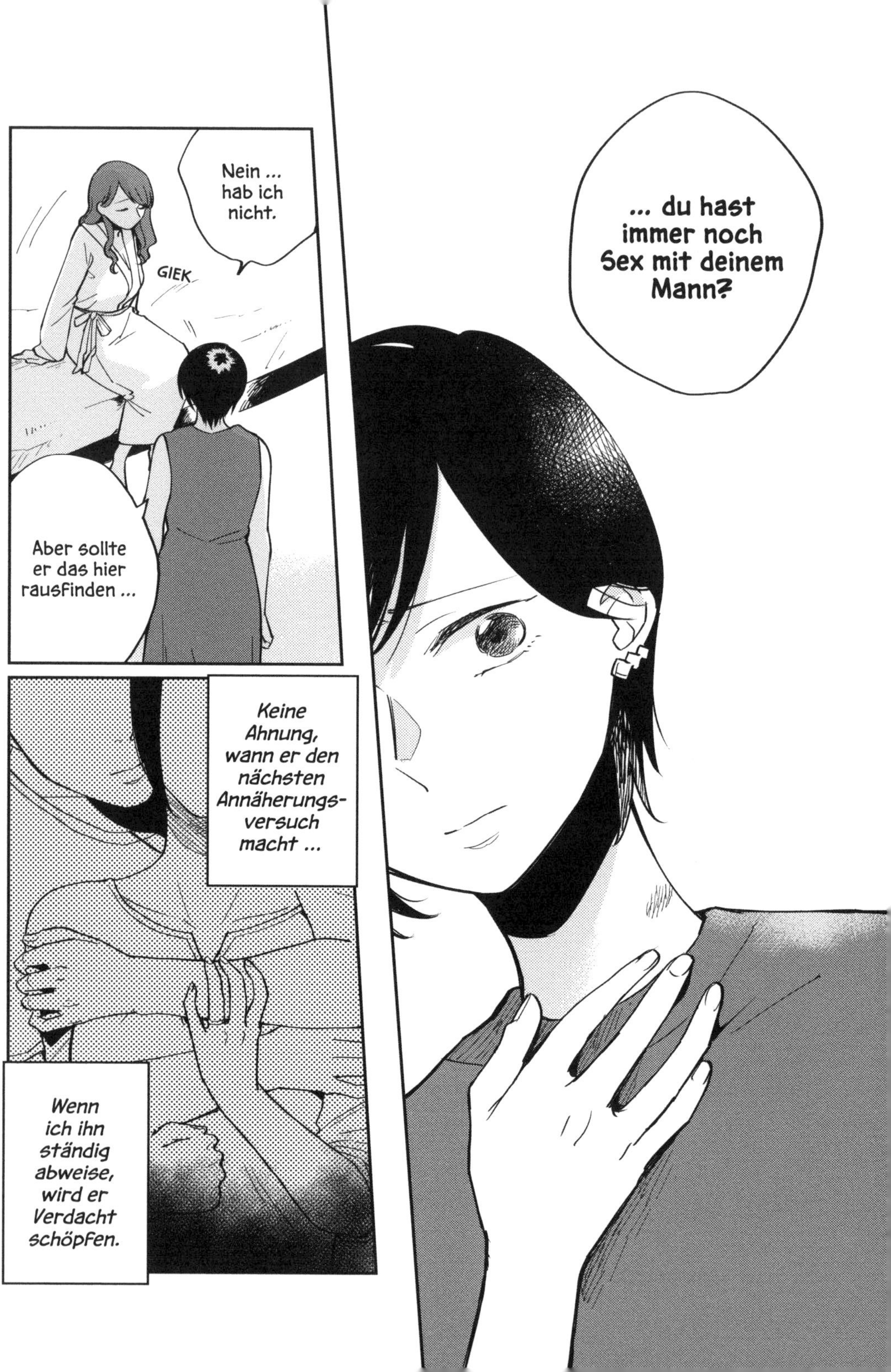
... du hast immer noch Sex mit deinem Mann?
Nein ... hab ich nicht.
GIEK
Aber sollte er das hier rausfinden ...
Keine Ahnung, wann er den nächsten Annäherungs-versuch macht ...
Wenn ich ihn ständig abweise, wird er Verdacht schöpfen.

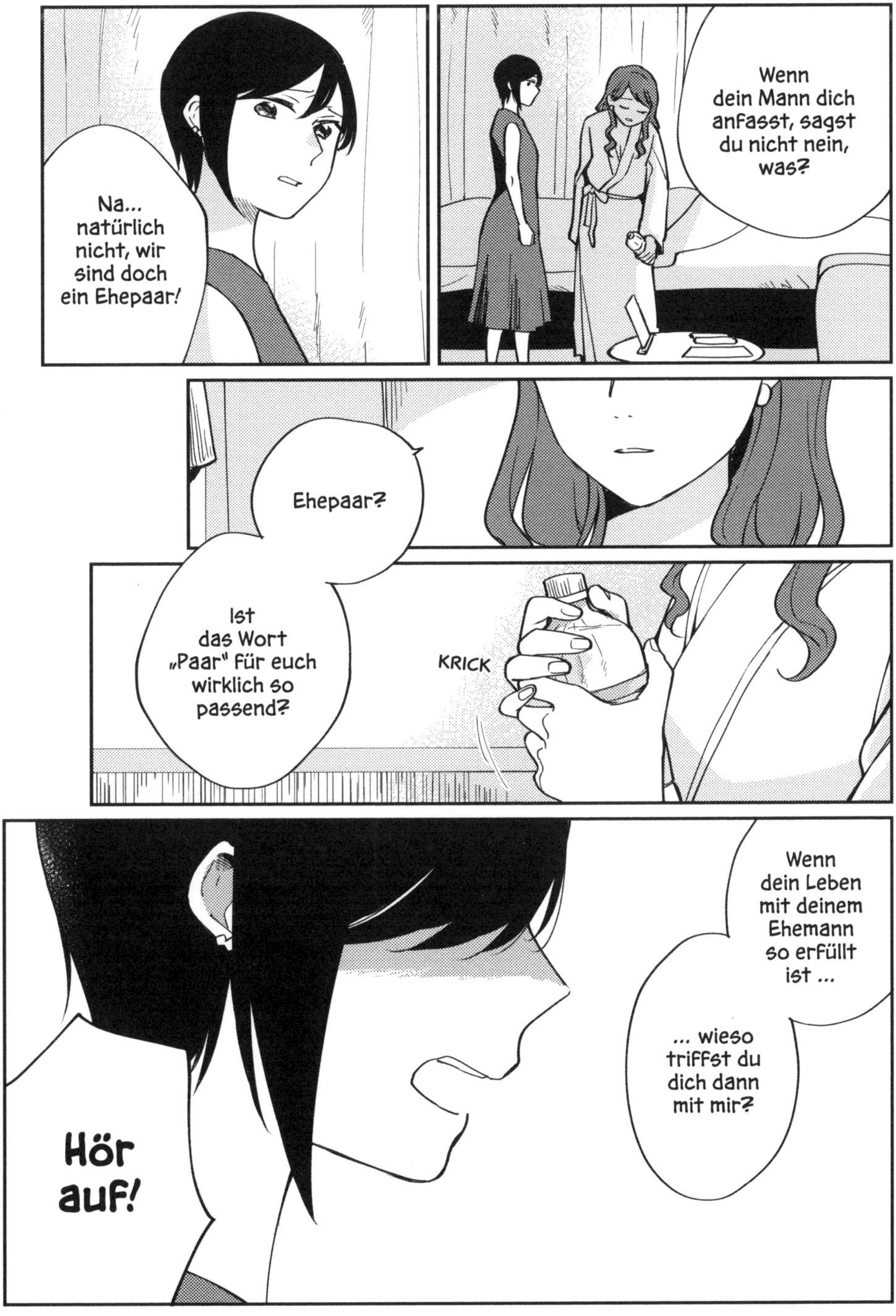
Wenn dein Mann dich anfasst, sagst du nicht nein, was?
Na... natürlich nicht, wir sind doch ein Ehepaar!
Ehepaar?
Ist das Wort „Paar" für euch wirklich so passend?
KRICK
Wenn dein Leben mit deinem Ehemann so erfüllt ist ...
... wieso triffst du dich dann mit mir?
Hör auf!

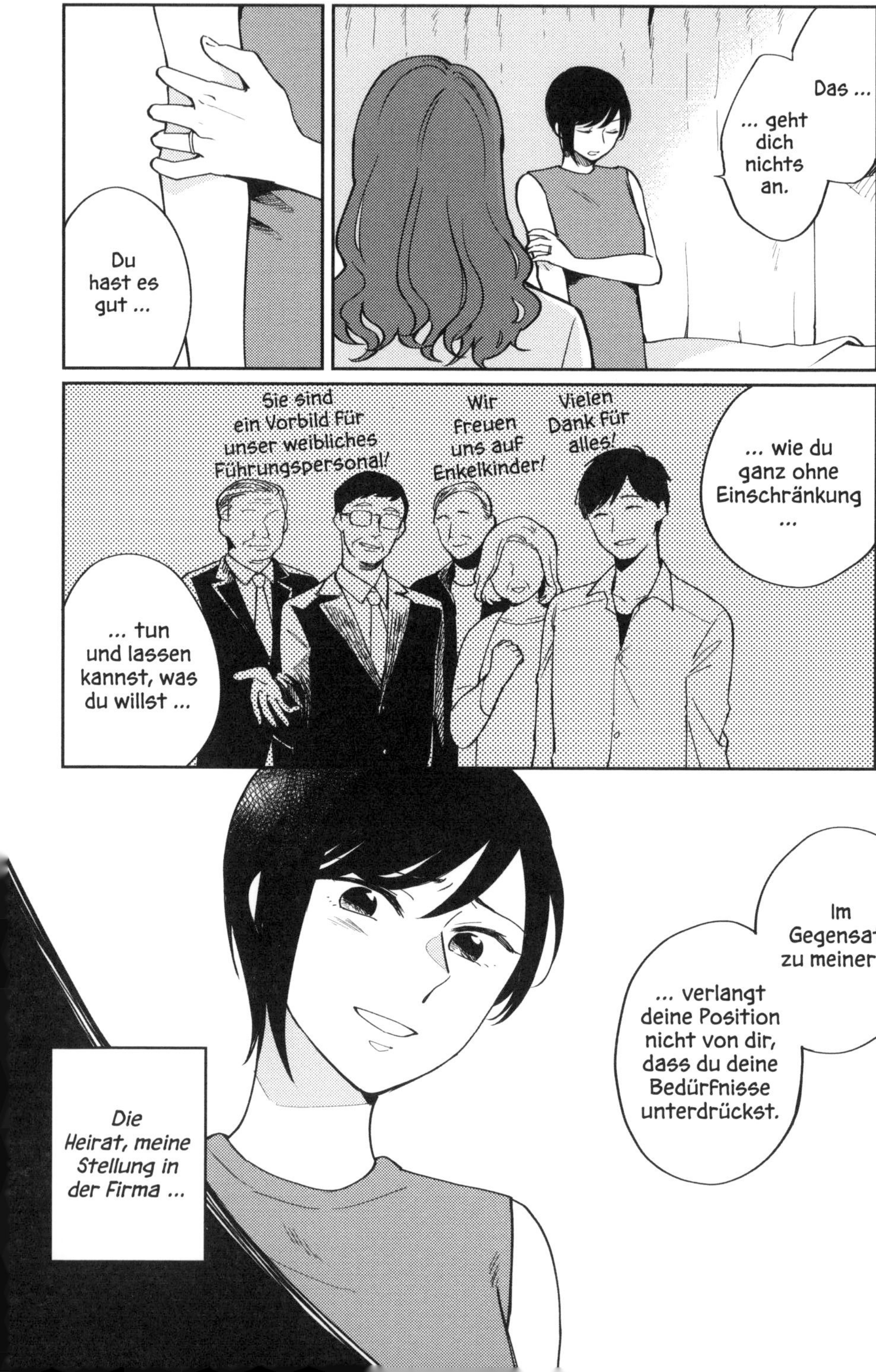
Das ...
... geht dich nichts an.
Du hast es gut ...
... wie du ganz ohne Einschränkung ...
Vielen Dank für alles!
Wir Freuen uns auf Enkelkinder!
Sie sind ein Vorbild für unser weibliches Führungspersonal!
... tun und lassen kannst, was du willst ...
Im Gegensatz zu meiner ...
... verlangt deine Position nicht von dir, dass du deine Bedürfnisse unterdrückst.
Die Heirat, meine Stellung in der Firma ...

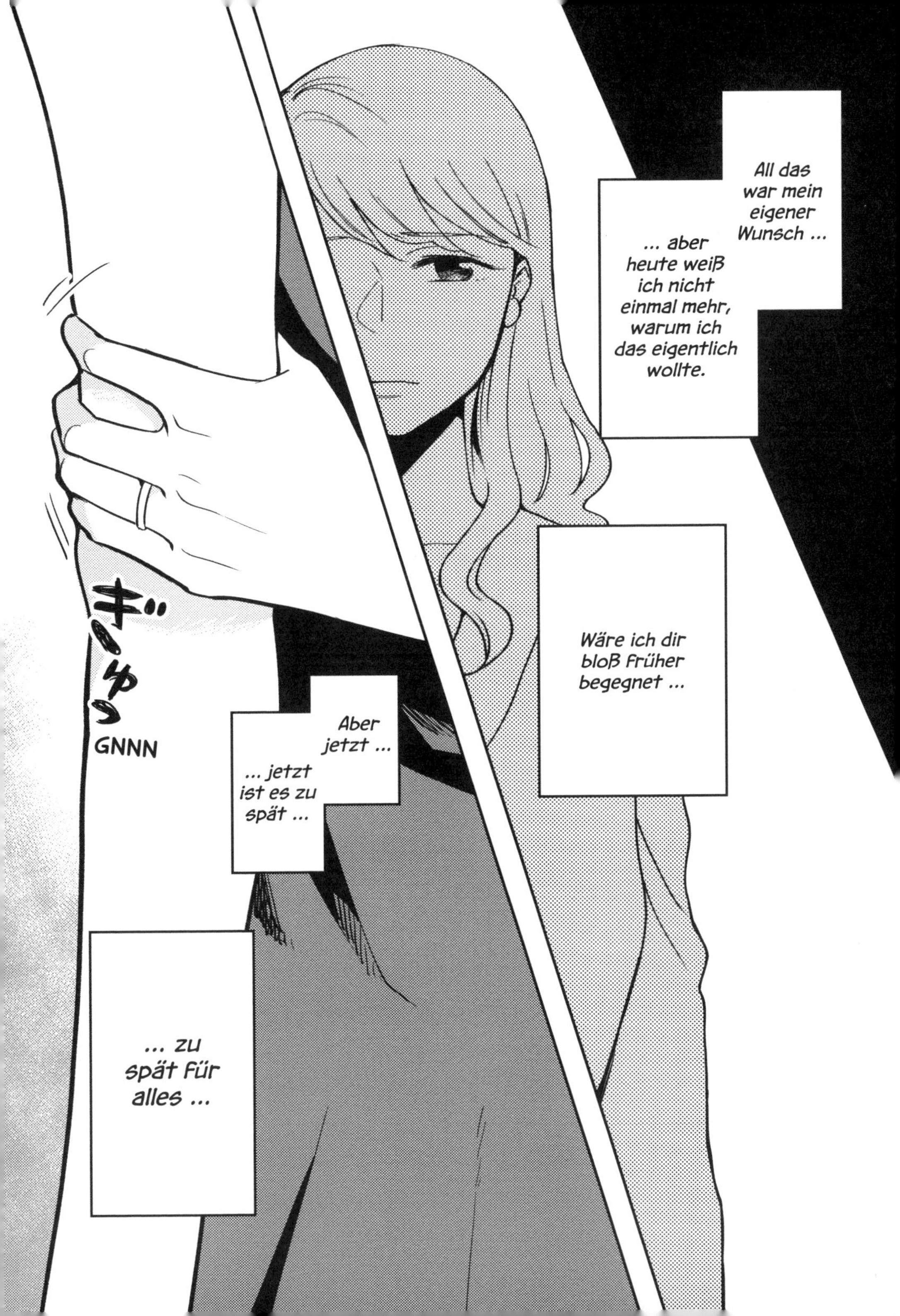
All das war mein eigener Wunsch ...
... aber heute weiß ich nicht einmal mehr, warum ich das eigentlich wollte.
Wäre ich dir bloß früher begegnet ...
Aber jetzt ...
... jetzt ist es zu spät ...
ぎゅっ
GNNN
... zu spät für alles ...

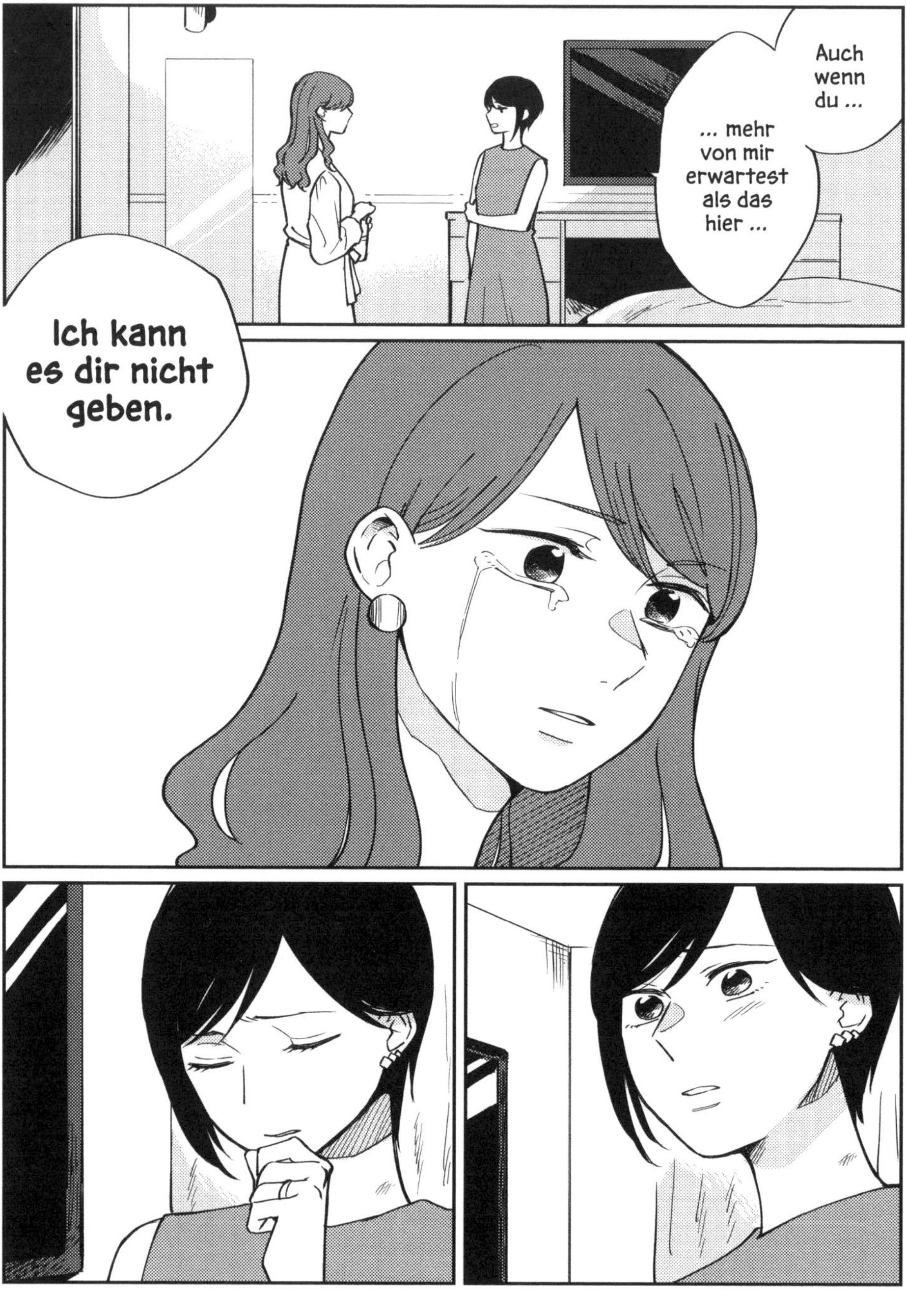
Auch wenn du ...
... mehr von mir erwartest als das hier ...
Ich kann es dir nicht geben.

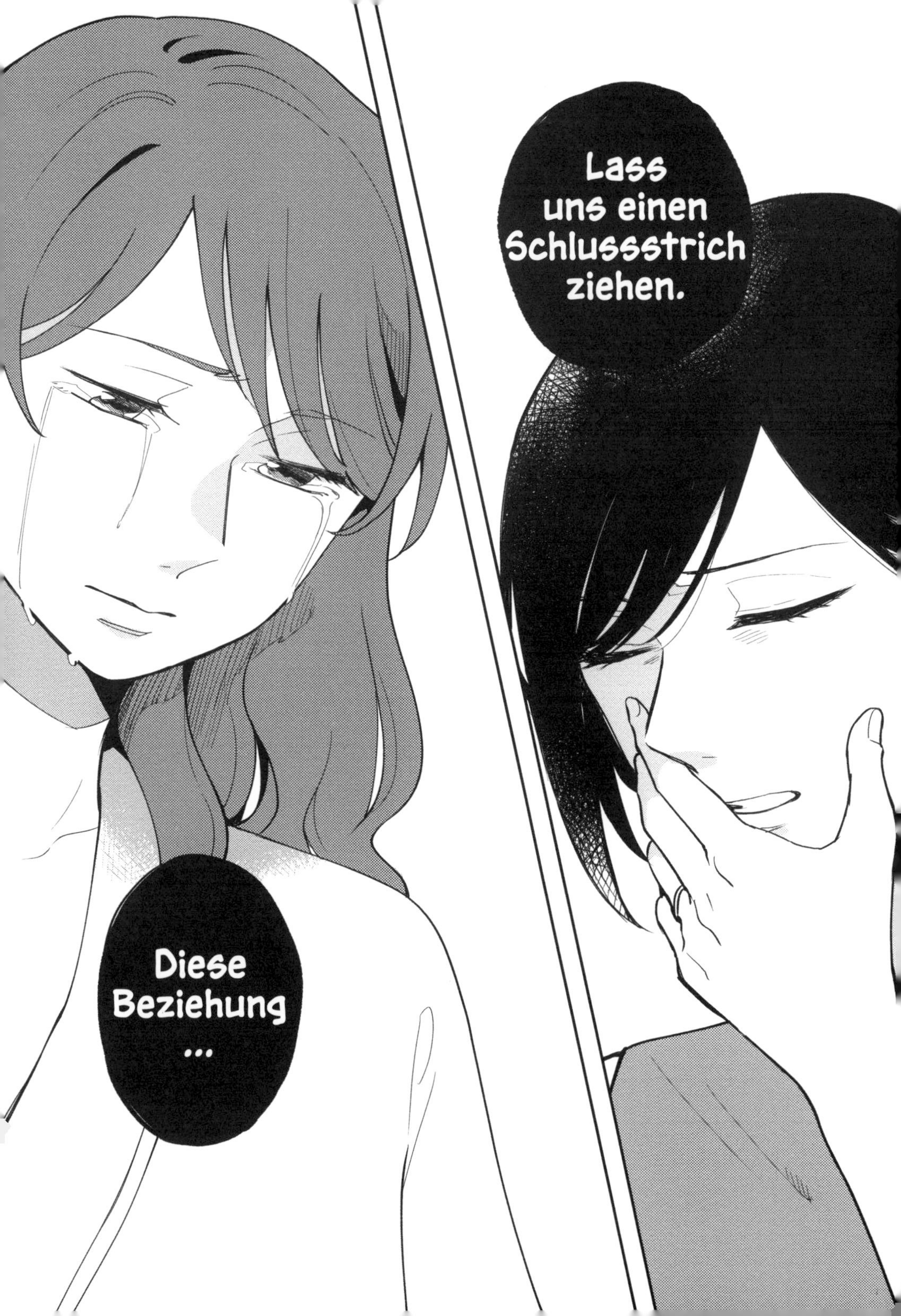
Lass uns einen Schlussstrich ziehen.
Diese Beziehung ...

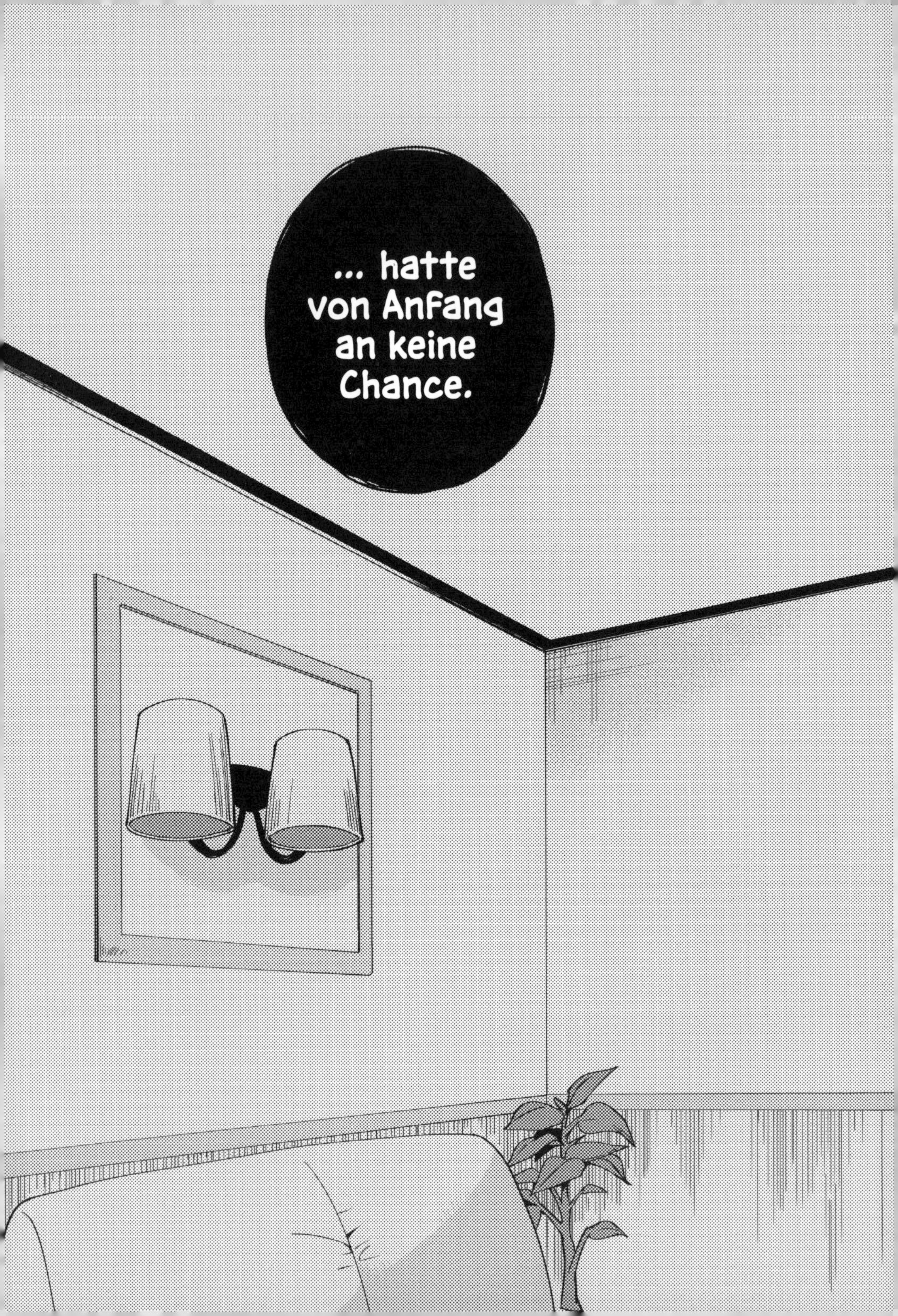
... hatte von Anfang an keine Chance.

KAPITEL 7: WO DAS GLÜCK ZU FINDEN IST

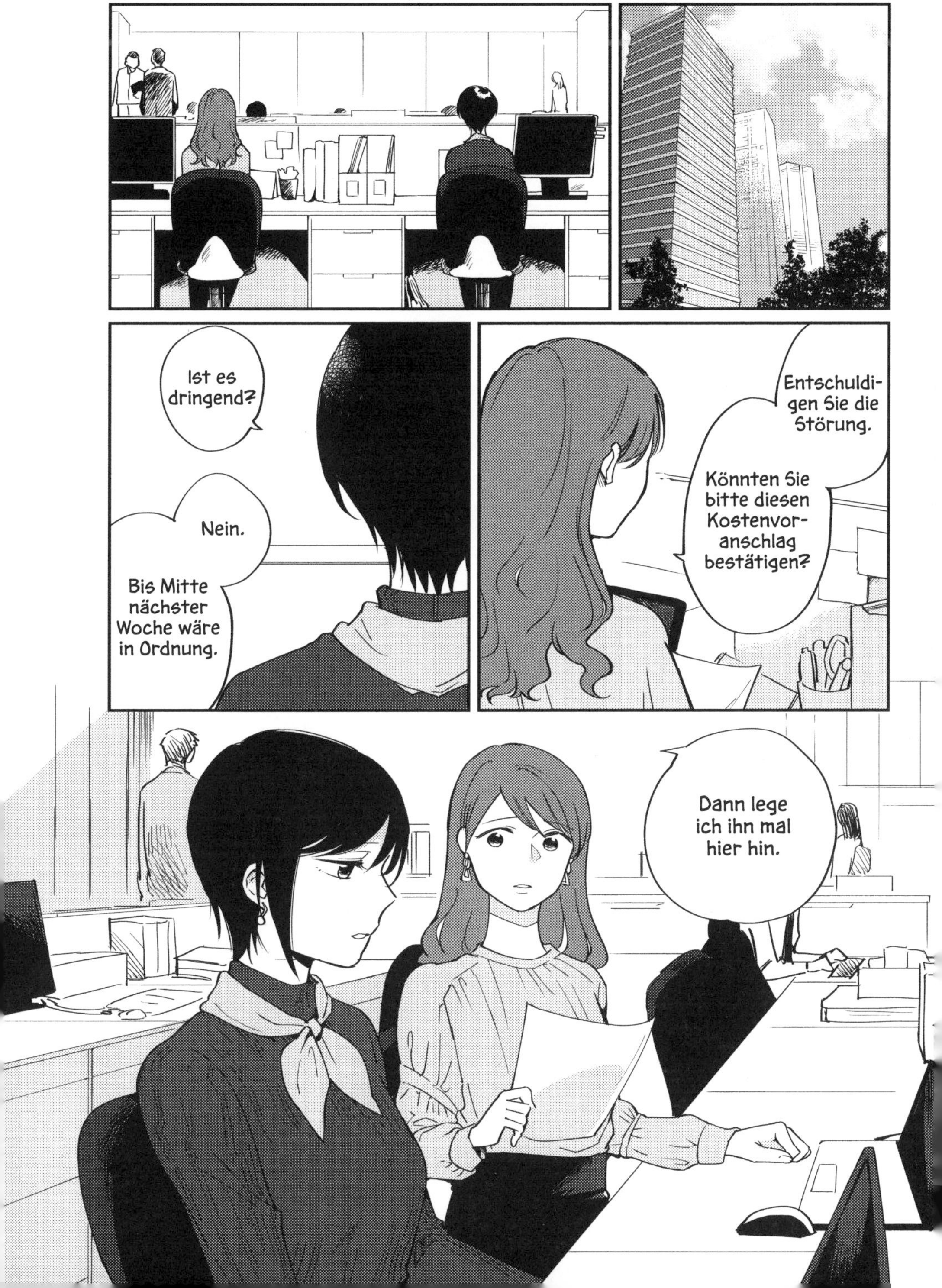

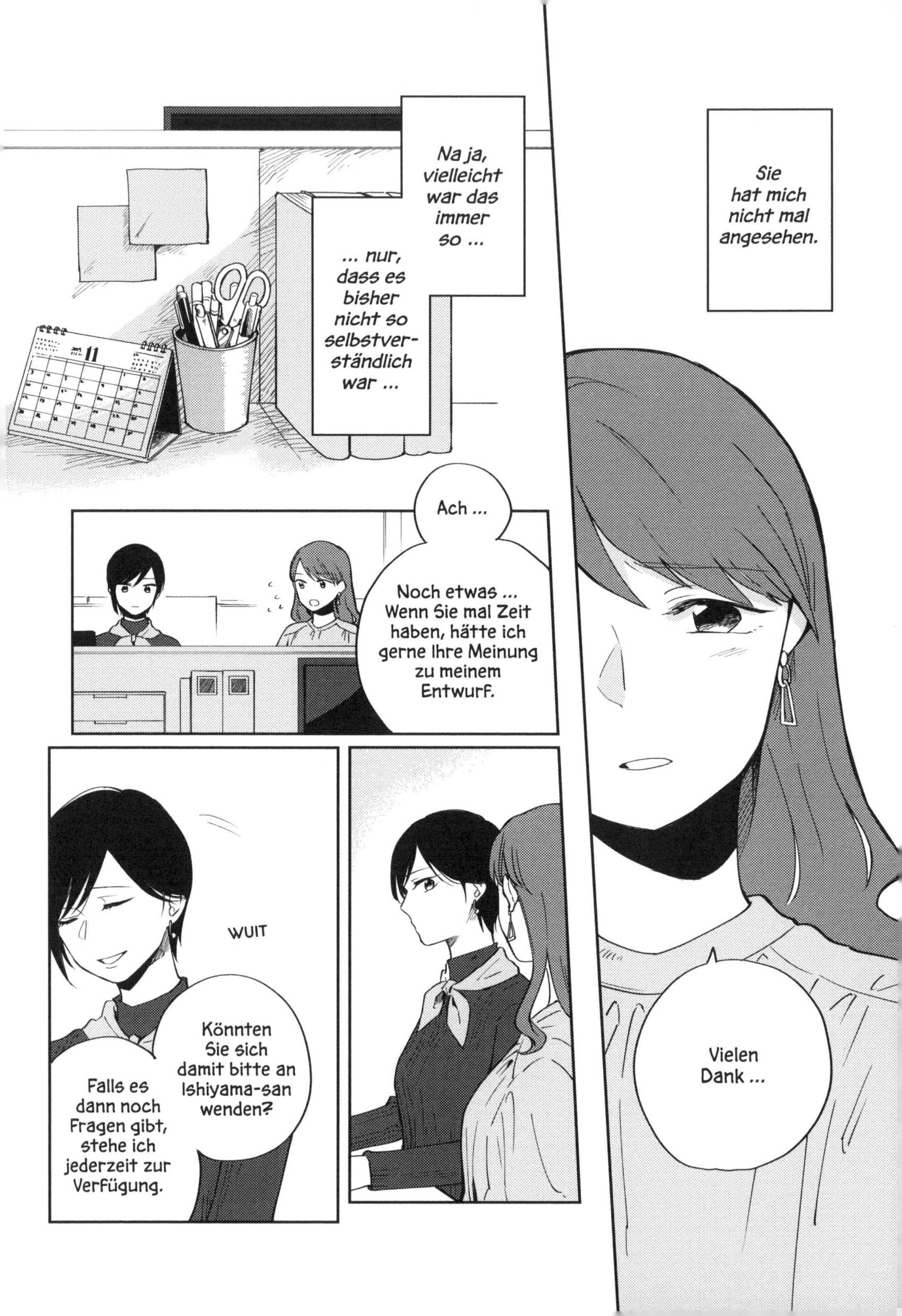
Sie hat mich nicht mal angesehen.
Na ja, vielleicht war das immer so …
… nur, dass es bisher nicht so selbstverständlich war …
Ach …
Noch etwas … Wenn Sie mal Zeit haben, hätte ich gerne Ihre Meinung zu meinem Entwurf.
Vielen Dank …
WUIT
Könnten Sie sich damit bitte an Ishiyama-san wenden?
Falls es dann noch Fragen gibt, stehe ich jederzeit zur Verfügung.

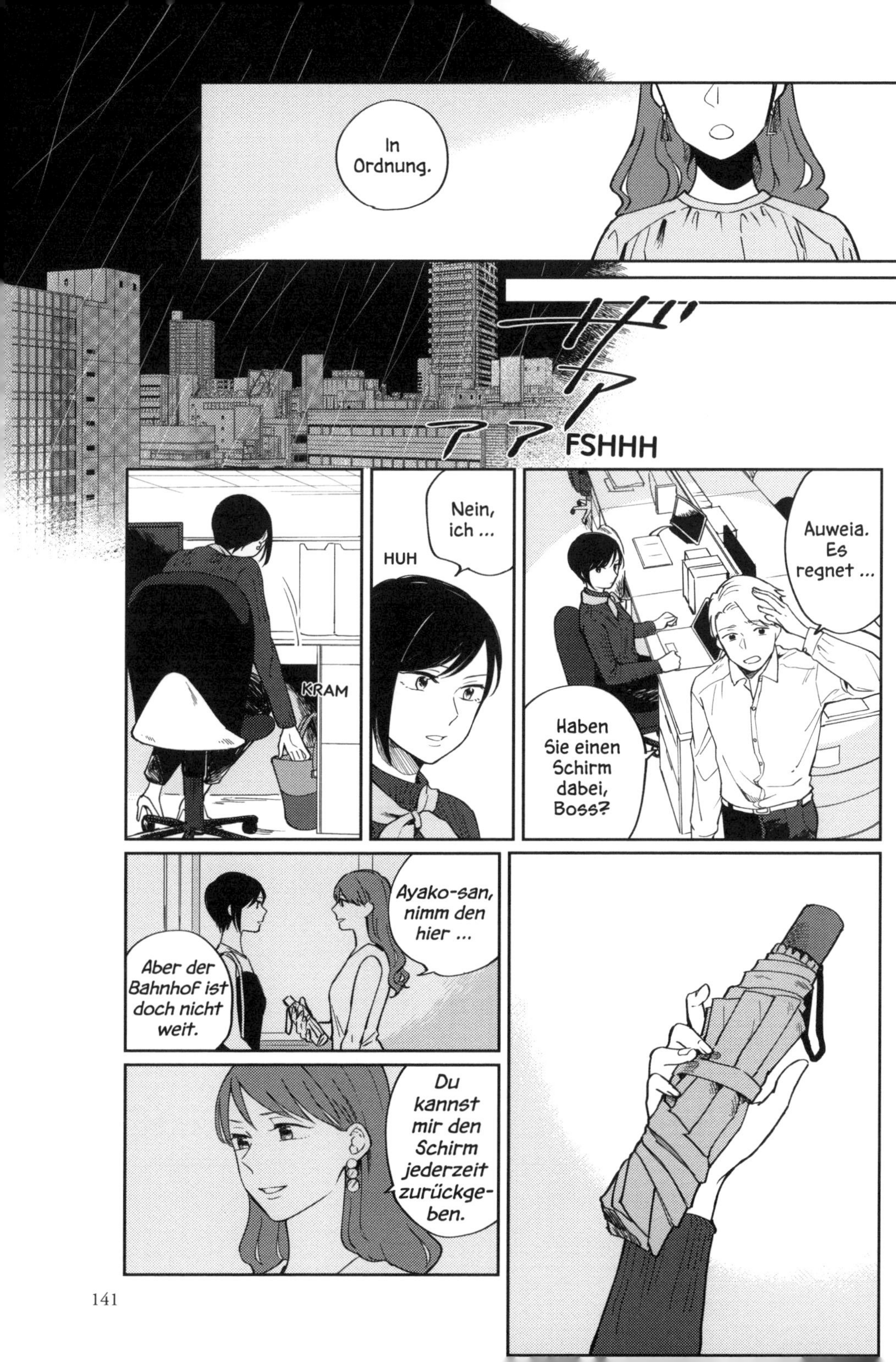
In Ordnung.
FSHHH
Auweia. Es regnet ...
Haben Sie einen Schirm dabei, Boss?
HUH
Nein, ich ...
KRAM
Ayako-san, nimm den hier ...
Aber der Bahnhof ist doch nicht weit.
Du kannst mir den Schirm jederzeit zurückgeben.

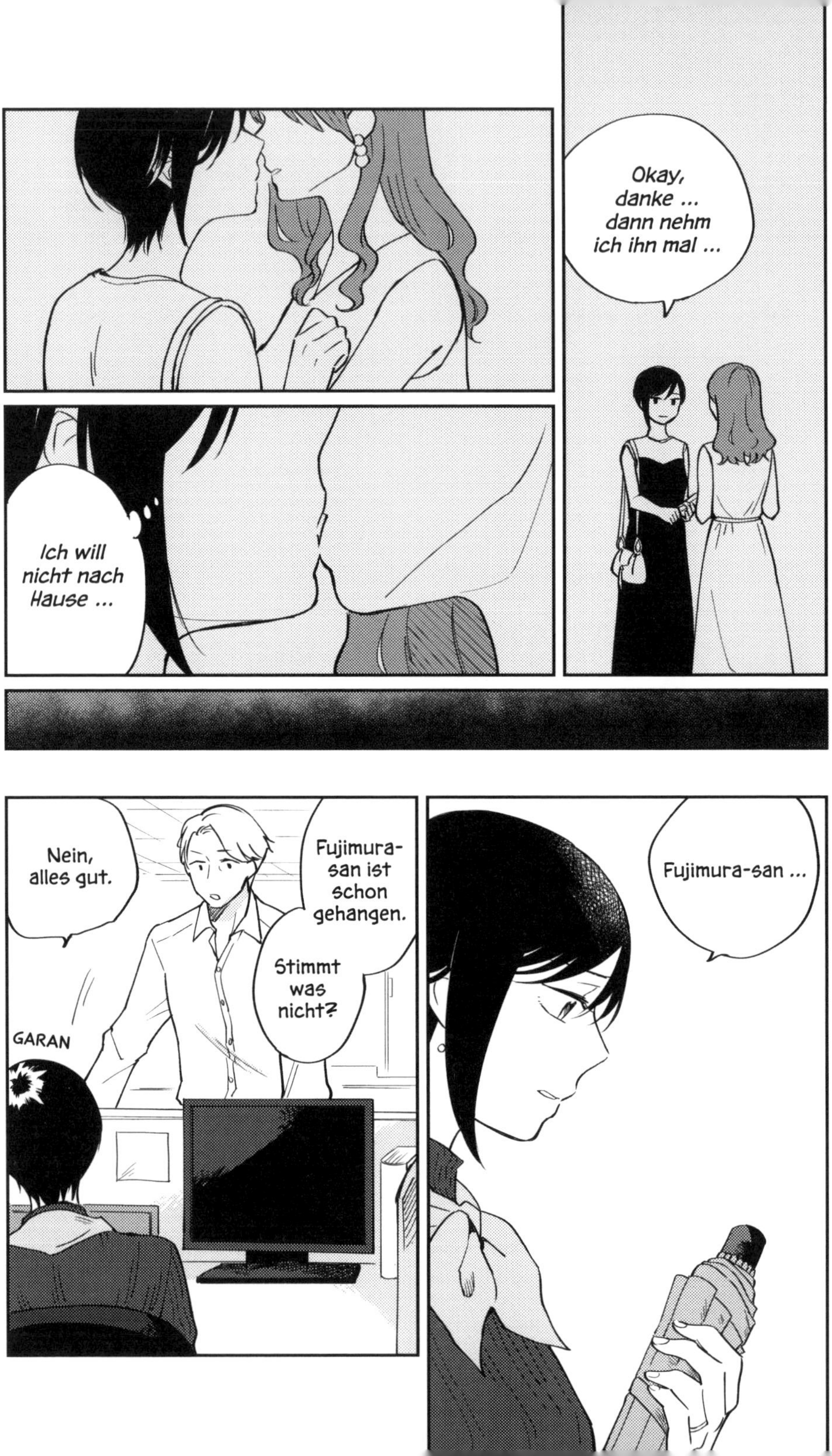
Okay, danke ... dann nehm ich ihn mal ...
Ich will nicht nach Hause ...
Fujimura-san ...
Fujimura-san ist schon gehangen.
Stimmt was nicht?
Nein, alles gut.
GARAN

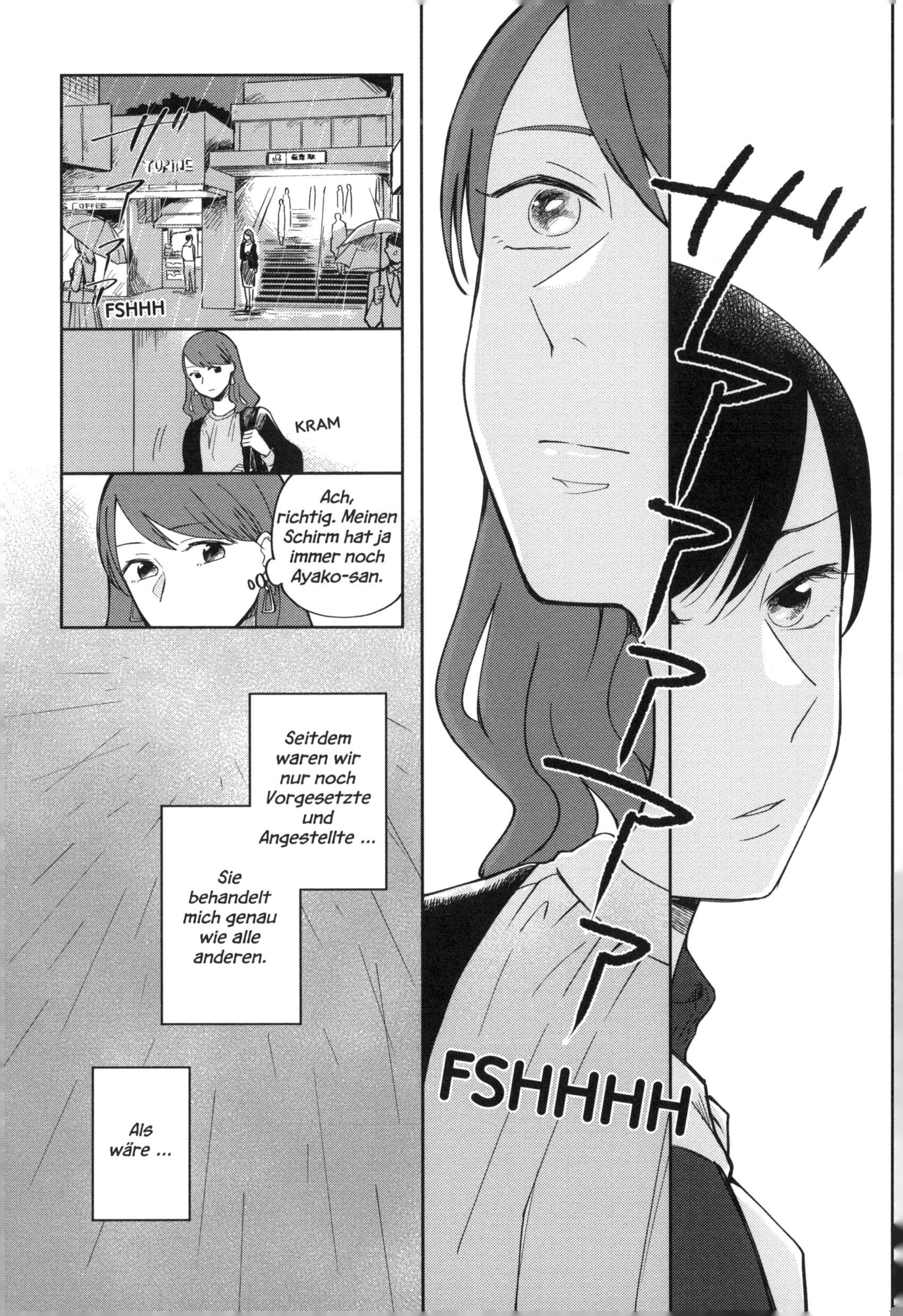
FSHHH
KRAM
Ach, richtig. Meinen Schirm hat ja immer noch Ayako-san.
FSHHHH
Seitdem waren wir nur noch Vorgesetzte und Angestellte ...
Sie behandelt mich genau wie alle anderen.
Als wäre ...

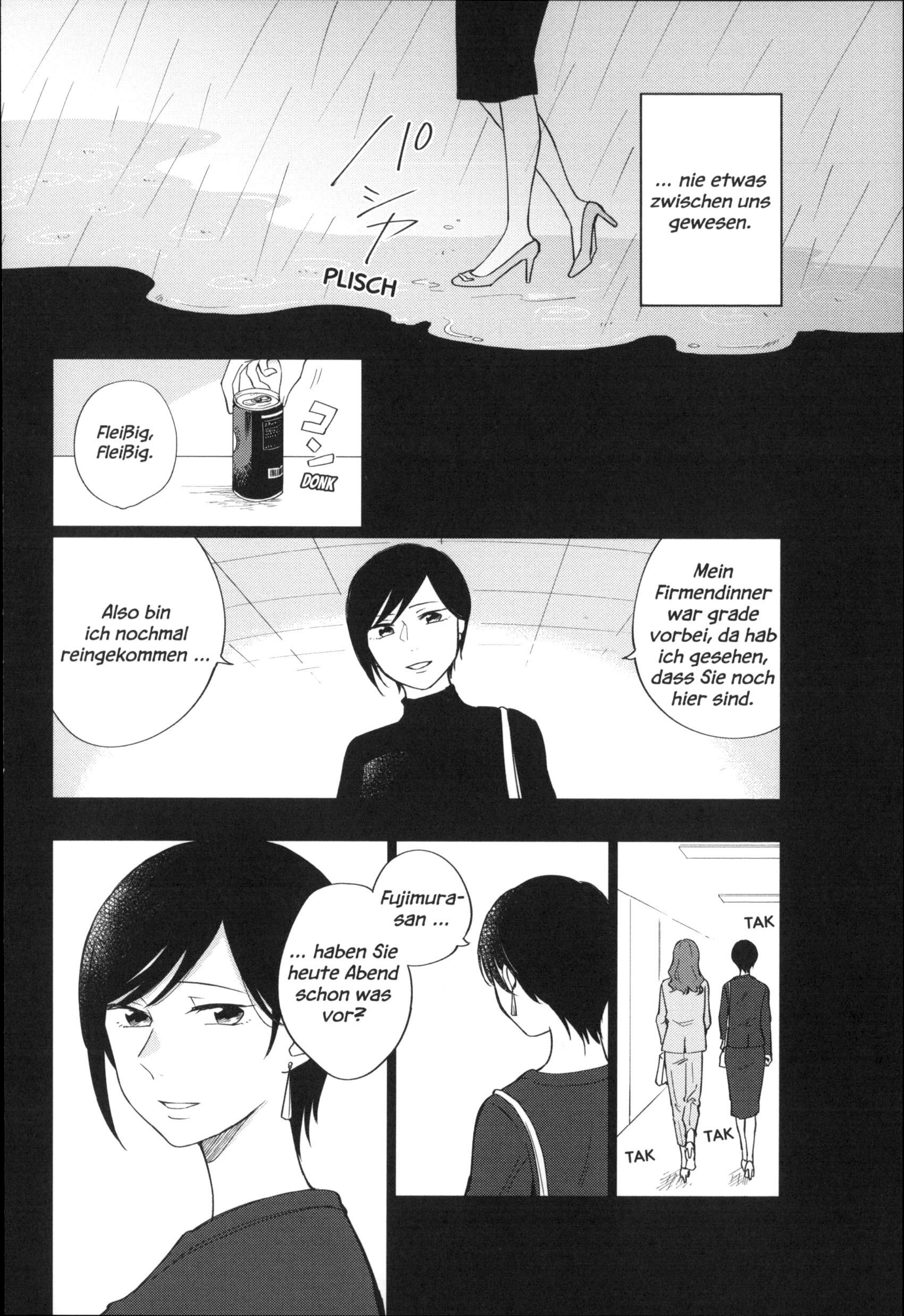

... nie etwas zwischen uns gewesen.
PLISCH
Fleißig, Fleißig.
DONK
Mein Firmendinner war grade vorbei, da hab ich gesehen, dass Sie noch hier sind.
Also bin ich nochmal reingekommen ...
TAK
TAK
TAK
Fujimura-san ...
... haben Sie heute Abend schon was vor?

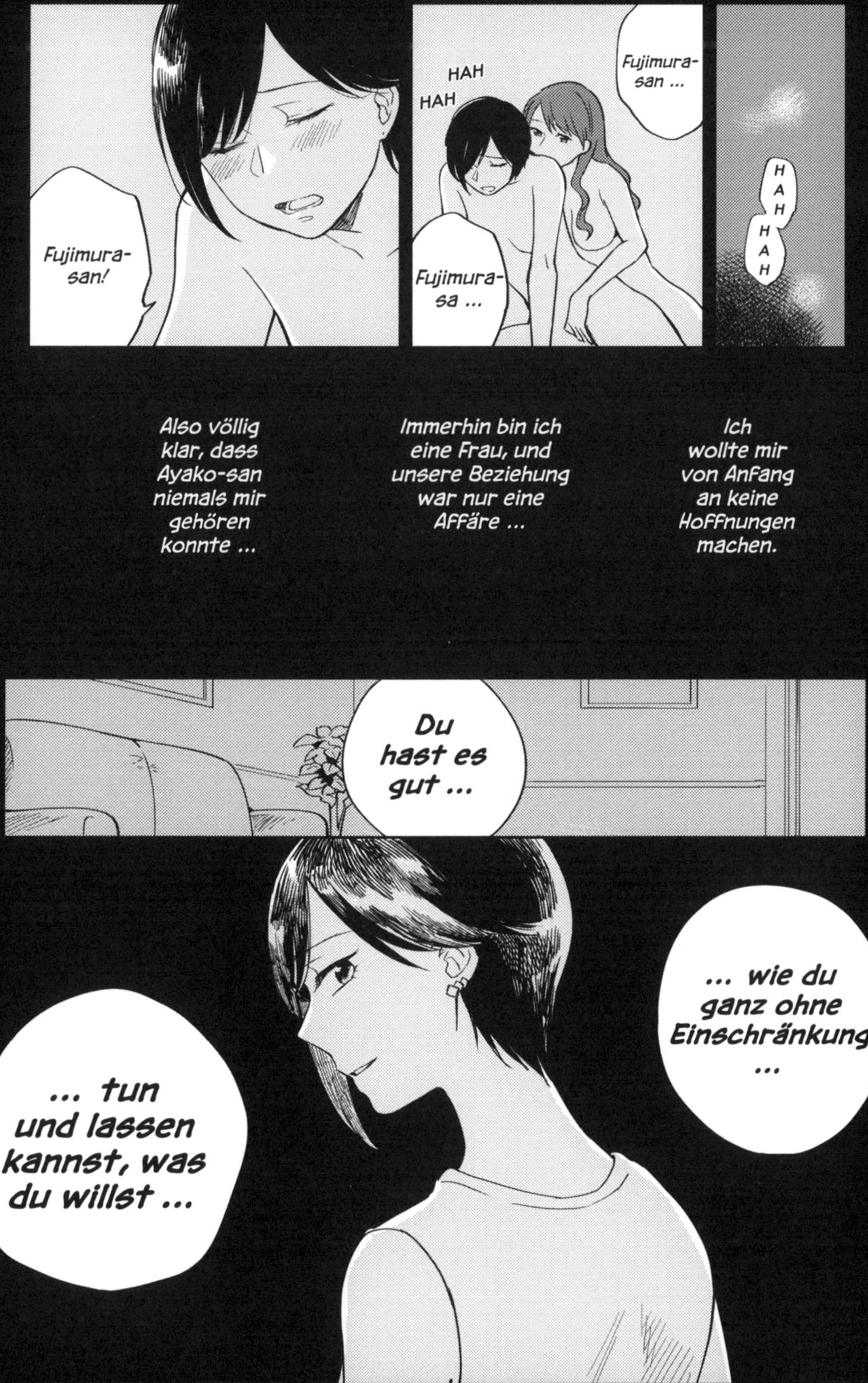
HAH HAH HAH HAH
Fujimura-san ...
HAH HAH
Fujimura-sa ...
Fujimura-san!
Ich wollte mir von Anfang an keine Hoffnungen machen.
Immerhin bin ich eine Frau, und unsere Beziehung war nur eine Affäre ...
Also völlig klar, dass Ayako-san niemals mir gehören konnte ...
Du hast es gut ...
... wie du ganz ohne Einschränkung ...
... tun und lassen kannst, was du willst ...

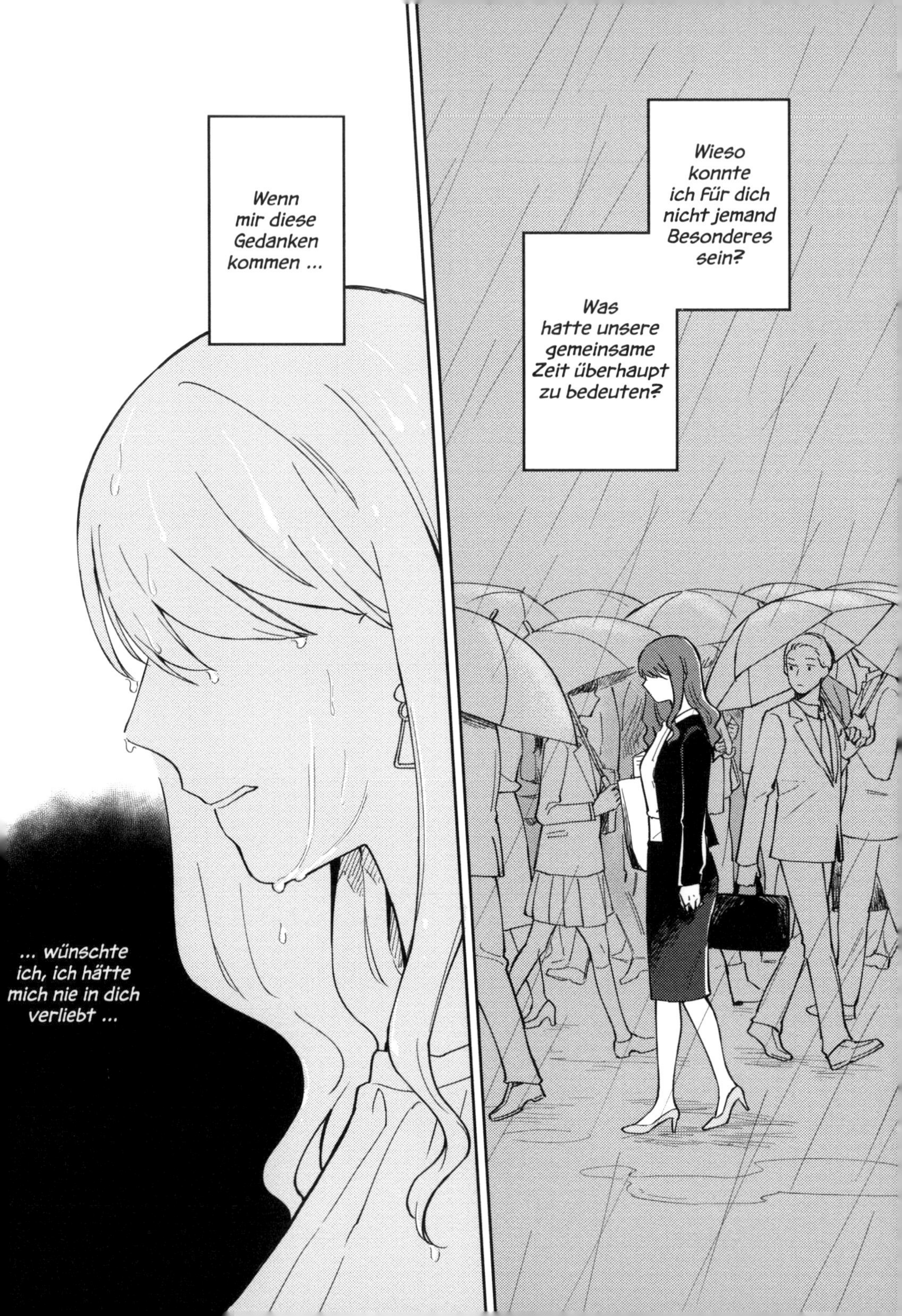
Wieso konnte ich für dich nicht jemand Besonderes sein?
Was hatte unsere gemeinsame Zeit überhaupt zu bedeuten?
Wenn mir diese Gedanken kommen ...
... wünschte ich, ich hätte mich nie in dich verliebt ...

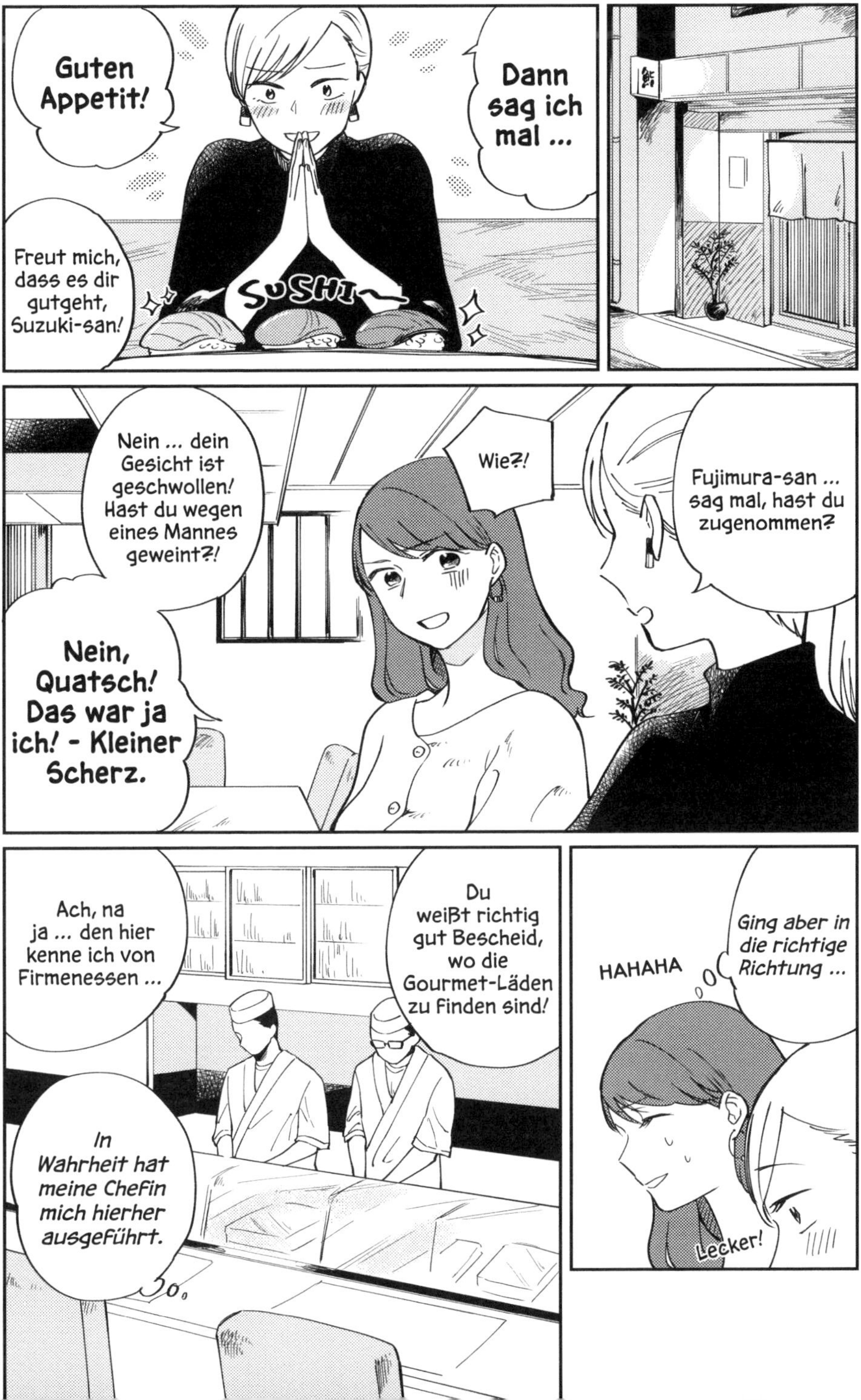
Dann sag ich mal ...
Guten Appetit!
SUSHI~
Freut mich, dass es dir gutgeht, Suzuki-san!
Fujimura-san ... sag mal, hast du zugenommen?
Wie?!
Nein ... dein Gesicht ist geschwollen! Hast du wegen eines Mannes geweint?!
Nein, Quatsch! Das war ja ich! - Kleiner Scherz.
Ging aber in die richtige Richtung ...
HAHAHA
Lecker!
Du weißt richtig gut Bescheid, wo die Gourmet-Läden zu finden sind!
Ach, na ja ... den hier kenne ich von Firmenessen ...
In Wahrheit hat meine Chefin mich hierher ausgeführt.

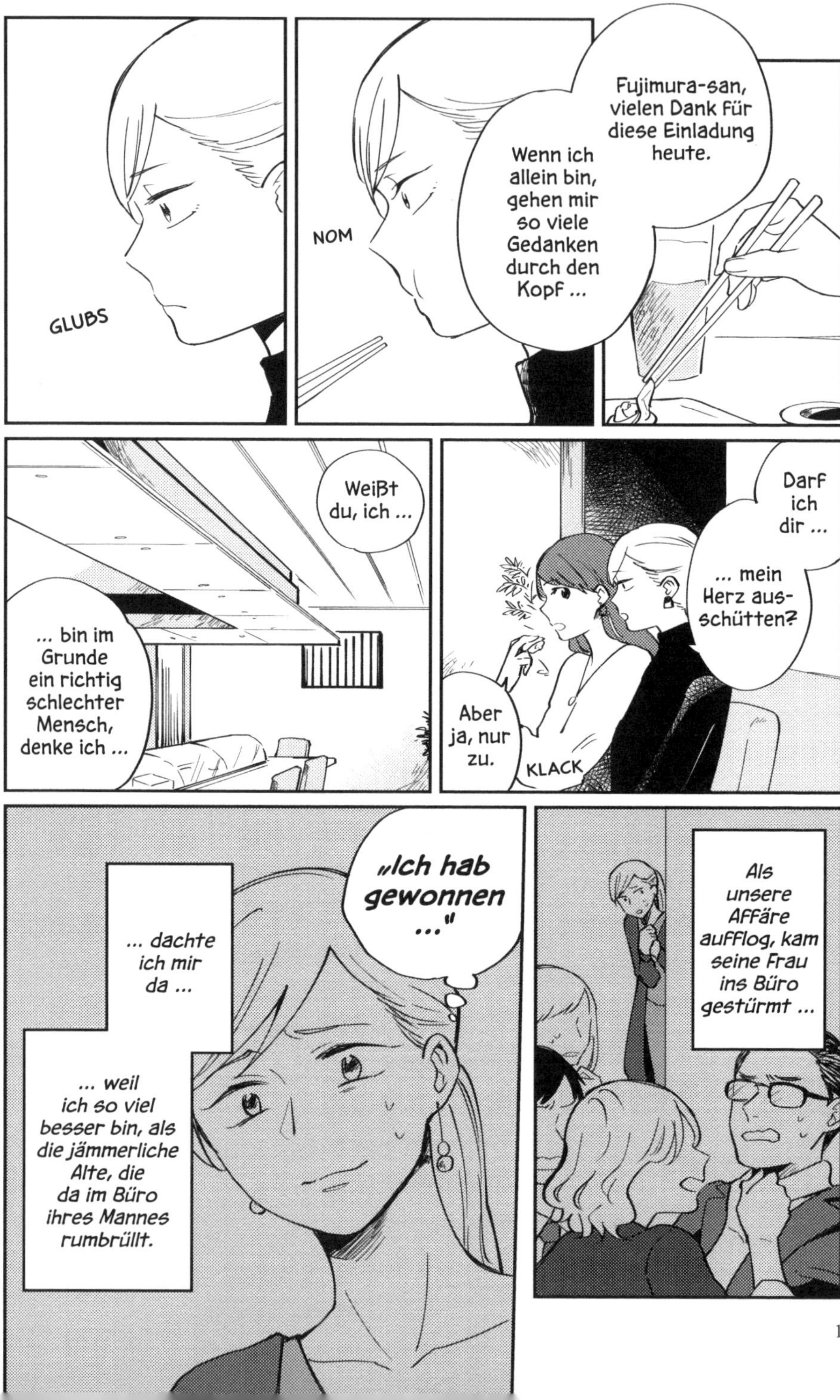
Fujimura-san, vielen Dank für diese Einladung heute.
Wenn ich allein bin, gehen mir so viele Gedanken durch den Kopf ...
NOM
GLUBS
Darf ich dir ...
... mein Herz ausschütten?
Aber ja, nur zu.
KLACK
Weißt du, ich ...
... bin im Grunde ein richtig schlechter Mensch, denke ich ...
Als unsere Affäre aufflog, kam seine Frau ins Büro gestürmt ...
„Ich hab gewonnen ..."
... dachte ich mir da ...
... weil ich so viel besser bin, als die jämmerliche Alte, die da im Büro ihres Mannes rumbrüllt.

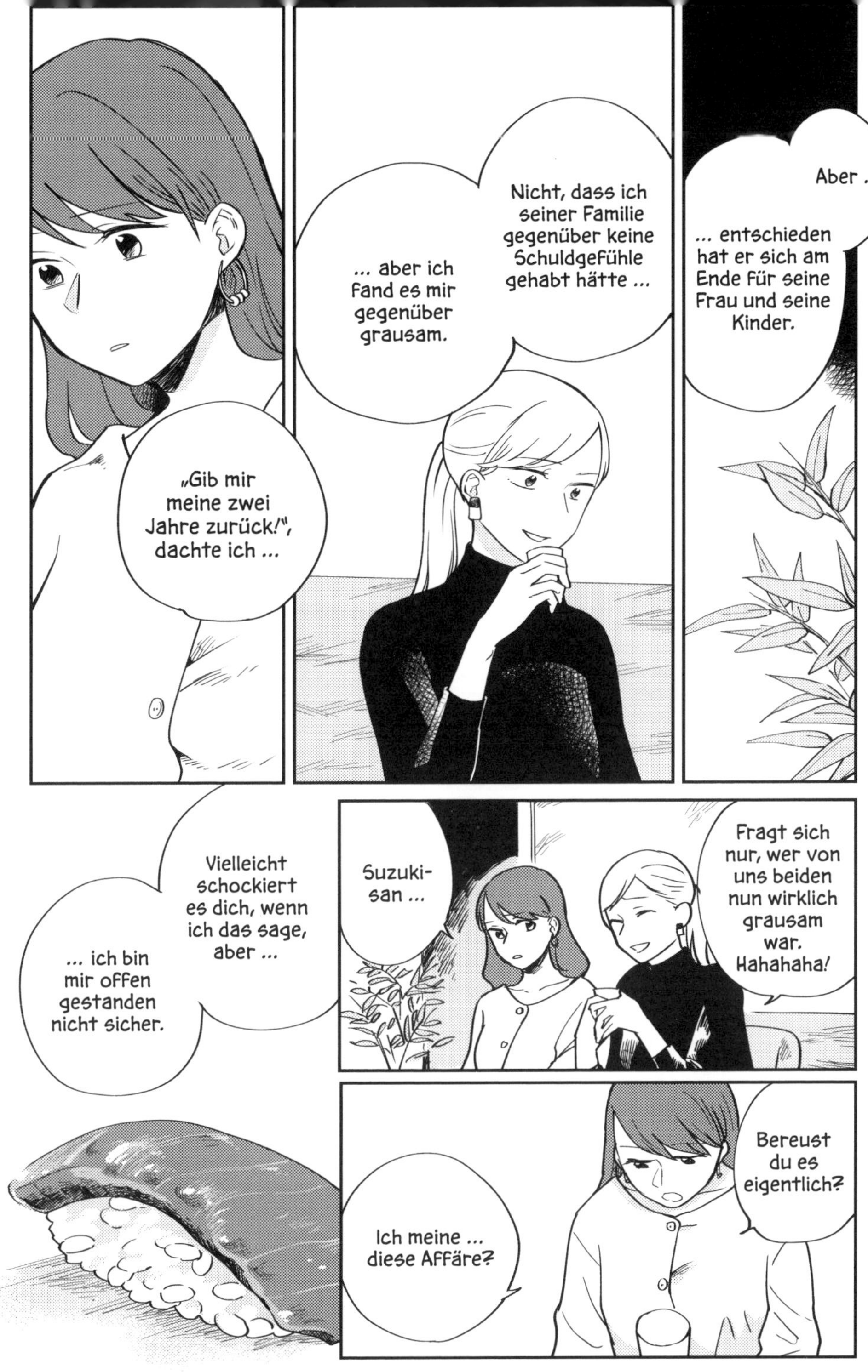
Aber …
… entschieden hat er sich am Ende für seine Frau und seine Kinder.
Nicht, dass ich seiner Familie gegenüber keine Schuldgefühle gehabt hätte …
… aber ich fand es mir gegenüber grausam.
„Gib mir meine zwei Jahre zurück!", dachte ich …
Fragt sich nur, wer von uns beiden nun wirklich grausam war. Hahahaha!
Suzuki-san …
Vielleicht schockiert es dich, wenn ich das sage, aber …
… ich bin mir offen gestanden nicht sicher.
Bereust du es eigentlich?
Ich meine … diese Affäre?

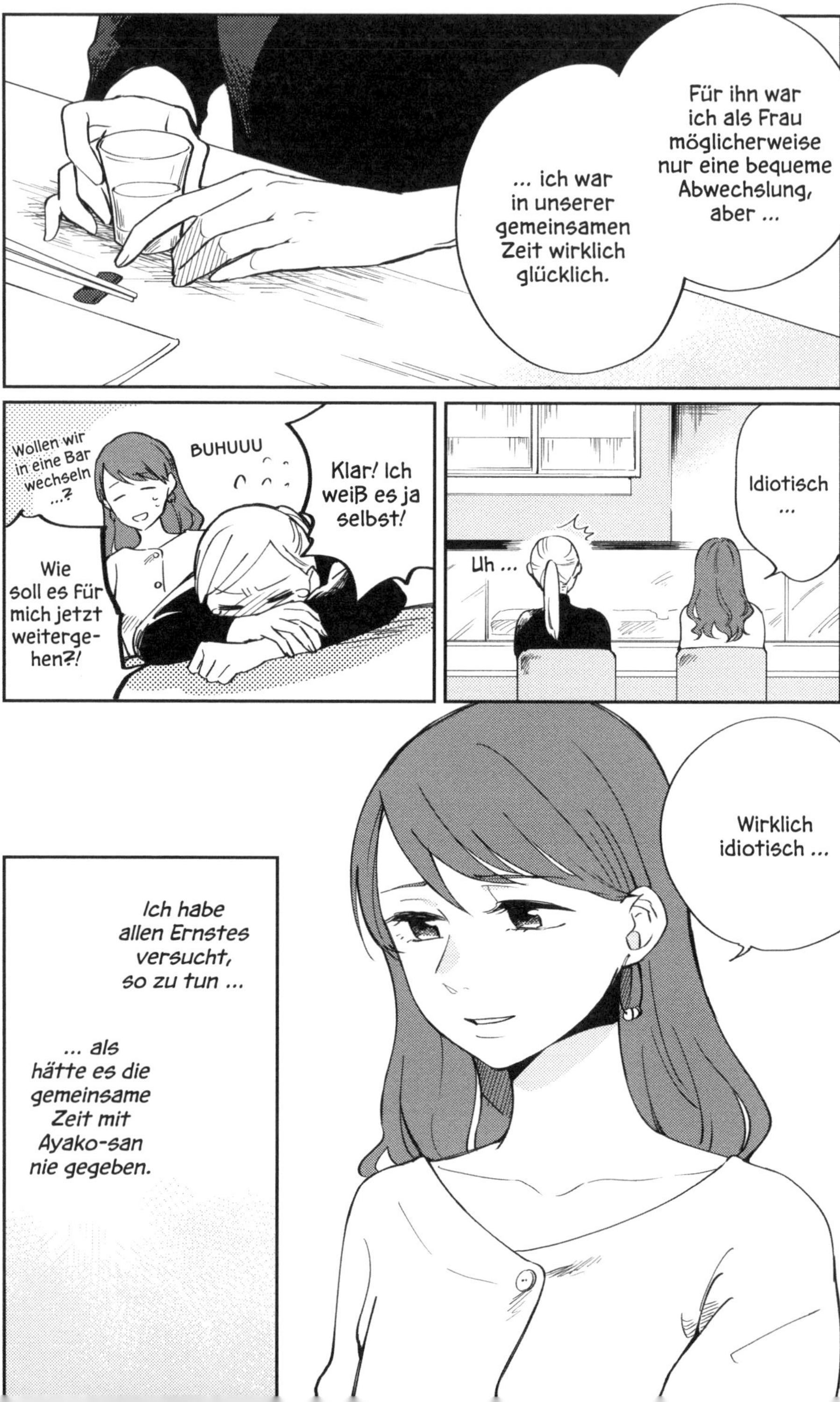
Für ihn war ich als Frau möglicherweise nur eine bequeme Abwechslung, aber ...
... ich war in unserer gemeinsamen Zeit wirklich glücklich.
Wollen wir in eine Bar wechseln ...?
BUHUUU
Klar! Ich weiß es ja selbst!
Wie soll es für mich jetzt weitergehen?!
Idiotisch ...
Uh ...
Wirklich idiotisch ...
Ich habe allen Ernstes versucht, so zu tun ...
... als hätte es die gemeinsame Zeit mit Ayako-san nie gegeben.

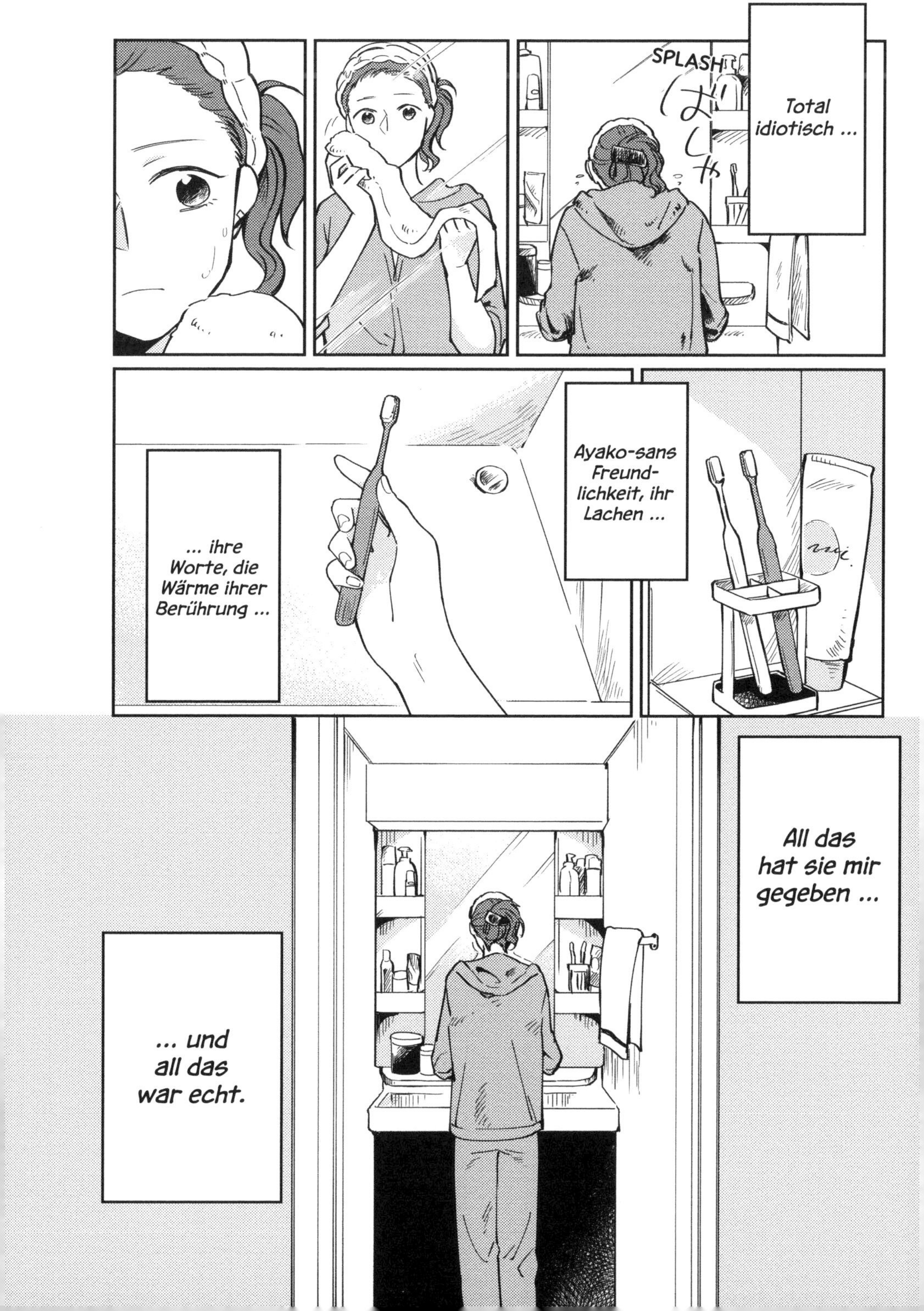
Total idiotisch ...
SPLASH
ぱしゃ
Ayako-sans Freundlichkeit, ihr Lachen ...
... ihre Worte, die Wärme ihrer Berührung ...
All das hat sie mir gegeben ...
... und all das war echt.

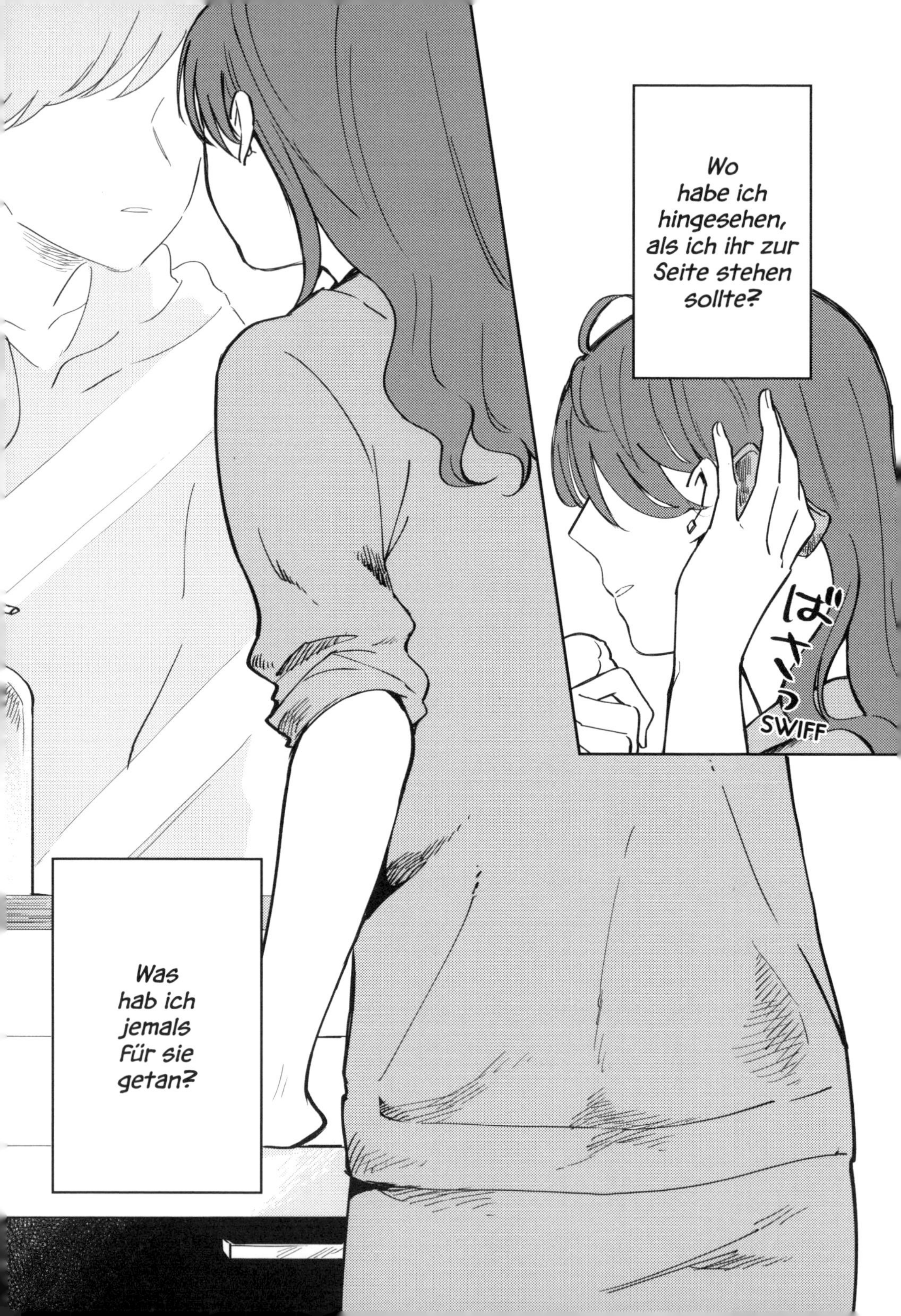
Wo habe ich hingesehen, als ich ihr zur Seite stehen sollte?
ばさっ
SWIFF
Was hab ich jemals für sie getan?

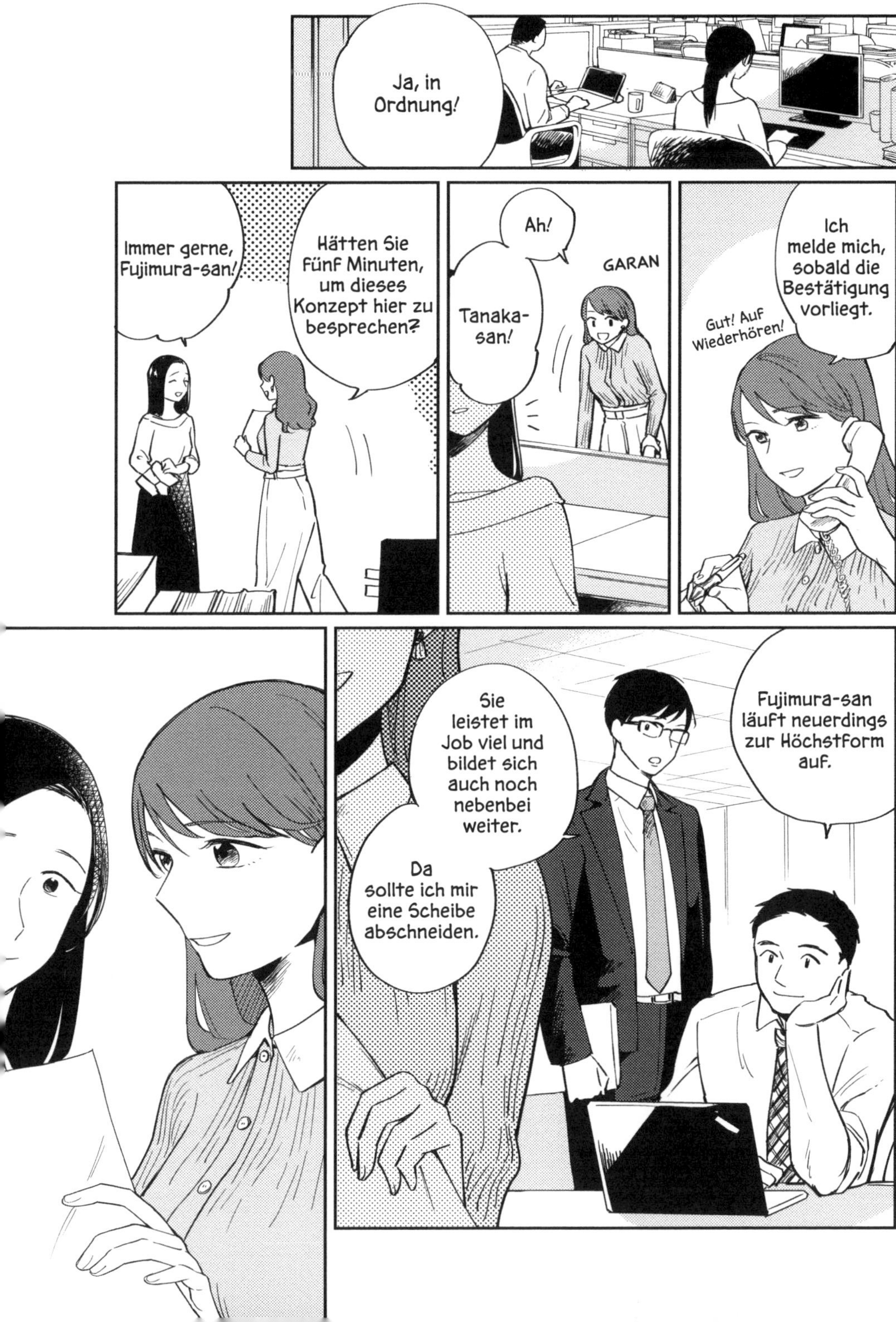
Ja, in Ordnung!
Ich melde mich, sobald die Bestätigung vorliegt.
Gut! Auf Wiederhören!
Ah!
GARAN
Tanaka-san!
Hätten Sie fünf Minuten, um dieses Konzept hier zu besprechen?
Immer gerne, Fujimura-san!
Fujimura-san läuft neuerdings zur Höchstform auf.
Sie leistet im Job viel und bildet sich auch noch nebenbei weiter.
Da sollte ich mir eine Scheibe abschneiden.

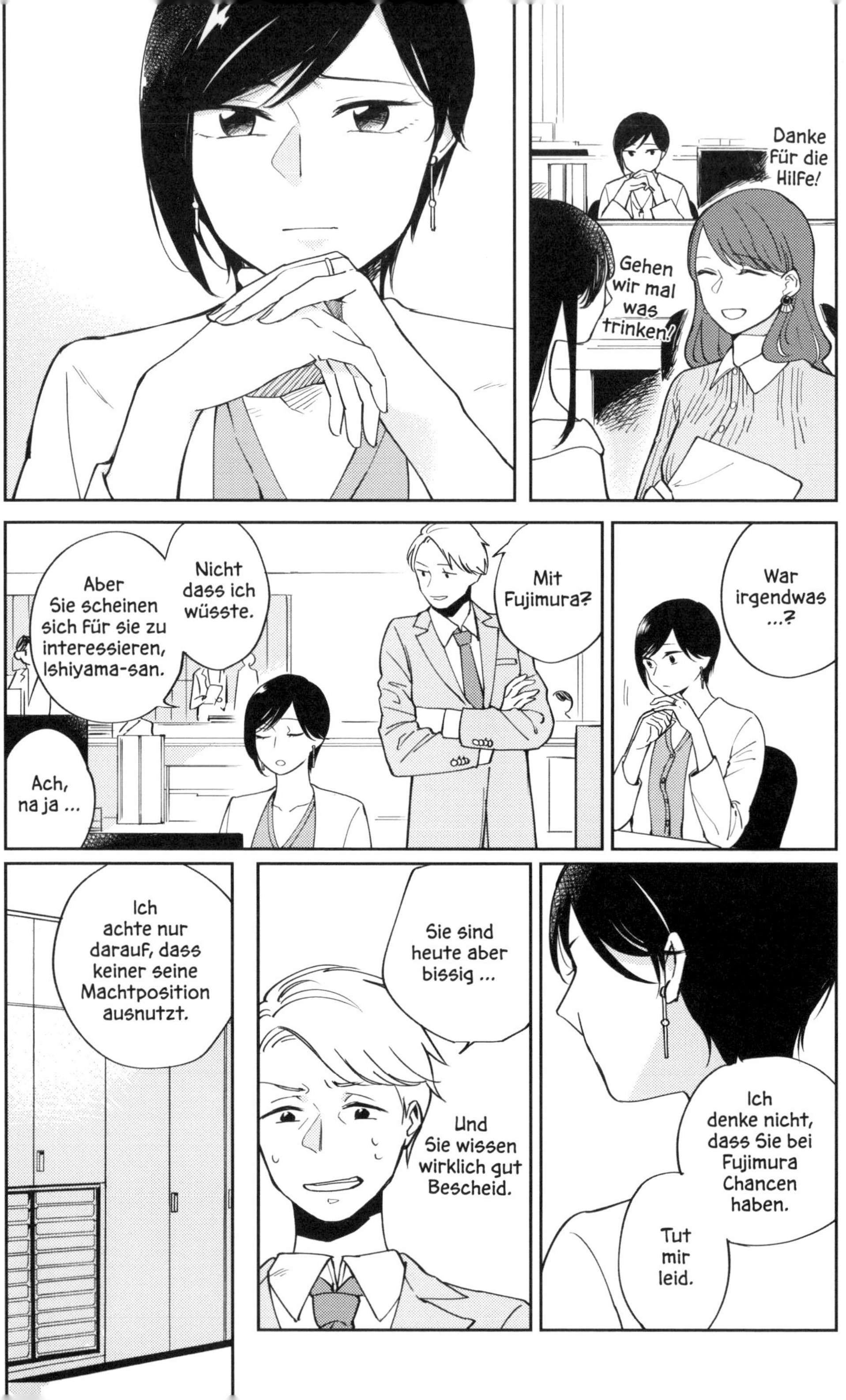
Danke für die Hilfe!
Gehen wir mal was trinken!
War irgendwas …?
Mit Fujimura?
Nicht dass ich wüsste.
Aber Sie scheinen sich für sie zu interessieren, Ishiyama-san.
Ach, na ja …
Ich denke nicht, dass Sie bei Fujimura Chancen haben.
Tut mir leid.
Sie sind heute aber bissig …
Und Sie wissen wirklich gut Bescheid.
Ich achte nur darauf, dass keiner seine Machtposition ausnutzt.

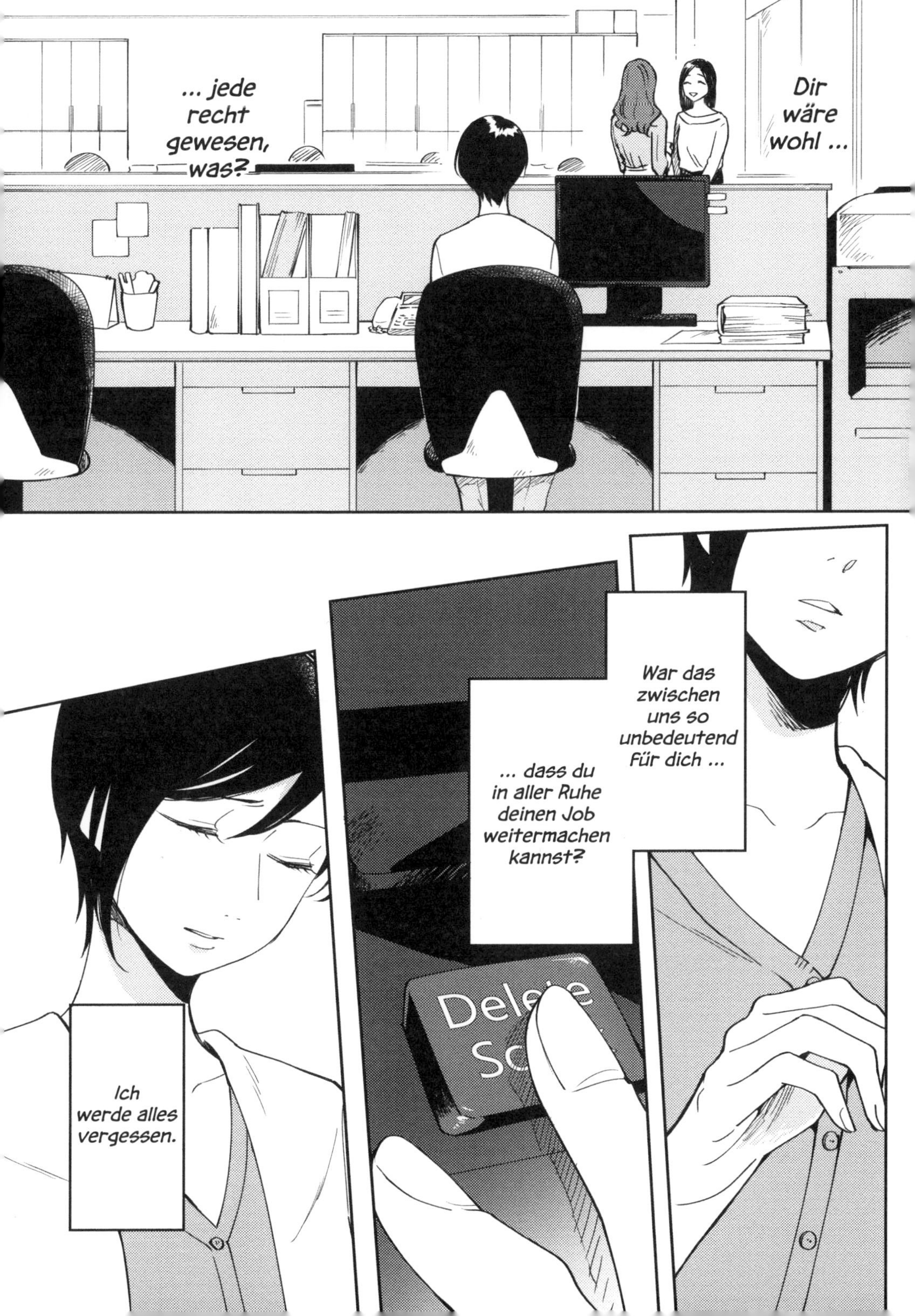
Dir wäre wohl ...
... jede recht gewesen, was?
War das zwischen uns so unbedeutend für dich ...
... dass du in aller Ruhe deinen Job weitermachen kannst?
Ich werde alles vergessen.

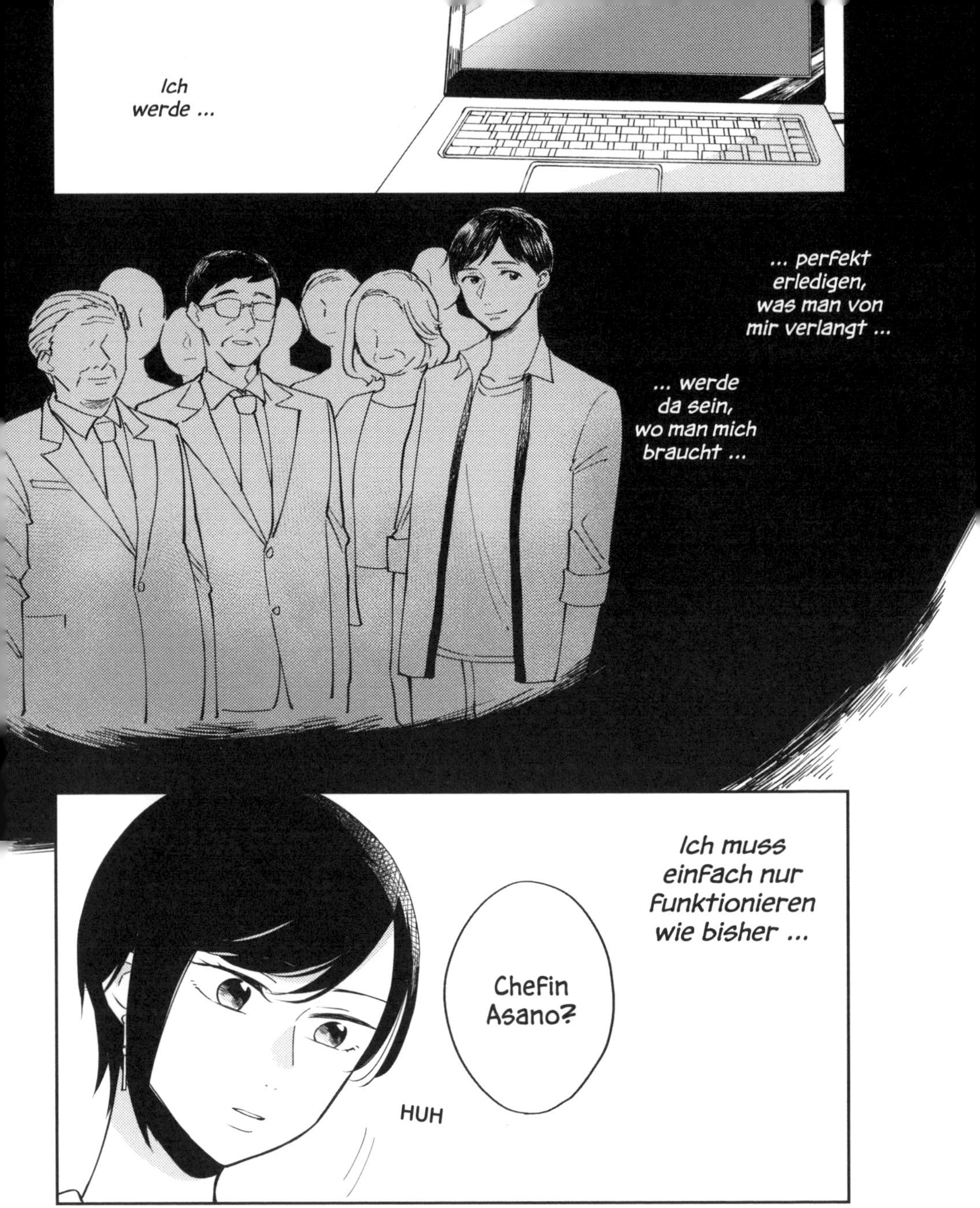
Ich werde ...
... perfekt erledigen, was man von mir verlangt ...
... werde da sein, wo man mich braucht ...
Ich muss einfach nur funktionieren wie bisher ...
Chefin Asano?
HUH

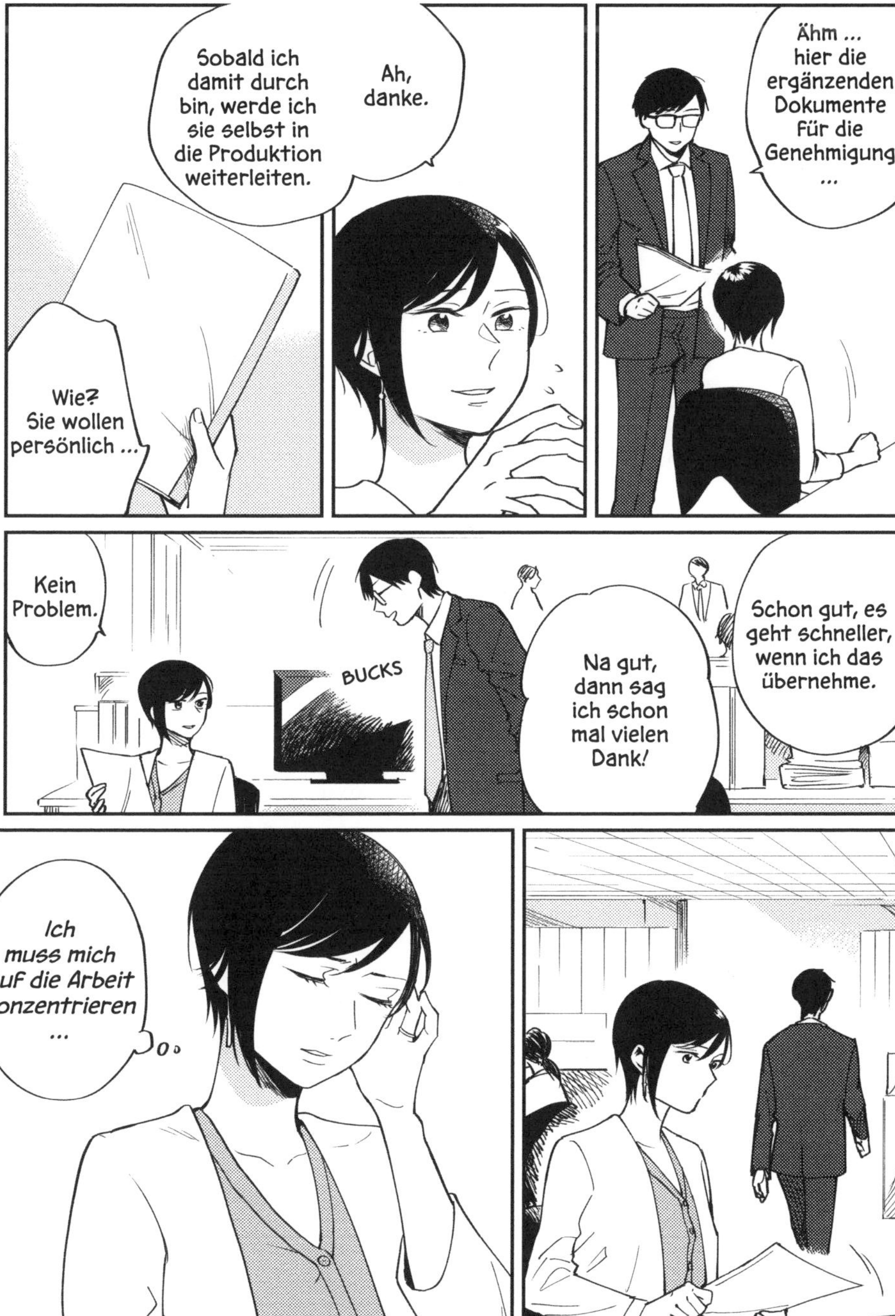
Ähm ... hier die ergänzenden Dokumente für die Genehmigung ...
Ah, danke.
Sobald ich damit durch bin, werde ich sie selbst in die Produktion weiterleiten.
Wie? Sie wollen persönlich ...
Schon gut, es geht schneller, wenn ich das übernehme.
Na gut, dann sag ich schon mal vielen Dank!
BUCKS
Kein Problem.
Ich muss mich auf die Arbeit konzentrieren ...

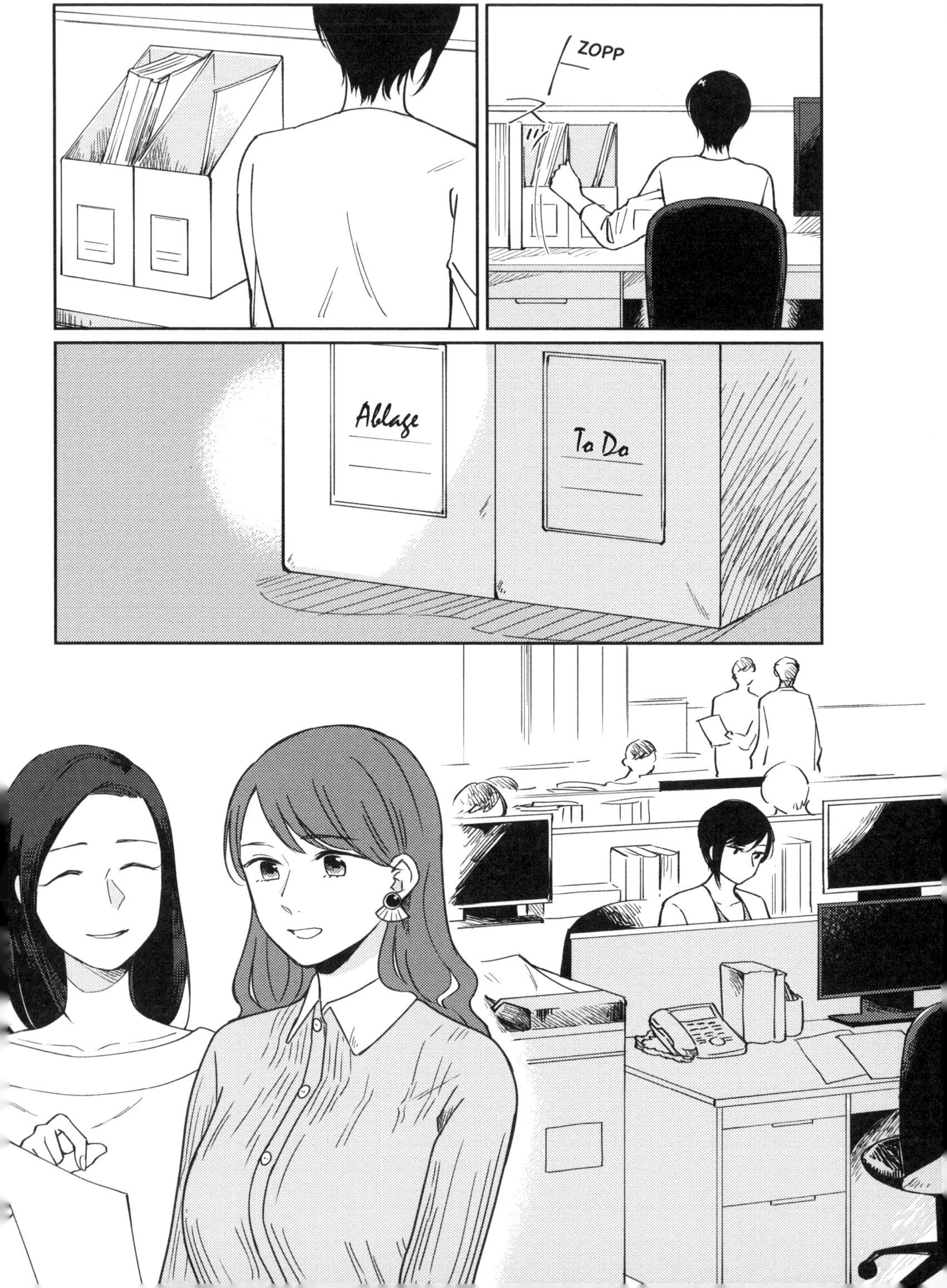
ZOPP
Ablage
To Do

KAPITEL 8: ICH VERGEBE DIR

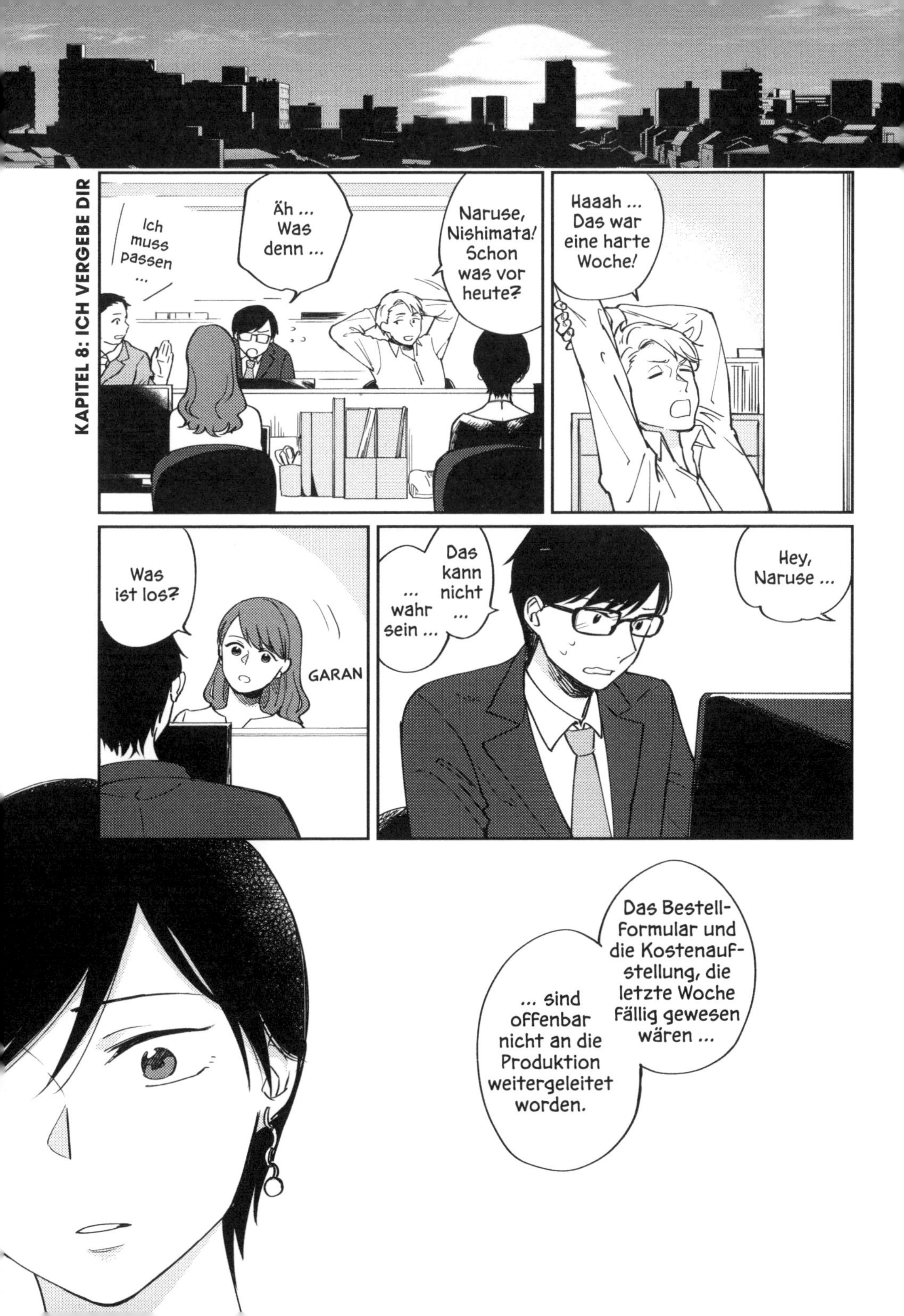

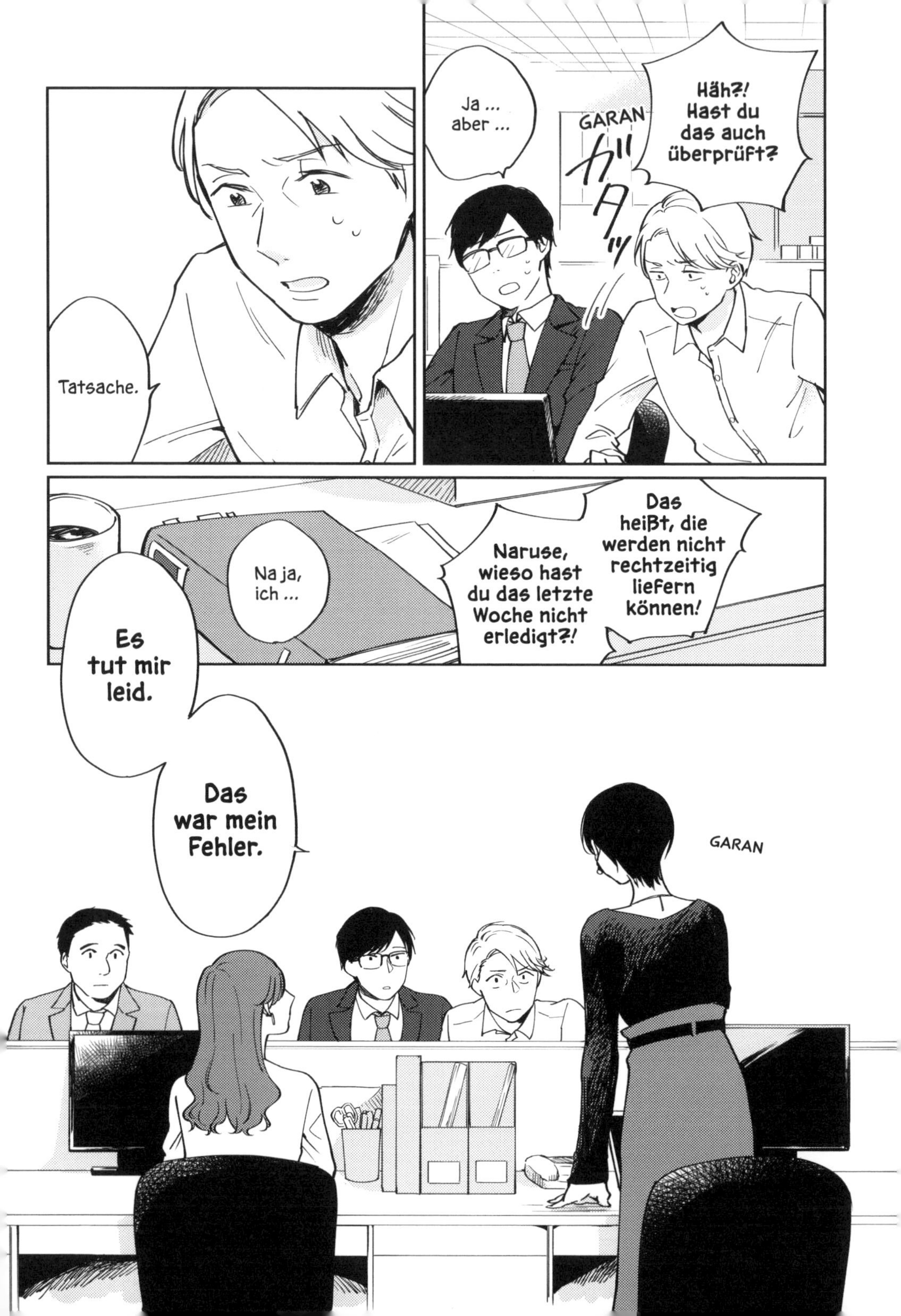

Häh?! Hast du das auch überprüft?
GARAN
Ja ... aber ...
Tatsache.
Das heißt, die werden nicht rechtzeitig liefern können!
Naruse, wieso hast du das letzte Woche nicht erledigt?!
Na ja, ich ...
Es tut mir leid.
Das war mein Fehler.
GARAN

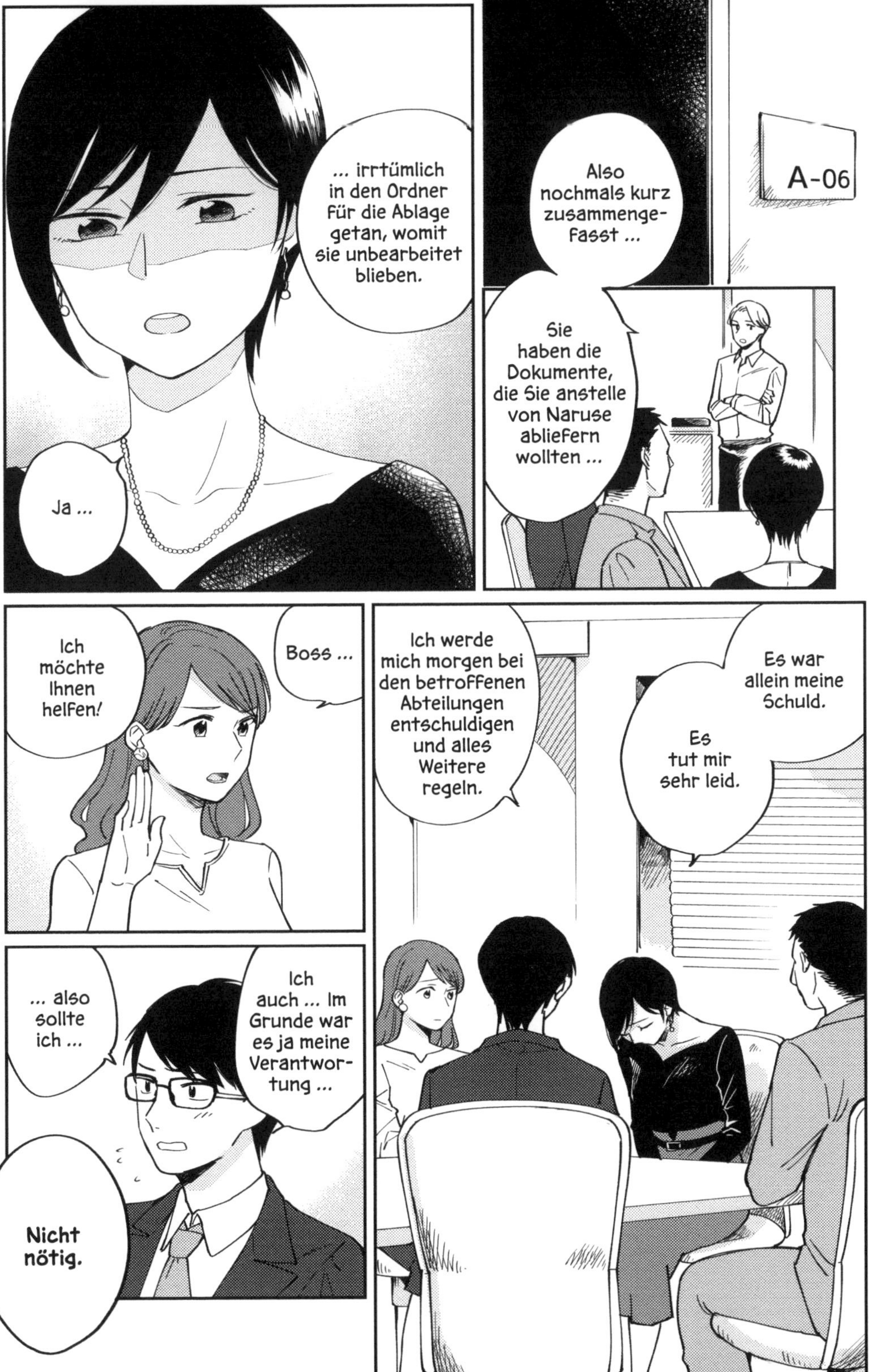
A-06
Also nochmals kurz zusammengefasst ...
Sie haben die Dokumente, die Sie anstelle von Naruse abliefern wollten ...
... irrtümlich in den Ordner für die Ablage getan, womit sie unbearbeitet blieben.
Ja ...
Es war allein meine Schuld.
Es tut mir sehr leid.
Ich werde mich morgen bei den betroffenen Abteilungen entschuldigen und alles Weitere regeln.
Boss ...
Ich möchte Ihnen helfen!
Ich auch ... Im Grunde war es ja meine Verantwortung ...
... also sollte ich ...
Nicht nötig.

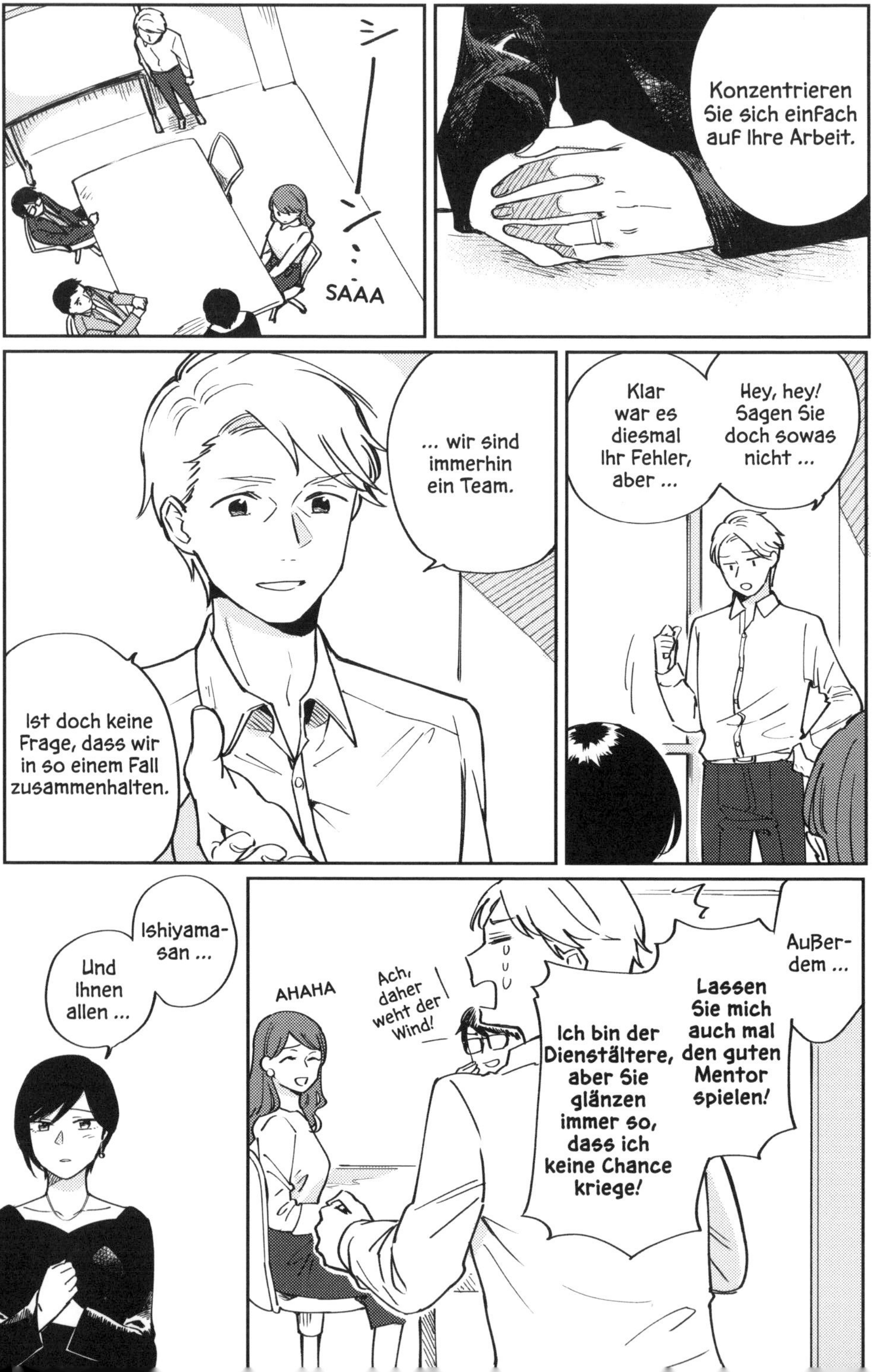
Konzentrieren Sie sich einfach auf Ihre Arbeit.
SAAA
Hey, hey! Sagen Sie doch sowas nicht ...
Klar war es diesmal Ihr Fehler, aber ...
Ist doch keine Frage, dass wir in so einem Fall zusammenhalten.
... wir sind immerhin ein Team.
Außer-dem ...
Lassen Sie mich auch mal den guten Mentor spielen!
Ich bin der Dienstältere, aber Sie glänzen immer so, dass ich keine Chance kriege!
Ach, daher weht der Wind!
AHAHA
Ishiyama-san ...
Und Ihnen allen ...

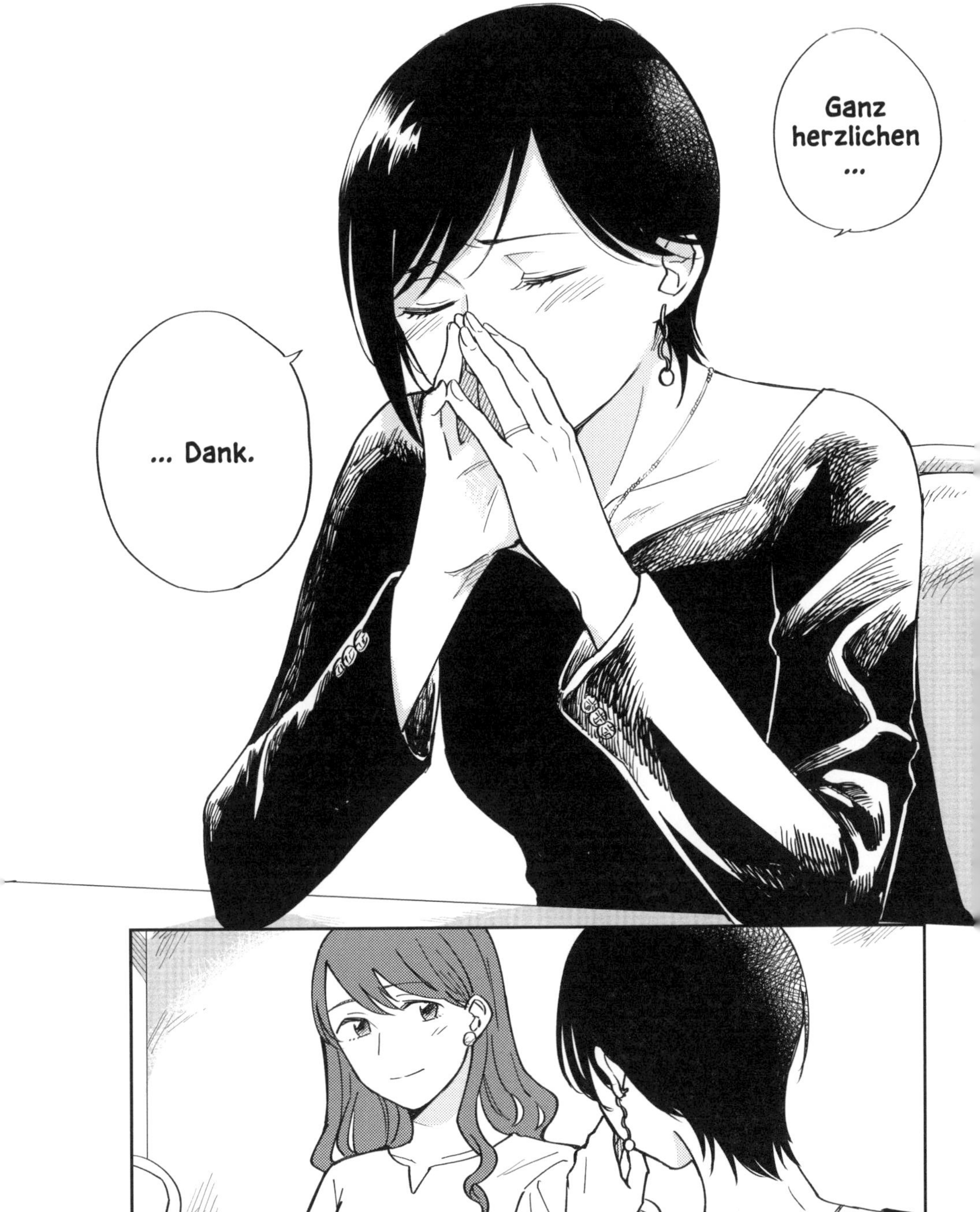
Ganz herzlichen ...
... Dank.

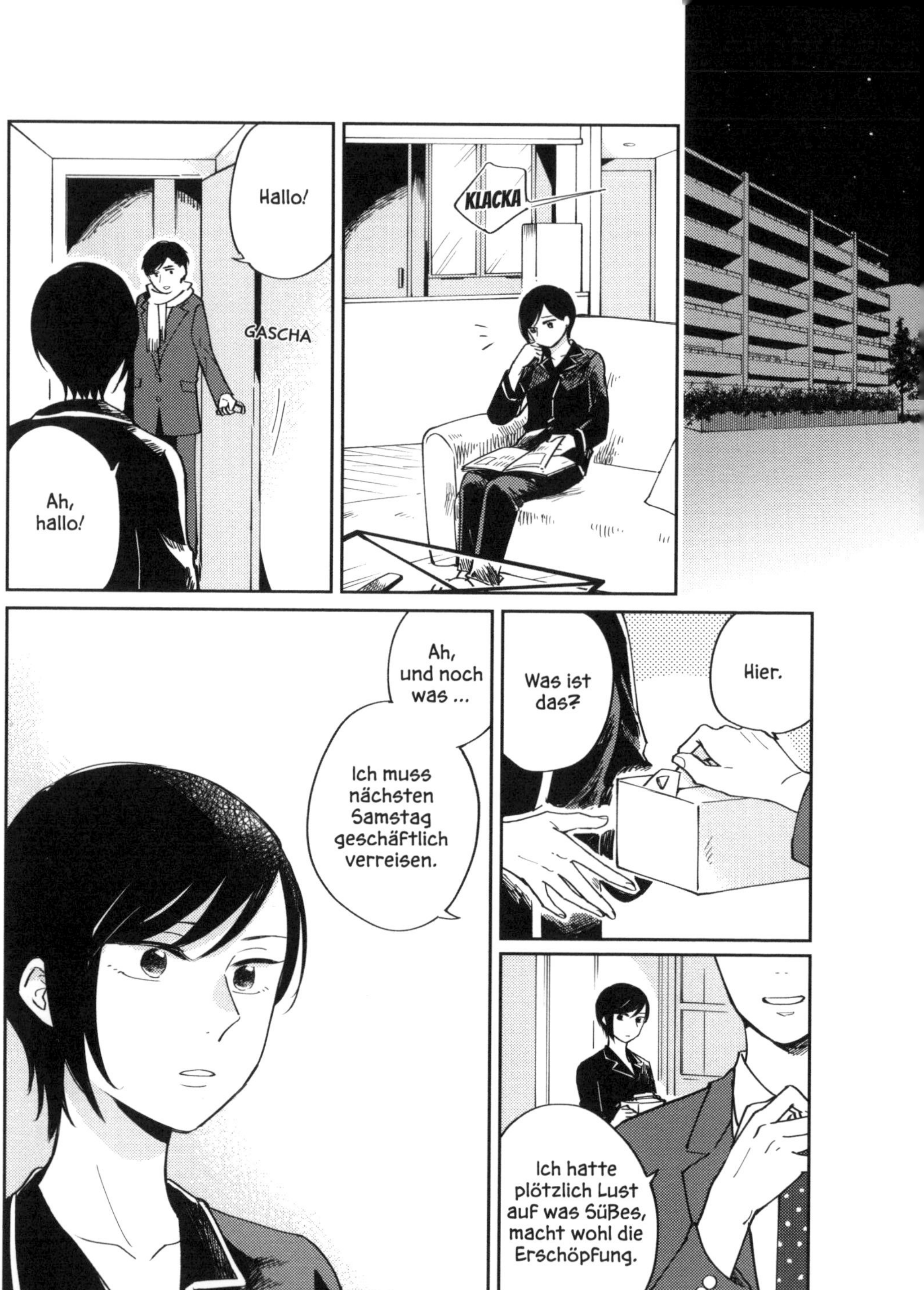
KLACKA
Hallo!
GASCHA
Ah, hallo!
Hier.
Was ist das?
Ich hatte plötzlich Lust auf was Süßes, macht wohl die Erschöpfung.
Ah, und noch was ...
Ich muss nächsten Samstag geschäftlich verreisen.

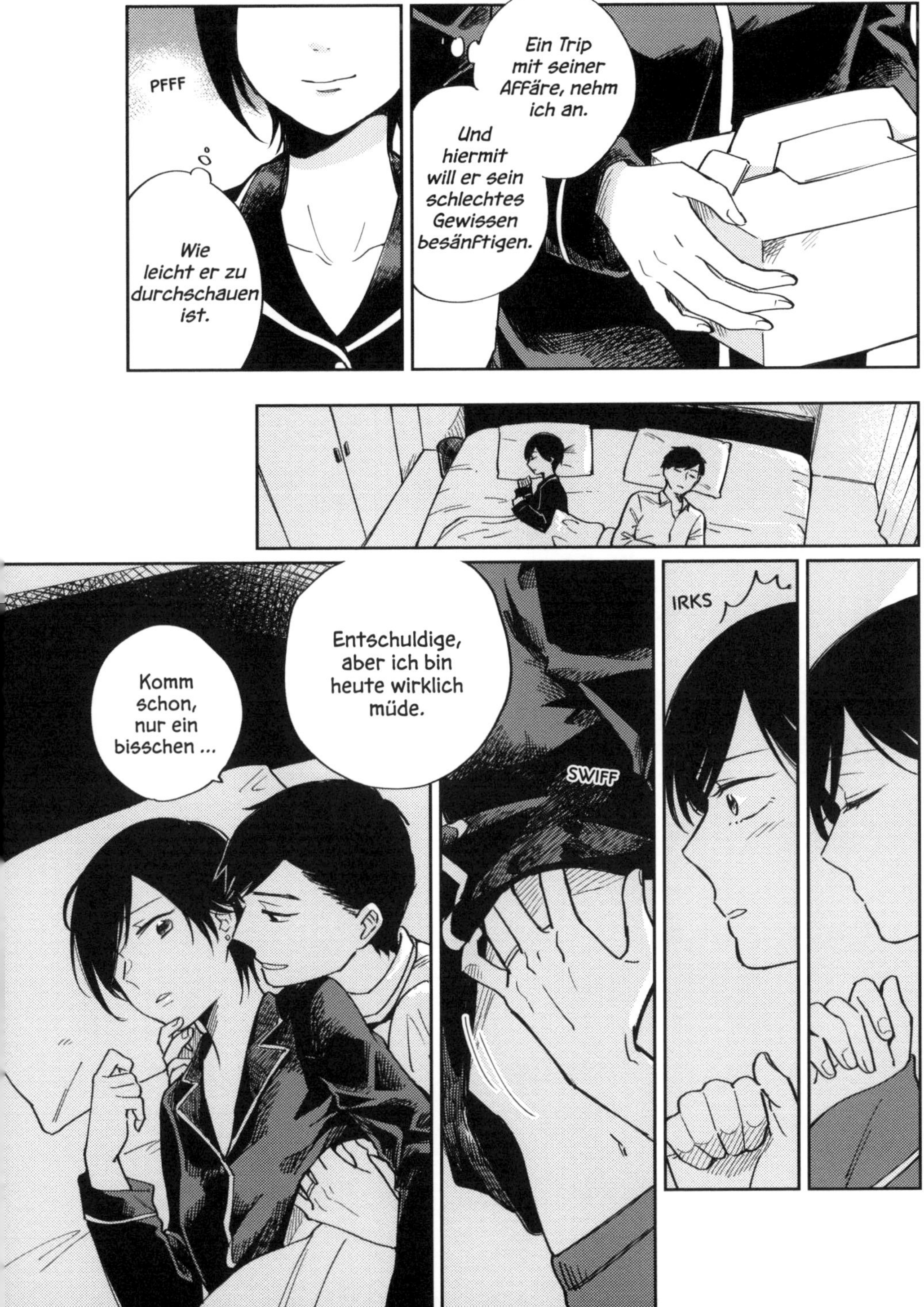
Ein Trip mit seiner Affäre, nehm ich an.
Und hiermit will er sein schlechtes Gewissen besänftigen.
PFFF
Wie leicht er zu durchschauen ist.
IRKS
SWIFF
Entschuldige, aber ich bin heute wirklich müde.
Komm schon, nur ein bisschen ...

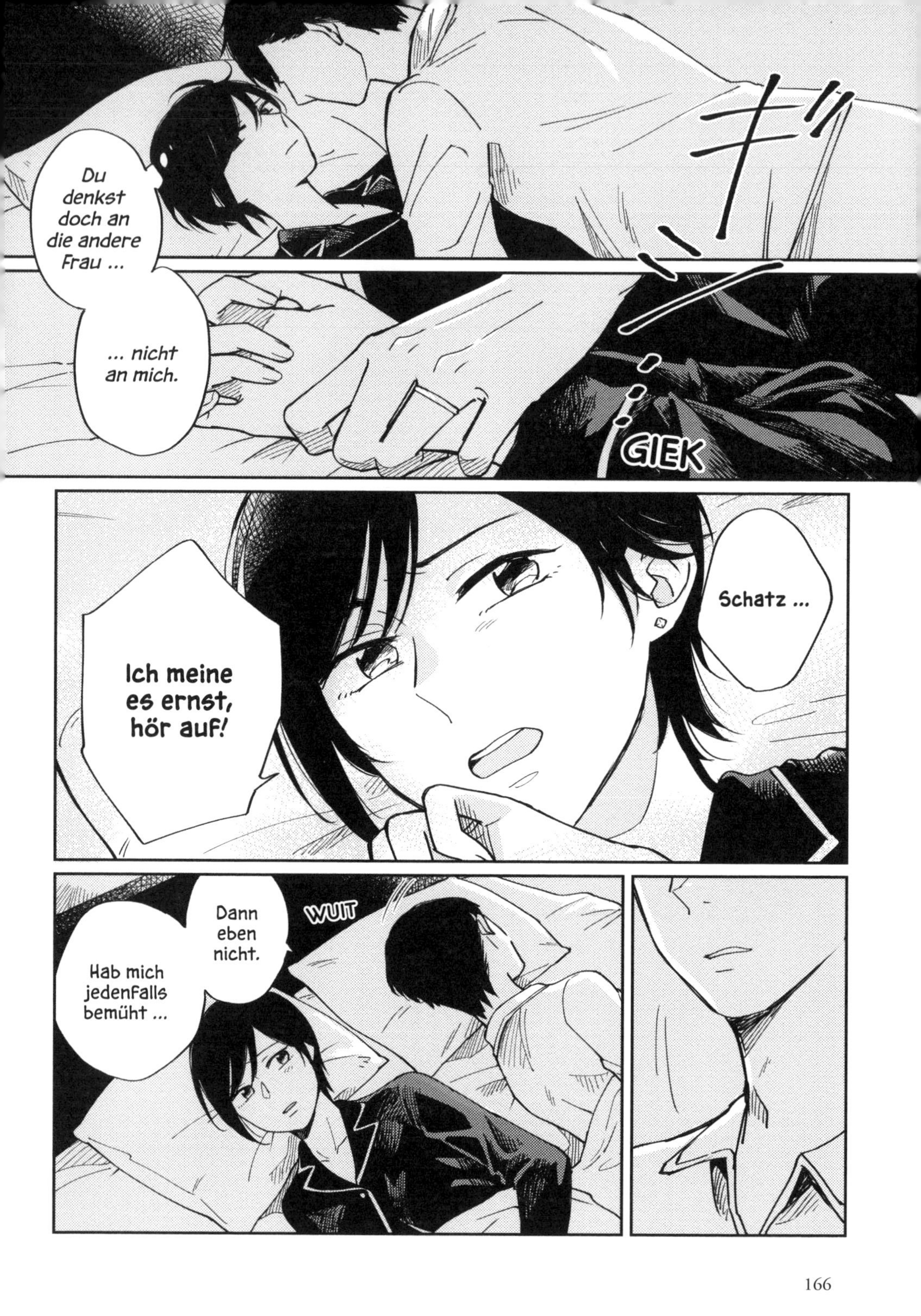

Du denkst doch an die andere Frau ...
... nicht an mich.
GIEK
Schatz ...
Ich meine es ernst, hör auf!
Dann eben nicht.
WUIT
Hab mich jedenfalls bemüht ...

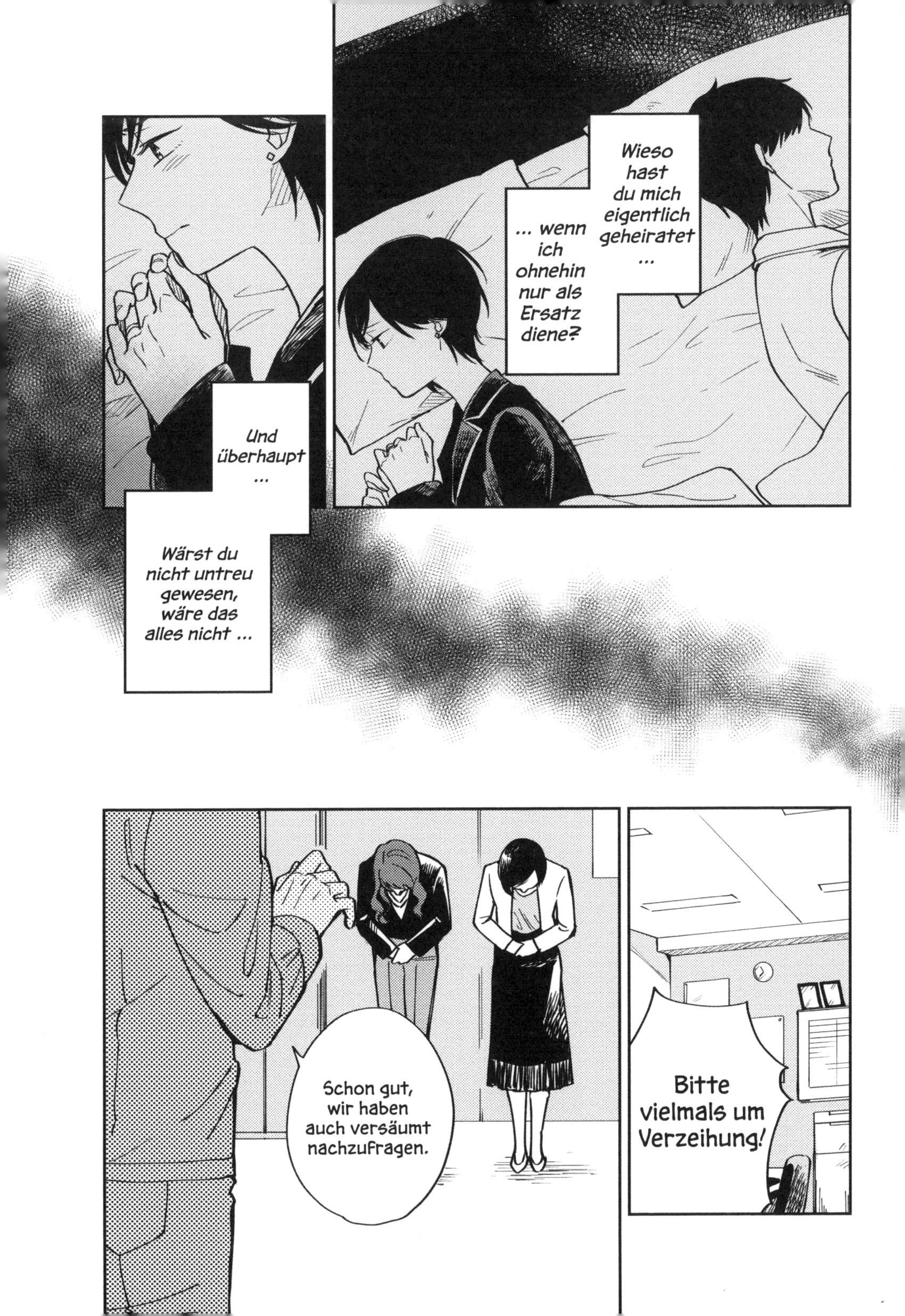
Wieso hast du mich eigentlich geheiratet ...
... wenn ich ohnehin nur als Ersatz diene?
Und überhaupt ...
Wärst du nicht untreu gewesen, wäre das alles nicht ...
Bitte vielmals um Verzeihung!
Schon gut, wir haben auch versäumt nachzufragen.

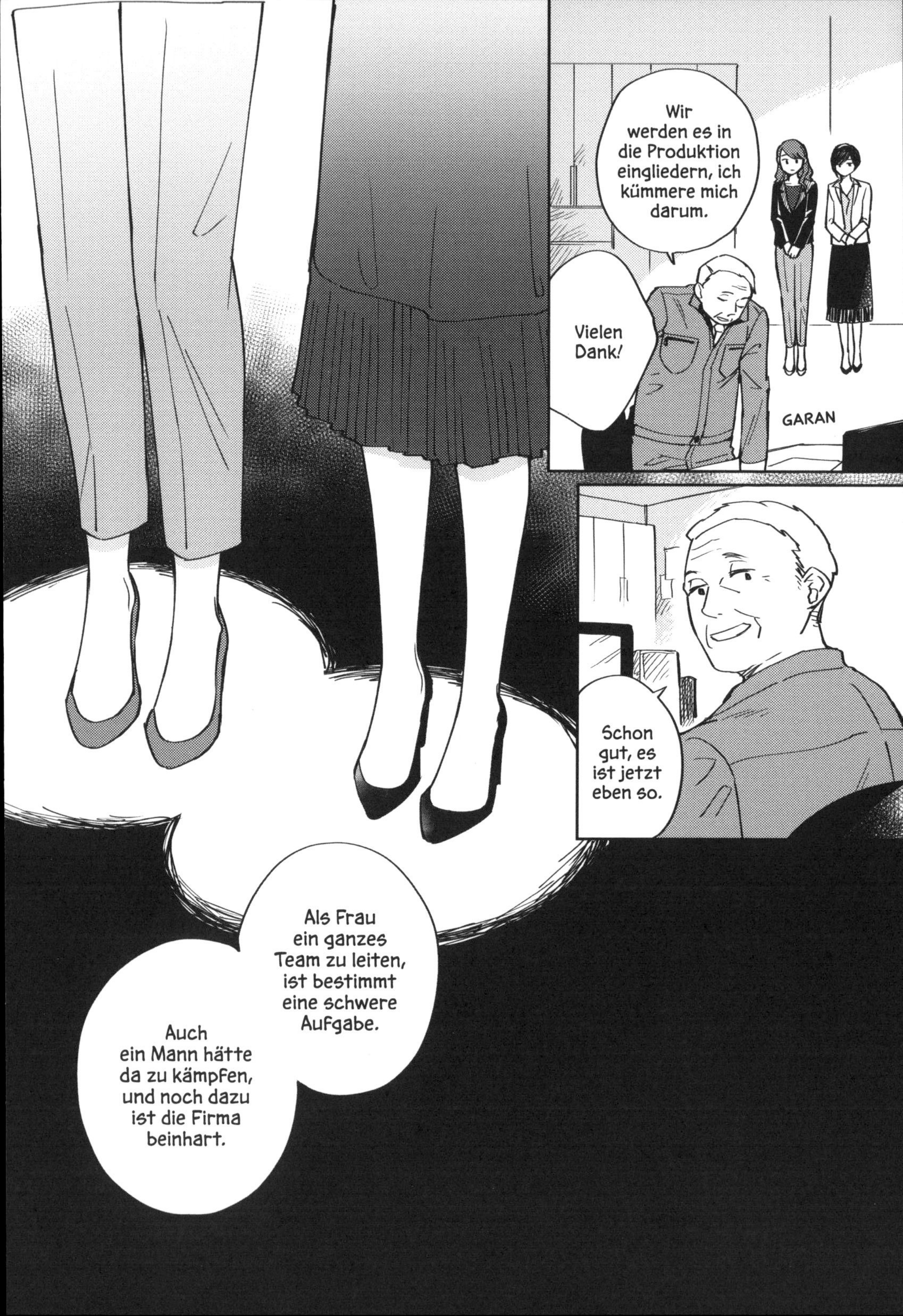
Wir werden es in die Produktion eingliedern, ich kümmere mich darum.
Vielen Dank!
GARAN
Schon gut, es ist jetzt eben so.
Als Frau ein ganzes Team zu leiten, ist bestimmt eine schwere Aufgabe.
Auch ein Mann hätte da zu kämpfen, und noch dazu ist die Firma beinhart.

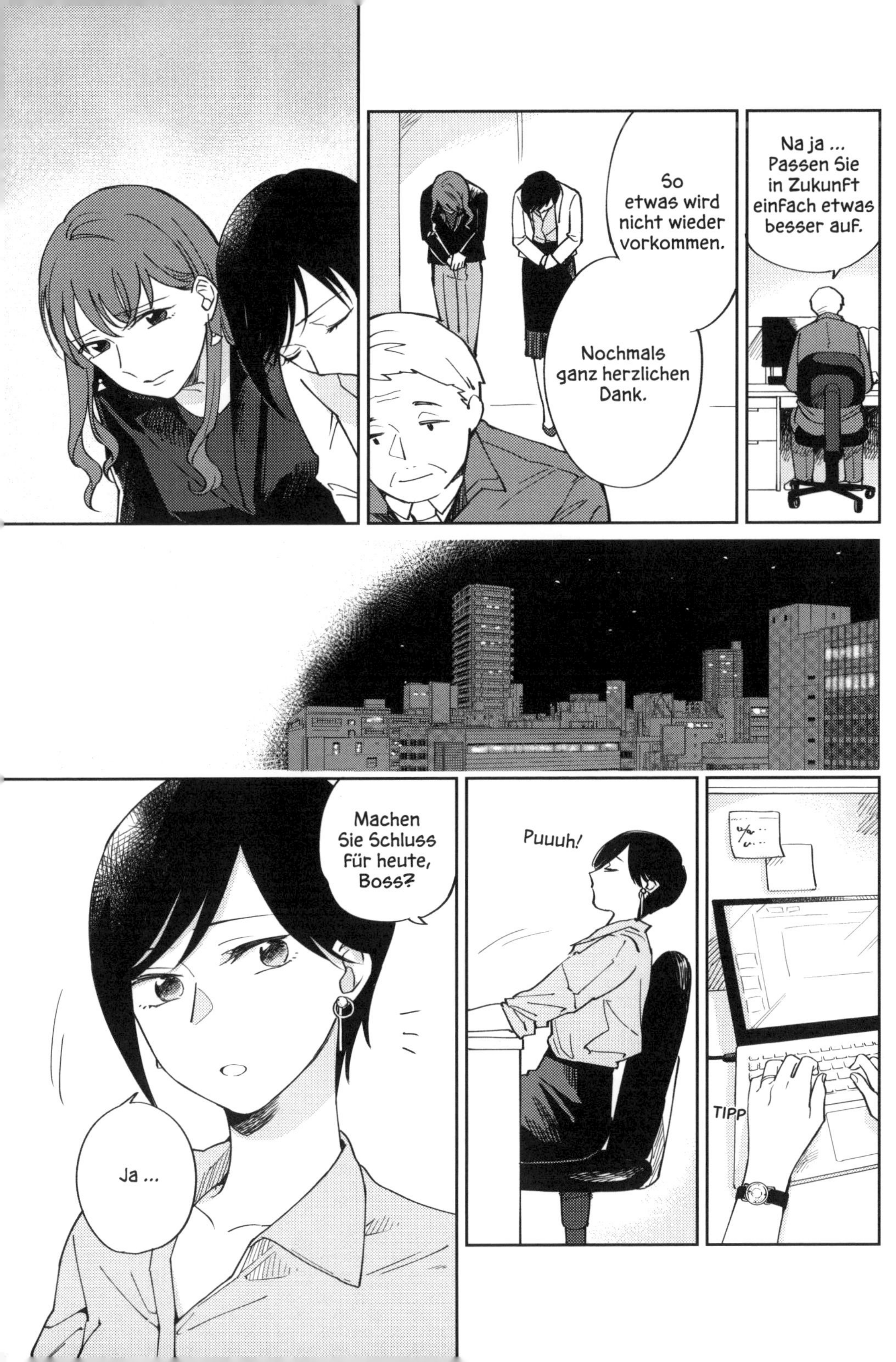
Na ja ... Passen Sie in Zukunft einfach etwas besser auf.
So etwas wird nicht wieder vorkommen.
Nochmals ganz herzlichen Dank.
TIPP
Puuuh!
Machen Sie Schluss für heute, Boss?
Ja ...

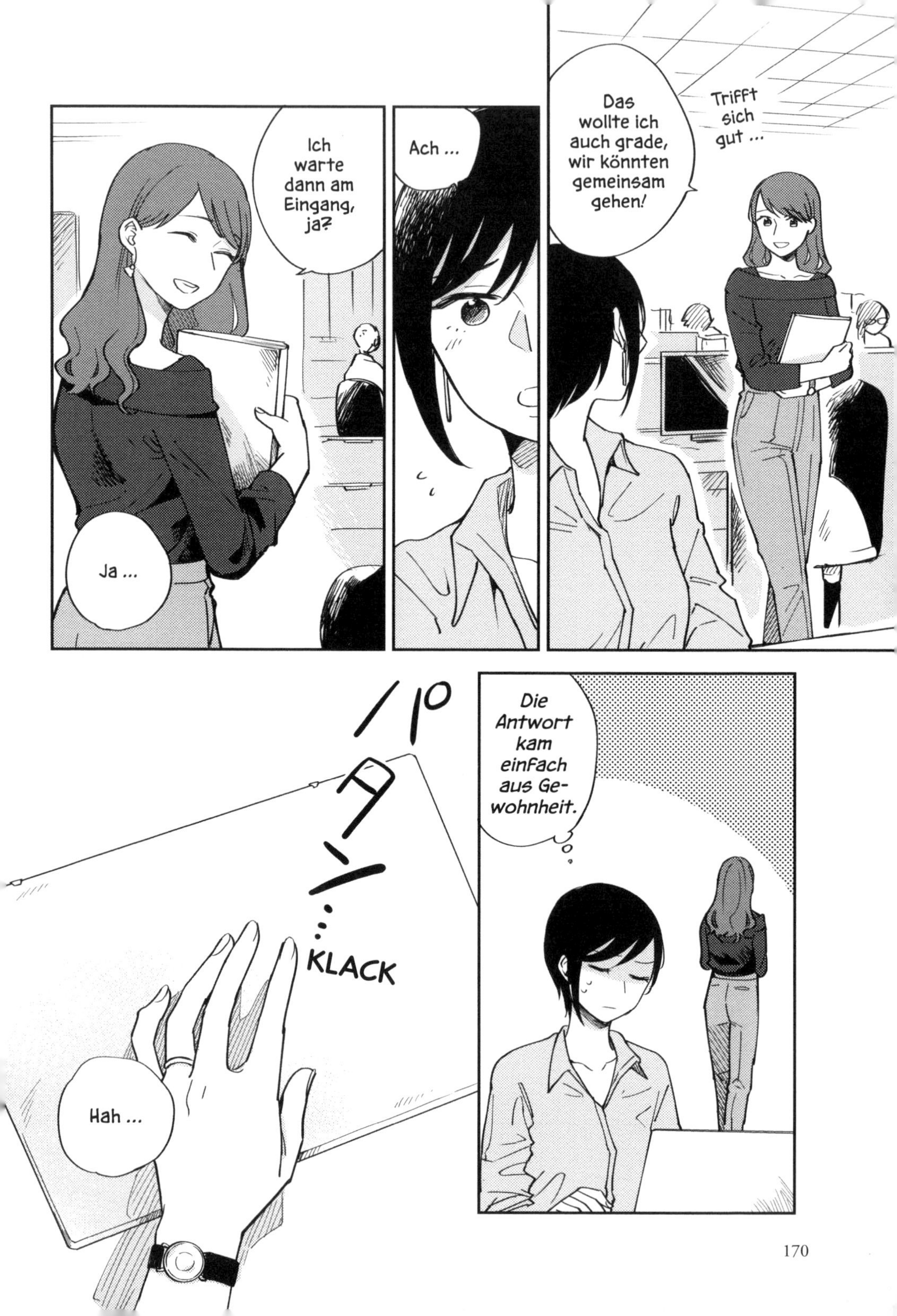

Trifft sich gut ...
Das wollte ich auch grade, wir könnten gemeinsam gehen!
Ach ...
Ich warte dann am Eingang, ja?
Ja ...
Die Antwort kam einfach aus Gewohnheit.
KLACK
Hah ...

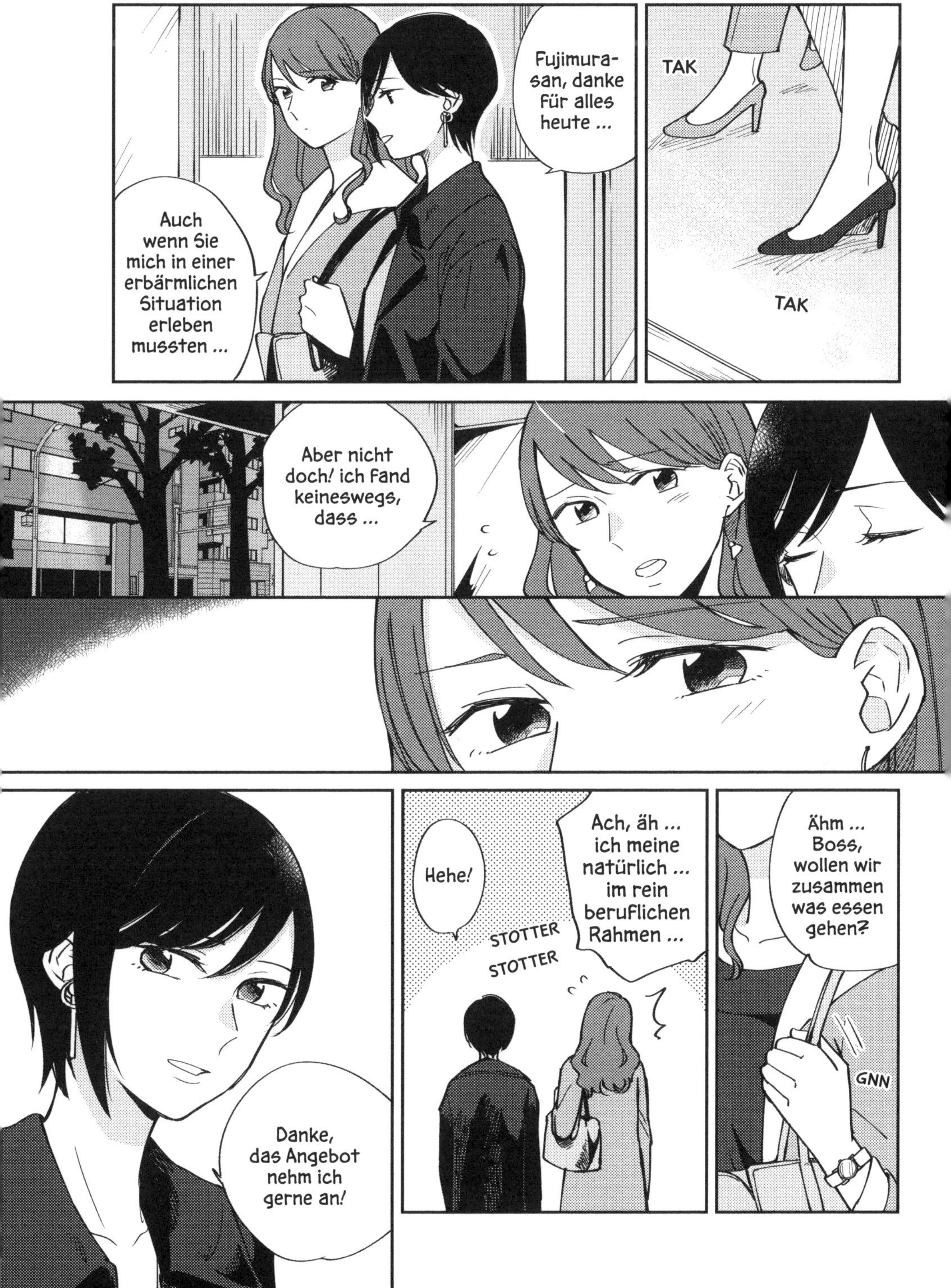
TAK
TAK
Fujimura-san, danke für alles heute ...
Auch wenn Sie mich in einer erbärmlichen Situation erleben mussten ...
Aber nicht doch! ich fand keineswegs, dass ...
Ähm ... Boss, wollen wir zusammen was essen gehen?
GNN
Ach, äh ... ich meine natürlich ... im rein beruflichen Rahmen ...
STOTTER
STOTTER
Hehe!
Danke, das Angebot nehm ich gerne an!

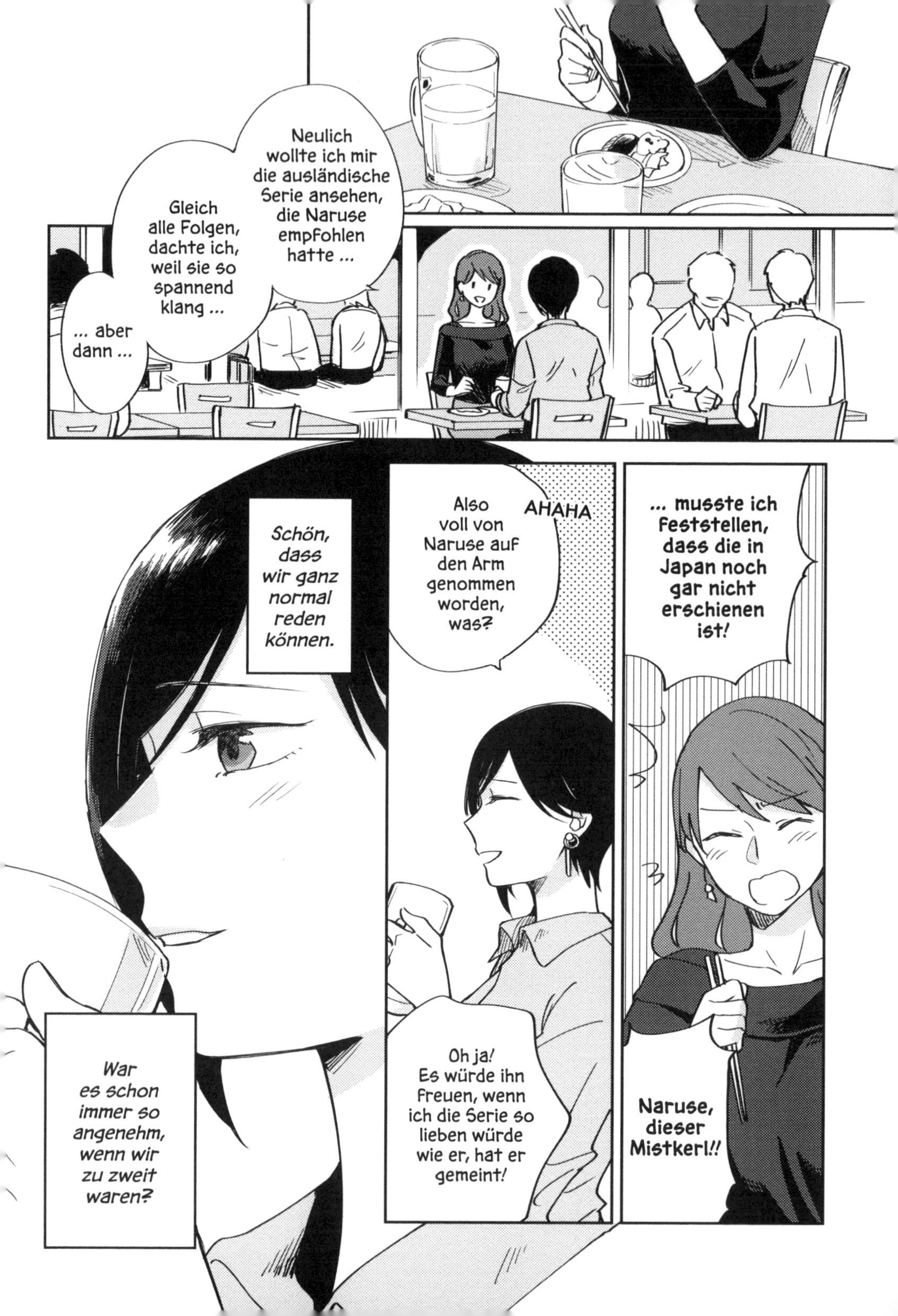

Neulich wollte ich mir die ausländische Serie ansehen, die Naruse empfohlen hatte ...
Gleich alle Folgen, dachte ich, weil sie so spannend klang ...
... aber dann ...
... musste ich feststellen, dass die in Japan noch gar nicht erschienen ist!
Naruse, dieser Mistkerl!!
AHAHA
Also voll von Naruse auf den Arm genommen worden, was?
Oh ja! Es würde ihn freuen, wenn ich die Serie so lieben würde wie er, hat er gemeint!
Schön, dass wir ganz normal reden können.
War es schon immer so angenehm, wenn wir zu zweit waren?

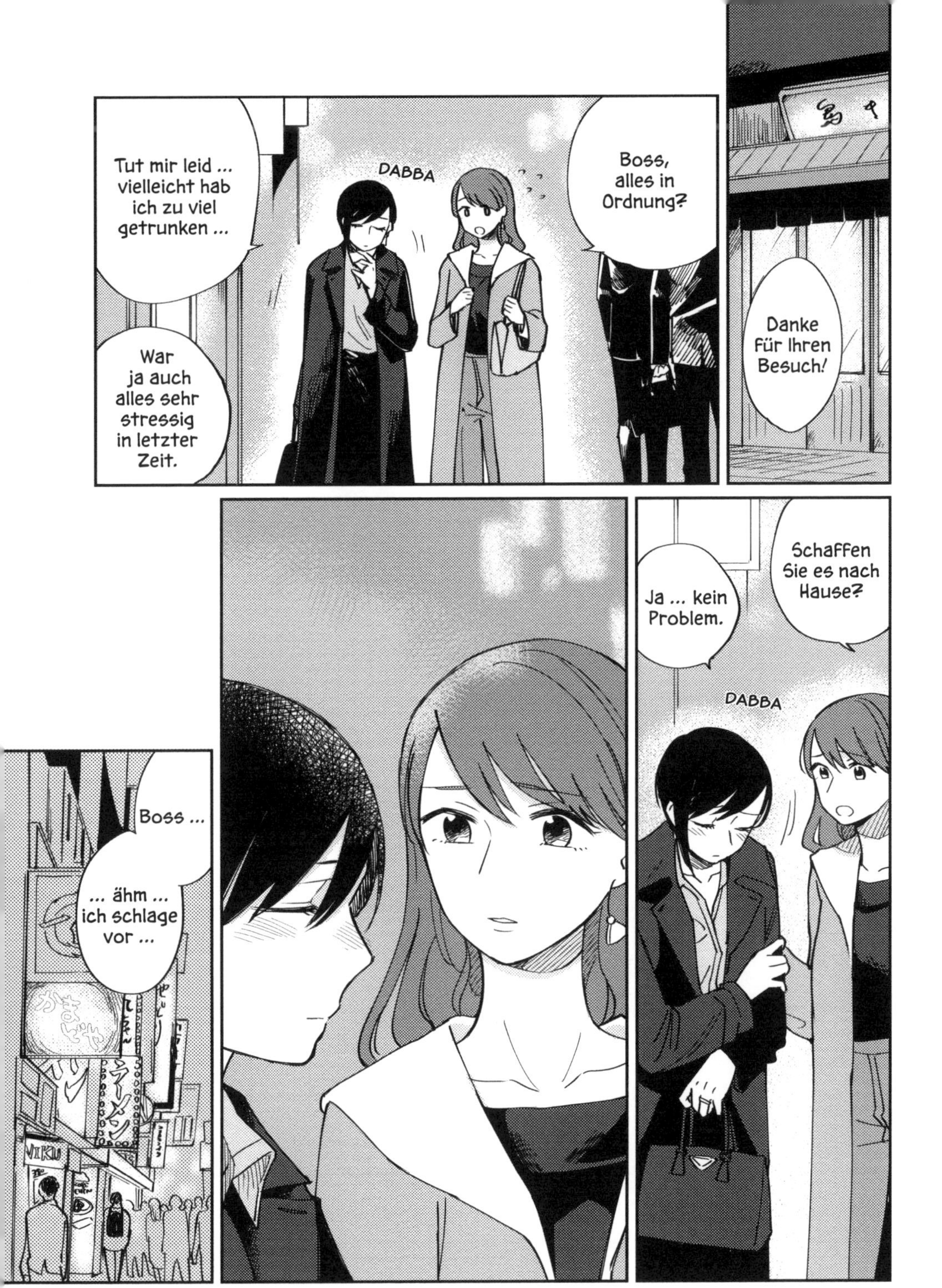
Danke für Ihren Besuch!
Boss, alles in Ordnung?
DABBA
Tut mir leid ... vielleicht hab ich zu viel getrunken ...
War ja auch alles sehr stressig in letzter Zeit.
Schaffen Sie es nach Hause?
Ja ... kein Problem.
DABBA
Boss ...
... ähm ... ich schlage vor ...

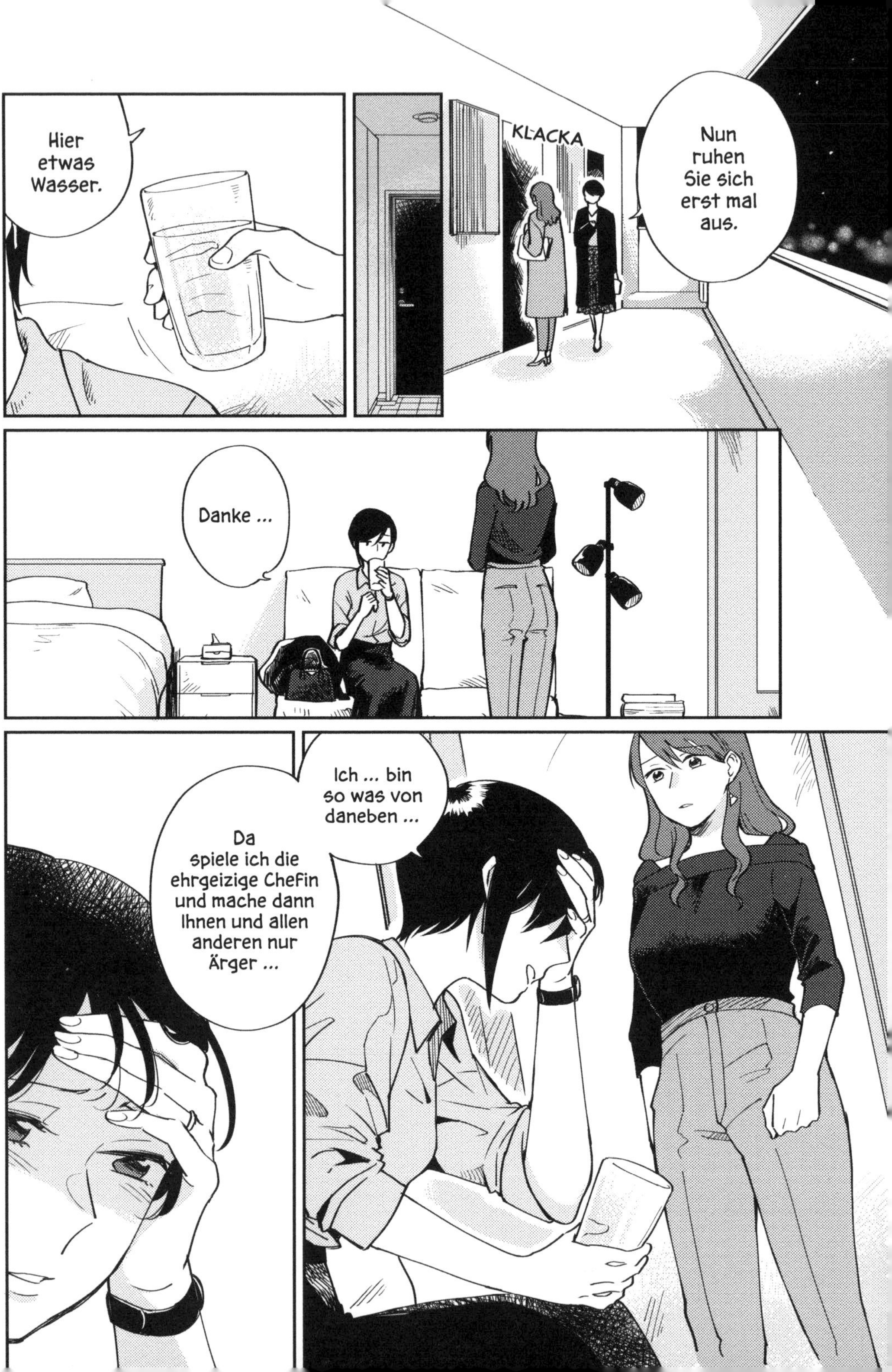
Nun ruhen Sie sich erst mal aus.
KLACKA
Hier etwas Wasser.
Danke ...
Ich ... bin so was von daneben ...
Da spiele ich die ehrgeizige Chefin und mache dann Ihnen und allen anderen nur Ärger ...

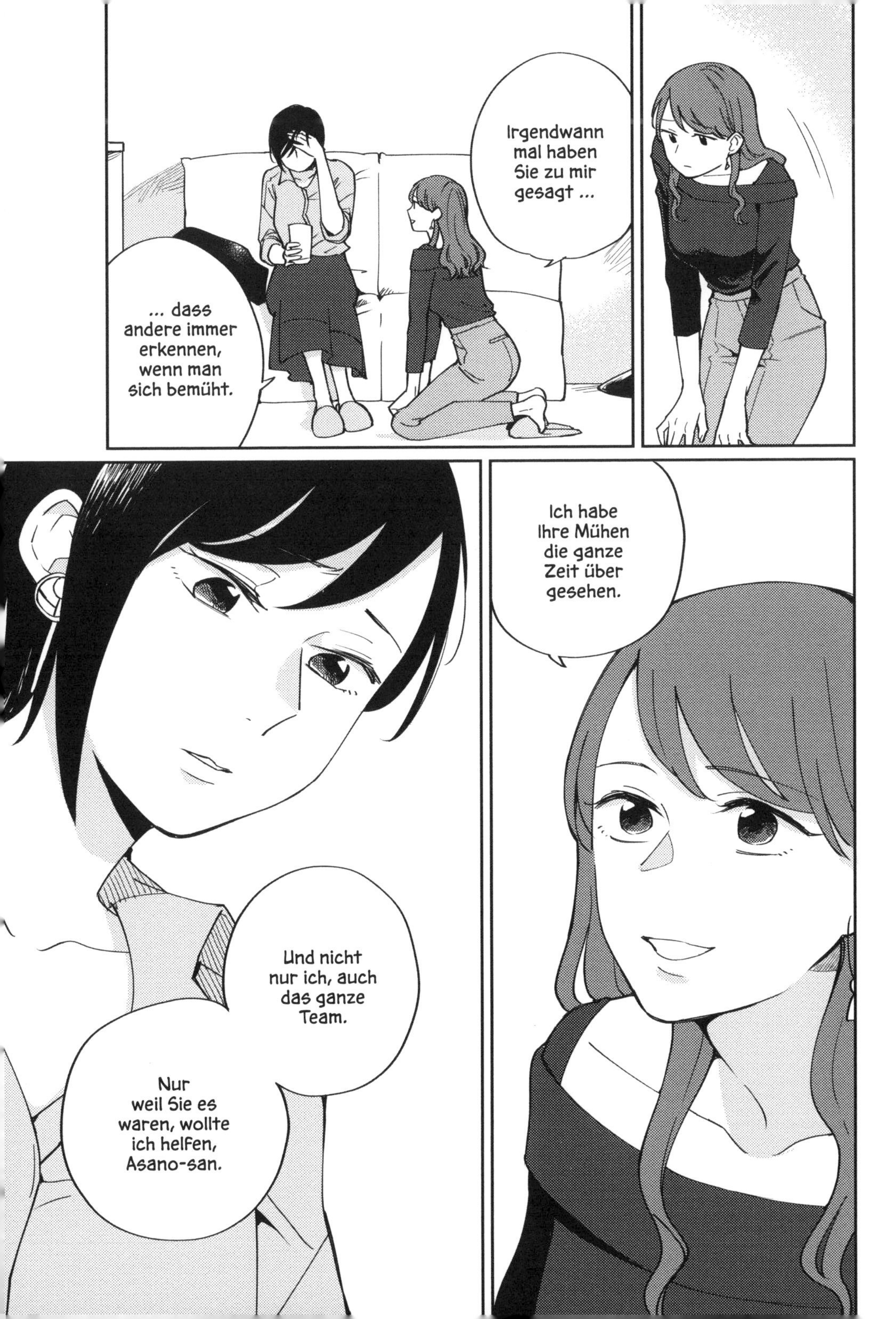
Irgendwann mal haben Sie zu mir gesagt ...
... dass andere immer erkennen, wenn man sich bemüht.
Ich habe Ihre Mühen die ganze Zeit über gesehen.
Und nicht nur ich, auch das ganze Team.
Nur weil Sie es waren, wollte ich helfen, Asano-san.

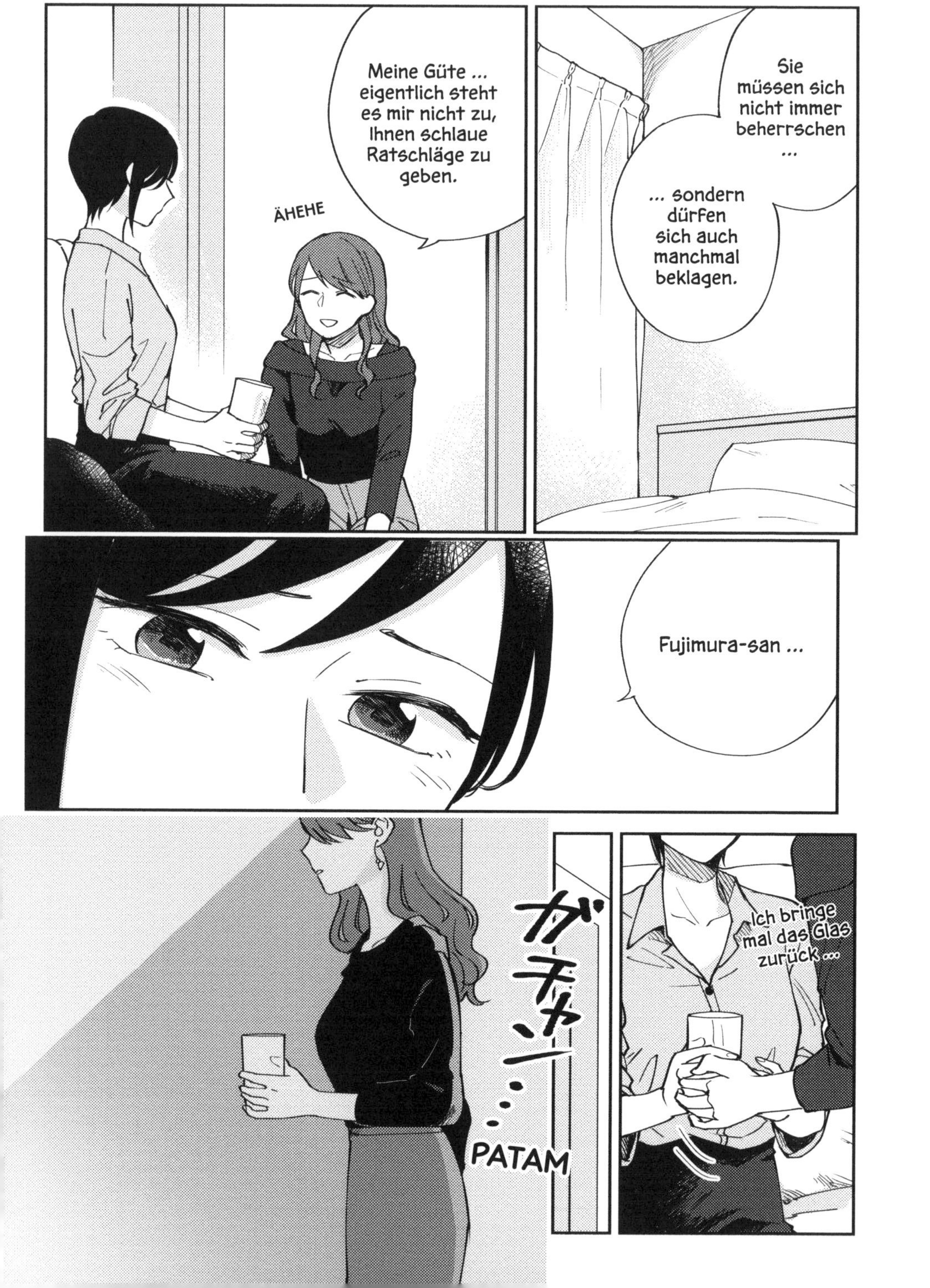

Sie müssen sich nicht immer beherrschen ...
... sondern dürfen sich auch manchmal beklagen.
Meine Güte ... eigentlich steht es mir nicht zu, Ihnen schlaue Ratschläge zu geben.
ÄHEHE
Fujimura-san ...
Ich bringe mal das Glas zurück ...
ガチャン
PATAM

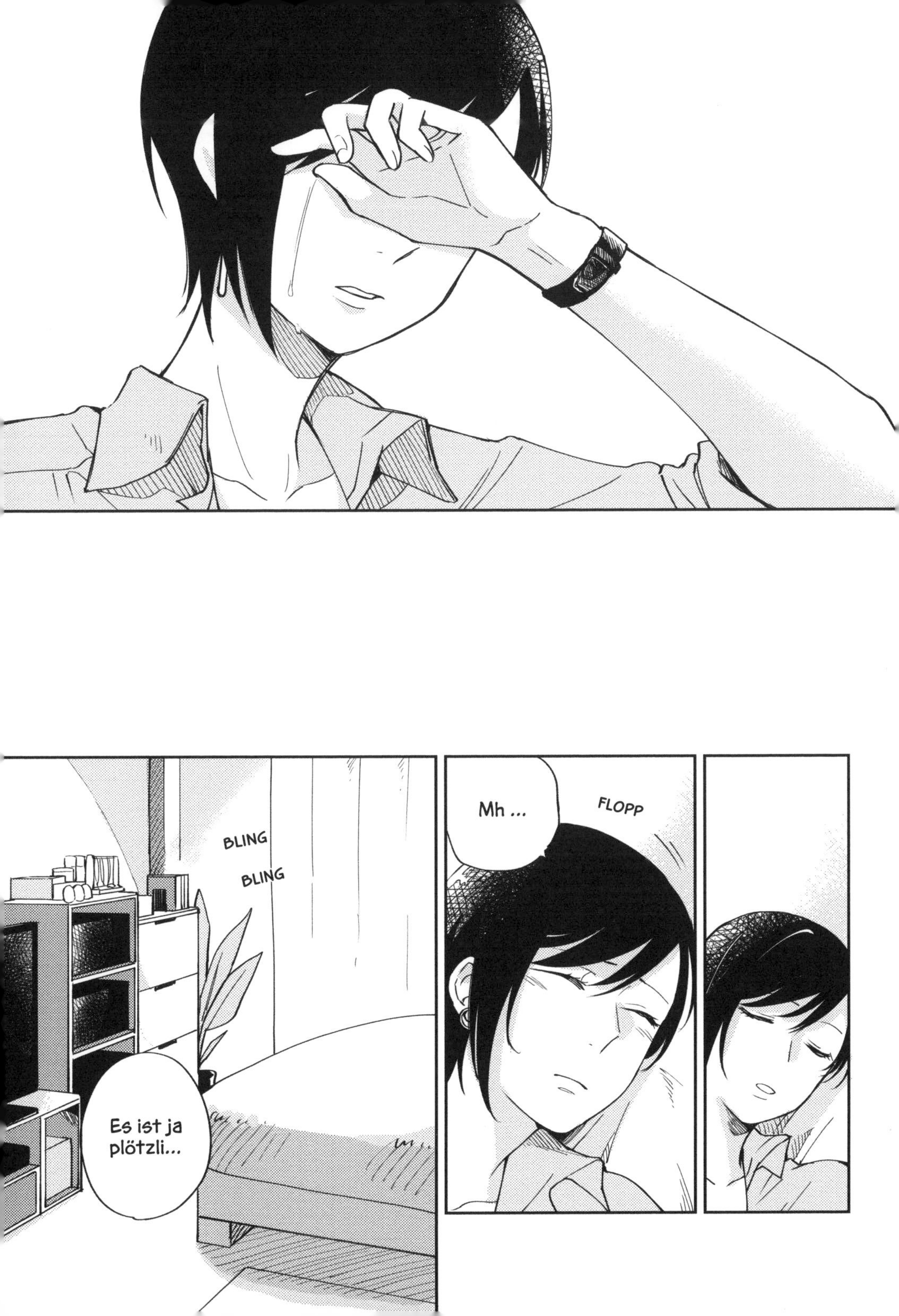
Mh ...
FLOPP
BLING
BLING
Es ist ja plötzli...

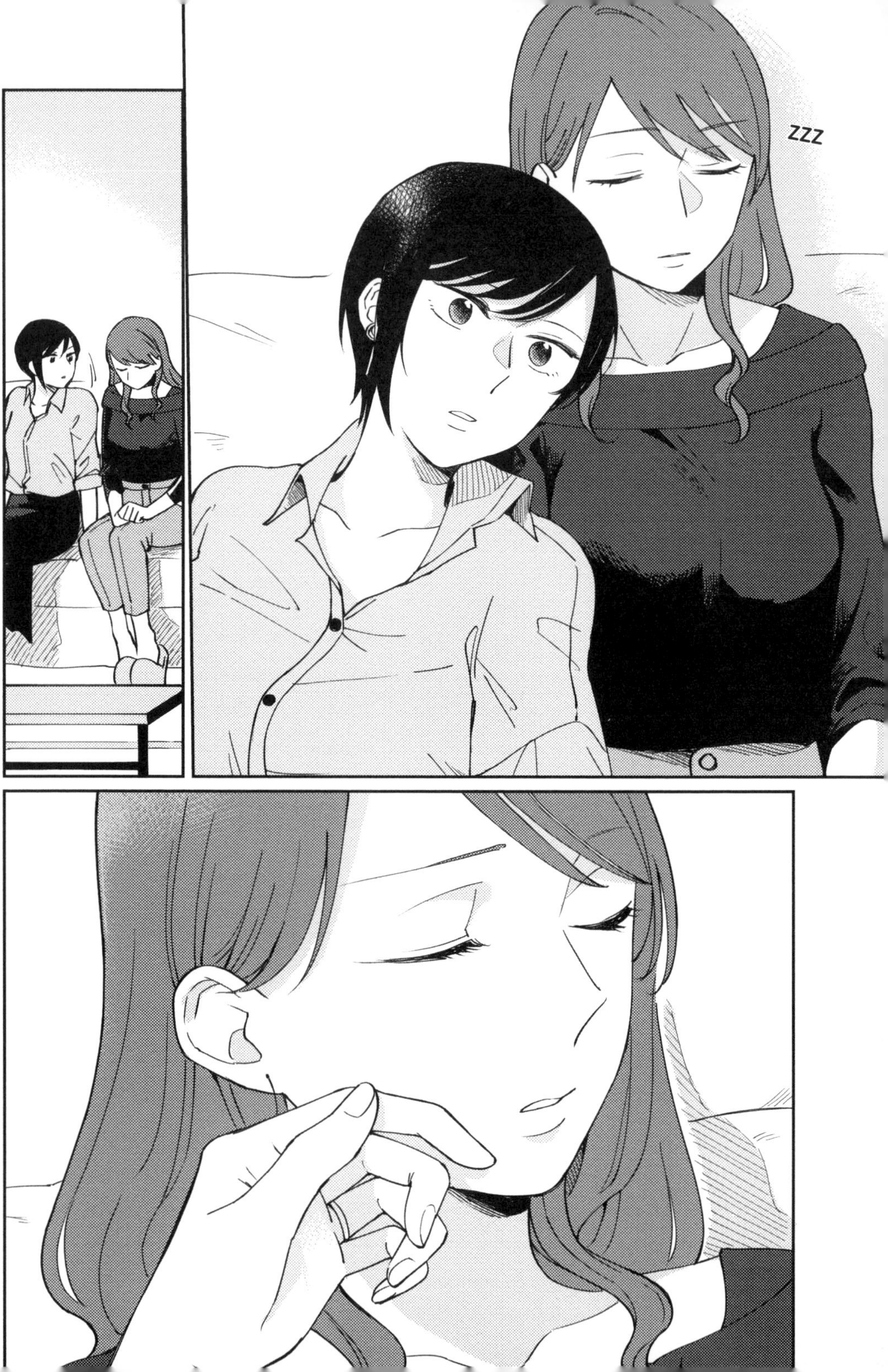
ZZZ

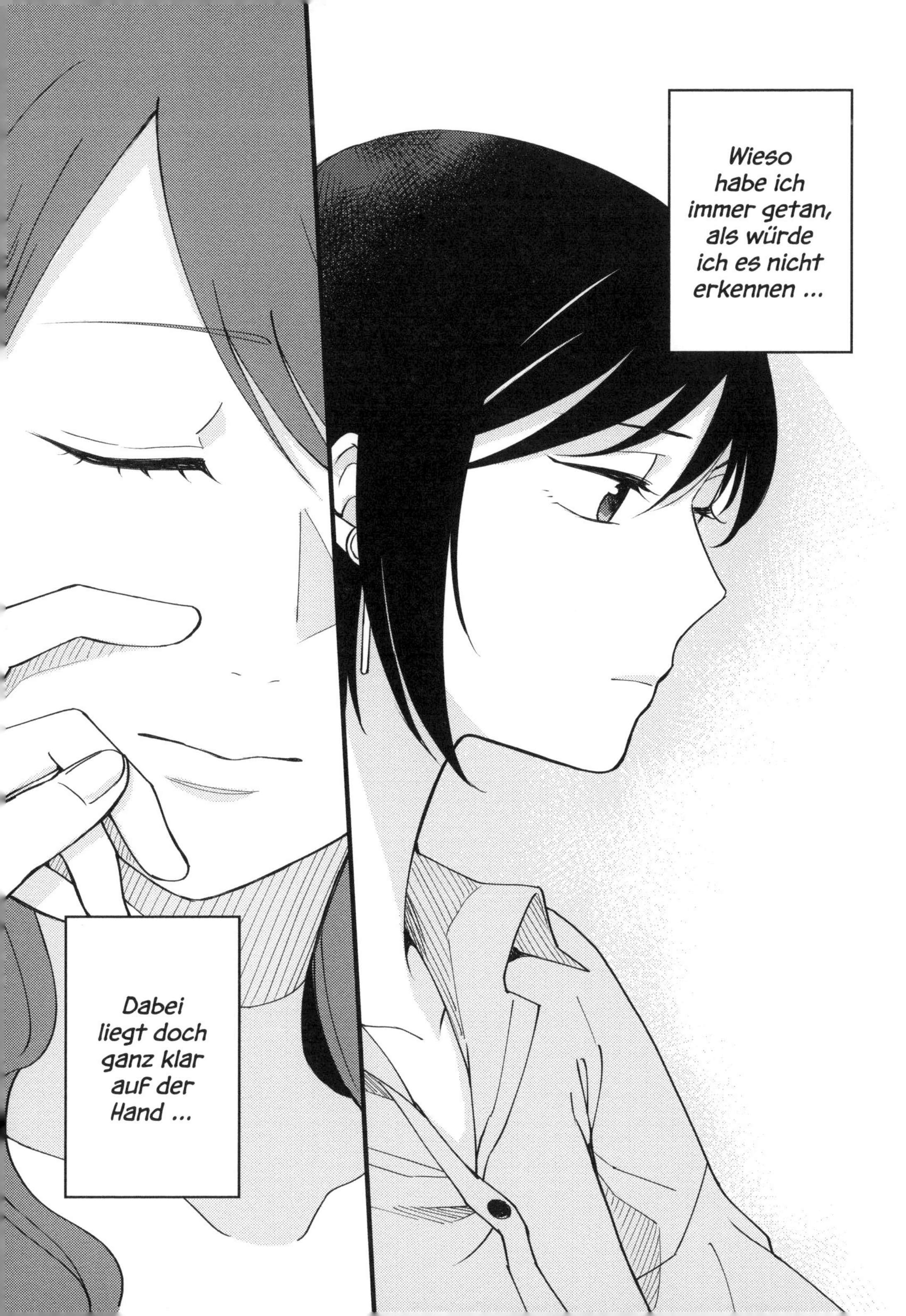
Wieso habe ich immer getan, als würde ich es nicht erkennen ...
Dabei liegt doch ganz klar auf der Hand ...

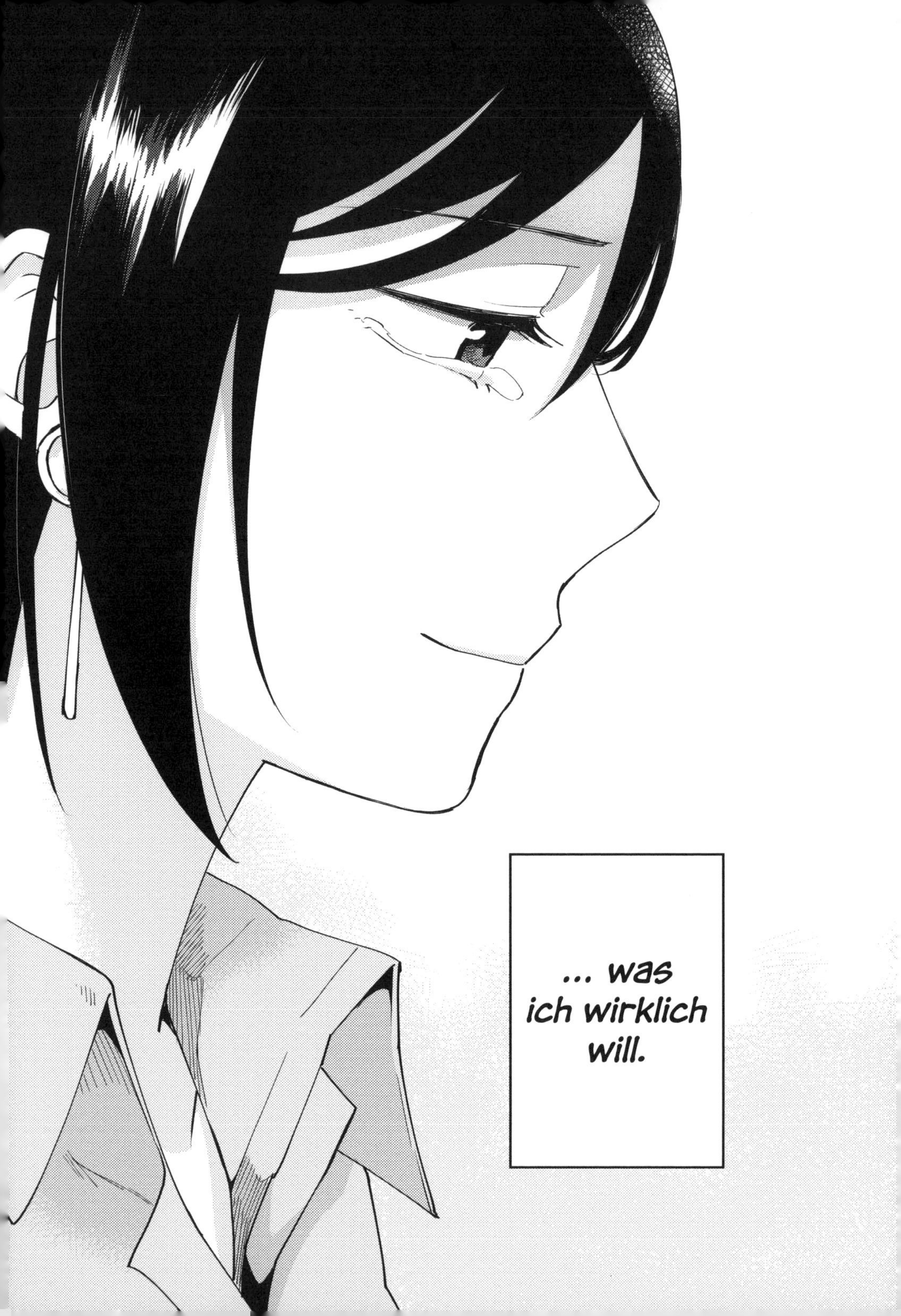
... was
ich wirklich
will.

KAPITEL 9: ICH HASSE DICH, SO SEHR LIEBE ICH DICH

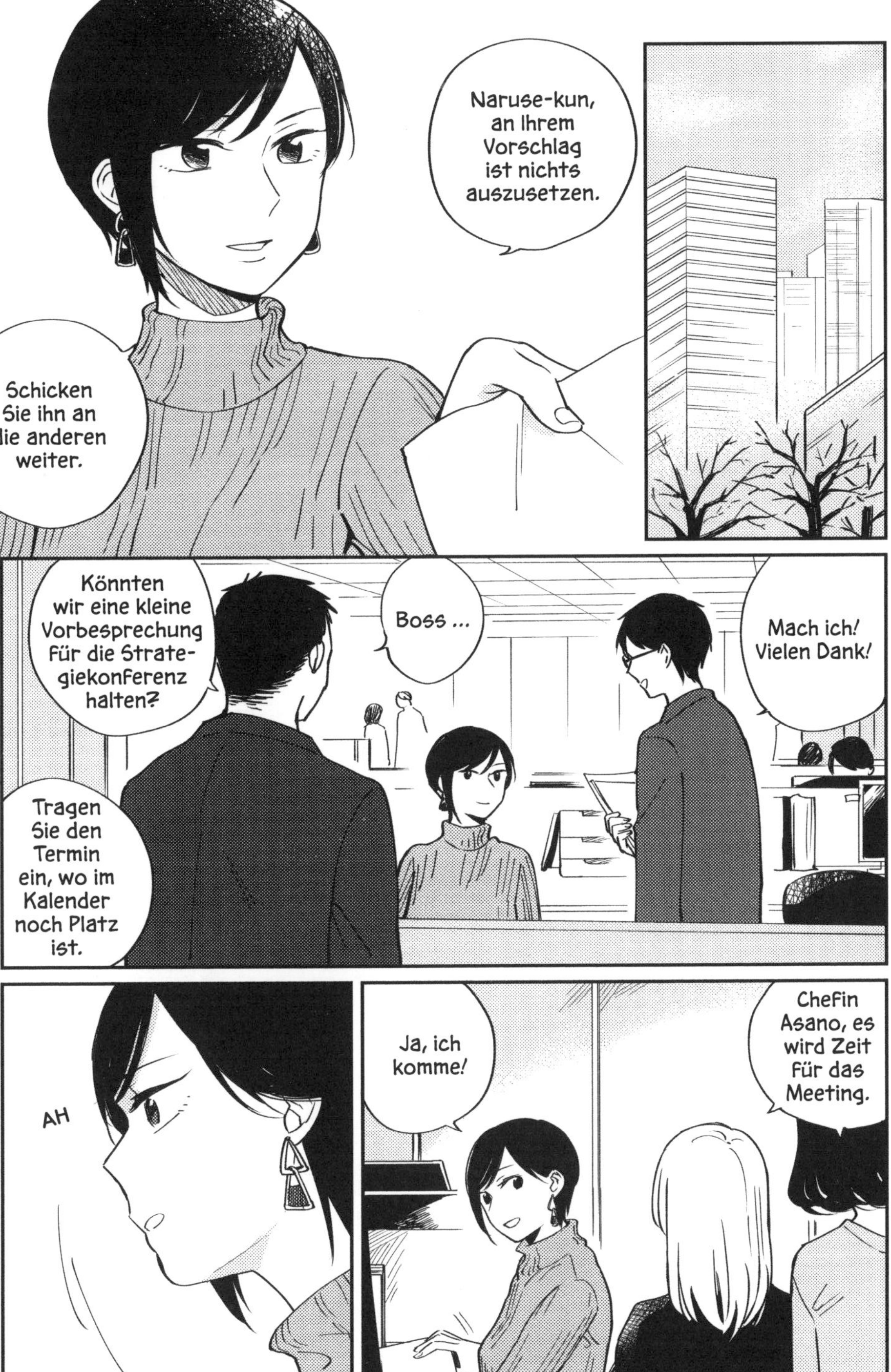

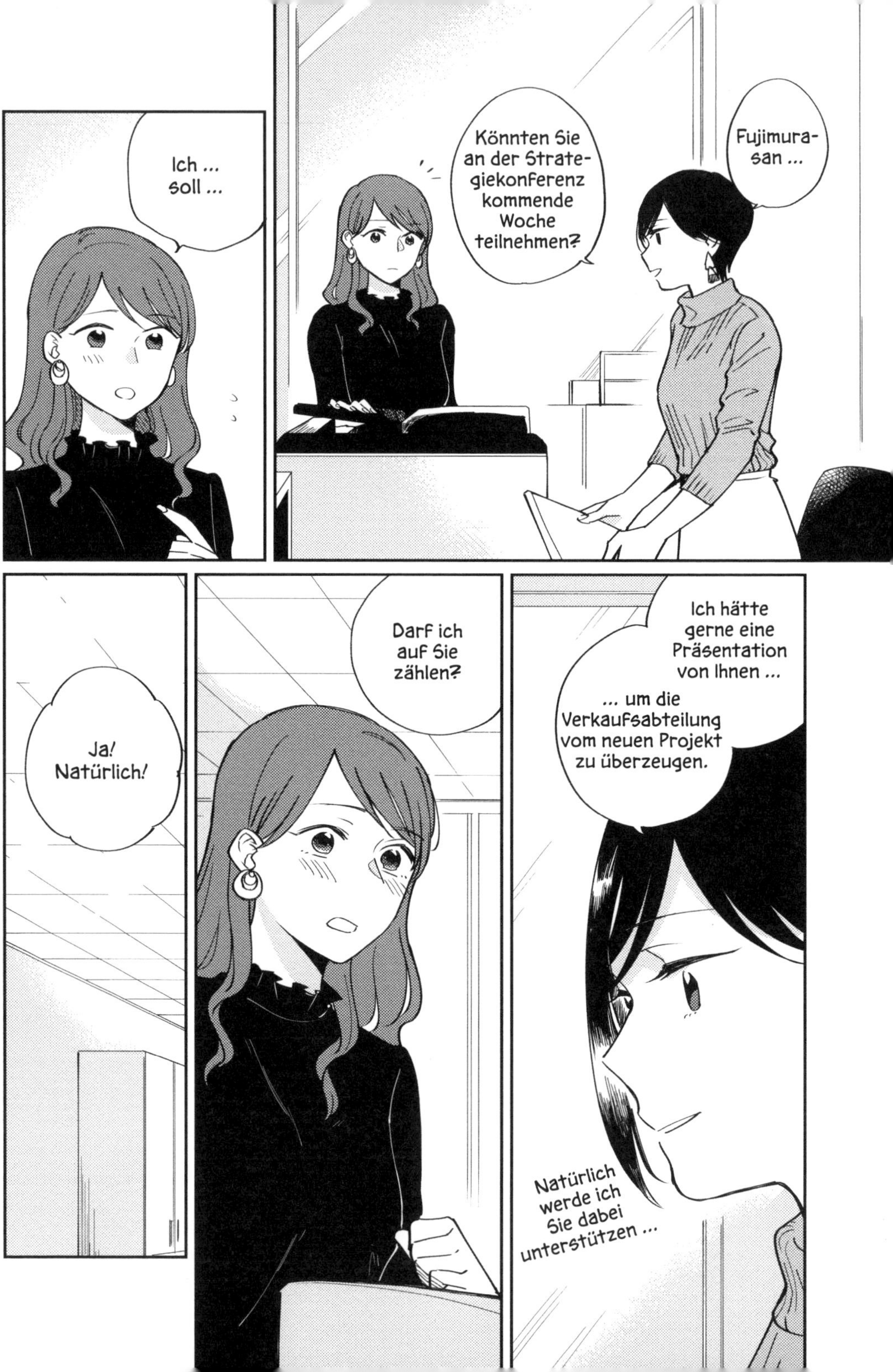
Fujimura-san ...
Könnten Sie an der Strategiekonferenz kommende Woche teilnehmen?
Ich ... soll ...
Ich hätte gerne eine Präsentation von Ihnen ...
... um die Verkaufsabteilung vom neuen Projekt zu überzeugen.
Natürlich werde ich Sie dabei unterstützen ...
Darf ich auf Sie zählen?
Ja! Natürlich!

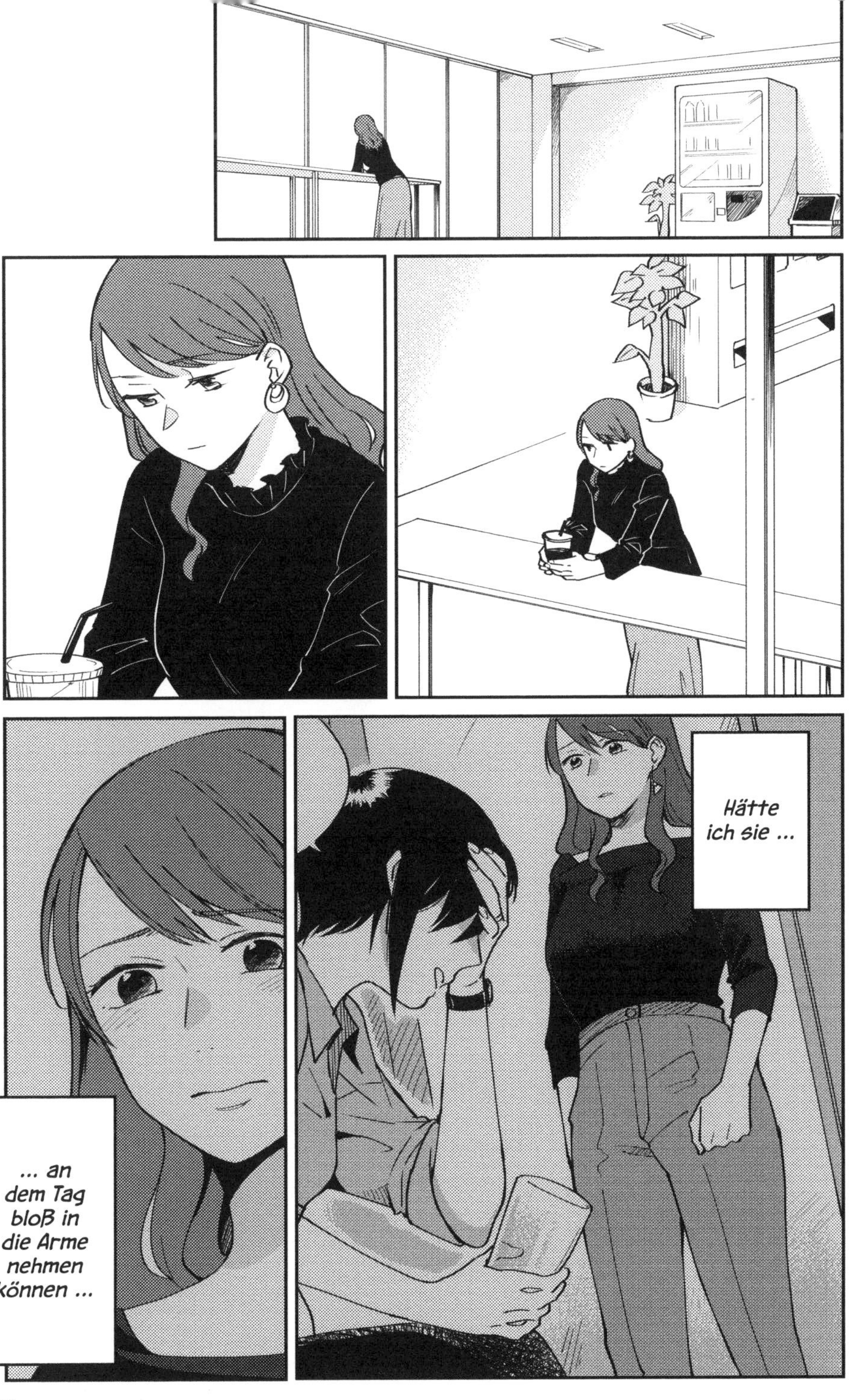
Hätte ich sie ...
... an dem Tag bloß in die Arme nehmen können ...

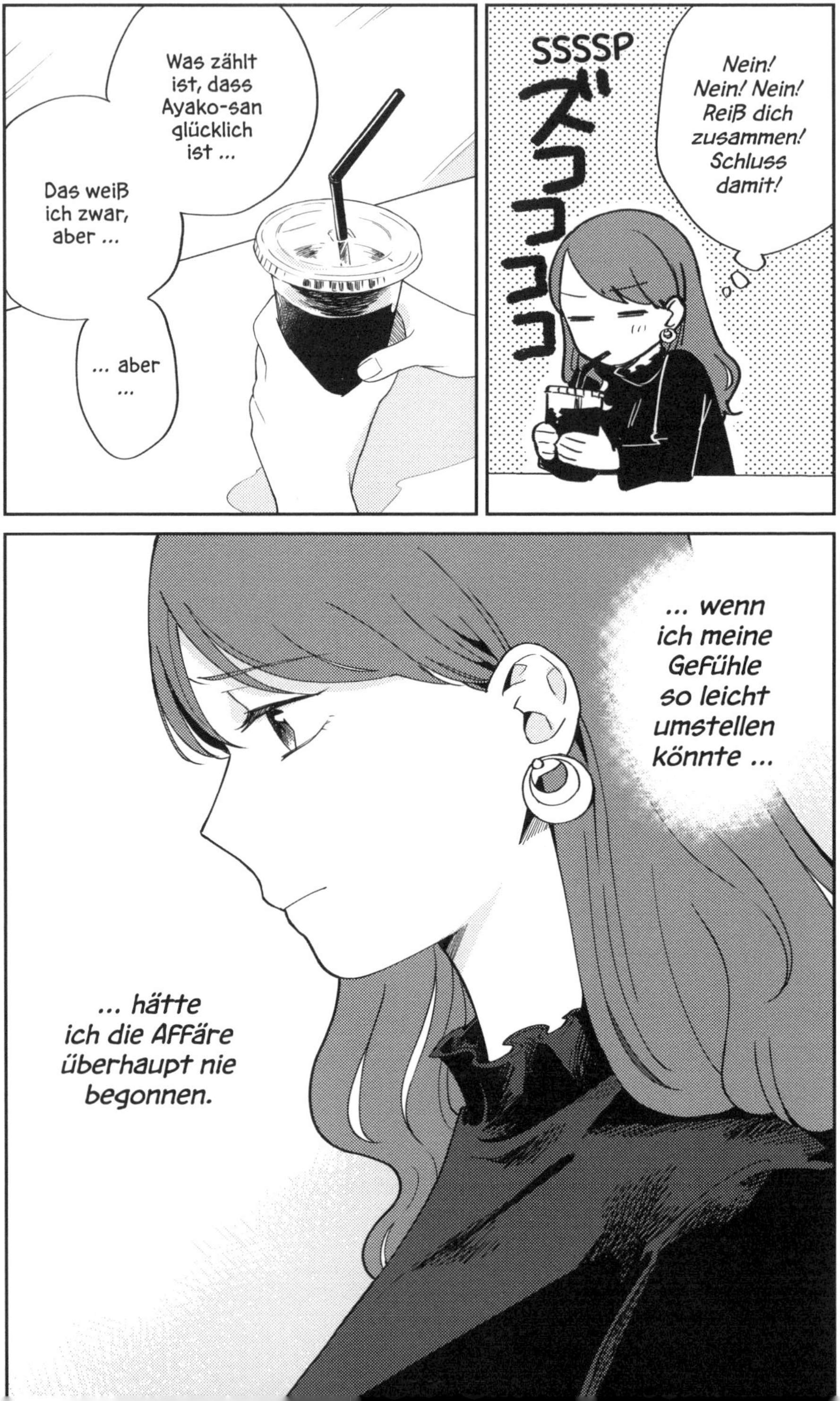
SSSSP
Nein! Nein! Nein! Reiß dich zusammen! Schluss damit!
Was zählt ist, dass Ayako-san glücklich ist ...
Das weiß ich zwar, aber ...
... aber ...
... wenn ich meine Gefühle so leicht umstellen könnte ...
... hätte ich die Affäre überhaupt nie begonnen.

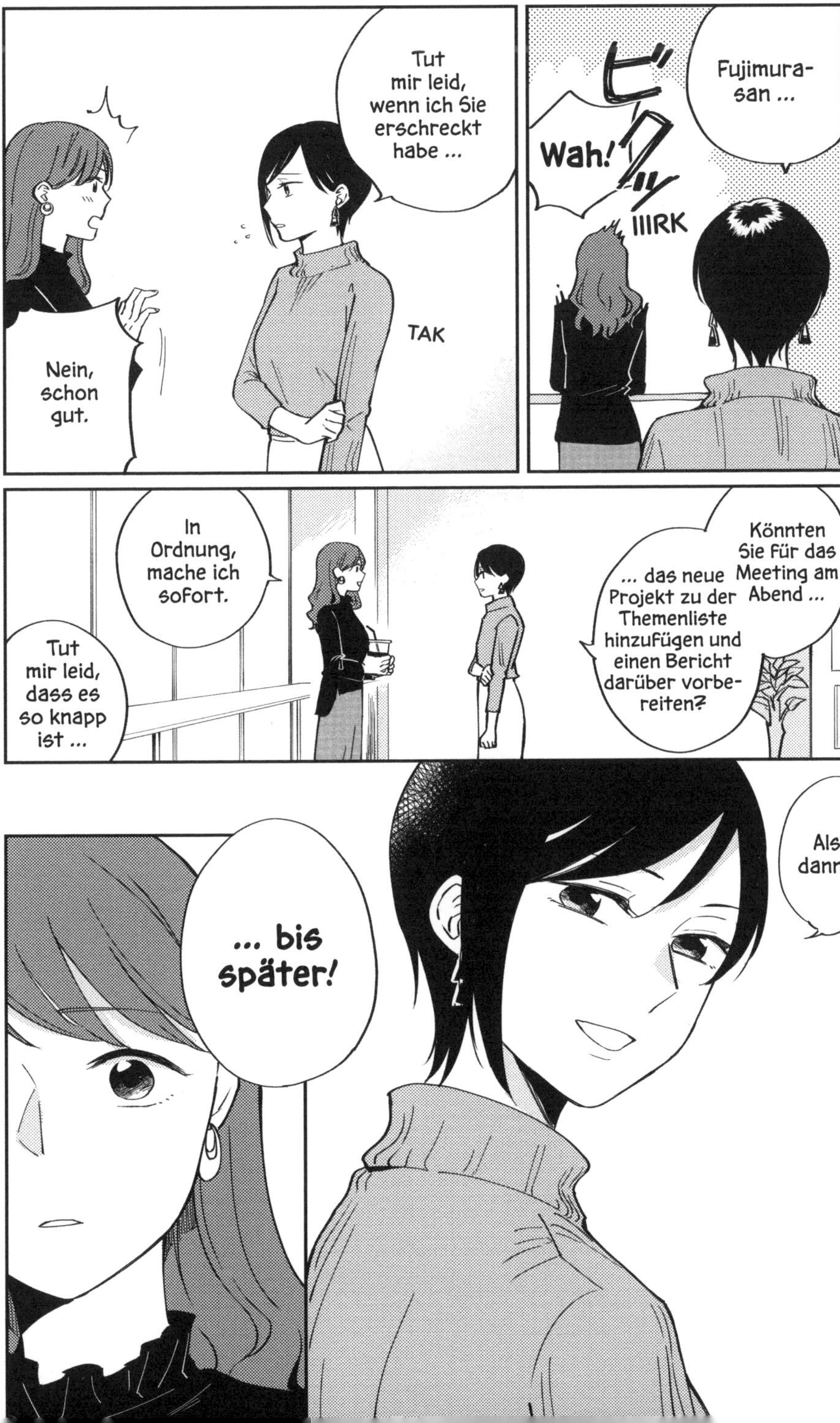

Fujimura-san ...
Wah!
IIIRK
Tut mir leid, wenn ich Sie erschreckt habe ...
TAK
Nein, schon gut.
Könnten Sie für das Meeting am Abend ...
... das neue Projekt zu der Themenliste hinzufügen und einen Bericht darüber vorbereiten?
In Ordnung, mache ich sofort.
Tut mir leid, dass es so knapp ist ...
Also dann ...
... bis später!

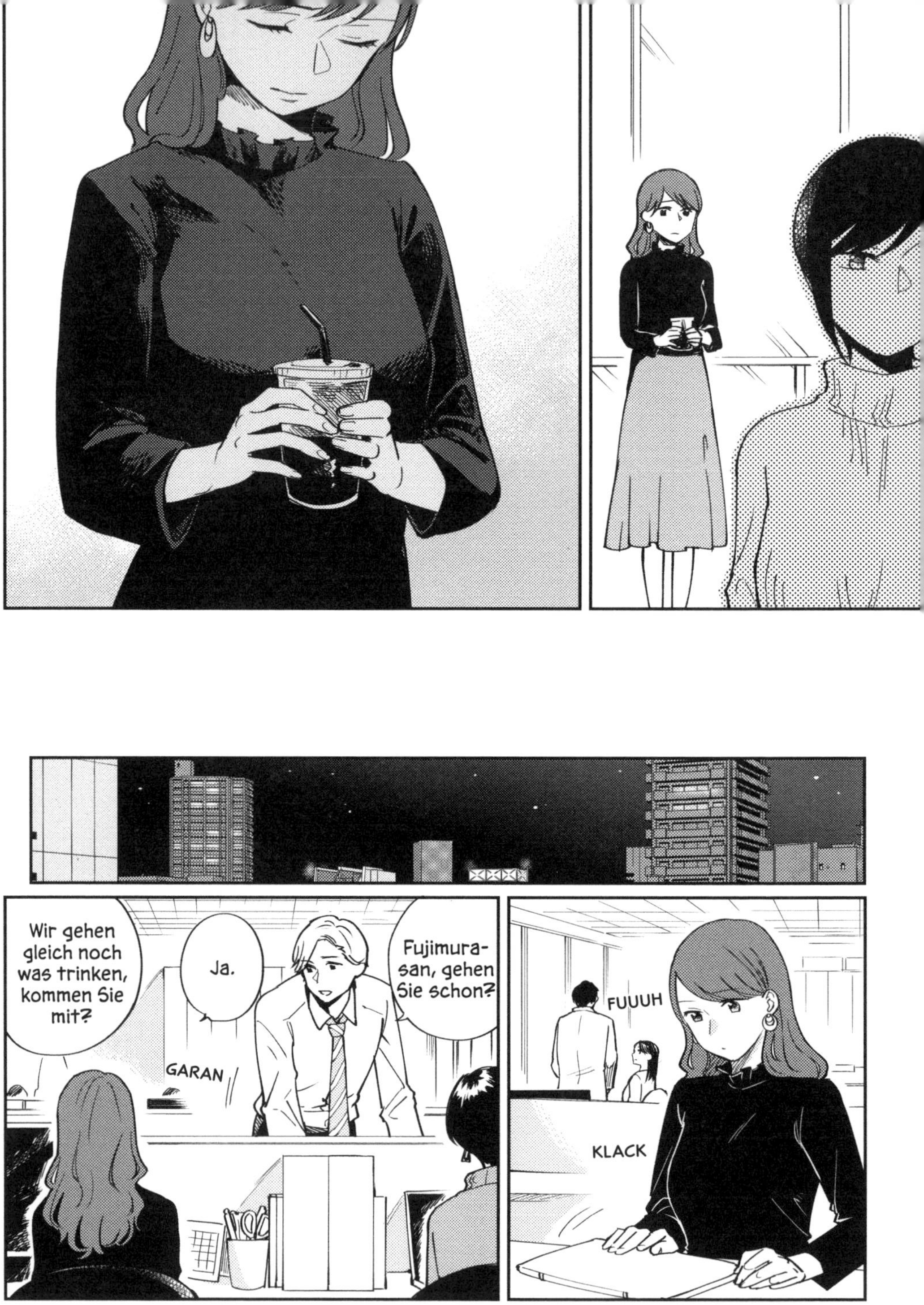
FUUUH
KLACK
Fujimura-san, gehen Sie schon?
Ja.
Wir gehen gleich noch was trinken, kommen Sie mit?
GARAN

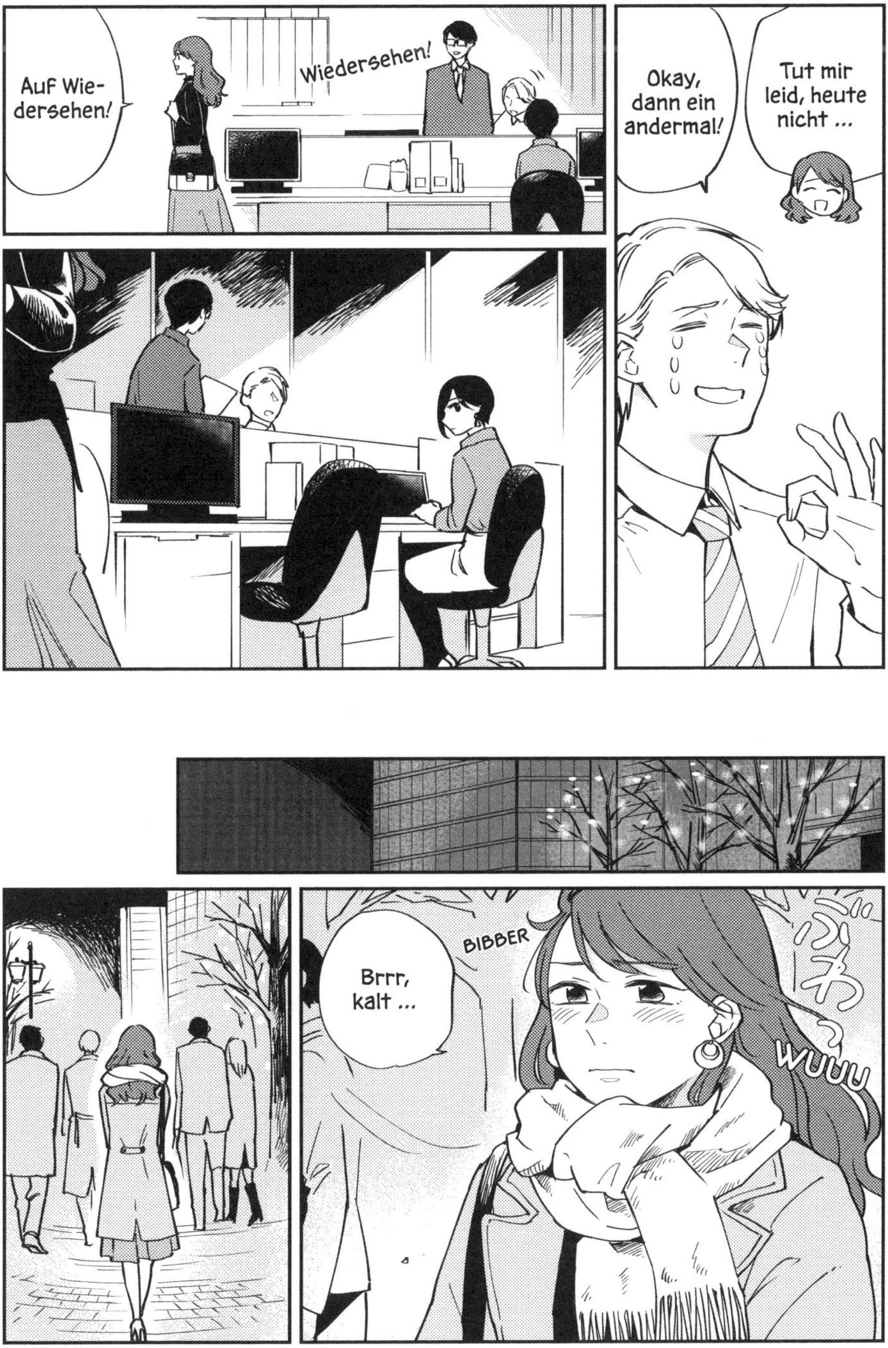
Tut mir leid, heute nicht ...
Okay, dann ein andermal!
Wiedersehen!
Auf Wiedersehen!
BIBBER
Brrr, kalt ...
ふわっ
WUUU

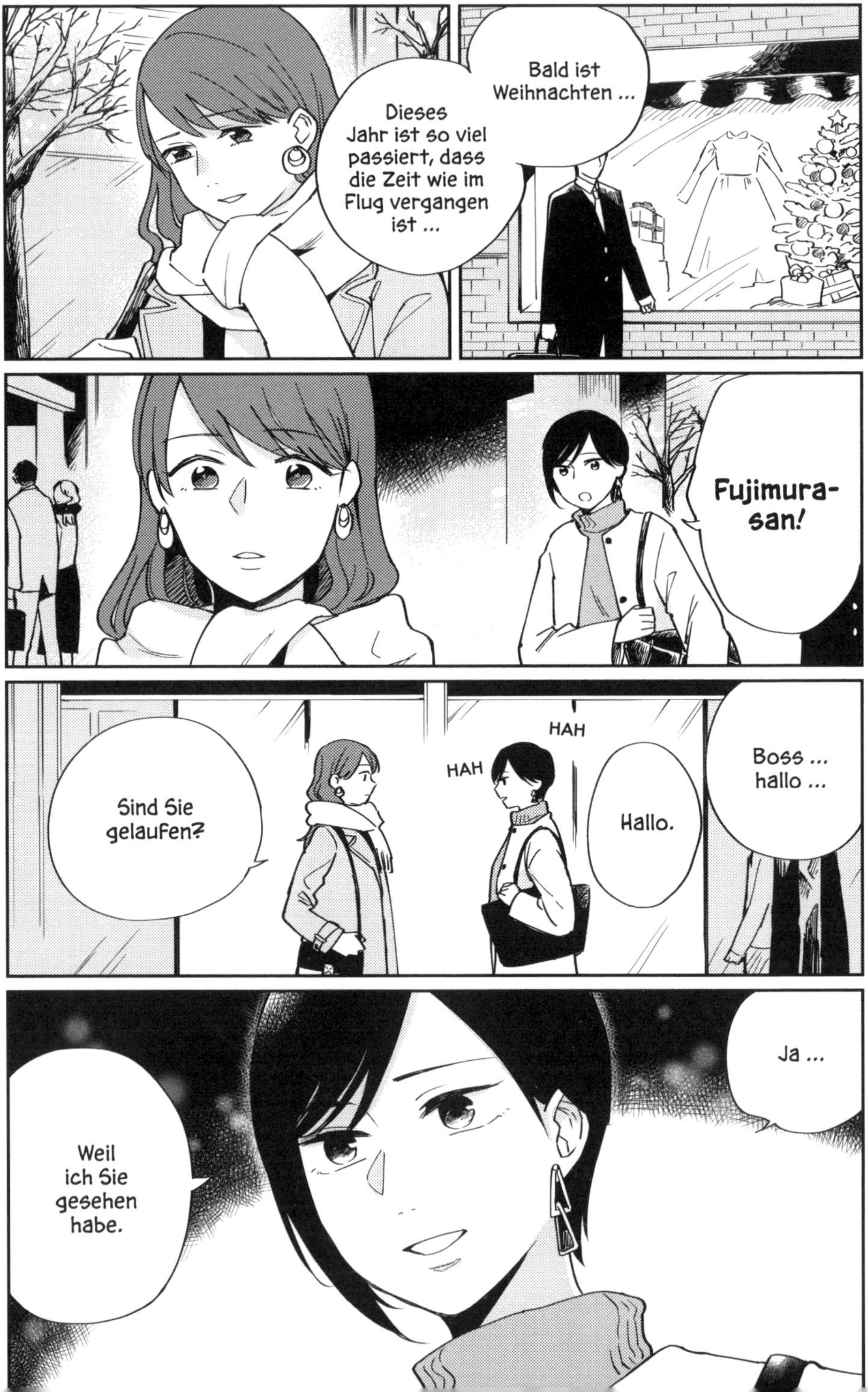
Bald ist Weihnachten ...
Dieses Jahr ist so viel passiert, dass die Zeit wie im Flug vergangen ist ...
Fujimura-san!
Boss ... hallo ...
HAH
HAH
Hallo.
Sind Sie gelaufen?
Ja ...
Weil ich Sie gesehen habe.

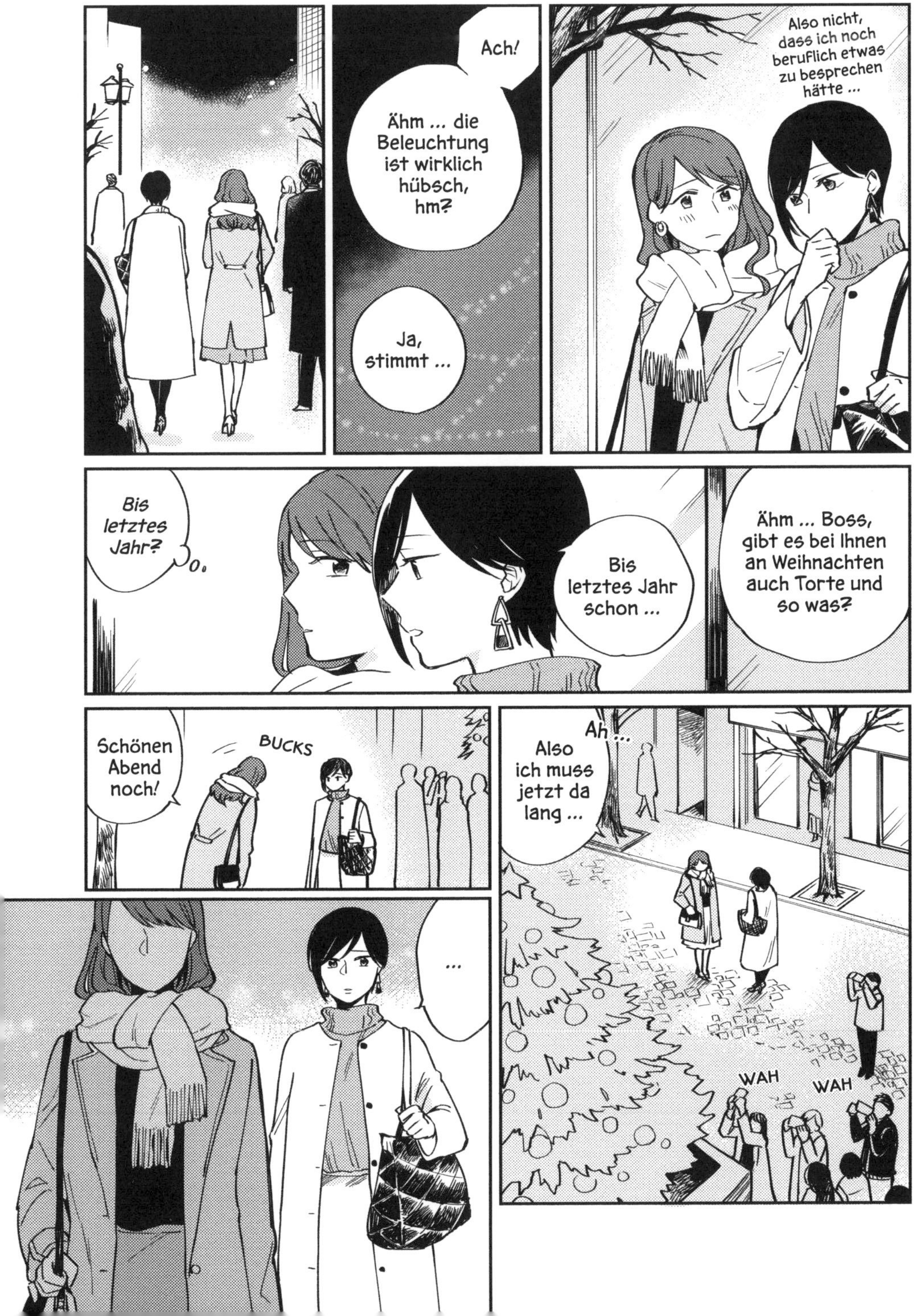
Also nicht, dass ich noch beruflich etwas zu besprechen hätte ...
Ach!
Ähm ... die Beleuchtung ist wirklich hübsch, hm?
Ja, stimmt ...
Ähm ... Boss, gibt es bei Ihnen an Weihnachten auch Torte und so was?
Bis letztes Jahr schon ...
Bis letztes Jahr?
Ah ...
Also ich muss jetzt da lang ...
WAH
WAH
BUCKS
Schönen Abend noch!
...

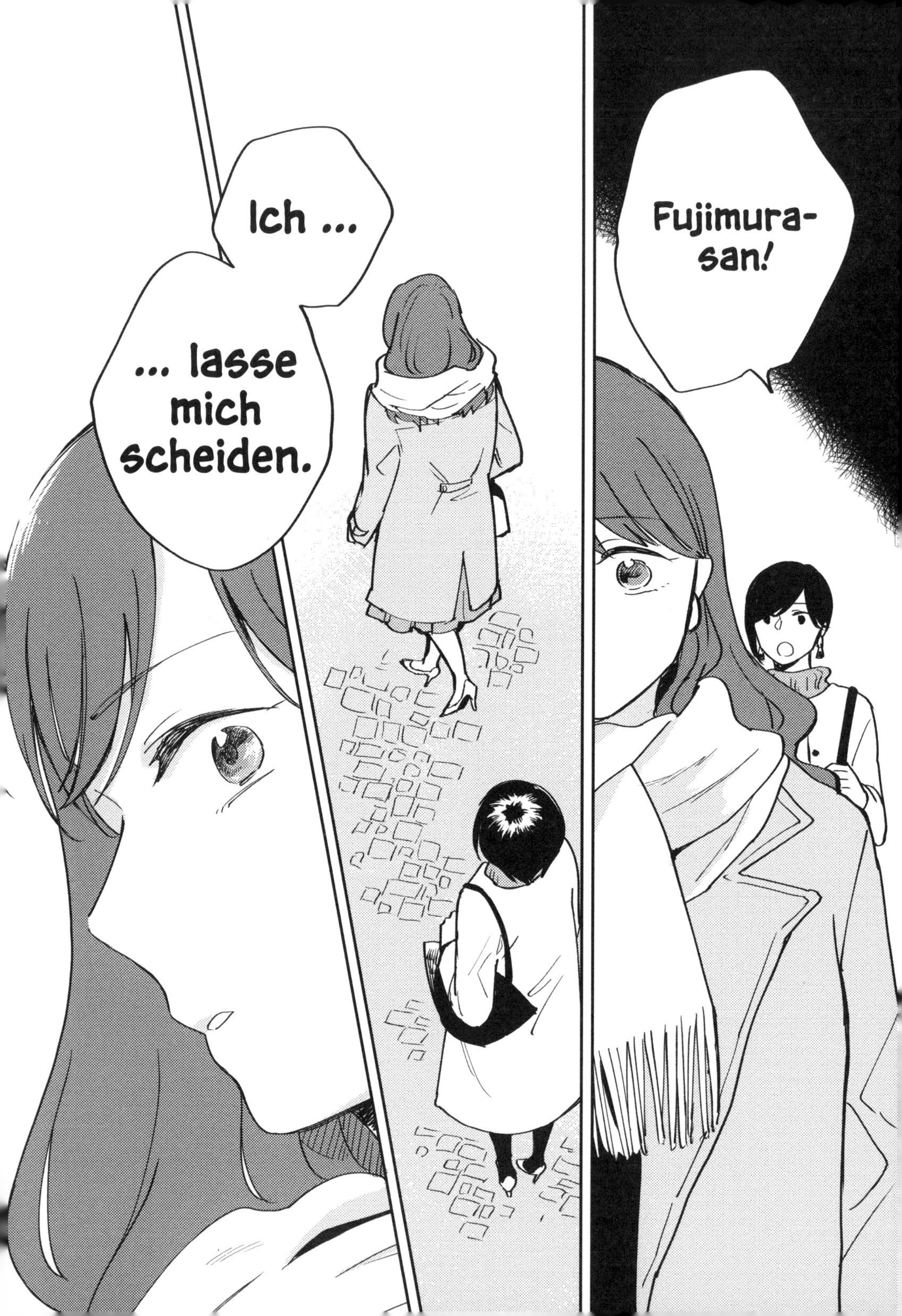
Fujimura-san!
Ich ...
... lasse mich scheiden.

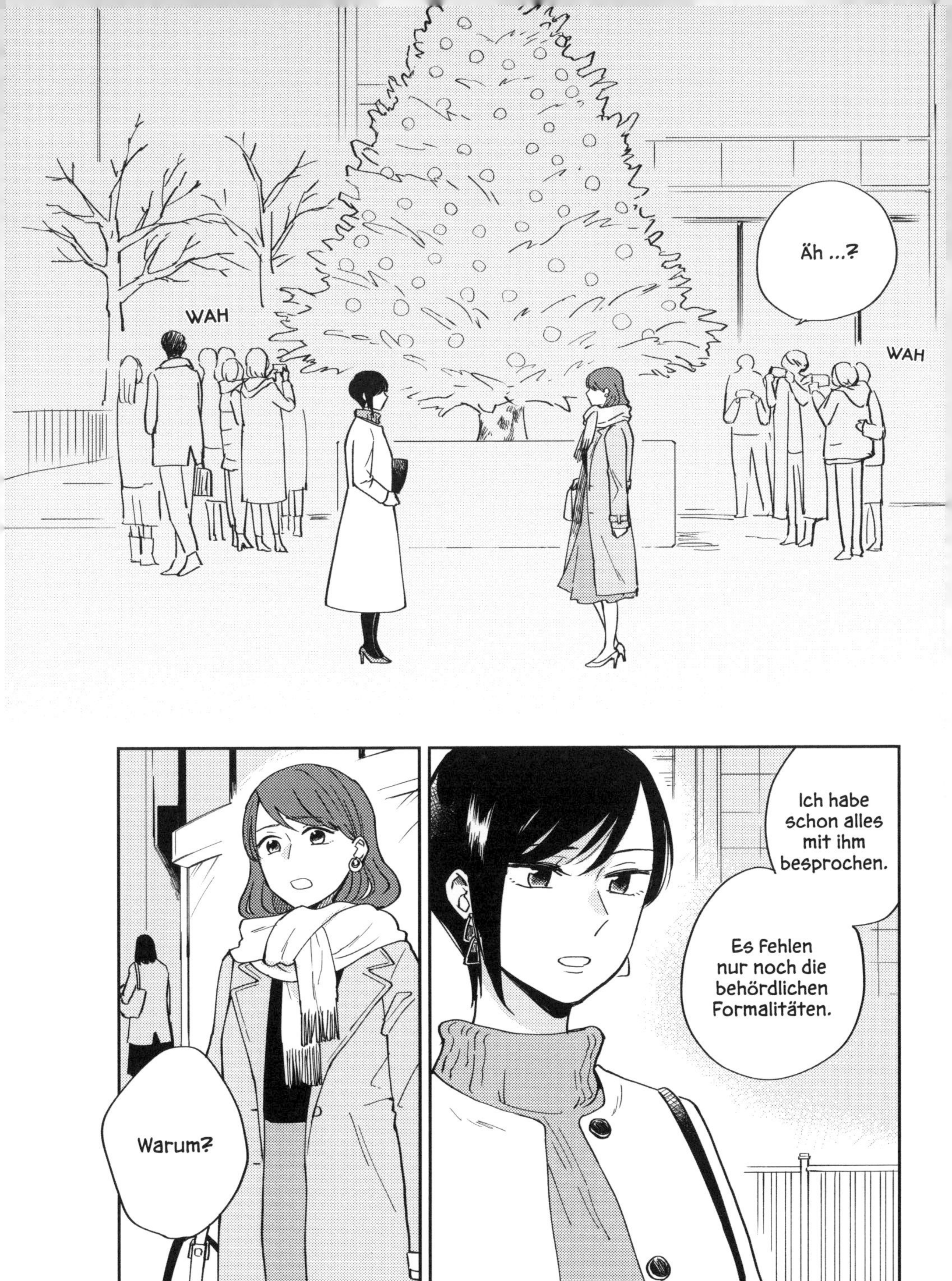
WAH
WAH
Äh …?
Ich habe schon alles mit ihm besprochen.
Es fehlen nur noch die behördlichen Formalitäten.
Warum?

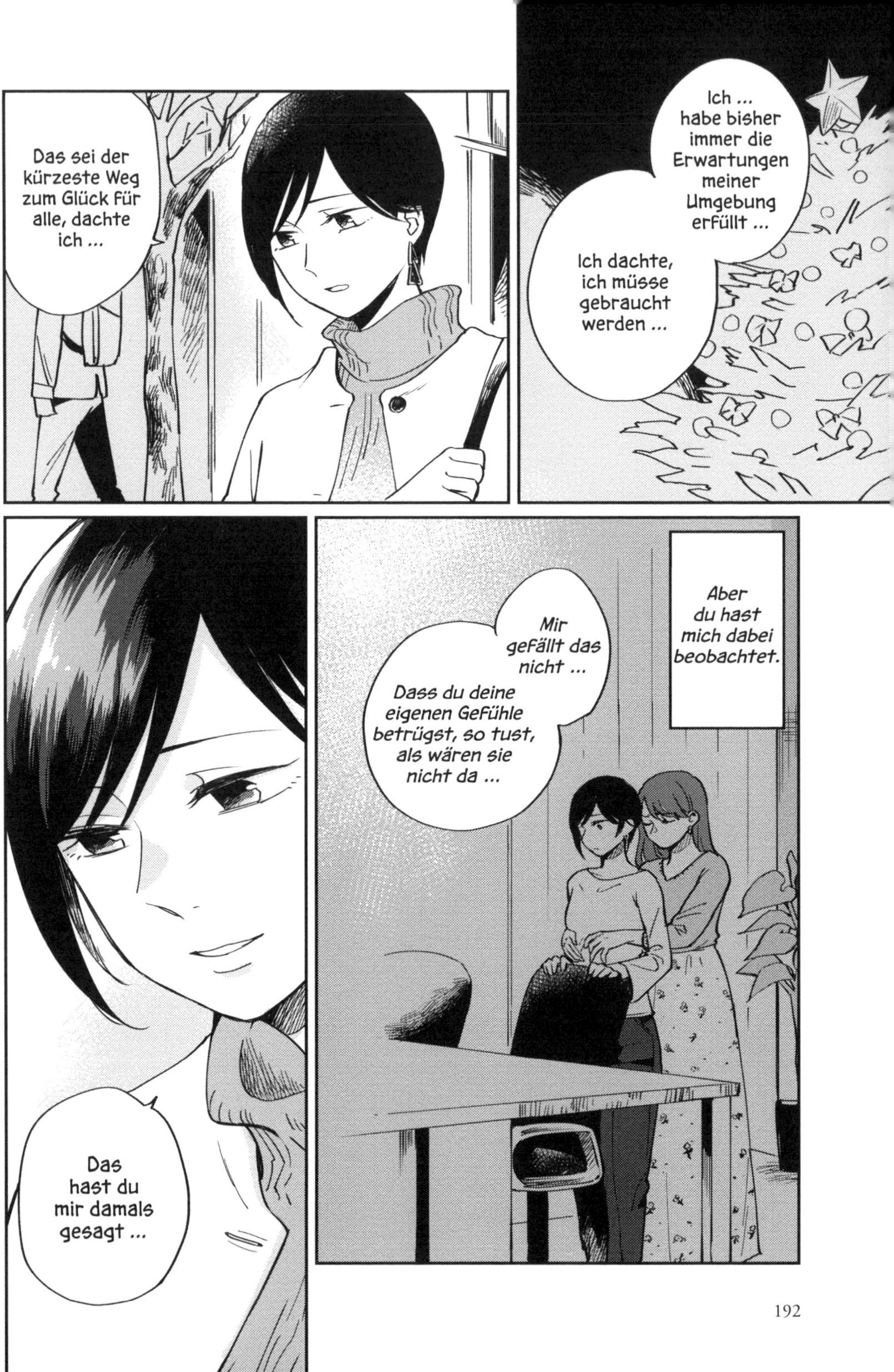
Ich ... habe bisher immer die Erwartungen meiner Umgebung erfüllt ...
Ich dachte, ich müsse gebraucht werden ...
Das sei der kürzeste Weg zum Glück für alle, dachte ich ...
Aber du hast mich dabei beobachtet.
Mir gefällt das nicht ...
Dass du deine eigenen Gefühle betrügst, so tust, als wären sie nicht da ...
Das hast du mir damals gesagt ...

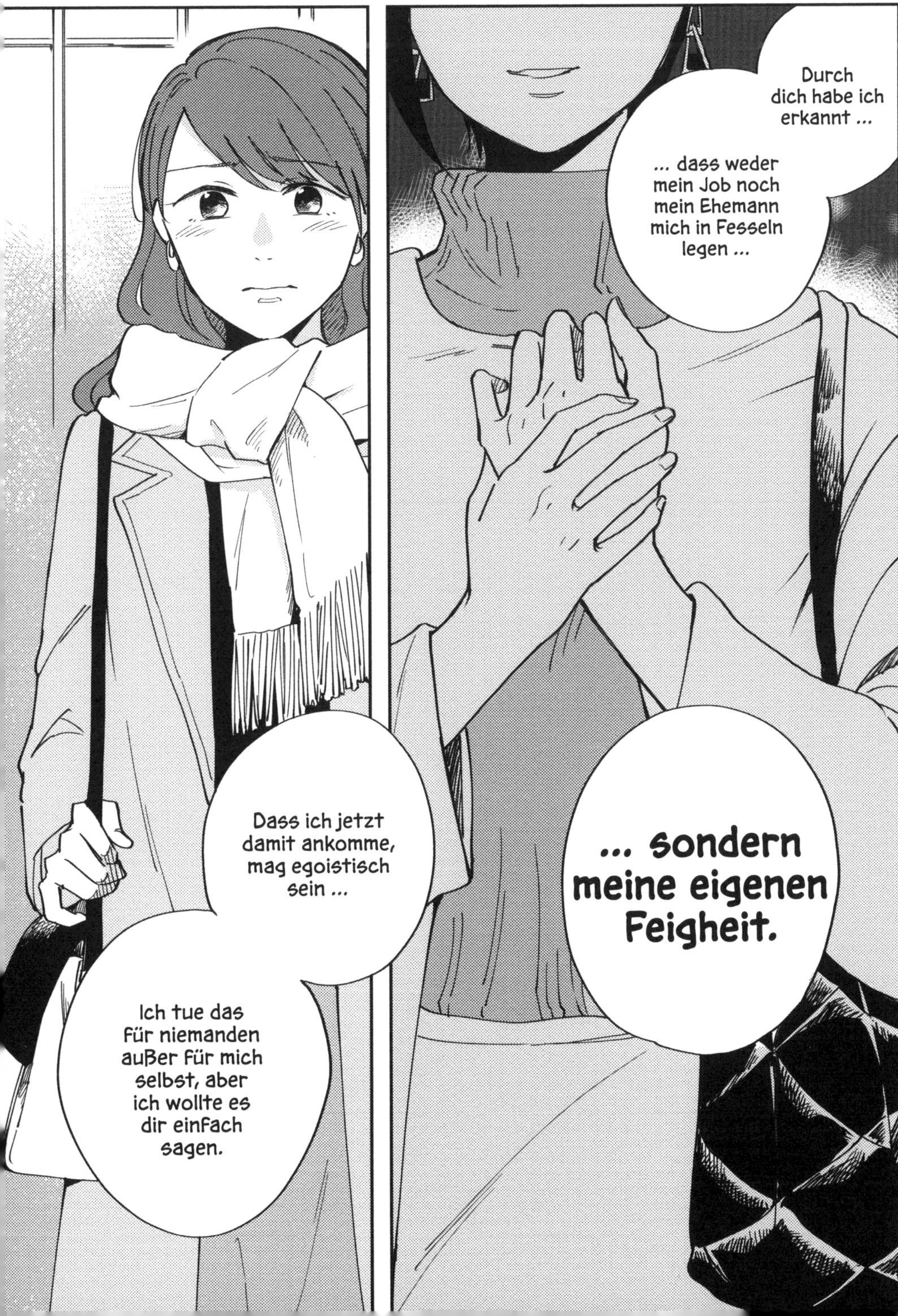
Durch dich habe ich erkannt ...
... dass weder mein Job noch mein Ehemann mich in Fesseln legen ...
... sondern meine eigenen Feigheit.
Dass ich jetzt damit ankomme, mag egoistisch sein ...
Ich tue das für niemanden außer für mich selbst, aber ich wollte es dir einfach sagen.

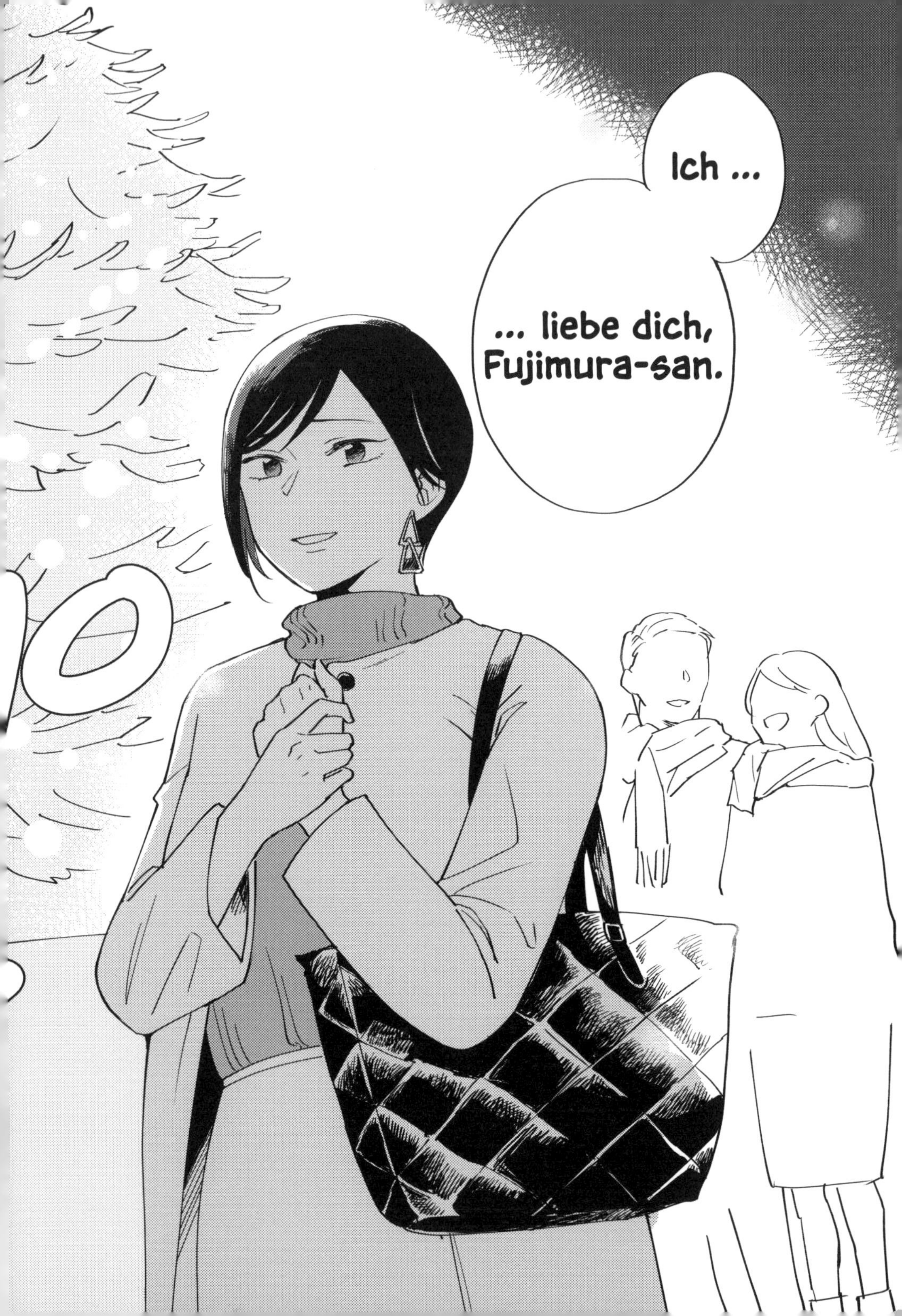
Ich ...
... liebe dich, Fujimura-san.

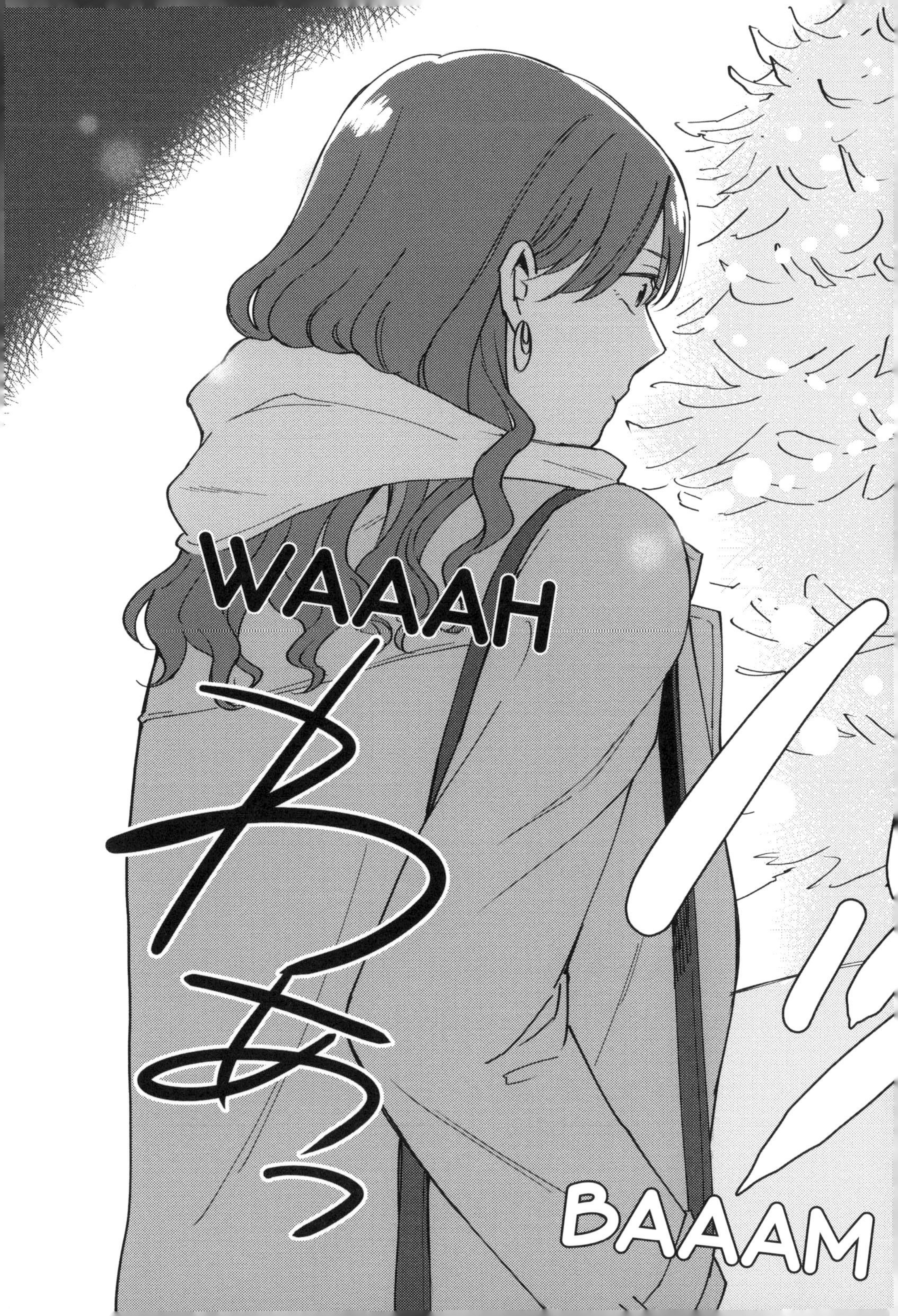
WAAAH
わあっ
BAAAM

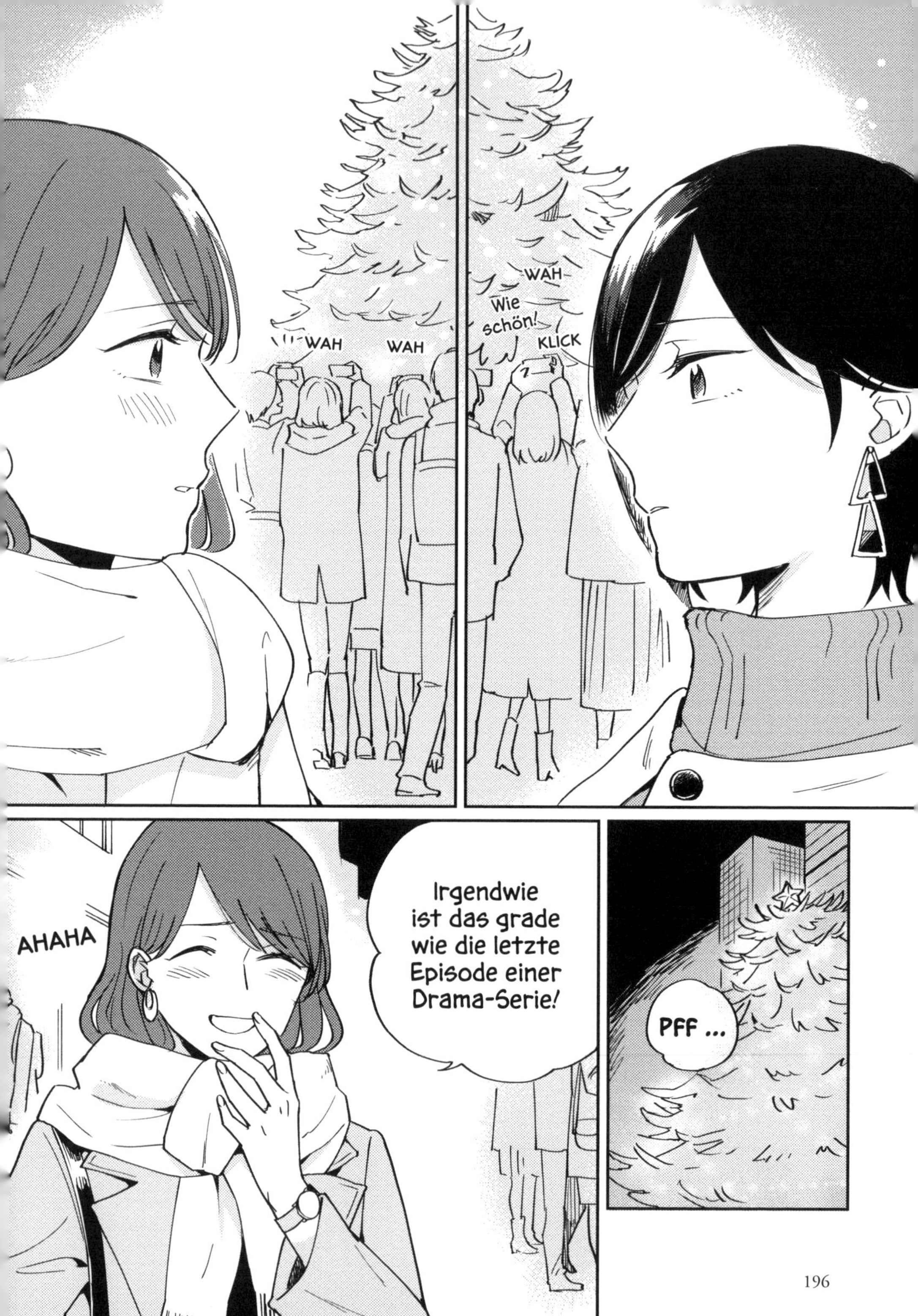
WAH
Wie schön!
KLICK
WAH
WAH
PFF ...
Irgendwie ist das grade wie die letzte Episode einer Drama-Serie!
AHAHA

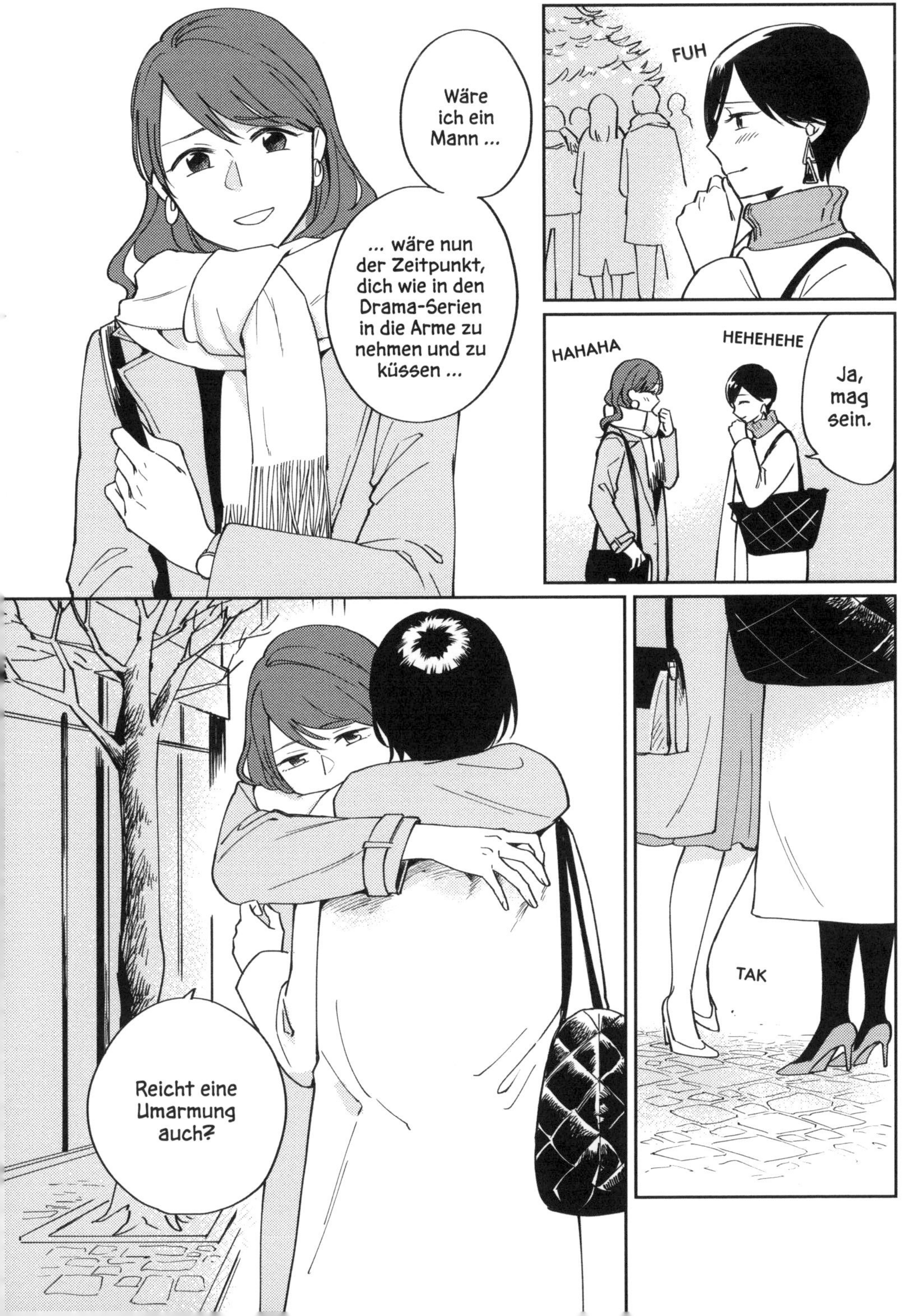
FUH
Wäre ich ein Mann ...
... wäre nun der Zeitpunkt, dich wie in den Drama-Serien in die Arme zu nehmen und zu küssen ...
HEHEHEHE
HAHAHA
Ja, mag sein.
TAK
Reicht eine Umarmung auch?

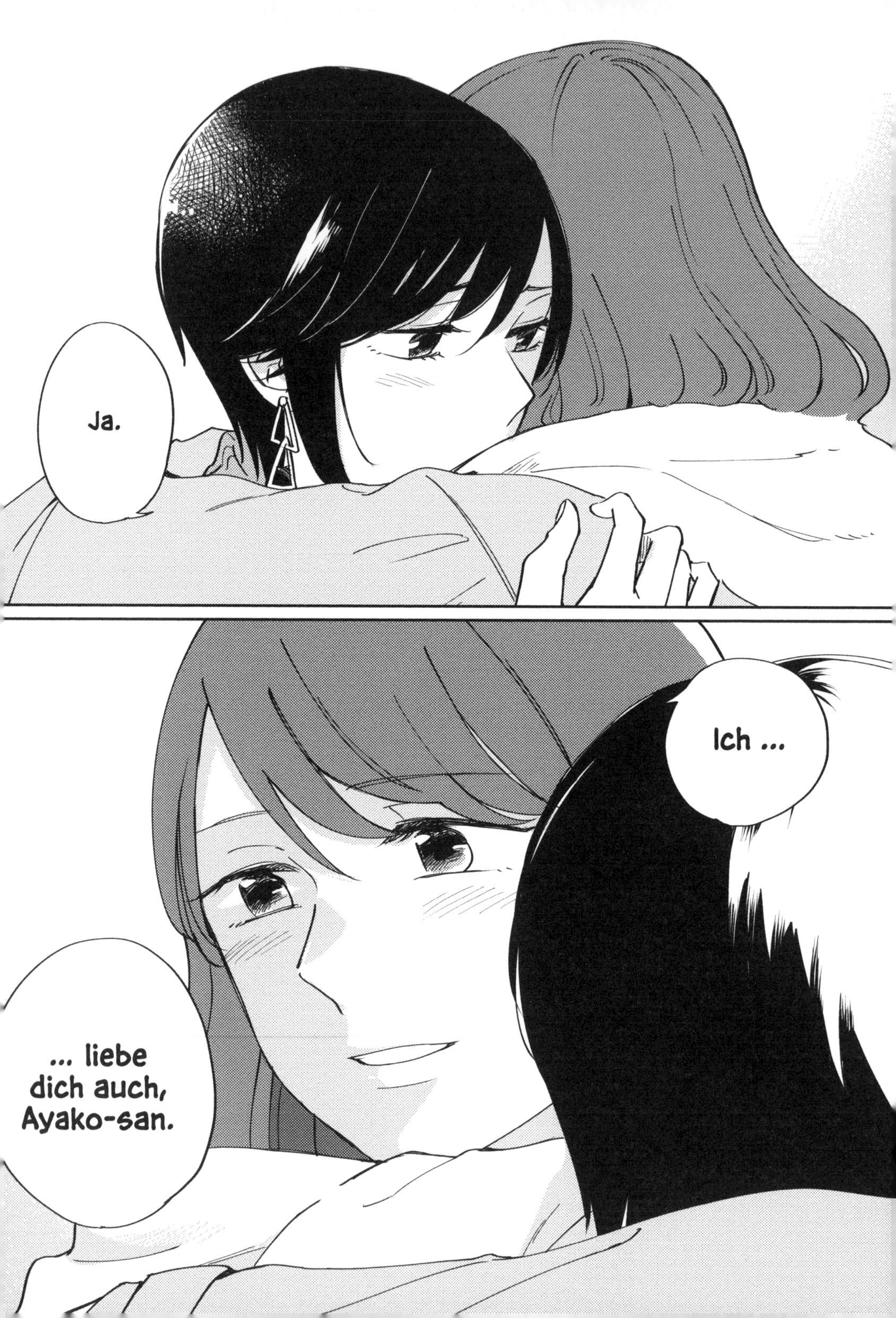
Ja.
Ich ...
... liebe dich auch, Ayako-san.

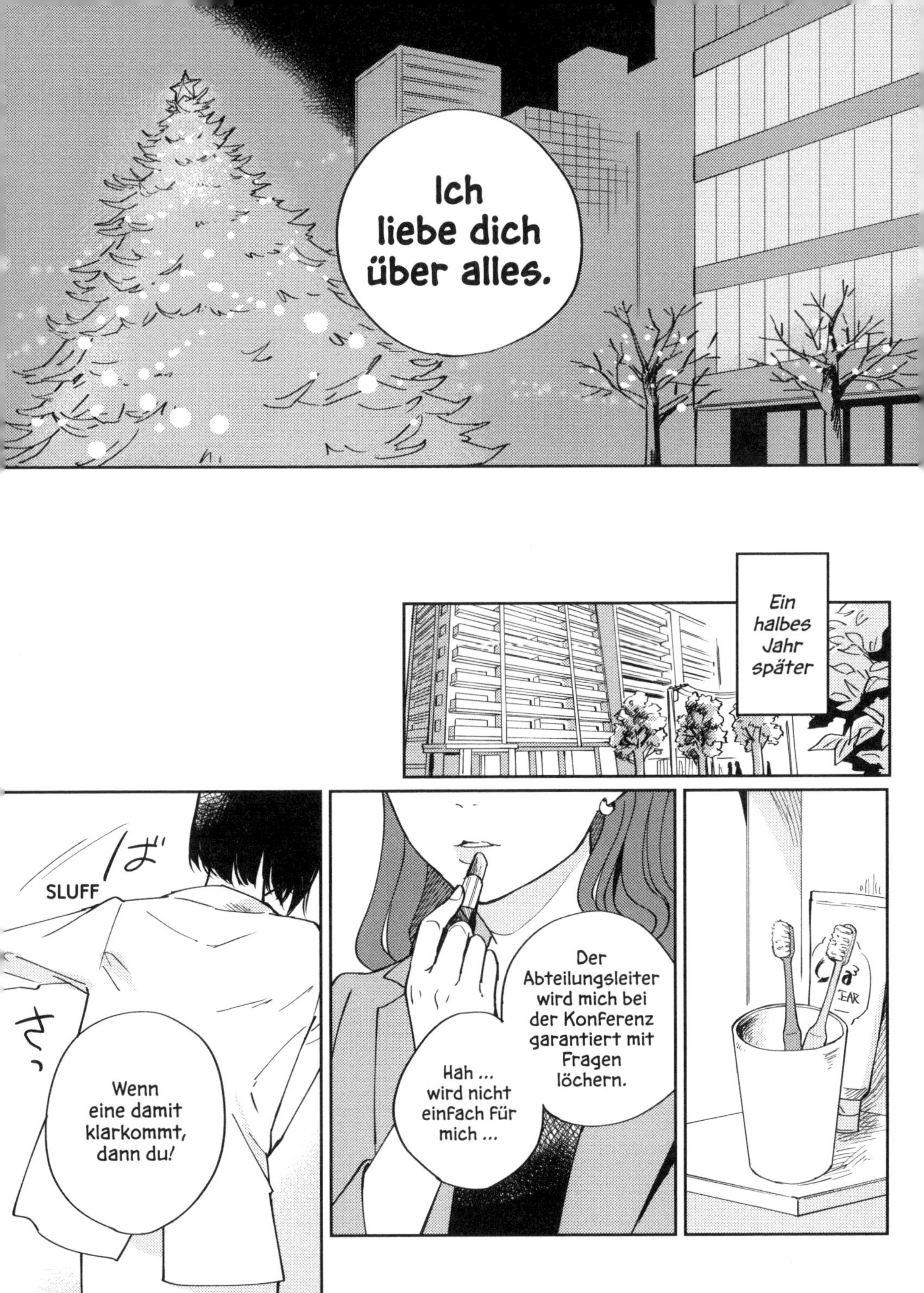
Ich liebe dich über alles.
Ein halbes Jahr später
Der Abteilungsleiter wird mich bei der Konferenz garantiert mit Fragen löchern.
Hah ... wird nicht einfach für mich ...
ば
SLUFF
さ、
Wenn eine damit klarkommt, dann du!

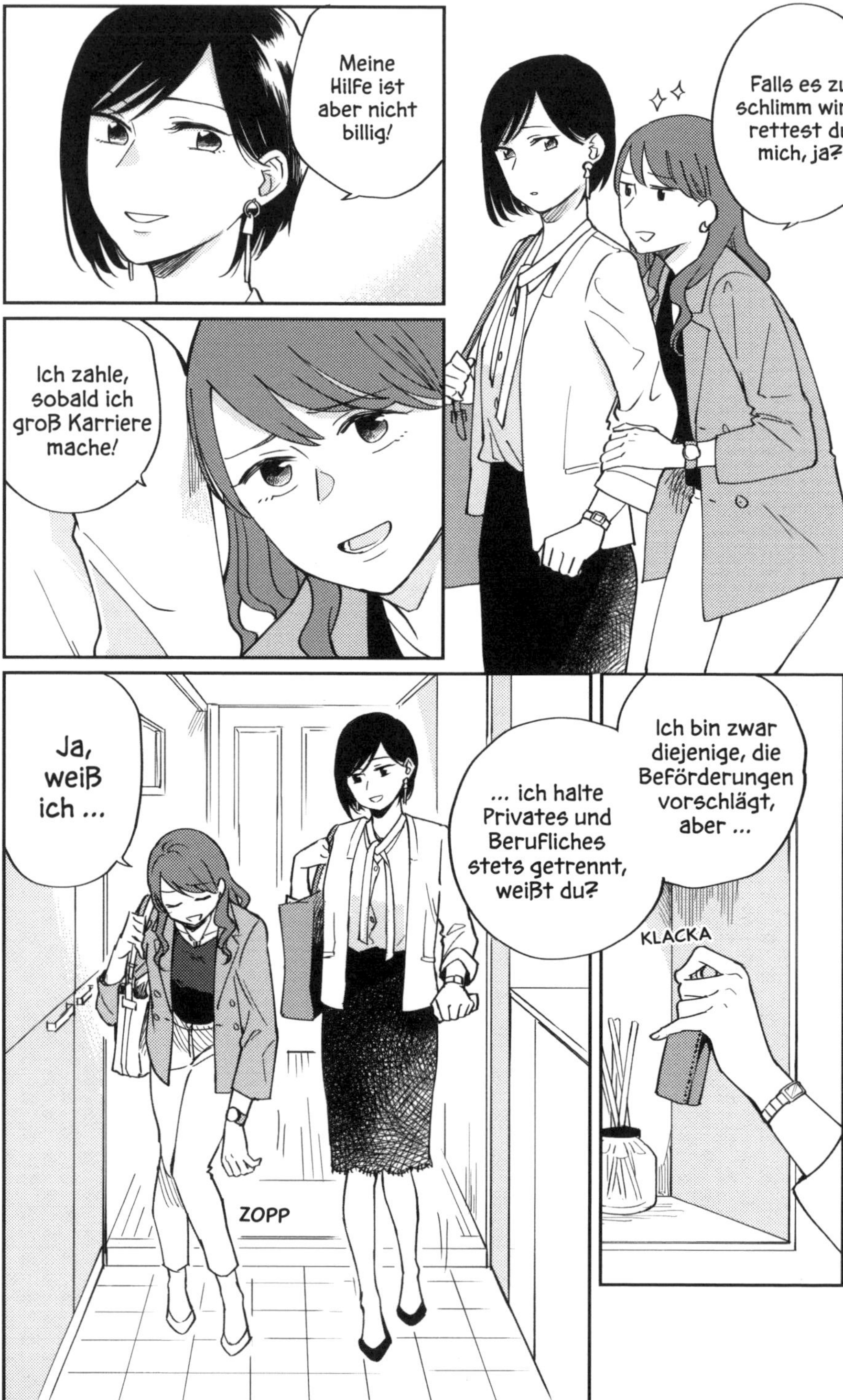
Falls es zu schlimm wird, rettest du mich, ja?
Meine Hilfe ist aber nicht billig!
Ich zahle, sobald ich groß Karriere mache!
Ich bin zwar diejenige, die Beförderungen vorschlägt, aber ...
... ich halte Privates und Berufliches stets getrennt, weißt du?
KLACKA
Ja, weiß ich ...
ZOPP

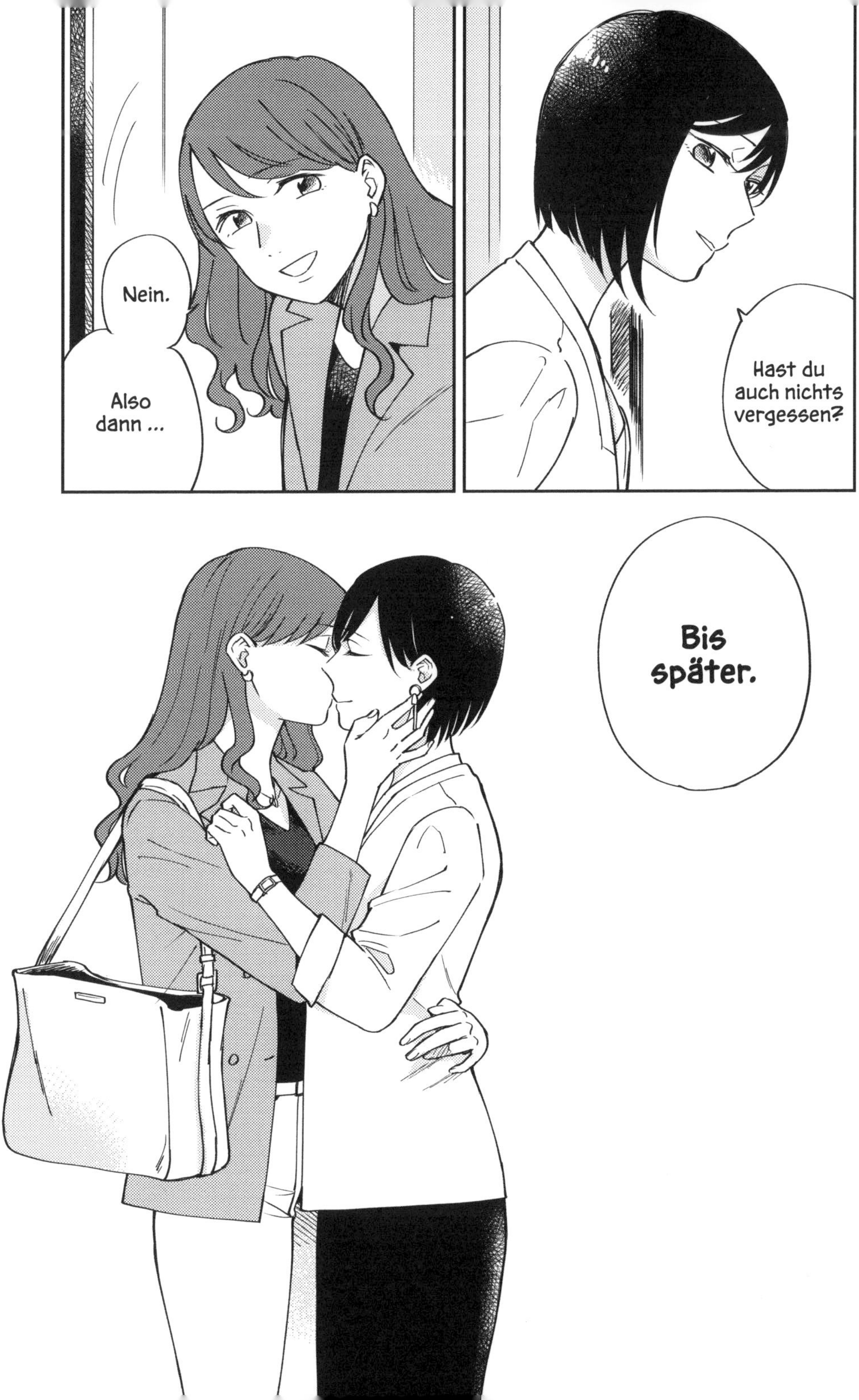
Hast du auch nichts vergessen?
Nein.
Also dann ...
Bis später.

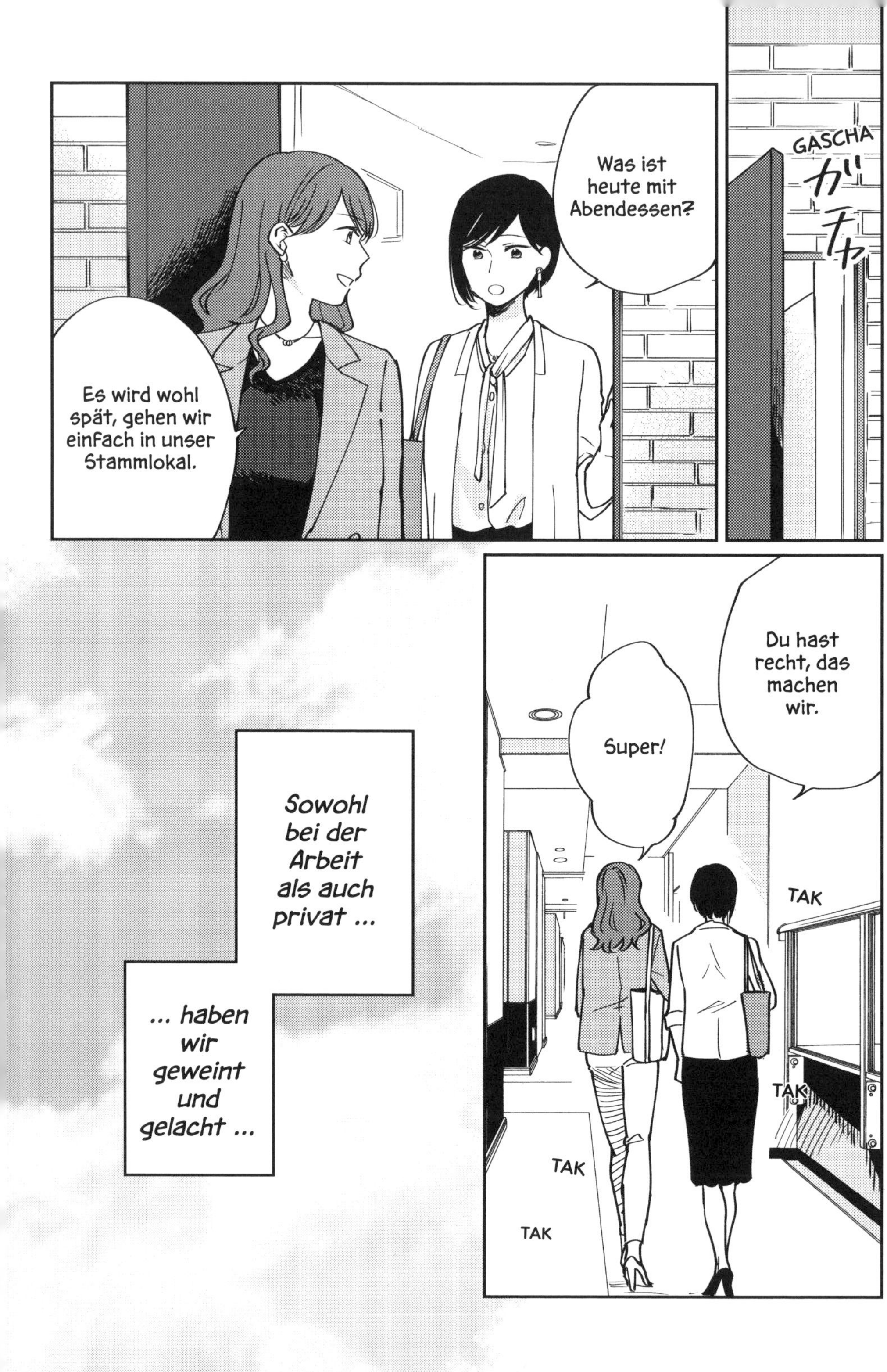

GASCHA
ガチャ
Was ist heute mit Abendessen?
Es wird wohl spät, gehen wir einfach in unser Stammlokal.
Du hast recht, das machen wir.
Super!
TAK
TAK
TAK
TAK
Sowohl bei der Arbeit als auch privat ...
... haben wir geweint und gelacht ...

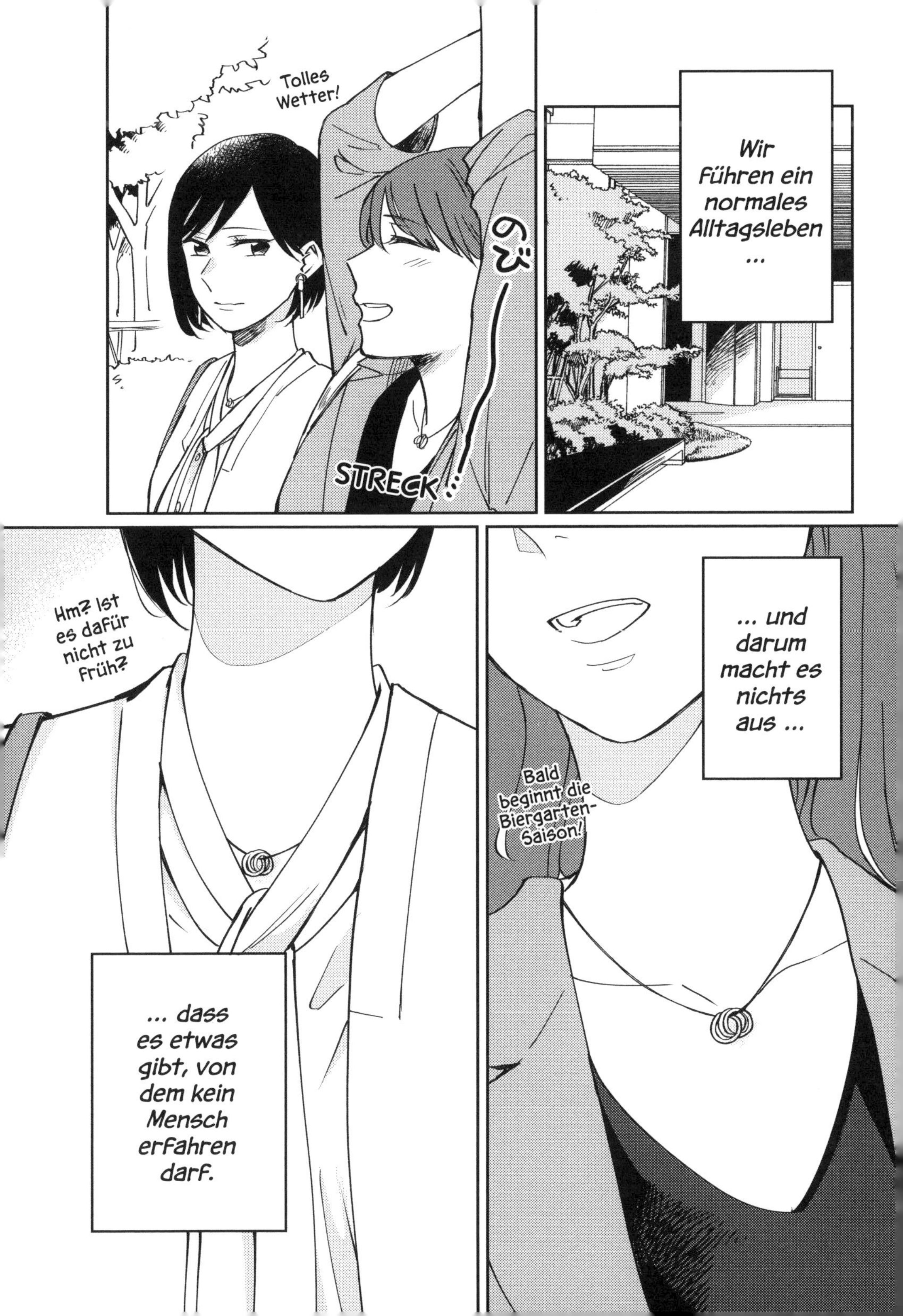

Wir führen ein normales Alltagsleben ...
Tolles Wetter!
のび
STRECK ...
... und darum macht es nichts aus ...
Bald beginnt die Biergarten-Saison!
Hm? Ist es dafür nicht zu früh?
... dass es etwas gibt, von dem kein Mensch erfahren darf.

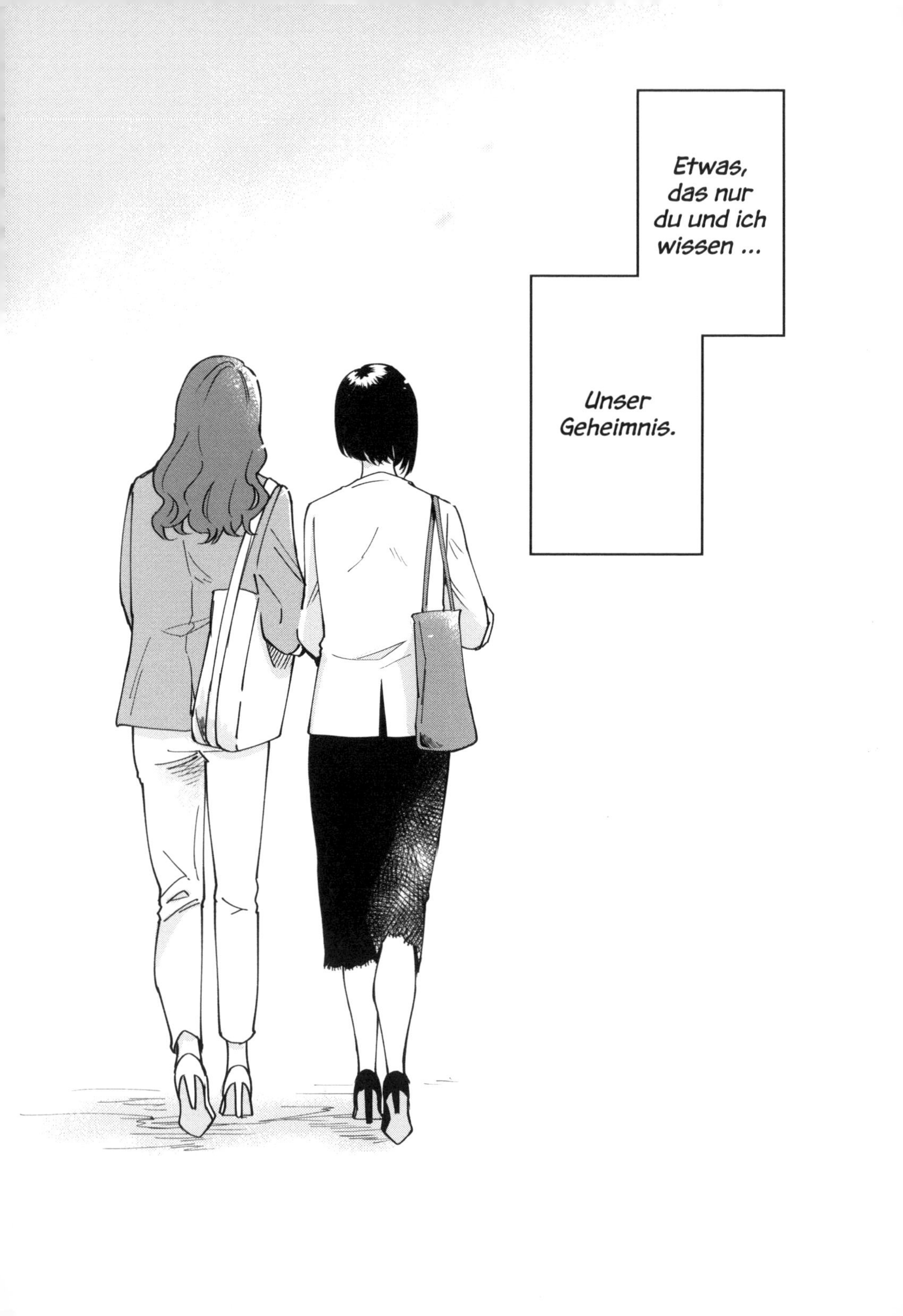

Etwas, das nur du und ich wissen ...
Unser Geheimnis.

| PROFILE |

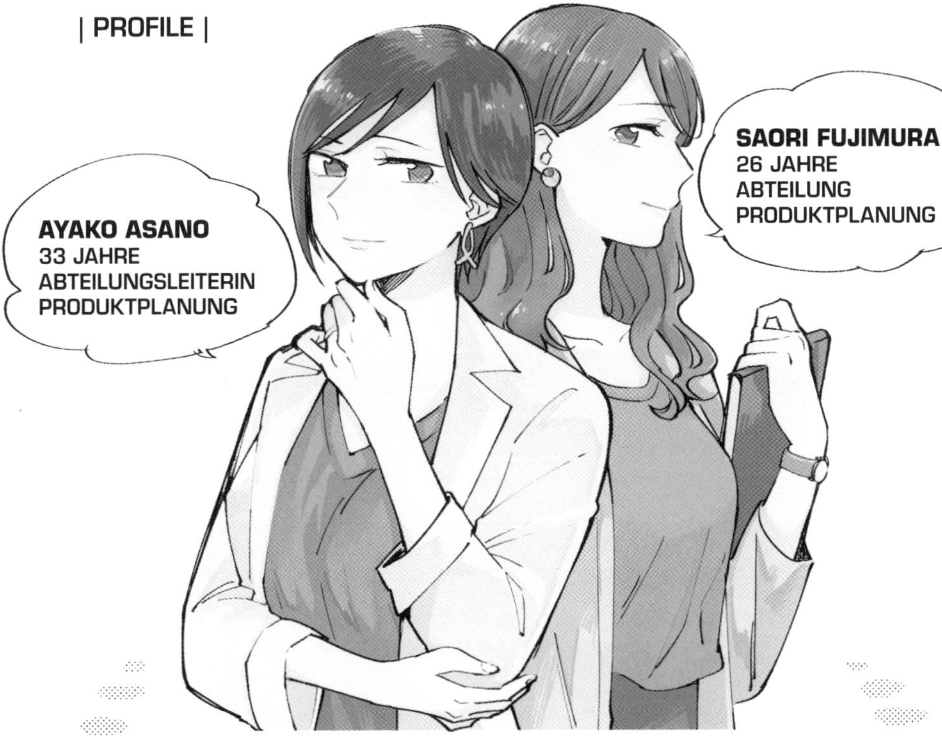

- GEBOREN AM 8. DEZEMBER
- 162 CM GROSS
- VERHEIRATET
- ASANO IST IHR MÄDCHENNAME, DER FAMILIENNAME IHRES MANNES IST SHIMIZU
- WURDE ALS BERUFSEINSTEIGERIN DER ABTEILUNG FORSCHUNG UND ENTWICKLUNG ZUGEWIESEN, DANN IN DIE PRODUKTPLANUNG VERSETZT
- WAR ALS STUDENTIN IM BASKETBALLKLUB
- MACHT AN FREIEN TAGEN GERNE YOGA ODER GEHT LAUFEN
- IST NEUERDINGS GANZ VERSESSEN AUF DAS ZUBEREITEN VON SMOOTHIES
- TRÄGT MODE VON EHER TEUREREN MARKEN WIE UNI●ED ARROWS ODER THEO●Y
- TASCHEN NUR VON LUXUSMARKEN

- GEBOREN AM 9. MAI
- 166 CM GROSS
- SINGLE
- HAT SICH SCHON IMMER NUR IN FRAUEN VERLIEBT
- WURDE ALS BERUFSEINSTEIGERIN DER VERKAUFSABTEILUNG ZUGEWIESEN, SPÄTER IN DIE PRODUKTPLANUNG VERSETZT
- WAR ALS STUDENTIN IM HANDBALLKLUB
- FLÄZT AN FREIEN TAGEN GERN ZU HAUSE RUM
- STEHT NEUERDINGS AUF AUSLÄNDISCHE DRAMA-SERIEN, LEIDET DARUM AN SCHLAFMANGEL
- TRÄGT MODE VON MARKEN WIE LOU●S UND S●IDEL ABER AUCH VON UNI●LO UND ZAR●, IST DA NICHT SEHR WÄHLERISCH

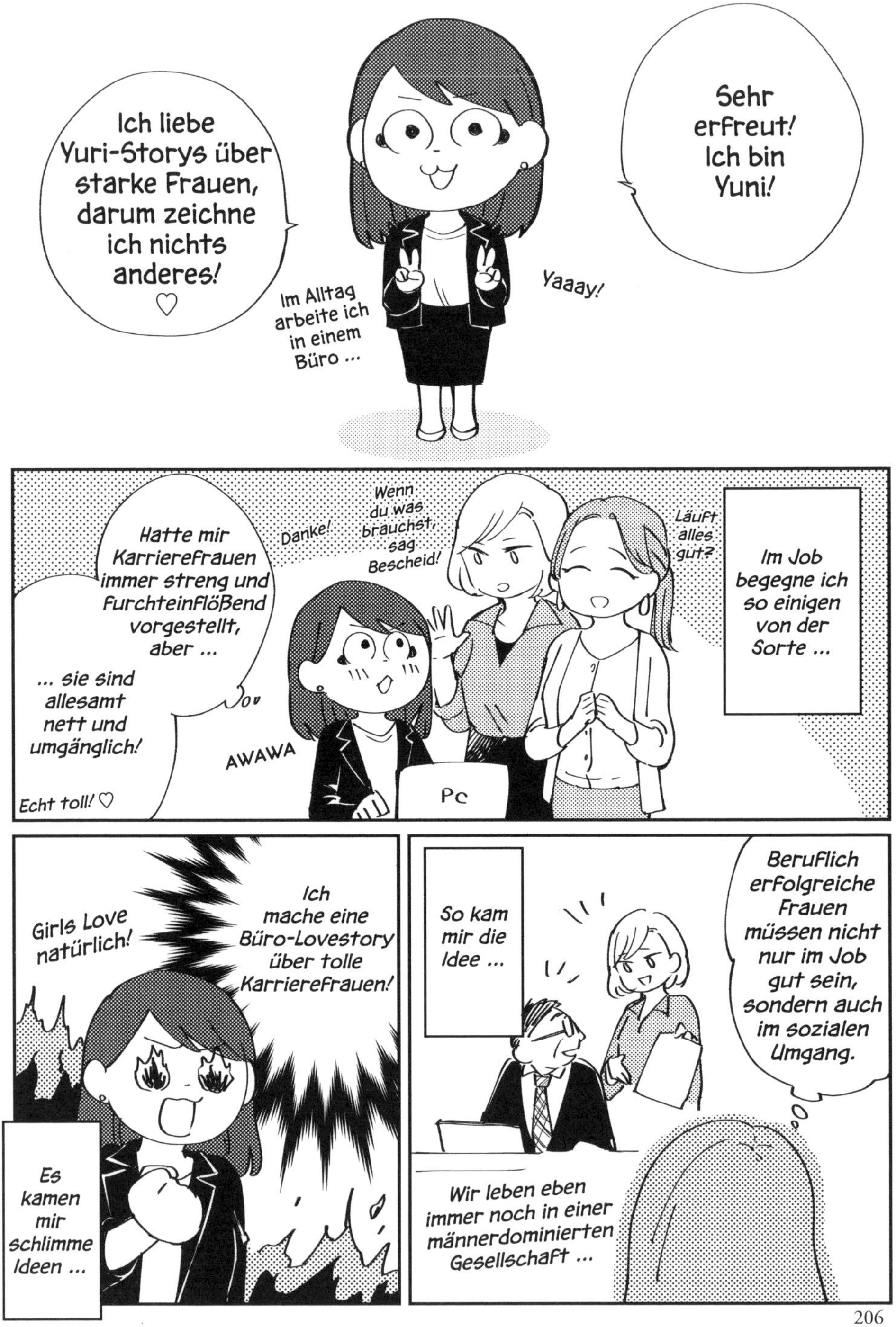
Sehr erfreut! Ich bin Yuni!
Yaaay!
Im Alltag arbeite ich in einem Büro ...
Ich liebe Yuri-Storys über starke Frauen, darum zeichne ich nichts anderes! ♡
Im Job begegne ich so einigen von der Sorte ...
Läuft alles gut?
Wenn du was brauchst, sag Bescheid!
Danke!
Hatte mir Karrierefrauen immer streng und furchteinflößend vorgestellt, aber ...
AWAWA
... sie sind allesamt nett und umgänglich!
Echt toll! ♡
Beruflich erfolgreiche Frauen müssen nicht nur im Job gut sein, sondern auch im sozialen Umgang.
So kam mir die Idee ...
Wir leben eben immer noch in einer männerdominierten Gesellschaft ...
Ich mache eine Büro-Lovestory über tolle Karrierefrauen!
Girls Love natürlich!
Es kamen mir schlimme Ideen ...

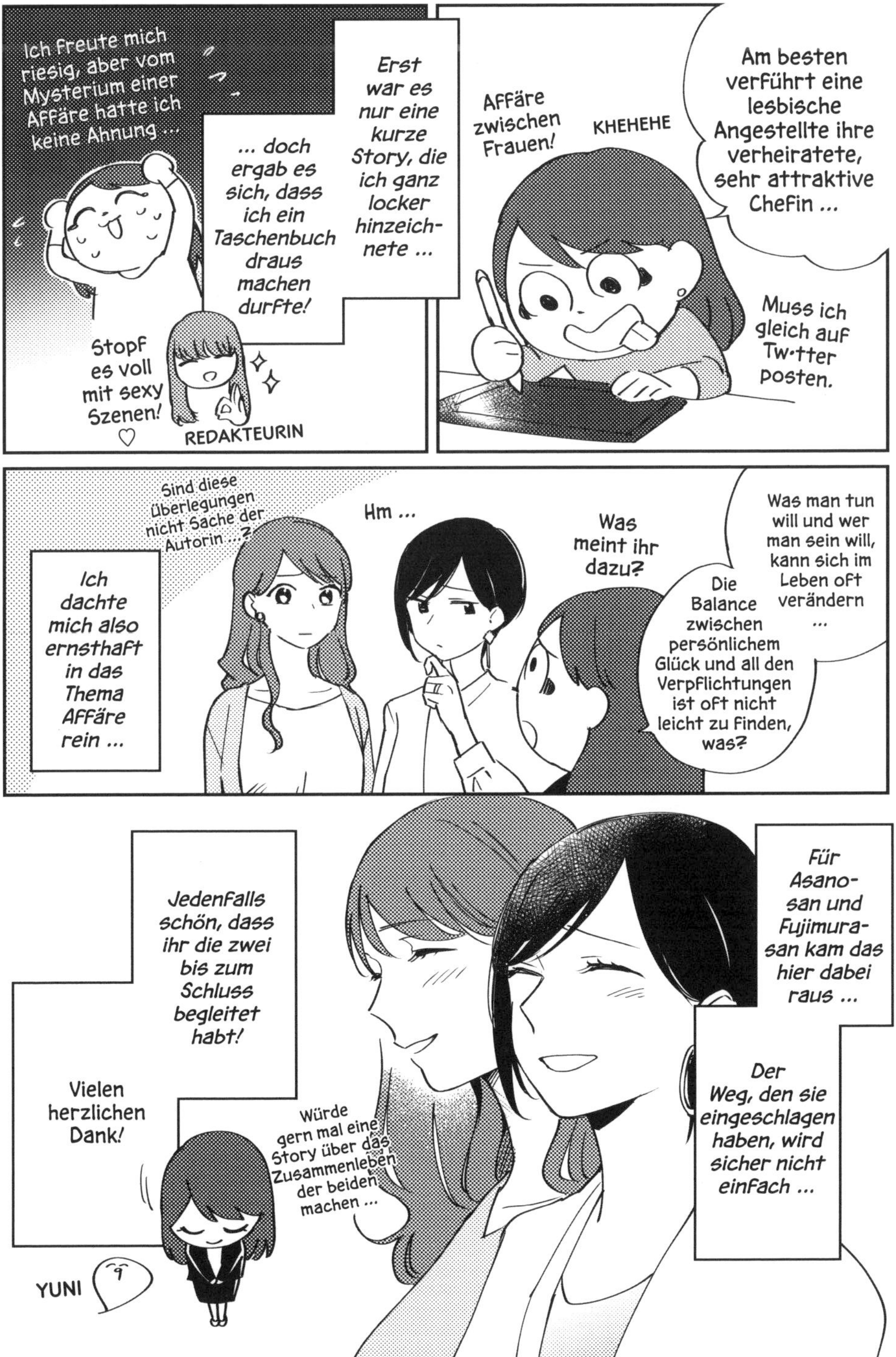

Am besten verführt eine lesbische Angestellte ihre verheiratete, sehr attraktive Chefin ...
KHEHEHE
Affäre zwischen Frauen!
Muss ich gleich auf Tw·tter posten.
Erst war es nur eine kurze Story, die ich ganz locker hinzeichnete ...
... doch ergab es sich, dass ich ein Taschenbuch draus machen durfte!
Stopf es voll mit sexy Szenen! ♡
REDAKTEURIN
Ich freute mich riesig, aber vom Mysterium einer Affäre hatte ich keine Ahnung ...
Was man tun will und wer man sein will, kann sich im Leben oft verändern ...
Die Balance zwischen persönlichem Glück und all den Verpflichtungen ist oft nicht leicht zu finden, was?
Was meint ihr dazu?
Hm ...
Sind diese Überlegungen nicht Sache der Autorin ...?
Ich dachte mich also ernsthaft in das Thema Affäre rein ...
Für Asano-san und Fujimura-san kam das hier dabei raus ...
Der Weg, den sie eingeschlagen haben, wird sicher nicht einfach ...
Jedenfalls schön, dass ihr die zwei bis zum Schluss begleitet habt!
Vielen herzlichen Dank!
Würde gern mal eine Story über das Zusammenleben der beiden machen ...
YUNI

SUTOPPU!

Koko wa kono manga no owari dayo.
Hantaigawa kara yomihajimete ne!
Dewa omatase shimashita!
Tanoshii hitotoki wo dozo!

Egmont-Manga-Chiimu

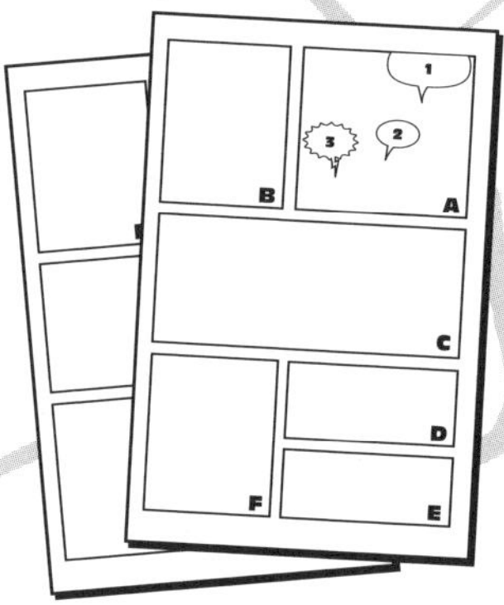

STOPP!

Das ist der Schluss des Mangas.
Fangt bitte am anderen Ende an!
Und nun genug der Vorrede,
viel Spaß beim Lesen!

Euer Egmont-Manga-Team

www.egmont-manga.de
Unsere Bücher findest du im
Buch- und Fachhandel und auf

EGMONT Shop
www.egmont-shop.de

„Office Affairs“ von Yuni
Aus dem Japanischen von Monika Hammond
Originaltitel: „Nikurashii Hodo Aishiteru“

Originalausgabe:
NIKURASHII HODO AISHITERU
© Yuni 2019
First published in Japan in 2019 by
KADOKAWA CORPORATION, Tokyo.
German translation rights arranged with
KADOKAWA CORPORATION, Tokyo
through TOHAN CORPORATION, Tokyo.

Deutschsprachige Ausgabe:
Egmont Manga verlegt durch
Egmont Verlagsgesellschaften mbH,
Alte Jakobstr. 83, 10179 Berlin

2. Auflage 2022

Verantwortliche Redakteurin: Inga Wurzbach
Gestaltung: Anke Koopmann, designomicon
Koordination: Angelika Schönhuber
Printed in the EU
ISBN 978-3-7704-4255-3

story house
EGMONT

Die Egmont Verlagsgesellschaften gehören als Teil der Egmont-Gruppe zur **Egmont Foundation** – einer gemeinnützigen Stiftung, deren Ziel es ist, die sozialen, kulturellen und gesundheitlichen Lebensumstände von Kindern und Jugendlichen zu verbessern. Weitere ausführliche Informationen zur Egmont Foundation unter
www.egmont.com